U1012156

财政部规划教材
高等学校审计核心课程教材

审计理论与实务案例

主　编：袁广达
副主编：江小三　袁　敏　杨　锴

中国财经出版传媒集团
中国财政经济出版社

图书在版编目（CIP）数据

审计理论与实务案例 / 袁广达主编；杨锴等副主编
. -- 北京：中国财政经济出版社，2022.8
ISBN 978-7-5223-1593-5

Ⅰ.①审… Ⅱ.①袁… ②杨… Ⅲ.①审计学－教材
Ⅳ.①F239.0

中国版本图书馆 CIP 数据核字（2022）第 127212 号

责任编辑：彭　波　　　　　责任印制：史大鹏
封面设计：卜建辰　　　　　责任校对：徐艳丽

审计理论与实务案例
SHENJI LILUN YU SHIWU ANLI

中国财政经济出版社 出版

URL：http://www.cfeph.cn
E-mail：cfeph@cfeph.cn
（版权所有　翻印必究）
社址：北京市海淀区阜成路甲 28 号　邮政编码：100142
营销中心电话：010-88191522
天猫网店：中国财政经济出版社旗舰店
网址：https://zgczjjcbs.tmall.com
北京密兴印刷有限公司印刷　各地新华书店经销
成品尺寸：185mm×260mm　16 开　27.75 印张　593 000 字
2022 年 8 月第 1 版　2022 年 8 月北京第 1 次印刷
定价：68.00 元
ISBN 978-7-5223-1593-5
（图书出现印装问题，本社负责调换，电话：010-88190548）
本社质量投诉电话：010-88190744
打击盗版举报热线：010-88191661　QQ：2242791300

前言

这本《审计理论与实务案例》是关于中高级审计基本理论与审计实务知识体系，也是大学会计学、审计学专业相应课程的配套教材。课程的目的是使会计硕士（MPAcc）、审计硕士（MAud）和开设审计案例课程的会计学、审计学本科学生学习和理解民间审计基本理论体系、现代风险导向审计方法及其运用，以及如何在特殊领域、行业中运用审计基本理论及现代风险导向审计方法。为了适应这样的课程教学，我们组织有会计、审计专业教授，审计实务专家和从事证券行业监管专家编写了这本教材，力求达到在审计基本理论和基础知识已经有所了解、熟悉和掌握的基础上，通过进一步充分了解和深入学习，具备较高的审计理论知识和较强的实务能力。要求职业会计硕士和会计学、审计学本科专业学生能够掌握现代风险导向审计方法，理解和掌握上市公司审计鉴证业务与会计咨询和服务业务。

本教材围绕审计理论与实务课程的主要内容，以公司年度财务审计理论与方法为重点，结合审计签证和咨询服务两大业务范围，以审计案例形式呈现，贴近审计实务，分三部分内容进行编排，并体现其特点。

第一部分为综合性的审计理论实务，大体包括3个章节内容。在这一部分，就审计计划阶段对被审计单位情况进行的初步了解、业务的初步测试、业务承接进行审计计划安排与审计策略设计，以及审计终结阶段审计报告基本知识和审计意见的实务，进行审计基本理论和具体实务案例介绍、分析和解读。

第二部分为业务流程性的审计理论与实务，大体包括7个章节内容。在这一部分，按照公司资金流、财务信息流和公司经营各环节，划分为7项业务循环与流程，包括采购与付款、销售与收款、存货与生产经营、投资与筹资、损益形成、利润分配、货币资金的业务循环，围绕多个案例着重于现代风险导向审计理论与实务介绍、分析和解读。这部分充分体现现代审计方法的应用，在每一个案例中重点就控制测试和实质性测试具体性质、时间和方法进行介绍，揭示风险所在和错误与舞弊的表现形式。

第三部分为专题性的审计理论与实务，大体包括4个章节内容。在这一部分，着重于上市公司审计，就一些行业开展的特殊事项审计进行了专题叙述，如财务信息披露、内部控制与风险管理、经济责任审计和管理咨询这些内容的理论与实务案例介绍、分析和解读，以保持本教材和本课程的完整性。

在实务中，年度财务审计的方法采纳的均是按照业务循环程序进行控制测试和实质性测试，其目的是发现账户和报表层面的重要错报和漏报，从而规避审计风险，发表恰当的审计专业意见。为此，任何审计师在审计实务中，必须尽可能准确无误地掌握业务循环审计中以下五个基本内容：一是某一业务循环的具体审计目标；二是这一业务循环有哪些具体的业务；三是这一业务循环中可能出现的错误与舞弊种类和表现形式；四是被审单位管理层应该建立、健全和执行哪些内部控制以防止、发现和纠正这些错误与舞弊；五是控制测试方法和实质性测试方法应用。

以上五点是审计实施过程中的基本的程序和审计风险防范的基本要领，是审计计划阶段审计计划合理性和审计报告阶段审计意见恰当性的保证，更是风险审计模式的必然要求。在本教材案例编写中，上述的五个内容尽可能都做了明确清晰的介绍，努力满足学习者对具体审计实务有个清晰的认知。现代风险导向审计是目前已经在国内外大的会计师事务所开始实施的先进审计方法。虽然现代风险导向审计在不同的会计师事务所有不同的名称，但其基本原理一致。这一新的审计方法强调：审计风险和企业的经营风险不可分割。威胁企业的风险也是审计风险的来源。因此，有效的审计需要对企业所处的行业、战略目标和计划、竞争优势的来源、影响企业的目标的实现的关键环节和剩余风险进行深入的了解，以获取环境证据。这一观点对于风险的认识要比传统的基于审计风险模型，着重于会计报表的结果和相关认定的风险观念要深入、广泛得多。审计师需要充分认识扭曲会计报表的风险实质上是企业管理流程风险的副产品。要充分理解审计风险，审计师必须理解企业是如何识别和控制内、外部风险，从而理解内外部风险对于会计报表认定的含义，再实施相应的审计程序，从而对会计报表的认定做出合理的专业判断。

国际审计和中国职业审计事业在近年来都取得了较大进步，审计理论和方法也在不断发展中。新的会计准则和审计准则在不断扩展，审计方法与技术也在不断得到升级，理论永远赶不上实务速度。尽管如此，这些也还没有改变审计理论结构和主题框架，更没有改变审计本身的实质。为此，本教材内容在具体学习和实际从事审计实务对照中，可以根据具体情况对少许内容做适当的更新或替代。对于实务性较强的学科，没有千篇一律的实务，但有千篇一律的范式，这是案例学习必须要记住的，归纳范式或许是研究性学习的秘诀。

本书由袁广达教授、高级审计师担任主编，并负责全书的大纲拟定和总纂及最终审定。参加编写的有大学教授、注册会计师事务所主任会计师、政府证券监管部门领导和企业财务高管，还有学过审计理论与实务课程的研究生。具体编写分工为，袁广达：第一章、第二章、第三章、第五章、第六章、第七章、第八章、第九章、第十章；江小三：第四章；徐萍：第十一章；平焱：第十二章；袁敏：第十三章、第十四章。在校研究生杜嘉天、叶树旺同学参加了部分内容编写工作。

本教材出版得到了中国财政经济出版社的大力支持和帮助，编写时还参考了其他专家教材的部分内容，在此谨表示衷心感谢。由于我们水平有限，教材难以面面俱到，书中的错误之处也在所难免，还望广大读者不吝批评指正。

袁广达
2022年6月28日

目录

▶▶第一章 审计初步测试和业务承接

学习内容与目标

决定是否接受一项审计委托（包括接受新客户及续约老客户），不仅是会计师事务所财务报表审计工作的首要决策，而且是一项重要的决策。这项决策失误，轻则会给以后几个阶段的审计工作带来不必要的麻烦，重则会使会计师事务所卷入令人头痛的法律诉讼之中，耗时费钱，不仅得不偿失，而且可能身败名裂甚至破产。因此，把好接受审计委托这一关对于会计师事务所的运作具有十分关键的作用。

一般来说，会计师事务接受审计委托时，首先要对被审计单位实施前期调查，评价客户的可审性，并在此基础上评价自己的胜任能力，如果得出该单位可审的结论，则需要准备审计委托书。通过本案例的学习，学生可以了解对被审计单位进行前期调查的具体程序以及应注意的问题，对业务承接阶段的具体工作有一个深入的体会，并充分了解到前期审计初步测试调查的程序安排。

一、理论概述

（一）承接审计业务的基本程序

1. 获取与评价承接业务的相关信息。

审计人员获取与评价承接业务的相关信息包括两个方面：一是获取哪些方面的信息，二是如何获取相关信息。

（1）影响审计人员承接业务的相关因素。

在业务承接中，审计人员应当考虑来自客户和事务所自身两个方面的风险。一般会客观地评价影响审计人员承接业务的相关因素并决定获取哪些方面的信息，从而决定是否接受客户委托，具体内容见表1－1。

表1－1　　影响审计人员承接业务的相关因素

项目	因素
可以控制的因素	1. 专业胜任能力和人员配备：事务所的员工是否具备或能够获取必要的专业知识，可以按照执业准则及时完成审计业务
	2. 独立性：事务所是否独立于客户，能够提供无偏见的结论
必须加以评估的因素	3. 诚信：公司管理层的诚信是否足以让事务所有理由相信管理层不会有意进行重大欺诈或做出违法行为
	4. 声誉和形象：公司的声誉和形象是否良好，事务所接受其作为客户是否会招致损失或麻烦
	5. 会计实务：公司是否积极遵守会计准则，其财务报表能否合法、公允地反映公司的财务状况以及经营业绩
	6. 财务状况：公司是否存在极糟的业绩或其他负面因素导致其近期内面临停业的危险
	7. 盈利情况：接受并完成这项审计业务约定能否给事务所带来合理利润

（2）获取相关信息的途径。

审计人员如何获取表1－1中所列7个影响因素的相关信息呢？一般来说，审计人员会通过以下途径或方法来获取相关信息：

①大众媒体。通过大众传媒或企业媒体对公司的形象及管理层的声誉进行初步了解。

②与利益相关者面谈。事务所可以与未来客户的管理层面谈，也可以与客户的开户银行和律师面谈，也可以向证券经纪人、其他业务伙伴、事务所的雇员或共同的朋友等了解情况。

③正式调查。有时候，事务所可能会采用一些正式的调查，如从数据库中查找出与公司相关的媒体报道、获取具有权威的杜邦分析表和其他形式的信用报告，甚至偶尔也会雇佣专业调查人员来深入了解公司关键负责人或股东的个人背景。

④与前任审计人员取得联系。如果客户存在前任审计人员，审计人员还需要与前任审计人员联系。当然，在联系前任审计人员之前，新任审计人员应该首先取得未来客户的书面同意。

2. 初步了解和评价客户。

会计师事务所在同意承接审计业务之前，需要对客户进行充分了解，其主要目的是避免因决策不当接受该客户的委托而导致事务所遭受损失的状况。这种因与客户合作而使事务所发生损失的可能性通常被称为履约风险（区别于审计风险）。履约风险是指即使事务所遵循相关执业准则并签发了恰当的审计报告，但依然存在因与客户合作而遭受损失可能性的风险。

审计人员初步了解和评价目标客户的资料来源主要有三部分：一是通过巡视客户的经营场所、检查客户文件资料、与客户的管理层和员工进行讨论等获取来自客户的信息；二是利用搜索客户、行业和政府的网站、媒体以及政府数据库等获取公共信息；三是利用会计师事务所的经验。例如，对于老客户，审计人员应当复核其以前年度的工作底稿；对于新客户，后任审计人员应当向前任审计人员咨询，对新客户的基本情况进行初步审查。

3. 评估利用专家或其他审计人员的工作。

在决定是否承接业务以及如何承接时，审计人员可能会发现客户的部分财务报表由另一审计人员审计或存在一些不熟悉的领域要利用其他专家（如信息技术、环境或税务等方面的专业人士）的工作，此时，审计人员需要对利用专家或其他审计人员的工作进行评价，以决定是否利用以及如何利用。

审计人员评估利用的专家是指在会计或审计以外的某一领域具有专长，并且其工作被审计人员利用，以协助审计人员获取充分、适当的审计证据的个人或组织。专家既可能是会计师事务所内部的专家（如会计师事务所或其网络事务所的合伙人或员工，包括临时员工），也可能是会计师事务所外部的专家。

在集团公司审计中，主审审计人员是指当被审计单位财务报表包含由其他审计人员重计的一个或多个组成部分的财务信息时，负责对该财务报表出具审计报告的审计人员。其他审计人员是指除主审审计人员以外的，负责对组成部分（被审计单位的分部、分支机构、子公司、合资公司和联营公司等）财务信息出具审计报告的其他会计师事务所的审计人员。

4. 初步评估舞弊风险。

舞弊往往会导致企业经营失败，这是公众、监管者、企业所有者、董事会和管理层最关心的问题。舞弊也是公司和审计人员遭受诉讼的主要原因，尤其是对负责对外财务报告的人员（即高级管理人员，如首席执行官、首席运营官、首席财务官、财务总监）所做的欺诈财务报告，即使不存在诉讼问题，审计人员如果没有发现重大舞弊也会受到严厉处罚。基于上述原因，确认舞弊风险因素（即表明可能存在潜在舞弊的条件）应当在审计过程的早期完成（即在承接业务阶段就应初步评价舞弊风险），并且将评价舞弊风险以及应对舞弊风险的措施贯穿于整个审计过程。

（1）舞弊的概念及种类。

舞弊是指被审计单位的管理层、治理层、员工或第三方故意使用欺骗手段获取不当或非法利益的行为。其中，涉及管理层或治理层一个或多个成员的舞弊通常被称为“管理层舞弊”，只涉及被审计单位员工的舞弊通常被称为“员工舞弊”。管理层舞弊导致的重大错报未被发现的风险，大于员工舞弊导致的重大错报未被发现的风险。无论是何种舞弊，都有可能涉及被审计单位内部与外部第三方的串谋，而舞弊行为的目的则是为特定个人或利益集团获取不当或非法利益。

（2）识别和评价舞弊风险的审计程序。

①询问被审计单位的管理层、治理层以及内部的其他相关人员，以了解管理层针对

舞弊风险设计的内部控制，以及治理层如何监督管理层对嫌弊风险的识别和应对过程。

②考虑是否存在舞弊风险因素。审计人员应当运用职业判断，考虑被审计单位的规模、复杂程度、所有权结构及所处行业等，以确定舞弊风险因素的相关性和重要程度。

③考虑在实施分析程序时发现的异常关系或偏离预期的关系。审计人员实施分析程序有助于识别异常的交易或事项，以及对财务报表和审计产生影响的金额、比率和趋势，这些异常情况的出现，可能表明存在舞弊导致的重大错报风险，审计人员应当加以考虑。

④考虑有助于识别舞弊导致的重大错报风险的其他信息。审计人员应当考虑在了解被审计单位及其环境时所获取的其他信息，分析这些信息能否表明被审计单位存在舞弊导致的重大错报风险。

（3）应对舞弊风险的措施。

应对舞弊风险，审计人员主要有两种决策：一是不修改审计计划。如果存在有效的补充程序，且审计人员对客户高级管理人员的诚信没有重大疑惑，或尽管预期大多数业务都存在某些风险因素，但这些因素数量不多且该项评估也是适当时，可以不修订审计计划。二是需要实施措施来应对。如果审计人员认为高级管理人员的诚信需要高度关注，或已掌握高级管理人员舞弊行为的证据，应当实施下列步骤：

①向该审计合伙人/审计组负责人（在大多数情况下向内部或外部律师）咨询，以考虑取消该项业务。

②与适当级别的管理人员讨论舞弊评估结果，以便确定对相关情况的理解；评估管理层应对舞弊风险的态度；识别可能使已确认风险减少的内部控制；确定管理层是否承诺采取适当行动预防舞弊（如改善控制环境）并开始调查实际舞弊行为。只有在管理层认可承担减少舞弊风险责任并在适当时候开始调查舞弊行为的情况下，审计人员才应当考虑继续承接此业务。

③讨论审计人员评估结果，及时向管理层和治理层反映。

④在考虑客户的回应之后重新评估是否接受或保留客户。

如果审计人员决定接受或保留客户，应当考虑在所有审计领域大幅扩大测试范围，因为舞弊风险可能很普遍，风险可能不仅限于单个领域。为应对评估的舞弊导致的重大错报风险，审计人员应当保持高度的职业怀疑态度，包括：

第一，在对有关重大交易的文件记录进行检查时，对文件记录性质和范围的选择保持敏感，例如，对管理层提供的重要记录所依赖的信息系统进行测试。

第二，就管理层对重大事项作出的解释或声明，有意识地通过其他信息予以验证。

5. 首次承接和非首次承接业务。

（1）首次承接委托的情形。

①会计师事务所在被审计单位财务报表首次接受审计的情况下接受的审计委托。

②会计师事务所在被审计单位上期财务报表由其他会计师事务所审计的情况下接受

的审计委托，即由于种种原因，被审计单位更换会计师事务所对其本期财务报表进行审计。

一般来说，首次接受委托时，前期调查的主要内容包含企业基本情况的内容较多，并且要关注被审计单位与前任注册会计师的关系。

（2）非首次承接业务。

在持续接受委托时，进行前期调查应考虑以下主要因素：

①管理当局的特点和诚信问题。

②被审计单位的涉讼案件及其处理情况。

③以前与被审计单位在审计方面存在的意见分歧以及解决结果。

④利害冲突及回避事宜。

⑤内部控制的改进情况。

⑥审计费用的支付情况等。

6. 沟通的必要性及形式。

与前任审计人员进行沟通的目的在于帮助后任审计人员了解有关管理当局的基本情况，正确评价是否可接受审计委托，这些沟通可在接受委托之前或之后进行，以减少或控制审计风险。

后任注册会计师应当取得被审计单位管理当局的授权，主动与前任注册会计师沟通。沟通可以采用口头或书面方式进行。

如果被审计单位不同意前任注册会计师作出答复，或限制答复的范围，后任注册会计师应当向被审计单位询问原因，并考虑是否接受委托。

向前任注册会计师询问的内容应当合理、具体，应该考虑以下因素：

①是否发现管理当局存在诚信方面的问题。

②前任注册会计师与管理当局在重大会计、审计等问题上存在的意见分歧。

③前任注册会计师从被审计单位监事会、审计委员会或其他类似机构了解到的管理当局舞弊、违反法规行为以及内部控制的重大缺陷。

④前任注册会计师认为导致被审计单位变更会计师事务所的原因。必要时，后任注册会计师还可向前任注册会计师询问其他事项。

如果需要查阅前任注册会计师的工作底稿，后任注册会计师应当提请被审计单位书面授权前任注册会计师允许其查阅。

7. 签订审计业务约定书。

（1）审计业务约定书的概念。

审计业务约定书是指会计师事务所与被审计单位签订的，用以记录和确认审计业务的委托与受托关系、审计目标和范围、双方的责任以及报告的格式等事项的书面协议。

（2）审计业务约定书的基本内容。

审计业务约定书的具体内容可能因被审计单位的不同而存在差异，但基本内容应当包括下列主要方面：

①财务报表审计的目标。财务报表审计的目标是审计人员通过执行审计工作，对财务报表是否按照适用的会计准则和相关会计制度的规定编制，是否在所有重大方面公允反映被审计单位的财务状况、经营成果和现金流量发表审计意见。

②管理层对财务报表的责任。在被审计单位治理层的监督下，按照适用的会计准则和相关会计制度的规定编制财务报表是被审计单位管理层的责任。

③管理层编制财务报表采用的会计准则和相关会计制度。

④审计范围，包括指明在执行财务报表审计业务时遵守的《中国注册会计师审计准则》（以下简称“审计准则”）。审计范围是指为实现财务报表审计目标，审计人员根据审计准则和职业判断实施的恰当的审计程序的总和。

⑤执行审计工作的安排，包括出具审计报告的时间要求。

⑥审计报告的格式和对审计结果的其他沟通形式。

⑦由于测试的性质和审计的其他固有限制，以及内部控制的固有局限性，不可避免地存在着某些重大错报可能仍然未被发现的风险。

⑧管理层为审计人员提供必要的工作条件和协助。

⑨审计人员不受限制地接触任何与审计有关的记录、文件和所需要的其他信息。

⑩管理层对其做出的与审计有关的声明予以书面确认。

⑪审计人员对执业过程中获知的信息保密。

⑫审计收费，包括收费的计算基础和收费安排。在签订审计业务约定书前，审计人员应当与委托人商定审计收费。在确定收费时，审计人员应当考虑以下因素：审计服务所需的知识和技能，所需专业人员的数量、水平和经验，每一专业人员提供服务所需的时间，提供审计服务所承担的责任，各地有关审计收费标准的规定。

⑬违约责任。

⑭解决争议的方法。

⑮签约双方法定代表人或其授权代表的签字盖章，以及签约双方加盖的公章。

上述条款都是审计业务约定书的必备条款，在审计业务约定书中明确上述条款，有助于避免委托人对审计业务的目标和作用等产生误解。

（3）审计约定书的作用。

审计业务约定书的目的是明确约定双方的责任和义务，促使双方遵守约定事项并加强合作，以保护双方的利益。

①增进会计师事务所与委托人之间的了解，尤其使被审计单位了解注册会计师的审计责任及需要提供的合作。

②可以作为被审计单位鉴定审计业务完成情况以及会计师事务所检查被审计单位约定义务履行情况的依据。

③如果出现法律诉讼，审计业务约定书是确定会计师事务所与委托人双方应负责任的重要依据。

（二）审计风险

审计风险是指财务报表存在重大错报而审计人员发表不恰当审计意见的可能性。审计业务是一种保证程度高的鉴证业务，可接受的审计风险应当足够低，以使审计人员能够合理保证所审计财务报表不含有重大错报。审计风险取决于重大错报风险和检查风险。

（1）重大错报风险。

重大错报风险是指财务报表在审计前存在重大错报的可能性。在设计审计程序以确定财务报表整体是否存在重大错报时，审计人员应当从财务报表层次和各类交易、账户余额、列报（包括披露，下同）认定层次考虑重大错报风险。

①财务报表层次重大错报风险。

财务报表层次重大错报风险与财务报表整体存在广泛联系，它可能影响多项认定。此类风险通常与控制环境有关。如管理层缺乏诚信、治理层形同虚设而不能对管理层进行有效监管等；但也可能与其他因素有关，如经济萧条、企业所处行业处于衰退期等。此类风险增大了一个或多个不同认定发生重大错报的可能性。此类风险与审计人员考虑由舞弊引起的风险特别相关。

②认定层次的重大错报风险。

认定层次的重大错报风险与特定的各类交易、账户余额、列报和披露相关。例如，被审计单位存在复杂的联营或合资，这一事项表明长期股权投资账户的认定可能存在重大错报风险；主要客户经营失败而陷入财务困境，则应收账款计价认定可能存在重大错报风险。认定层次的重大错报风险又可进一步细分为固有风险和控制风险。

固有风险是指假设不存在相关的内部控制，某一认定发生重大错报风险的可能性，无论该错报单独考虑还是连同其他错报构成重大错报。例如，会计人员在记录金额过程中多写或少写一个零。复杂的计算比简单的计算更可能出错，受重大计量不确定性影响的会计估计发生错报的可能性较大。

控制风险是指某项认定发生了重大错报，无论该错报单独考虑还是连同其他错报构成重大错报，而该错报没有被单位的内部控制及时防止、发现和纠正的可能性。例如，记录的金额多写或少写一个零而复核人员没有发现。控制风险取决于与财务报表编制有关的内部控制设计和运行的有效性。由于控制的固有局限性，某种程序的控制风险始终存在。

（2）检查风险。

检查风险是指某一认定存在错报，该错报单独或连同其他错报是重大的，但审计人员未能发现这种错报的可能性。检查风险取决于审计程序设计的合理性和执行的有效性。由于审计人员通常并未对所有的交易、账户余额和列报进行检查以及其他原因，检查风险不可能降低为零。

二、案例资料

接受沃森股份有限公司审计委托审计案例

（一）案例背景

苏诚会计师事务所是拥有证券业务审计资格的会计师事务所，现有员工189人，其中注册会计师88人，同时拥有工程师、律师等各行业专家资格者39人，属于中等规模的会计师事务所，客户来源较为稳定。在决定接受一项审计委托前，会计师事务所需要对委托企业的情况进行全面了解，以评价审计风险及确定可审性。对这一环节的工作予以规范的相应审计准则主要是《中国注册会计师审计准则第1211号——了解被审计单位及其环境并评估重大错报风险》。苏诚会计师事务所在实务中依据这一准则的要求来指导其调查工作。《中国注册会计师审计准则第1211号——了解被审计单位及其环境并评估重大错报风险》于2007年1月1日开始执行，目的在于规范注册会计师在财务报表审计中了解被审计单位的情况并评估重大错报风险，提高审计效率，保证审计质量。

一般来说，注册会计师在接受委托前，应对被审计单位的基本情况进行了解，以决定是否接受委托；若接受委托，前期的调查也便于进一步的审计工作的开展。注册会计师应了解被审计单位的以下基本情况：

①行业状况、法律环境与监管环境以及其他外部因素。

②被审计单位的性质。

③被审计单位对会计政策的选择和运用。

④被审计单位的目标、战略以及相关经营风险。

⑤被审计单位财务业绩的衡量和评价。

⑥被审计单位的内部控制。

苏诚会计师事务所此次调查主要以审计约定项目为目的，并在可能的情况下为编制审计计划做好准备工作。

本案例将要进行前期调查的对象是沃森股份有限公司（以下简称沃森公司）。沃森公司是2014年6月12日在上交所上市的一家上市公司，上市以来业务扩张较为迅速，其主营业务为城建环保工程，2020年度主要承办了污水处理工程。苏诚会计师事务所首次接受沃森公司的委托，审计该公司2020年度的财务报表。沃森公司以前年度的年报一直由信达会计师事务所审计，因负责沃森公司审计的注册会计师已离开该事务所出国进修，沃森公司董事会决定自2020年开始改由信誉较好的苏诚会计师事务所进行审计。苏诚会计师事务所接到委托后，考虑到沃森公司是新客户，对其情况还不太了解，决定委派注册会计师张兴担任沃森公司前期调查的外勤主管，带领审计人员张辉、陈驰、赵永3人进入沃森公司进行前期调查，以确定是否接受审计委托。

（二）案例内容与审计过程

张兴接到会计师事务所下达的任务后，根据上述审计目标，拟订了工作实施计划，下达给调查小组的每一个成员，并与沃森公司管理层取得联系，于次日进驻现场。调查小组根据审计准则的规定及被审计单位的具体情况，对沃森公司做了多方面的了解。

1. 了解公司的性质。

到达现场后，调查小组立即与沃森公司各部门有关负责人进行座谈，了解沃森公司的基本情况，在人员安排及各部门支持上予以确认，并将需要被审单位填写的有关表格交付其填写。由此形成的工作底稿部分如下所示（其他相关审计工作底稿略）：

沃森股份有限公司基本情况

沃森公司成立于2011年6月17日，由沃森设备总厂、B噪声控制设备厂和C特种电材厂共同发起，以定向募集方式设立股份公司，注册资金为32 000万元，其中法人股为27 800万股，公司内部职工股为4 200万股。2014年5月30日经中国证监会批准向社会公众发行A股13 200万股，并于同年6月12日在上交所上市。公司近年来股本扩张很快，截至2020年12月31日，总股本为47 800万股。

沃森公司下设2个全资子公司、5个控股子公司。2个全资子公司为兴美制药厂和中联房屋开发公司，5个控股子公司为达利特种环保设备制造有限公司、五峰山净水设备制造有限公司、锦华特种线材有限公司、长兴噪声控制设备有限公司和新龙环保设备制造有限公司。

沃森公司主营业务为承接环保工程，并生产、销售与工程配套设备和相关产品。

截至2020年12月31日，沃森公司投资情况如表1-2所示。

表1-2　　沃森公司投资情况

2020年12月31日　　单位：万元

单位名称	注册资本	投资成本	股权比例
兴美制药厂	3 426	3 426	100%
中联房屋开发公司	2 120	2 120	100%
达利特种环保设备制造有限公司	13 684	8 210.4	60%

续表

单位名称	注册资本	投资成本	股权比例
五峰山净水设备制造有限公司	1 500	871.5	70%
锦华特种线材有限公司	360	241.2	67%
长兴噪声控制设备有限公司	2 000	1 900	95%
新龙环保设备制造有限公司	1 000	990	99%

2. 查阅前任注册会计师的审计工作底稿。

经与沃森公司协商，沃森公司原则上同意张兴调阅以前年度审计档案。但由于以前负责该项目审计的注册会计师已出国进修，张兴难以与其取得联系，而与前任信达会计师事务所沟通时受阻，最终未能调阅前任注册会计师的审计档案。因此，调查小组无法通过与前任注册会计师的沟通来确定其调查工作的重点和主要风险领域。在此次调查中，张兴安排审计人员严格按照销售与收款循环、购货与付款循环、生产与存货循环和筹资与投资循环对上市公司及其子公司的情况进行全面调查。

3. 了解内部控制。

通过初步调查，调查小组了解到：

(1) 沃森公司的组织结构是完善的，董事会下设的专业委员会符合《中国上市公司治理准则》的规定。

(2) 沃森公司在实际生产经营中有一定的运作程序（尚未对其进行测试），但会计与财务方面的控制制度不完善，有些关键控制点没有规定与采取控制措施，如针对货币资金账账、账实、账单核对未作具体规定。

(3) 沃森公司管理层在处理违反公司行为守则及相关制度上，没能做到一视同仁，有的严格，有的宽松。

(4) 沃森公司会计核算分为设备总厂、控制设备厂和特种电材厂3个核算单位，分立账簿，分别核算，各自纳税，沃森公司报表即为3个单位的汇总报表。

(5) 沃森公司建立了管理层与治理层之间的沟通制度，但该沟通制度较为抽象。

(6) 沃森公司授权、业绩评价、信息处理、实物控制和职责分离等相关控制活动整体上是完整的，但有些方面缺乏可操作性，如对于授权没有具体区分一般授权和特别授权；而是建统规定了授权的基本程序和内容，这使一些特定类别的交易或活动未能通过特别授权而得到有效控制。

(7) 沃森公司设立了内部审计部门，内部审计部门对公司内部控制的设计与执行进行专门评价。

4. 了解企业重要会计政策的选择与运用。

在对各业务循环的了解过程中，调查小组各相关人员关注了企业会计政策的选择与应用情况，并作出以下记录：

(1) 坏账准备：公司的坏账损失采用直接转销法核算，不符合有关规定。如果按规定合理计提坏账准备，将会影响利润320万~536万元。

(2) 交易性金融资产：按实际支付的价格扣除已宣告发放但尚未领取的现金股利或已到付息期但尚未领取的债券利息。

(3) 存货：存货包括在生产经营过程中为销售或耗用而储备的原材料、包装物、在产品、产成品等。存货按实际成本计价，发出原材料、产成品采用加权平均法。公司未提取存货跌价准备。

(4) 持有至到期投资：持有至到期投资按实际成本核算，投资收益按公允价值核算。

(5) 长期股权投资：对被投资单位实施控制的长期股权投资，对被投资单位不具有共同控制或重大影响并且在活跃市场中没有报价、公允价值不能可靠计量的长期股权投资，采取成本法核算；对被投资单位具有共同控制或重大影响的长期股权投资，采取权益法核算。公司未计提长期投资减值准备。

(6) 固定资产：固定资产按实际成本计价，采用直线法计提折旧，公司未计提固定资产减值准备，各类折旧年限及折旧率如表1-3所示。

表1-3　固定资产折旧年限及折旧率

资产类别	使用年限（年）	年折旧率	残值率
房屋建筑物	40	2.375%	5%
机器设备	13	7.308%	5%
运输设备	10	9.5%	5%

(7) 在建工程：按各项工程实际发生的支出核算，在建筑期内发生的借款利息支出和外汇折算差额计入工程成本。公司未计提在建工程减值准备。

(8) 无形资产及长期待摊费用：无形资产按合同或协议规定的年限摊销，长期待摊费用按受益期摊销。公司未计提无形资产减值准备。

(9) 销售收入：分为产品销售收入和环保工程收入，根据不同原则进行确认。

①产品销售收入：公司已将产品所有权上的主要风险和报酬转移给购货方，公司不再拥有该产品的继续管理权和实际控制权，相关的收入已收到或取得了收款的证据，并且与该产品有关的成本能可靠计量。当同时满足上述

条件时，确认营业收入。

②环保工程收入：按完工进度确认收入。

5. 收集财务报表主要事项资料。

张兴对小组成员进行分工，分3组对财务报表主要项目的总体情况进行搜集，形成资料如下（其他项目内容略）：

（1）主要销售收入及成本，具体情况如表1－4所示。

表1－4　　主要销售收入及成本

2020年度　　单位：万元

项目	收入	成本
总收入	144 774	93 020
其中：T污水工程（一期）	10 000	9 000
T污水工程（二期）	128 000	80 628
65型浮选机	2 324	1 302
除尘机组	3 248	1 394
其他	1 202	696

（2）补贴收入。补贴收入为D污水处理补贴4 500万元。

（3）应收账款。应收账款总额为104 690万元，主要欠款单位及其欠款金额如表1－5所示。

表1－5　　主要欠款单位及其欠款金额

2020年12月31日　　单位：万元

单位	金额
A市建委（T污水处理一期工程款）	16 000
A市建委（T污水处理二期工程款）	86 744
B钢铁集团	1 620

注：其他项目内容略。

6. 实地巡视被审计单位的工程及管理现场以及盘点。

调查小组成员实地观察了沃森公司的工程及管理现场，了解到沃森公司正在进行的T污水处理二期工程基本没有施工进度。此外，调查小组还对沃森公司的重要资产进行了抽查盘点，发现工程物资的管理较为混乱，毁损缺失的情况严重。

7. 关注重大相关事项。

（1）对被审计单位管理层的诚信正直及其经验能力的关注。

被审计单位管理层的诚信正直及其经验能力，是评价委托业务审计风险的关键因素之一。在对沃森公司进行前期调查的过程中，张兴根据小组调查的情况，对以下可能增加委托业务审计风险的因素予以了关注：

①企业是否参与非法活动。

②企业是否经常更换银行、律师或注册会计师。

③企业是否高级管理人员在生活上遇到重大困难。

④企业的投资项目是否具有冒险倾向，且经常参与高风险业务。

⑤企业内部高级管理人员近期是否发生重大或非预期的变动。

⑥企业管理层是否缺乏经验能力。

通过对以上各项的关注，调查小组发现：

①公司自上市以来更换注册会计师一次。

②原任财务总监由沃森公司送到国外深造，自2020年5月起由新任财务总监接任，其他董事会成员未发生较大幅度变动。

③沃森公司有2 000万元用于炒期货，属于高风险投资。

调查小组未发现其他重大可疑及异常情况。

（2）对与行业环境有关的因素的关注。

一些与公司业务性质及行业环境有关的因素可能增加委托业务的审计风险。张兴就以下问题进行关注，并作出相应记录（具体内容略）：

①企业的经营周期。

②企业所在行业的固有风险。

③企业的财务状况及盈利能力以及同行业其他企业相比所处的水平。

④企业内股东之间是否有纠纷，股权是否频繁转让。

⑤企业近期所涉及的重大诉讼案件。

⑥企业的重大会计估计涉及的主观性、复杂性和不确定性是否超出了正常水平。

（3）对与审计风险相关的其他重要事项的关注。

一般来说，如果有迹象表明被审计单位面临严峻的财务困境，或在可预见的将来难以持续经营，或管理层受到异常的外界压力，则委托业务的审计风险将增大。张兴在调查过程中着重关注并询问企业是否存在以下问题：

①企业的经营状况是否日趋恶化，现金流量入不敷出，长期未能向其股东分配利润。

②企业是否资金匮乏，融资能力低下，难以筹集到必要的资金。

③企业是否逾期债务增多，偿债能力低下，资金严重依赖关联企业。

④企业是否过多地依赖出售经营性资产以获取经营活动所必需的资金。

⑤企业是否与关联交易频繁，利润严重依赖于关联交易。

⑥企业的主要顾客和顾客群体是否遭受重大损失，难以与其维持正常的商业关系。

⑦企业的收益的确定和财务状况的计量是否过分依赖会计估计。

⑧企业的高级管理人员薪酬及经营业绩的考核是否主要取决于被审计单位的经营成果。

⑨企业的盈利预测是否过于乐观，股价异常波动，公众对被审计单位存在过高的期望。

通过对以上各项的关注，张兴作出以下记录：

①公司近年一直未分配股利，但资金运转目前尚无发生困难的明显迹象。

②调查过程中发现股份公司与子公司、环保集团之间，子公司与子公司、集团及其所属公司之间，关联交易频繁，主要为资金调拨、贷款担保事项。

③董事会公告中股份公司承建T污水处理工程19.6亿元，实际工程由集团承建。

④调查过程中发现股份公司对于收入成本的估算有明显不合理之处。

⑤盈利预测缺乏合理依据，显然难以实现。

8. 汇总调查中发现的主要问题。

通过上述调查程序，张兴根据小组的记录，将调查发现的与审计风险有关的主要问题汇总如下：

（1）股份公司收入与成本。

①承建环保工程收入的确认与成本的结转并没有严格按照完工进度核算，并且缺乏应有的工程进度报告。

其一，T污水处理一期工程少结转成本3 680万元，一期工程已于2020年6月竣工并办理了工程结算。

其二，T污水处理二期工程2020年度公司按支付的工程成本占工程总概算的比例确定完工进度并确认工程收入。对于工程成本，经注册会计师抽查相关凭证，其中计入应付账款、其他应付款（共计27 560万元）的凭证后均缺少应有的工程物资入库单等附件，集团公司垫付的工程款16 000万元没有相应的清单，查看工程现场，工程基本没有施工进度。因此，成本无法确认，相关收入不能确认。

②其他产品销售收入有待确定。根据注册会计师对销售部门的调查了解，浮选机及除尘机组等产品销售后需要较长时间的调试期，而沃森公司在开具销售发票后即确认收入，与《企业会计准则第14号——收入》的要求不符。

（2）专项借款的用途。

表1-6反映的是沃森公司2019年12月1日向银行借入的专项借款及后来的使用情况。

表 1-6 专项借款使用情况 单位：万元

项目	实际投资	备注
浮选机扩产技改项目	5 437	未实质性开工
SGL 系列过滤器生产技改项目	2 710	实际投入其他专项中
高分子絮凝剂扩产技改项目	2 987	项目进度慢
HM-RO 系列纯净饮水机扩产技改项目	5 232	项目中途停工

（3）补贴收入的可能性。

2018 年底，A 市建委、市财政局将污水处理厂的优良资产转让给沃森公司经营管理。将全市征收的排污费 1 亿元划归沃森公司作为管理、营运费用，扣除营运费用后按比例返还税后利润（A 市建委发〔2018〕232 号）。2019 年，根据市长办公会议纪要〔2019〕53 号决定，A 市以每年 1 200 万元的资金连续 10 年作为对沃森公司的补贴投入（至今尚未形成正式文件）。沃森公司依据此会议纪要每年记补贴收入 12 000 万元。经查阅 2019 年度补贴情况，款项确已收到。

（4）与 G 公司的往来。

2020 年 11 月沃森公司公告与中国 G 环境发展中心签署协议成立 G 特种环保设备有限公司，公司出资 7 500 万元，占 75% 的股权，主要组织环保设备开发及承包综合污水处理工程。经了解，G 公司原为国家环保总局的直属单位，2020 年与国家环保总局脱钩，由沃森公司接管，正在办理相关手续。

9. 记录其他重要问题。

此外，张兴对在调查过程中发现的其他重要问题列示如下：

（1）董事会公告中股份公司承建 T 污水处理工程 19.6 亿元，实际工程由集团承建。

（2）股份公司与子公司、环保集团之间，子公司与子公司、集团及所属公司之间，关联交易频繁，主要为资金调拨、贷款担保事项。

（3）其他应收款中有应收北方证券公司 2 000 万元，北方证券公司认为该款是沃森公司对其投资入股款，沃森公司不认同，双方未有任何协议。

（4）母公司报表为 3 个厂的汇总报表，未对内部往来和内部交易进行抵消。

10. 评估重大错报风险。

调查小组还了解到下列表明沃森公司存在重大错报风险的事项和情况：

（1）重要客户发生流失。

（2）现有会计人员的胜任能力受到公司有些员工的质疑。

（3）安装了新的与财务报告有关的重大信息技术系统。

（4）应用 2006 年颁布的企业会计准则。

根据这些事项或情况以及了解到的上述问题，调查小组在综合分析的基础上，认为沃森公司存在与财务报表整体相关的重大错报风险。

11. 确定沃森公司的可审性和自身胜任能力。

张兴将调查结果上报后，苏诚会计师事务所对沃森公司的可审性进行了评估与确定，对沃森公司进行年报审计可接受的审计风险水平确定为5%，重大错报风险确定为40%，则可接受的检查风险为12.5%，即

检查风险=审计风险÷重大错报风险=5%÷40%×100%=12.5%

通过以上量化分析，苏诚会计师事务所认为，沃森公司的检查风险是可以接受的，苏诚会计师事务所具有较强的胜任能力，且初步商定的审计收费较为合理。因此，苏诚会计师事务所决定接受沃森公司的委托，并与其签订了审计业务委托书。

（三）案例分析

本案例研究了苏诚会计师事务所审计的沃森股份有限公司，列明了会计师事务所拟通过实施程序来决策是否承接该审计业务的具体流程。通过学习本案例，学生可以明确以下问题。

（一）前期调查中需要解决的问题及目的

在实务中，前期调查是为了使注册会计师在接受委托前，对被审计单位所有者及其构成、组织结构、生产与业务流程、经营管理情况和所处经济环境、所在行业的情况有一个初步的了解。但对于每一个调查项目而言，注册会计师还要根据具体的目的来确定调查工作的细致程度。

在前期调查中，注册会计师应解决的主要问题有：

1. 了解被审计单位的背景情况、组织机构、投资情况和经营情况，以确定审计范围。

2. 了解被审计单位的会计核算体系。

3. 初步了解被审计单位的内部控制，并在此基础上评价固有风险和控制风险，以确定初步的审计策略。

4. 对财务报表的主要项目进行分析程序。

5. 对重要事项进行细致调查和相应的记录。

6. 督促被审计单位提供完善的材料。

7. 确定是否尚存在遗留问题。

注册会计师在对以上问题进行调查的基础上，形成相应的审计工作底稿，由项目经理汇总情况，编制前期调查备忘录。

一般而言，前期调查备忘录应包括以下内容：简要介绍公司背景；描述主要业务循环的内部控制；会计制度和主要会计科目的核算方法；发现的主要问题，对利润的影响程度；重点的审计领域及说明；审计风险的评估；主要问题的解决方法；遗漏的问题等。

前期调查的目的主要有两个：

1. 对被审计单位进行一般了解，评估约定项目的审计风险，以决定是否接受委托。

2. 对被审计单位的情况进行具体了解，调查其内部控制，评价被审计单位的控制风险，为编制审计计划做好准备工作。

在本案例中，前期调查的主要目的是决定是否接受审计委托。在时间许可的情况下，调查小组的工作负责人如果认为被审计单位可审性较强，则应该尽可能扩大调查工作的涉及面，以便为下一步编制审计计划提供有用的依据。尽管是否接受委托最终要由会计师事务所的有关主任或副主任会计师作出决定，但注册会计师现场工作中的判断始终是不容忽视的。在本案例中张兴除对重大问题进行汇报之外，还对企业的各个环节做了较多的了解，以便于下一步制订审计计划。张兴认为尽管该公司存在较多问题，但依据苏诚会计师事务所的力量该项目仍具有较大的可审性。

（二）首席合伙人或主任会计师的责任

在具体项目的审计中，首席合伙人或主任会计师不会具体开展审计项目的审计业务，但最终要承担全部的审计责任。如何使首席合伙人或主任会计师有能力控制审计风险，承担审计责任呢？关键体现在以下三个环节：

1. 首席合伙人或主任会计师要直接或间接地了解被审计单位的基本情况，并与项目经理一起讨论和制订审计计划。

2. 解答审计工作中外勤审计人员的重大问题请示。

3. 签发审计报告前的复核。

在本案例中，先由调查小组对被审计单位进行了解，然后对重大问题形成书面记录，由项目组长汇总请示首席合伙人或主任会计师，最终由首席合伙人或主任会计师确定是否接受委托。

（三）是否接受委托，制订计划，落实工作

注册会计师在实施前期调查后，根据前期调查的情况，最终决定是否接受委托。会计师事务所如果能够驾驭和控制此项目的审计风险，应根据前期调查的情况，制订审计计划，实施审计工作。

三、相关法规和准则

（一）法规

1.《中华人民共和国审计法》；

2.《中华人民共和国证券法》；
3.《中华人民共和国公司法》；
4.《中华人民共和国注册会计师法》。

（二）会计准则

1.《企业会计准则第 28 号——会计政策、会计估计变更和差错更正》；
2.《企业会计准则第 30 号——财务报表列报》；
3.《企业会计准则第 31 号——现金流量表》。

（三）审计准则

1.《中国注册会计师审计准则第 1152 号——前后任注册会计师的沟通》；
2.《中国注册会计师审计准则第 1331 号——首次接受委托对期初余额的审计》；
3.《中国注册会计师审计准则第 5101 号——业务质量控制》；
4.《中国注册会计师审计准则第 1111 号——审计业务约定书》；
5.《中国注册会计师其他鉴证业务准则第 3101 号——历史财务信息审计或审阅以外的鉴证业务》。

本章小结

一般来说，财务报表审计可分为 4 个阶段，即接受审计委托阶段、计划审计工作阶段、执行审计工作阶段和报告审计结果阶段。在这 4 个阶段中，接受审计委托阶段的工作是决定是否接纳新客户或者继续保留原有客户，包括审查客户的可审性以及事务所自身的胜任能力，并在两者通过的基础上整订审计业务委托书。

本章的两个案例，虽然无法涵盖接受审计委托阶段的全部内容，但可使学生对审计初步测试过程和业务承接过程有比较深刻的体会，并充分了解前期调查的具体程序以及应注意的问题。通过对被审计单位进行的前期调查测试，了解重要性判断和审计风险估计，从而能够确定是否接受审计委托所要综合考虑的问题。

练习与思考

一、名词解释

1. 前期调查
2. 履约风险

3. 业务质量控制

4. 舞弊风险

5. 专业胜任能力

6. 审计业务约定书

二、思考题

1. 前期调查主要包括哪些程序?

2. 审计业务约定书的作用有哪些?

3. 审计业务约定书的主要内容包括哪些部分?

4. 项目组内部讨论舞弊风险的目的是什么?

5. 审计风险、重大错报风险与检查风险三者的关系如何?

6. 如果被审计单位首次接受审计，审计人员是否需要对固定资产期初余额进行审计?

三、案例题

1. 苏诚会计师事务所是一所中等规模的会计师事务所，客户来源较为稳定。苏诚会计师事务所此次调查主要以审计约定项目为目的，并在可能的情况下为编制审计计划做好准备工作。沃森公司是一家上市公司，上市以来业务扩张较为迅速。沃森公司以前年度的年报一直由信达会计师事务所审计，因负责沃森公司审计的注册会计师已离开该事务所出国进修，沃森公司董事会决定自2020年开始改由信誉较好的苏诚会计师事务所进行审计。

（1）假设沃森公司是苏诚会计师事务所的老客户，苏诚会计师事务所在查阅上年度审计工作底稿时，应着重注意哪些问题?

（2）案例中所列举的是首次接受委托的情况，假设沃森公司是苏诚会计师事务所的老客户，那么苏诚会计师事务所此次持续接受委托时，调查的主要内容应有什么不同?

（3）案例中沃森公司更换会计师事务所的主要原因是前任注册会计师离开原来所服务的会计师事务所出国进修。现假设经客户同意后，张兴已与前任注册会计师取得联系，其应该如何与前任审计人员进行沟通?

2. 星空股份有限公司是纺织行业的上市公司，2015年发行社会公众股并上市交易，受政府的优惠政策的支持，业绩较好，上市当年的每股收益为0.433元，但在2016年企业开始出现下滑的趋势，每股收益为0.2元。公司目前在准备2019年的年度审计，并打算聘请宝信会计师事务所进行年度审计。宝信会计师事务所在接受该公司委托前通过公开渠道了解到如下信息：

（1）2017年、2018年两年的业绩相当不理想，每股收益分别为0.155元和0.1元。

（2）2019年未经审计的中期报表的每股收益为0.09元。

（3）2019年12月5日公告了其进行资产重组的消息。

（4）2017年、2018年从事该公司年度报表审计的事务所是大胜会计师事务所。

（5）公司在2019年12月26日宣布入股组建电子商务网络公司，并处于控股地位。

请问：

（1）你作为该项目的负责人，在接受委托前你会如何处理?

（2）如果接受委托，你在编制审计计划时采取何种手段防范因上述信息可能带来的风险?

3. 注册会计师在审计计划阶段，对A、B、C三个企业有关审计风险估计资料见表1-7。请计算各自的审注册会计师在审计计划阶段，对A、B、C三个公司有关审计风险估计资料见表1-7。

表 1-7 审计风险估计

审计风险类型	A 公司	B 公司	C 公司
总风险	8%	12%	15%
固有风险	10%	20%	14%
控制风险	32%	15%	5%

要求：

（1）请计算对各公司的审计检查风险。

（2）假如注册会计师经过评估确定的可接受检查风险为 10%，请指出在实施审计时对哪个公司应取得更多的审计证据，为什么？

第二章 审计计划编制

学习内容与目标

编制审计计划对于注册会计师顺利完成审计工作和控制审计风险具有非常重要的意义。审计计划分为总体审计策略和具体审计计划两个层次。总体审计策略用以确定审计范围、时间和方向，并指导具体审计计划。总体审计策略的制定应当考虑：审计范围，报告目标、时间安排及所需沟通的性质，审计方向，审计资源。具体审计计划是为了完成整体审计策略的目标和要求而制订的具体项目的审计实施计划。它比总体审计策略更加详细，其内容包括为获取充分、适当的审计证据以将审计风险降至可接受的低水平，项目组成员拟实施的审计程序的性质、时间和范围。本章两个案例分别从总计审计策略和具体审计计划两个层面重现了计划审计工作阶段的过程，从而使学生对计划审计工作阶段有更深入的了解。

一、理论概述

（一）总体审计策略

注册会计师应当为审计工作制定总体审计策略。总体审计策略用以确定审计范围、时间安排和方向，并指导具体审计计划的制定。在制定总体审计策略时，应当考虑以下主要事项。

1. 审计范围。

在确定审计范围时，需要考虑下列具体事项：

（1）编制拟审计的财务信息所依据的财务报告编制基础，包括是否需要将财务信息调整至按照其他财务报告编制基础编制。

（2）特定行业的报告要求，如某些行业监管机构要求提交的报告。

（3）预期审计工作涵盖的范围，包括应涵盖的组成部分的数量及所在地点。

（4）母公司和集团组成部分之间存在的控制关系的性质，以确定如何编制合并财务报表。

（5）由组成部分注册会计师审计组成部分的范围。

（6）拟审计的经营分部的性质，包括是否需要具备专门知识。

（7）外币折算，包括外币交易的会计处理、外币财务报表的折算和相关信息的披露。

（8）除为合并目的执行的审计工作之外，对个别财务报表进行法定审计的需求。

（9）内部审计工作的可获得性及注册会计师拟信赖内部审计工作的程度。

（10）被审计单位使用服务机构的情况，及注册会计师如何取得有关服务机构内部控制设计和运行有效性的证据。

（11）对利用在以前审计工作中获取的审计证据（如获取的与风险评估程序和控制测试相关的审计证据）的预期。

（12）信息技术对审计程序的影响，包括数据的可获得性和对使用计算机辅助审计技术的预期。

（13）协调审计工作与中期财务信息审阅的预期涵盖范围和时间安排，以及中期审阅所获取的信息对审计工作的影响。

（14）与被审计单位人员的时间协调和相关数据的可获得性。

2. 报告目标、时间安排及所需沟通的性质。

为计划报告目标、时间安排和所需沟通，需要考虑下列事项：

（1）被审计单位对外报告的时间表，包括中间阶段和最终阶段。

（2）与管理层和治理层举行会谈，讨论审计工作的性质、时间安排和范围。

（3）与管理层和治理层讨论注册会计师拟出具的报告的类型和时间安排以及沟通的其他事项（口头或书面沟通），包括审计报告、管理建议书和向治理层通报的其他事项。

（4）与管理层讨论预期就整个审计业务中审计工作的进展进行的沟通。

（5）与组成部分注册会计师沟通拟出具的报告的类型和时间安排，以及与组成部分审计相关的其他事项。

（6）项目组成员之间沟通的预期性质和时间安排，包括项目组会议的性质和时间安排，以及复核已执行工作的时间安排。

（7）预期是否需要和第三方进行其他沟通，包括与审计相关的法定或约定的报告责任。

3. 审计方向。

总体审计策略的制定应当包括考虑影响审计业务的重要因素，以确定项目组工作方向，包括确定适当的重要性水平，初步识别可能存在较高的重大错报风险的领域，初步识别重要的组成部分和账户余额，评价是否需要针对内部控制的有效性获取审计证据，识别被审计单位、所处行业、财务报告要求及其他相关方面最近发生的重大变化等。

在确定审计方向时，注册会计师需要考虑下列事项：

（1）重要性方面。具体包括：

①为计划目的确定重要性。

②为组成部分确定重要性且与组成部分的注册会计师沟通。

③在审计过程中重新考虑重要性。

④识别重要的组成部分和账户余额。

（2）重大错报风险较高的审计领域。

（3）评估的财务报表层次的重大错报风险对指导、监督及复核的影响。

（4）项目组人员的选择（在必要时包括项目质量控制复核人员）和工作分工，包括向重大错报风险较高的审计领域分派具备适当经验的人员。

（5）项目预算，包括考虑为重大错报风险可能较高的审计领域分配适当的工作时间。

（6）如何向项目组成员强调在收集和评价审计证据过程中保持职业怀疑的必要性。

（7）以往审计中对内部控制运行有效性进行评价的结果，包括所识别的控制缺陷的性质及应对措施。

（8）管理层重视设计和实施健全的内部控制的相关证据，包括这些内部控制得以适当记录的证据。

（9）业务交易量规模，以基于审计效率的考虑确定是否依赖内部控制。

（10）对内部控制重要性的重视程度。

（11）管理层用于识别和编制适用的财务报告编制基础所要求的披露（包括从总账和明细账之外的其他途径获取的信息）的流程。

（12）影响被审计单位经营的重大发展变化，包括信息技术和业务流程的变化、关键管理人员变化以及收购、兼并和分立。

（13）重大的行业发展情况，如行业法规变化和新的报告规定。

（14）会计准则及会计制度的变化。

（15）其他重大变化，如影响被审计单位的法律环境的变化。

4. 审计资源。

注册会计师应当在总体审计策略中清楚地说明审计资源的规划和调配，包括确定执行审计业务所必需的审计资源的性质、时间安排和范围。

（1）向具体审计领域调配的资源，包括向高风险领域分派有适当经验的项目组成员，就复杂的问题利用专家工作等。

（2）向具体审计领域分配资源的多少，包括分派到重要地点进行存货监盘的项目组成员的人数，在集团审计中复核组成部分注册会计师工作的范围，向高风险领域分配的审计时间预算等。

(3) 何时调配这些资源，包括是在期中审计阶段还是在关键的截止日期调配资源等。

(4) 如何管理、指导、监督这些资源，包括预期何时召开项目组预备会和总结会，预期项目合伙人和经理如何进行复核，是否需要实施项目质量控制复核等。

总体审计策略一经制定，注册会计师应当针对总体审计策略中所识别的不同事项，制订具体审计计划，并考虑通过有效利用审计资源以实现审计目标。

虽然编制总体审计策略的过程通常在具体审计计划之前，但是两项计划活动并不是孤立、不连续的过程，而是内在紧密联系的，对其中一项的决定可能会影响甚至改变对另外一项的决定。

(二) 具体审计计划

注册会计师应当为审计工作制订具体审计计划。具体审计计划比总体审计策略更加详细，其内容包括为获取充分、适当的审计证据以将审计风险降至可接受的低水平，项目组成员拟实施的审计程序的性质、时间安排和范围。可以说，为获取充分、适当的审计证据，而确定审计程序的性质、时间安排和范围是具体审计计划的核心。具体审计计划应当包括风险评估程序、计划实施的进一步审计程序和其他审计程序。

1. 风险评估程序。

风险评估是指实施风险评估程序，了解被审计单位及其环境（包括内部控制），以充分识别和评估财务报表层次和认定层次的重大错报风险。审计人员应当针对评估的重大错报风险实施程序，即针对评估的财务报表层次重大错报风险确定总体应对措施，并针对评估的认定层次重大错报风险设计和实施进一步审计程序，以将审计风险降至可接受的低水平。

具体审计计划应当包括按照《中国注册会计师审计准则第 1211 号——通过了解被审计单位及其环境识别和评估重大错报风险》的规定，为了充分识别和评估财务报表重大错报风险，注册会计师计划实施的风险评估程序的性质、时间安排和范围。

2. 进一步审计程序。

具体审计计划应当包括按照《中国注册会计师审计准则第 1231 号——针对评估的重大错报风险采取的应对措施》的规定，针对评估的认定层次的重大错报风险，注册会计师计划实施的进一步审计程序的性质、时间安排和范围。进一步审计程序包括控制测试和实质性程序。

需要强调的是，随着审计工作的推进，对审计程序的计划会一步步深入，并贯穿于整个审计过程。例如，计划风险评估程序通常在审计开始阶段进行，计划进一步审计程序则需要依据风险评估程序的结果进行。因此，为达到制订具体审计计划的要求，注册会计师需要完成风险评估程序，识别和评估重大错报风险，并针对评估的认定层次的重大错报风险，计划实施进一步审计程序的性质、时间安排和范围。

通常，注册会计师计划的进一步审计程序可以分为进一步审计程序的总体方案和拟实施的具体审计程序（包括进一步审计程序的具体性质、时间安排和范围）两个层次。进一步审计程序的总体方案主要是指注册会计师针对各类交易、账户余额和披露决定采用的总体方案（包括实质性方案和综合性方案）。具体审计程序则是对进一步审计程序的总体方案的延伸和细化，它通常包括控制测试和实质性程序的性质、时间安排和范围。在实务中，注册会计师通常单独制订一套包括这些具体程序的“进一步审计程序表”，待具体实施审计程序时，注册会计师将基于所计划的具体审计程序，进一步记录所实施的审计程序及结果，并最终形成有关进一步审计程序的审计工作底稿。

另外，完整、详细的进一步审计程序的计划包括对各类交易、账户余额和披露实施的具体审计程序的性质、时间安排和范围，包括抽取的样本量等。在实务中，注册会计师可以统筹安排进一步审计程序的先后顺序，如果对某类交易、账户余额或披露已经作出计划，则可以安排先行开展工作，与此同时再制订其他交易、账户余额和披露的进一步审计程序。

注册会计师应当根据实施风险评估程序的结果，对总体审计策略的内容予以调整。在具体实务中，注册会计师将制订总体审计策略和具体审计计划相结合进行可能会使计划审计工作更有效率及效果，并且注册会计师也可以采用将总体审计策略和具体审计计划合并为一份审计计划文件的方式。

3. 其他审计程序。

具体审计计划应当包括根据审计准则的规定，注册会计师针对审计业务需要实施的其他审计程序。计划的其他审计程序可以包括上述进一步程序的计划中没有涵盖的、根据其他审计准则的要求注册会计师应当执行的既定程序。

在审计计划阶段，除了按照《中国注册会计师审计准则第 1211 号——通过了解被审计单位及其环境识别和评估重大错报风险》进行计划工作，注册会计师还需要兼顾其他准则中规定的、针对特定项目在审计计划阶段应执行的程序及记录要求。例如，《中国注册会计师审计准则第 1141 号——财务报表审计中与舞弊相关的责任》《中国注册会计师审计准则第 1324 号——持续经营》《中国注册会计师审计准则第 1142 号——财务报表审计中对法律法规的考虑》《中国注册会计师审计准则第 1323 号——关联方》等准则中对注册会计师针对这些特定项目在审计计划阶段应当执行的程序及其记录作出了规定。

当然，由于被审计单位所处行业、环境各不相同，特别项目可能也有所不同。例如，有些企业可能涉及环境事项、电子商务等，在实务中注册会计师应根据被审计单位的具体情况确定特定项目并执行相应的审计程序。

4. 具体审计计划的作用。

（1）通过制订和实施审计计划，可使审计人员能够根据具体情况收集充分、适当的证据。

（2）通过制订审计计划，可以保持合理的审计成本，提高审计工作的效率和质量。

（3）通过制订审计计划，可以避免与被审计单位之间发生误解。

（三）审计过程中对计划的修改

计划审计工作并非审计业务的一个孤立阶段，而是一个持续的、不断修正的过程，贯穿于整个审计业务的始终。由于未预期事项、条件的变化或在实施审计程序中获取的审计证据等原因，在审计过程中，注册会计师应当在必要时对总体审计策略和具体审计计划作出更新和修改。

审计过程可以分为不同阶段，通常前面阶段的工作结果会对后面阶段的工作计划产生一定的影响，而后面阶段的工作过程中又可能发现需要对已制定的相关计划进行相应的更新和修改。通常来讲，这些更新和修改可能涉及比较重要的事项。

例如，对重要性水平的修改，对某类交易、账户余额和披露的重大错报风险的评估和进一步审计程序（包括总体方案和拟实施的具体审计程序）的更新和修改等。一旦计划被更新和修改，审计工作也就应当进行相应的修正。

又如，如果在制订审计计划时，注册会计师基于对材料采购交易的相关控制的设计和执行获取的审计证据，认为相关控制设计合理并得以执行，因此未将其评价为高风险领域并且计划执行控制测试。但是在执行控制测试时获得的审计证据与审计计划阶段获得的审计证据相矛盾，注册会计师认为该类交易的控制没有得到有效执行，此时，注册会计师可能需要修正对该类交易的风险评估，并基于修正的评估风险修改计划的审计方案，如改用实质性方案。

值得注意的是，如果注册会计师在审计过程中对总体审计策略或具体审计计划作出重大修改，应当在审计工作底稿中记录作出的重大修改及其理由。

（四）指导、监督与复核

注册会计师应当制订计划，确定对项目组成员的指导、监督以及对其工作进行复核的性质、时间安排和范围。项目组成员的指导、监督以及对其工作进行复核的性质、时间安排和范围主要取决于下列因素：

1. 被审计单位的规模和复杂程度。
2. 审计领域。
3. 评估的重大错报风险。
4. 执行审计工作的项目组成员的专业素质和胜任能力。

注册会计师应在评估重大错报风险的基础上，计划对项目组成员工作的指导、监督与复核的性质、时间安排和范围。当评估的重大错报风险增加时，注册会计师通常会扩大指导与监督的范围，增强指导与监督的及时性，执行更详细的复核工作。在计划复核的性质、时间安排和范围时，注册会计师还应该考虑单个项目组成员的专业素质和胜任能力。

（五）重要性

1. 重要性概念。

财务报告存在着重大错报漏报，在特定情况下可能影响会计报表的信息使用者的决策或判断。而财务报告编制基础通常从编制和列报财务报告的角度阐释重要性概念。财务报告编制基础可能以不同的术语解释重要性，但通常而言，重要性概念可从下列方面进行理解：

（1）如果合理预期错报（包括漏报）单独或汇总起来可能影响财务报表使用者依据财务报表作出的经济决策，则通常认为错报是重大的。

（2）对重要性的判断是根据具体环境作出的，并受错报的金额或性质的影响，或受两者共同作用的影响。

（3）判断某事项对财务报表使用者是否重大，是在考虑财务报表使用者整体共同的财务信息需求的基础上作出的。由于不同财务报表使用者对财务信息的需求可能差异很大，因此不考虑错报对个别财务报表使用者可能产生的影响。

在实施审计前，就必须对重大错报的规模和性质作出一个判断，包括确定财务报表整体的重要性和特定交易类别、账户余额和披露的重要性水平。当错报金额高于整体重要性水平时，就很可能被合理预期将对使用者根据财务报表作出的经济决策产生影响。

注册会计师使用财务报表整体重要性水平的目的有：

（1）决定风险评估程序的性质、时间安排和范围。

（2）识别和评估重大错报风险。

（3）确定进一步审计程序的性质、时间安排和范围。

在整个业务过程中，随着审计工作的进展，注册会计师应当根据所获得的新信息更新重要性。在形成审计结论阶段，要使用整体重要性水平和为了特定交易类别、账户余额和披露而确定的较低金额的重要性水平来评价已识别的错报对财务报表的影响和对审计报告中审计意见的影响。

2. 重要性水平的确定。

在计划审计工作时，注册会计师应当确定一个合理的重要性水平，以发现在金额上重大的错报。注册会计师在确定计划的重要性水平时，需要考虑对被审计单位及其环境的了解、审计的目标、财务报表各项目的性质及其相互关系、财务报表项目的金额及其波动幅度。

（1）确定财务报表层次的重要性水平。

审计人员首先为财务报表层次确定重要性水平，即总体重要性水平。当财务报表的累计错报金额超过这一重要性水平时，就可能造成财务报表使用者改变其经济决策，应当认为是重要的；反之，则认为错报金额不重要。

确定多大错报会影响到财务报表使用者所作的决策，是审计人员运用职业判断的结果。

在审计实务中，审计人员通常选一个恰当的基准，再选择适当的百分比，两者相乘，得出财务报表层次的重要性水平。在选择基准时，需要考虑的因素包括：

第一，财务报表要素（如资产、负债、所有者权益、收入和费用）。

第二，是否存在特定会计主体的财务报表使用者特别关注的项目（如为了评价财务业绩，使用者可能更关注利润、收入或净资产）。

第三，被审计单位的性质、所处的生命周期阶段以及所处行业和经济环境。

第四，被审计单位的所有权结构和融资方式（例如，如果被审计单位仅通过债务而非权益进行融资，财务报表使用者可能更关注资产及资产的索偿权，而非被审计单位的收益）。

第五，基准的相对波动性。

（2）确定认定层次的重要性水平。

各类交易、账户余额、列报认定层次重要性水平称为“可容忍错报”，可容忍错报的确定以对财务报表层次重要性水平的初步评估为基础。它是在不导致财务报表存在重大错报的情况下，审计人员对各类交易、账户余额、列报确定的可接受的最大错报。

确定认定层次的重要性水平时需要考虑以下因素：

第一，各类交易、账户余额、列报的性质及错报的可能性和审计的难易程度（对那些发生错报可能性大和审计难度大的项目，确定高一些的可容忍错报，以降低审计成本）。

第二，各类交易、账户余额、列报的重要性水平与财务报表层次重要性水平的关系。

第三，各类交易、账户余额、列报受关注的程度（对那些受到高度关注的项目，确定低一些的可容忍错报，以保证审计质量）。

根据被审计单位的特定情况，下列因素可能表明存在一个或多个特定类别的交易、账户余额或披露，其发生的错报金额虽然低于财务报表整体的重要性，但合理预期将影响财务报表使用者依据财务报表作出的经济决策：

第一，法律法规或适用的财务报告编制基础是否影响财务报表使用者对特定项目（如关联方交易、管理层和治理层的薪酬）计量或披露的预期。

第二，与被审计单位所处行业相关的关键性披露（如制药企业的研究与开发成本）。

第三，财务报表使用者是否特别关注财务报表中单独披露的业务的特定方面（如关于分部或重大企业合并的披露）。

（3）实际执行的重要性。

实际执行的重要性，是指注册会计师确定的低于财务报表整体重要性的一个或多个金额，旨在将未更正和未发现错报的汇总数超过财务报表整体的重要性的可能性降至适当的低水平。如果适用，实际执行的重要性还指注册会计师确定的低于特定类别的交易、账户余额或披露的重要性水平的一个或多个金额。

仅为发现单项重大的错报而计划审计工作将忽视这样一个事实，即单项非重大错报的汇总数可能导致财务报表出现重大错报，更不用说还没有考虑可能存在的未发现错报。确定财务报表整体的实际执行的重要性（可能是一个或多个金额），旨在将财务报表中未更正和未发现错报的汇总数超过财务报表整体的重要性的可能性降至适当的低水平。

与确定特定类别的交易、账户余额或披露的重要性水平相关的实际执行的重要性，旨在将这些交易、账户余额或披露中未更正与未发现错报的汇总数超过这些交易、账户余额或披露的重要性水平的可能性降至适当的低水平。

确定实际执行的重要性并非简单机械的计算，需要注册会计师运用职业判断，并考虑下列因素的影响：

第一，对被审计单位的了解（这些了解在实施风险评估程序的过程中得到更新）。

第二，前期审计工作中识别出的错报的性质和范围。

第三，根据前期识别出的错报对本期错报作出的预期。

（六）分析性复核程序

1. 分析性复核程序概念。

分析型复核程序是指注册会计师分析被审计单位重要的比率或趋势，包括调查这些比率或趋势的异常变动及其与预期数额和相关信息的差异。具体包括下列程序：

（1）将被审计单位本期数据与前期数据做比较（报表余额、明细资料、各种财务比率）。

（2）将被审计单位数据与所在行业数据做比较；将被审计单位实际数据与其计划或预算做比较。

（3）将被审计单位实际数据与审计人员预期结果做比较；将被审计单位实际数据与利用非财务数据得出的预期结果做比较。

（4）具体可用简易比较、比率分析、结构百分比分析、趋势分析等方法。

2. 分析性复核程序的用途。

（1）在审计计划阶段，帮助注册会计师确定其他审计程序的性质、时间及范围。

（2）在审计实施阶段，直接作为实质性测试程序，以收集与账户余额和各类交易相关的特殊认定的证据。

（3）在审计报告阶段，用于对被审会计报表的整体合理性作最后的复核。

在审计计划阶段，使用分析性复核程序的主要目的是使注册会计师对被审计单位的经营情况获得更好地了解和确认资料间异常的关系和意外的波动，以便找出存在潜在错报风险的领域。

二、案例资料

案例一 编制丽枫公司总体审计策略审计案例

（一）案例背景

苏诚会计师事务所接受丽枫公司的委托，审计丽枫公司的2020年度的财务报表。苏诚会计师事务所已在前期调查中取得了该企业的相关重要资料。副主任会计师孙昊为项目经理，注册会计师张兴是该项目的负责人，张莉、黄菊、周华、史新为项目组成员。现项目组需要对所获取的信息进行分析比较，以拟订总体审计策略。

在实务工作中，苏诚会计师事务所的质量标准部要求审计小组严格依据审计准则的要求指导这一阶段的分析及计划工作。

本案例主要介绍编制总体审计策略的过程与方法，重点在于对未审财务报表进行总体分析，以判断审计中可能存在的重大问题，确定重点审计领域，最终形成审计总体工作计划。

（二）案例内容与案例过程

张兴在取得相关数据的基础上，安排助理人员张莉、黄菊对丽枫公司的财务报表项目进行趋势分析性测试，在此基础上形成总体审计策略。具体分析过程如下：

1. 审阅财务报表，进行初步直观的总体分析。

助理人员张莉把当年的主要数据与上年的相关数据进行对比，从总体上进行分析，编制趋势分析表2－1、趋势分析表2－2。

表2－1 趋势分析表（1） 单位：万元

被审计单位名称	财务报表期间	工作底稿索引号
丽枫公司	截至2020年12月31日	Z2－5－1
编制人及复核人签字：		
编制人：张莉	日期：2021年1月26日	
复核人：张兴	日期：2021年1月31日	
项目质量控制复核人：李明	日期：2021年2月1日	

续表

财务报表项目	2019 年	2020 年	2020 年比 2019 年		说明（该栏仅分析增减比例超过 10% 的项目）
	已审数	未审数	增长金额	增长率	
	①	②	③ = ② - ①	④ = ③/①	
营业收入	76 038	56 789	-19 240	-25.3%	2020 年度未审财务报表项目与 2019 年度已审财务报表项目的比较分析： 1. 营业收入、营业成本同比分别减少了 25.3%，27.1%，致使营业利润也减少了 19.9%，说明本年度丽枫公司产品销售情况不良，审计时应关注影响销售的因素，以及销售如何影响本年度利润情况 2. 利润总额、净利润同比分别减少了 428.1%，467.1%，说明除了要关注本年销售对利润的影响外，还要关注其他业务利润、费用、营业外支出对本年利润的影响 3. 存货余额同比减少了 16.6%，营业成本减少了 27.1% 4. 速动资产同比增加了 18.7%，与应收账款增加基本同步，合理 5. 在建工程同比减少了 43.1%，审计时要关注在建工程的减少对利润的影响。
营业成本	59 684	43 524	-16 160	-27.1%	
营业利润	15 370	12 318	-3 052	-19.9%	
利润总额	620	-2 034	-2 654	-428.1%	
净利润	554	-2 034	-2 588	-467.1%	
存货	46 068	38 412	-7 656	-16.6%	
应收账款	43 694	50 976	7 282	16.7%	
速动资产	45 322	53 814	8 492	18.7%	
流动资产	104 250	110 046	5 796	5.6%	
流动负债	100 176	103 958	3 782	3.8%	
固定资产	90 708	93 622	2 914	3.2%	
在建工程	3 644	2 072	-1 572	-43.1%	
资产总额	165 674	170 734	5 060	3.1%	
负债总额	126 702	132 552	5 850	4.6%	
实收资本	26 842	28 106	1 264	4.7%	
净资产额	38 972	38 182	-790	-2.0%	

表 2-2　　趋势分析表（2）　　单位：万元

被审计单位名称	财务报表期间	工作底稿索引号
丽枫公司	截至 2020 年 12 月 31 日	Z2-5-2
编制人及复核人签字：		
编制人：张莉	日期：2021 年 1 月 26 日	
复核人：张兴	日期：2021 年 1 月 31 日	
项目质量控制复核人：李明	日期：2021 年 2 月 1 日	

财务报表项目	2019 年	2019 年	2020 年		增减数（%）	说明（说明栏仅分析增减比例超过 10% 的项目）
	已审数	占比（%）	未审数	占比（%）		
	①	②	③	④	⑤ = ④ - ②	
流动资产	104 250 038	62.92%	110 046	64.45%	1.53	2020 年度未审计财务报表项目与 2019 年度已审财务报表项目的比较分析：
长期股权投资	1 108	0.67%	1 108	0.65%	-0.02	
固定资产净额	55 714	33.63%	54 716	32.05%	-1.58	
在建工程	3 644	2.20%	4 642	2.72%	0.52	

续表

财务报表项目	2019 年已审数	2019 年占比（%）	2020 年未审数	2020 年占比（%）	增减数（%）	说明（说明栏仅分析增减比例超过 10% 的项目）
	①	②	③	④	⑤ = ④ - ②	
无形资产	958	0.60%	222	0.13%	-0.47	资产、负债和权益各项目前前后各期变动不大，无重大异常变动。
资产合计	165 674	100.00%	170 734	100.00%	0	
流动负债	100 176	79.06%	7 282	78.43%	-0.63	
长期负债	26 526	20.94%	8 492	21.57%	0.63	
负债合计	126 702	100.00%	132 552	100.00%	0	
实收资本	26 842	68.88%	28 106	73.61%	4.73	
其他权益	12 130	31.12%	10 076	26.39%	-4.73	
权益合计	38 972	100.00%	38 182	100.00%		

2. 根据确定的指标和要求，完成选定的有关数据的计算。

张兴认为有必要再对一些重要指标进行比较，以确认这些指标的变动是否合理，是否与在前期调查中所掌握的企业经营状况的变化情况一致。张兴安排审计人员黄菊对公司财务报表的主要经济指标进行计算，与上年度相应数据进行对比，考虑其变化内容是否在审计人员的预期之内，并得出分析结论。黄菊现编制重要指标比率分析表，如表 2 - 3 所示。

表 2 - 3　　重要比率指标趋势分析表

被审计单位名称	财务报表期间	工作底稿索引号
丽枫公司	截至 2020 年 12 月 31 日	Z2 - 5 - 3
编制人：张莉	日期：2021 年 1 月 26 日	
复核人：张兴	日期：2021 年 1 月 31 日	

比率指标	计算公式	2019 年	2020 年	增减数	备注
		①	②	③ = （② - ①）/①	
偿债能力比率					2020 年度未审财务报表项目与 2019 年度已审财务报表项目的比较分析： 1. 应收账款周转率降低了 35.8%，有以下原因：销售收入同比有较大幅度减少，平均应收账款余额有较大增加。审计时要关注销售收入和应收账款变动对企业经营的影响；
1. 流动比率	流动资产/流动负债	1.04	1.06	1.9%	
2. 速动比率	速冻资产/流动负债	0.45	0.52	15.6%	
财务杠杆比率					
1. 负债比率	负债总额/资产总额	0.76	0.78	2.6%	
2. 资本对负债比率	资本额/负债总额	0.2119	0.2120	0.05%	
3. 利息保障倍数	（税前利润 + 利息支出）/利息支出	1.11	0.62	-44.1%	

续表

比率指标	计算公式	2019年	2020年	增减数	备注
		①	②	③＝（②－①）/①	
经营效率比率					2. 利息保障倍数降低了44.%，经分析，主要是盈亏逆转所致，要关注影响亏损的因素； 3. 存货和总资产的周转率均有大幅度下降，审计时要关注影响存货、应收账款变动对企业经营的影响； 4. 各个获利能力比率大幅度降低，是各影响项目综合作用的结果。
1. 存货周转率	销售成本/平均存货	1.30	1.03	－20.8%	
2. 应收账款周转率	销售收入/平均应收账款	1.87	1.2	－35.8%	
3. 总资产周转率	营业收入/平均总资产	0.47	0.34	－27.7%	
获利能力比率					
1. 营业利润率	利润总额/营业收入	0.008	－0.036	－550%	
2. 净资产报酬率	净利润/平均净资产	0.014	－0.053	－478.6%	
3. 总资产报酬率	净利润/平均总资产	0.003	－0.012	－500%	

编制人及复核人签字：

项目质量控制复核人：李明

3. 根据审阅及计算结果进行分析判断，确定重要性账户，完成分析性测试备忘录。

张兴在复核张莉、黄菊编制的趋势分析性测试工作底稿的基础上，对以上各分析中得出的主要结论进行汇总，形成了如表2－4所示分析性测试情况汇总表。

表2－4　分析性测试情况汇总表

被审计单位名称	财务报表期间	工作底稿索引号
丽枫公司	截至2020年12月31日	Z2－5－5
编制人：张莉	日期：2021年1月26日	
复核人：张兴	日期：2021年1月31日	
项目质量控制复核人：李明	日期：2021年2月1日	
测试项目	重要事项说明	
趋势分析表（表2－1）	1. 营业收入、营业成本同比减少了25.3%、27.1%，致使营业利润也减少了19.9%，说明本年度公司产品销售情况不佳，审计时应关注影响销售的因素如何影响本年度利润影响； 2. 利润总额、净利润同比分别减少了428%、467%，说明除了要关注本年度销售对利润的影响外，还要关注其他业务利润、费用、营业外支出对本年利润的影响； 3. 在建工程同比减少了43.1%，审计时要关注在建工程的减少对利润的影响。	
趋势分析表（表2－2）	无重大异常变动	

续表

测试项目	重要事项说明
重要比率指标趋势分析表（表2-3）	1. 保障利息倍数系数降低是盈亏发生逆转造成的，审计时要关注影响丽枫公司由盈利转向亏损的原因； 2. 存货、应收账款和总资产的周转率均有大幅度下降，审计时要关注影响存货、应收账款变动对企业经营的影响； 3. 获利能力比率大幅度下降，是各个影响项目综合作用所致。审计时应注意其与其他影响项目之间的关系。
测试项目	重要事项说明
项目经理对测试结果进行综合分析后初步确定的审计重点领域： 1. 营业收入、营业成本项目 2. 其他业务利润、费用、营业外支出项目 3. 应收账款项目 4. 存货项目 5. 在建工程项目	

4. 考虑分析性结果对审计总体工作计划的影响，并在此基础上形成审计总体策略。

项目负责人张兴通过以上分析，初步确定了审计重点，并结合对丽枫公司基本情况和内部控制制度的了解，编制出总体审计策略，如表2-5所示。

表2-5　　总体审计策略

被审计单位名称	财务报表期间	工作底稿索引号
丽枫公司	截至2020年12月31日	Z2-8
编制人及复核人签字：		
编制人：张莉	日期：2021年1月27日	
复核人：王小军	日期：2021年1月29日	
项目质量控制复核人：李明	日期：2021年1月31日	

（1）审计工作范围。

报告要求	
适用的财务报告准则	企业会计准则
适用的审计准则	中国注册会计师执业准则
审计地点	到被审计单位进行审计

（2）重要性。

重要性确定依据	确定的重要性水平
按照《中国注册会计师审计准则第1221号——重要性》确定	采用总收入法： 按前3年平均营业收入76 176×0.5%＝380.88（万元） 按2020年营业收入56 798×0.5%＝283.99（万元） 综合丽枫公司的审计风险，丽枫公司报表总体重要性水平可初步评价为250万元

（3）报告目标、时间安排及所需沟通。

计划的报告工作报送及审计工作时间安排如下：

向客户提交的报告	时间
审计报告	2021年2月27日
执行审计时间安排	时间
监盘	2020年12月31日
控制测试	2021年2月2日～2月5日
实质性程序	2021年2月6日～2月22日
编写审计报告	2021年2月23日～2月24日
所需沟通	时间
与管理层的会议	2021年2月1日、2月8日、2月19日
项目组会议	2021年1月31日前期会、2月25日总结会
与专家的沟通	2021年2月15日与有关工程技术专家沟通
与前任注册会计师的沟通	2021年2月1日与前任注册会计师沟通

（4）人员安排。

①项目组主要成员责任。

项目组主要成员的职位、姓名及其主要职责如下：

职位	姓名	主要责任
项目经理	孙昊	协调项目的实施
项目负责人	张兴	负责项目总体策略与计划的编制，负责项目的具体实施
项目组成员	张莉、黄菊、周华、史新	进行具体审计工作。张莉负责资产和负债的审计，黄菊负责所有者权益与收入项目的审计，周华负责费用与利润项目的审计，史新负责其他具体的审计工作

②与项目质量控制复核人员的沟通。

项目质量复核人员复核的范围、沟通内容及相关时间如下：

复核的范围：审计计划、审计工作底稿、审计风险评估情况、财务报表、审计报告。

沟通内容	负责沟通的项目组成员	计划沟通时间
风险评估、对审计计划的讨论	张兴	2021 年 2 月 1 日
对财务报表的复核	张兴	2021 年 2 月 20 日
对审计工作底稿的复核	张莉	2021 年 2 月 22 日
对审计报告的复核	张莉	2021 年 2 月 25 日

(5) 对专家或有关人士工作的利用。

注：如项目组计划利用专家或有关人士工作，需要记录其工作范围和涉及的主要会计科目等。另外，项目组还应按照相关审计准则的要求对专家或有关人士的能力、客观性及其工作进行考虑及评估。

①对内部审计工作的利用。

主要会计科目或项目	拟利用的内部审计工作	工作底稿索引号
存货	内部审计部门对各仓库的存货每半年至少盘点一次。在中期审计时，项目组已经对内部审计部门的盘点步骤进行观察，其结果令人满意，因此项目组将审阅其年底盘点结果，并缩小存货监盘的范围	Z8－9－1
内部控制制度测试	内部审计部门对被审计单位内部控制制度的有效性、合理性与健全性定期进行测试与评价，项目组在控制测试过程中，可利用相关工作底稿，参与测试与评价结论	Z8－9－2

②对专家工作的利用。

主要会计科目或项目	专家名称	主要职责及工作范围	利用专家工作的原因	工作底稿索引号
在建工程	杨红海	测定在建工程的发生额	在建工程技术强	Z8－10－1
应付债券	高硕	涉及应付债券方面的法律、法规和合同的法律意见	需要此方面的法律意见	Z8－1－2

（三）案例分析

本案例研究了苏诚会计师事务所审计的丽枫公司的总体审计策略，列示了会计师事务所根据丽枫公司具体情况制订总体审计策略的过程。通过学习本案例，学生可以明确以下问题：

1. 总体审计策略是计划审计工作的重要内容。

注册会计师应当为审计工作确定总体审计策略。总体审计策略的确定通常包括以下内容：确定审计业务的特征，以界定审计范围；明确审计业务的报告目标，以计划审计的时间安排和所需沟通的性质；考虑影响审计业务的重要因素，以确定项目组工作方向。在确定总体审计策略时，注册会计师还应考虑初步业务活动的结果，以及为被审计单位提供其他服务时所获得的经验。

注册会计师应当在总体审计策略中向具体审计领域调配的资源，包括向高风险领域分配有适当经验的项目组成员，就复杂的问题利用专家工作等；向具体审计领域分配资源的数量，包括安排到重要存货存放地、观察存货盘点的项目组成员的数量，对其他注册会计师工作的复核范围，对高风险领域安排的审计时间预算等；何时调配这些资源，包括在期中审计阶段还是在关键的截止日期调配资源等；如何管理、指导、监督这些资源的利用，包括预期何时召开项目组预备会和总结会，预期项目负责人和经理如何进行复核，是否需要实施项目质量控制复核等。

2. 在确定总体审计策略时需要运用分析程序。

分析程序是指注册会计师通过研究不同财务数据之间以及财务数据与非财务数据之间的内在关系，对财务信息作出评价。分析程序还包括调查识别出的、与其他相关信息不一致或与预期数据严重偏离的波动和关系。注册会计师应当将分析程序用作风险评估程序，以了解被审计单位及其环境，并在审计结束时运用分析程序对财务报表进行总体复核；注册会计师也可将分析程序用作实质性程序；另外，在确定总体审计策略时，注册会计师也需要运用分析程序。

3. 分析程序常用方法和指标。

从以上案例可以看到，分析程序的常用方法包括简易比较、比率分析、结构百分比分析和趋势分析等，注册会计师可视具体情况单独或综合运用。此外，注册会计师还可根据需要采用一些更为复杂的比较方法。

注册会计师在实施分析程序时，会使用一些常用的财务指标，这些指标能反映企业的经济内容及财务情况。例如，流动比率的波动可能意味着被审计单位存在以下情况：业务的快速膨胀或缩减；应收账款出现坏账或不能及时收回；存货发生积压或滞销；管理政策如库存水平、赊销条件、信用条款等发生变动；长期资产与流动资产、长期负债与短期负债等发生分类错误；流动资产或流动负债在年末进行了异常的大额调整。

注册会计师将获取的会计信息和相关的非会计信息与其他相关信息进行比较，主要目的是判断容易产生重大错报、漏报的风险领域。例如，在本案例中，营业收入和营业成本分别减少了25.3%和27.1%。如果从非会计信息中获取的资料得知，企业今年的业务扩展呈良好势态，整个行业环境也显示该行业处于增长上升趋势，那么注册会计师应就此询问被审计单位的管理当局。如果他们的解释不能令人满意的话，则注册会计师可怀疑是否有以前年度虚报的营业收入在本年度冲回，由此确定重点审计领域，以利于控制风险。一般来说，在进行比较时，注册会计师应特别关注以下情况：

(1) 账户余额或发生额的异常变动，或没有出现预期的变动，如收入总额和上年相比有很大的增长，但并未发现任何新的非正常的收入来源。

（2）账项之间对应关系的异常变动，或没有出现预期的变动。

注册会计师应对初步比较的结果进行复查，并与预期数进行比较。若比较结果表明有关变动与预期数存在明显差别，注册会计师应就此与管理当局进行商讨，以确定管理当局能否对这些异常变动提供合理的解释。若管理当局能够作出合理解释，注册会计师应执行进一步的分析程序或测试程序，以证实其解释的合理性；若管理当局不能作出合理解释（包括提供的证据不可信），注册会计师应将可能受其影响的账项认定为风险领域。

案例二　北京新睿实业有限公司应收及预付款项审计案例

（一）案例背景

2021 年 2 月 8 日，中华会计师事务所的李琪、江国庆等注册会计师，对北京新睿实业有限公司 2020 年度会计报表实施了具体的审计方案，对北京新睿实业有限公司的应收及预付款项进行了审计。

（二）案例内容与案例过程

李琪根据审计总体计划和所了解客户有关应收票据及应收账款业务的情况，确定对应收票据及应收账款的审计程序。其编制的应收票据审计程序及应收账款审计程序表如表 2－6、表 2－7 所示。

表 2－6　　中华会计师事务所应收票据审计程序

客户：北京新睿实业有限公司		签名	日期		
项目：应收票据	编制人	李琪	2021. 2. 8	索引号	C3－1
截止日：2020. 1. 1—2020. 12. 31	复核人	江国庆	2021. 2. 9	页次	1
一、审计目标					
1. 确定应收票据是否存在；					
2. 确定应收票据是否归被审计单位所有；					
3. 确定应收票据增减变动的记录是否完整；					
4. 确定应收票据是否有效，可否收回；					
5. 确定应收票据年末余额是否正确；					
6. 确定应收票据在会计报表中的披露是否恰当。					
二、审计程序			执行说明情况		索引号
1. 核对应收票据明细账与总账是否相符；					
2. 编制应收票据盘点明细表，盘点库存票据，并与应收票据明细账核对；					
3. 抽取部分票据持有人函证，以证实其存在和可收回性；					
4. 验明应收票据的利息收入是否均已入账；					
5. 核对已贴现的应收票据，其贴现额与利息额的计算是否准确，会计处理方法是否恰当；					
6. 验明应收票据是否已在资产负债表中恰当披露。					

表 2－7　　中华会计师事务所应收账款审计程序

客户：北京新睿实业有限公司		签名	日期		
项目：应收账款	编制人	李琪	2021. 2. 8	索引号	C3－1
截止日：2020. 1. 1—2020. 12. 31	复核人	江国庆	2021. 2. 9	页次	1

一、审计目标

1. 确定应收账款是否存在；
2. 确定应收账款是否归被审计单位所有；
3. 确定应收账款增减变动的记录是否完整；
4. 确定应收账款是否有效，可否收回；
5. 确定应收账款年末余额是否正确；
6. 确定应收账款在会计报表中的披露是否恰当。

二、审计程序	执行说明情况	索引号
1. 核对应收账款明细账与总账是否相符；		
2. 获取或编制应收账款明细账或账龄分析表；		
3. 抽取账龄长、金额大的应收账款向债务人进行函证，并根据情况编制函证结果汇总表，回函金额不符的，查明原因或作适当调整；		
4. 未回函的或未发询证函的应收账款，采用替代程序进行检查，判断其债权的真实性和可收回性；		
5. 检查应收账款中是否有无收回的款项；		
6. 抽查有无不属于结算业务的债权；		
7. 对于用非记账本位币结算的应收账款，检查其采用的汇率是否正确；		
8. 出现贷方余额的应收账款，必要时作重分类调整；		
9. 验明应收账款是否已在资产负债表中恰当披露。		

李琪、江国庆按照应收票据与应收账款具体审计计划对北京新睿实业有限公司的应收票据与应收账款进行了实质性测试，并将执行结果在上述程序表中进行了简单说明，如表 2－8 和表 2－9 所示。

表 2－8　　中华会计师事务所应收票据审计计划执行情况

客户：北京新睿实业有限公司		签名	日期		
项目：应收票据	编制人	李琪	2021. 2. 8	索引号	C3－1
截止日：2020. 1. 1—2020. 12. 31	复核人	江国庆	2021. 2. 9	页次	1

一、审计目标

1. 确定应收票据是否存在；
2. 确定应收票据是否归被审计单位所有；
3. 确定应收票据增减变动的记录是否完整；
4. 确定应收票据是否有效，可否收回；
5. 确定应收票据年末余额是否正确；
6. 确定应收票据在会计报表中的披露是否恰当。

二、审计程序	执行说明情况	索引号
1. 核对应收票据明细账与总账是否相符；	已核对	C3－2
2. 编制应收票据盘点明细表，盘点库存票据，并与应收票据明细账核对；	已核对	C3－3
3. 抽取部分票据持有人函证，以证实其存在和可收回性；	未核对	
4. 验明应收票据的利息收入是否均已入账；	已验证	C3－3
5. 核对已贴现的应收票据，其贴现额与利息额的计算是否准确，会计处理方法是否恰当；	已核对	C3－3
6. 验明应收票据是否已在资产负债表中恰当披露。	已验证	C3－2

表 2－9　中华会计师事务所应收账款审计计划执行情况

客户：北京新睿实业有限公司		签名	日期		
项目：应收账款	编制人	李琪	2021.2.8	索引号	C3－1
截止日：2020.1.1—2020.12.31	复核人	江国庆	2021.2.9	页次	1
一、审计目标					
1. 确定应收账款是否存在；					
2. 确定应收账款是否归被审计单位所有；					
3. 确定应收账款增减变动的记录是否完整；					
4. 确定应收账款是否有效，可否收回；					
5. 确定应收账款年末余额是否正确；					
6. 确定应收账款在会计报表中的披露是否恰当。					
二、审计程序			执行说明情况		索引号
1. 核对应收账款明细账与总账是否相符；			已核对		C4－2
2. 获取或编制应收账款明细账或账龄分析表；			已核对		C4－3
3. 抽取账龄长、金额大的应收账款向债务人进行函证，并根据情况编制函证结果汇总表，回函金额不符的，查明原因或作适当调整；			已核对		C4－3
4. 未回函的或未发询证函的应收账款，采用替代程序进行检查，判断其债权的真实性和可收回性；			已核对		C4－3
5. 检查应收账款中是否有无收回的款项；			已检查		C4－4
6. 抽查有无不属于结算业务的债权；			已检查		
7. 对于用非记账本位币结算的应收账款，检查其采用的汇率是否正确；			已检查		
8. 出现贷方余额的应收账款，必要时作重分类调整；			已检查		C4－5
9. 验明应收账款是否已在资产负债表中恰当披露。			已验证		C4－5

（三）案例分析

本案例研究了中华会计师事务所审计的北京新睿实业有限公司，列示了会计师事务所根据被审计单位的具体情况制订具体审计计划过程。通过学习本案例，学生可以明确以下问题：

具体审计计划在实施审计计划工作中必不可少，与审计总体策略相比，具体审计计划更微观。根据被审计单位的情况编制的具体审计计划，包括风险评估计划、应对评估的风险的措施、审计程序的性质、时间安排和范围等，能帮助审计人员快速确定针对被审计单位项目的最适宜的审计工作。通过具体审计计划的编制，两位注册会计师明确了应收票据与应收账款实质性测试工作的内容，为后续的审计工作实施奠定了良好的基础，同时也可以评价计划的执行情况。

三、案例涉及相关法规和准则

（一）法规

1. 《中华人民共和国公司法》；
2. 《中华人民共和国审计法》；

3.《中华人民共和国证券法》；
4.《中华人民共和国注册会计师法》。

（二）会计准则

1.《企业会计准则第 14 号——收入》；
2.《企业会计准则第 30 号——财务报表列报》；
3.《企业会计准则第 36 号——关联方披露》。

（三）审计准则

1.《中国注册会计师审计准则第 1101 号——财务报表审计的目标和一般原则》；
2.《中国注册会计师审计准则第 1142 号——财务报表审计中对法律法规的考虑》；
3.《中国注册会计师审计准则第 1201 号——计划审计工作》；
4.《中国注册会计师审计准则第 1211 号——通过了解被审计单位及其环境识别和评估重大错报风险》；
5.《中国注册会计师审计准则第 1221 号——重要性》；
6.《中国注册会计师审计准则第 1313 号——分析程序》；
7.《中国注册会计师审计准则第 1121 号——历史财务信息审计的质量控制》。

本章小结

计划审计工作阶段的工作是研究制定指导审计工作和限定审计范围的策略。计划审计工作对保证审计成功非常重要。合理的审计计划有助于注册会计师关注重点审计领域、及时发现和解决潜在问题并恰当地组织和管理审计工作，以使审计工作更加有效。同时，充分的审计计划可以帮助注册会计师对项目组成员进行恰当分工和指导监督，并复核其工作，还有助于协调其他注册会计师和专家的工作。

本章的案例一主要说明总体审计策略的确定过程，从而对总体审计策略包括的基本内容有一个较为清晰、具体的掌握，同时掌握如何借助分析程序制订有助于提高审计工作效率和质量的审计计划；案例二主要说明了具体审计计划中计划实施实质性程序的内容，从而提高对具体审计计划实际操作的认知。

练习与思考

一、名词解释

1. 总体审计策略

2. 具体审计计划

3. 风险评估程序

4. 进一步审计程序

5. 分析程序

6. 审计目标

7. 重要性

二、思考题

1. 总体审计策略包括的要素有哪些？如何确定总体审计策略？

2. 如何判断具体审计程序是否有助于审计目标的实现？

3. 对于在计划中提到但是却未能执行的程序该如何处理？

4. 在计划审计工作时，如何预防谙熟审计流程的舞弊分子规避重要性水平？

5. 运用重要性的一般要求有哪些？

6. 如何在总体审计策略中清楚地说明审计资源的规划和调配？

7. 导致审计计划修改的特别事项有哪些？

8. 项目组成员的指导、监督以及复核的性质、时间安排和范围取决于哪些因素？

三、案例题

1. 2020 年 12 月 16 日，腾飞会计师事务所主任会计师孟卫和助理审计人员侯权应江华公司的邀请，前往该公司洽谈业务。孟卫和侯权对江华公司委托审计的目的、审计业务的性质、审计收费、审计范围是否受到限制、审计的程度是否能够顺利进行等方面进行了初步了解之后，双方当即签订了审计业务约定书。请回答孟卫与江华公司立即签约是否正确？为什么？

2. 注册会计师李文审计大华公司 2021 年度会计报表时，了解到该公司固定资产的期末计价采用成本与可变现净值孰低法，2021 年末该公司部分固定资产的资料及会计处理情况是：

（1）设备 A：账面原值 40 万元，累计折旧 4 万元，减值准备为零，该设备生产的产品有大量的不合格品。大华公司按设备资产净值补提减值准备 36 万元。

（2）设备 B：账面原值 10 万元，累计折旧和减值准备为零，该设备因长期未使用，在可预见的未来不使用，其转让价值为 1 万元。大华公司全额提取减值准备。

（3）设备 C：账面原值 200 万元，累计折旧 50 万元，减值准备为 150 万元，该设备于上年度毁损，无使用价值和转让价值，上年已提取减值准备，大华公司本年度计提累计折旧 2 万元。

（4）设备 D：账面原值 30 万元，累计折旧 3 万元，已提取减值准备 2 万元，该设备未发现减值迹象。大华公司从谨慎性原则出发，从本年度起每年计提减值准备 2 万元。

要求：指出存在的问题并提出调整建议。

3. 太金师会计师事务所对海林股份有限公司 2021 年年度报表审计的结果和审计重要性水平假如有 5 种不同的情形如下表。

审计终结时，注册会计师向该公司提出审计措施分别有：（1）最好提请调整报表；（2）扩大审计程序的范围，提请调整报表；（3）追加审计程序，提请调整报表。如果被审计单位执行审计上述措施不力，注册会计师会提出不同类型的审计意见：A. 无保留审计意见；B. 保留审计意见；C. 否定审计意见；D. 无法表示审计意见。

要求：

（1）请你将上述数字和字母填写在下表中，并说出简单理由。

汇总的错报和漏报情形	重要性水平	审计措施	审计意见类型
小于或接近 60 万元	100 万元		
超过 150 万元	100 万元		
小于或接近 99 万元	100 万元		
大于或接近 101 万元	100 万元		
大大超过 2 000 万元	100 万元		

（2）根据上述太金师会计师事务所对海林股份有限公司 2021 年年度报表审计的结果和审计重要性水平，请简述在不同的重要性水平下，注册会计师制订 2022 年的审计策略的考虑。

第三章
采购与付款业务循环审计

学习内容与目标

在采购与付款业务循环审计中，应付账款是审计的重要内容之一。重点研究应付账款的控制测试程序，应付款项核算中的主要会计舞弊形式及其审核方法与审计调整，应付账款审计工作所形成的主要审计工作底稿等可以使学生了解应付款项务中内部控制的关键点及其测试过程，明确该业务所存在的主要会计舞弊形式，掌握其审核程序与方法以及审计调整的过程及结果。

同时，在固定资产的审计过程中，由于固定资产在企业资产总额中占有较大比例，其安全性及完整性对企业的生产经营影响极大，其余额的真实与否对企业的财务状况的影响也很大，并且其相关的费用也是决定净利润的重要因素，因此，固定资产的审计在会计报表审计中也是举足轻重的。通过本章学习可以使学生对固定资产的审计操作过程以及需要特别关注的重要环节有较为清晰的了解。

一、理论概述

（一）采购与付款循环的主要业务活动

现代企业的一个主要业务循环是从外界购入所需的各种生产资源。由于商业信用关系，大多数企业处于赊购与赊销过程，通过采购活动先获取资源，在一定信用期之后才支付货款。因此，采购与付款交易通常要经过“请购→订货→验收→付款”的程序，具体包括购货业务和付款业务两个部分。

1. 请购商品和劳务。

了解仓库或其他需求部门编制请购单情况，请购与审批岗位分离，根据请购单进行授权审批，每张请购单必须经过负预算责任的主管人员签字批准。大多数企业对正常业务经营所需物资的购买均作一般授权，如仓库在现有库存达到再订购点时就可直接提出采购申请。但对于资本支出和租赁合同，企业政策则通常要求作特别授权，只允许指定人员提出请购。请购单可由手工或计算机编制。由于企业内不少部门都可以填列请购单，不便事先编号，为加强控制，每张请购单必须经过对这类支出预算负责的主管人员签字批准。

请购单是证明有关采购交易的“发生”认定的凭据之一，也是采购交易轨迹的起点。

2. 编制订购单。

了解采购部门编制订购单情况，采购部门对经过批准的请购单发出订购单，询价后对每张订购单确定最佳供应商，但询价与确定供应商的职能要分离。订购单应正确填写所需要的商品的品名、数量、价格、厂商名称和地址等，预先予以顺序编号并经过被授权的采购人员签名，其正联应送交供应商，副联则送至企业内部的验收部门、应付凭单部门和编制请购单的部门。随后，应独立检查订购单的处理，以确定是否确实收到商品并正确入账。这项检查与采购交易的“完整性”认定有关。

3. 验收商品。

（1）验收部门先比较所收商品与订购单上的要求是否相符，然后再盘点商品并检查商品有无损坏。验收部门验收后编制一式多联、预先编号的验收单，作为验收和检验商品的依据。

（2）验收人员将商品送交仓库或其他请购部门时，应取得经过签字的收据，或在验收单上签收，以确定其对资产负有保管责任。验收单是支持资产或费用以及与采购有关的负债的“存在或发生”认定的重要凭证，定期独立检查验收单顺序编号与采购交易的“完整性”认定有关。

4. 储存已验收的商品。

将已验收商品的保管与采购的其他职责相分离，可减少未经授权采购和盗用商品的风险，存放商品的仓储区应相对独立，限制无关人员接近。这些控制与商品的“存在”认定有关。

5. 编制付款凭单。

记录采购交易之前，应付凭单部门应编制付款凭单。这项功能的控制包括：

（1）确定供应商发票的内容与相关的验收单、订购单的一致性。

（2）确定供应商发票计算的正确性。

（3）编制有预先编号的付款凭单，并附上支持性凭证。

（4）独立检查付款凭单计算的正确性。

（5）在付款凭单上填入应借记的资产或费用账户名称。

（6）由被授权人员在凭单上签字，以示批准照此凭单要求付款。所有未付凭单的副联应保存在未付凭单档案中，以待日后付款。经适当批准和有预先编号的凭单为记录采购交易提供了依据，因此，这些控制与“存在”“发生”“完整性”“权利和义务”以及“计价和分摊”等认定有关。

6. 确认与记录负债。

正确确认已验收货物和已接受劳务的债务，要求准确、及时地记录负债。该记录对企业财务报表和实际现金支出有重大影响。因此，必须特别注意，按正确的数额记载企业确实已发生的购货和接受劳务事项。应付账款确认与记录的一项重要控制是要求记录现金支出的人员不得经手现金、有价证券和其他资产。恰当的凭证、记录与恰当的记账手续对业绩的独立考核和应付账款职能而言是必不可少的控制。

了解会计部门确认与记录负债情况：

（1）应付账款确认与记录相关部门一般有责任核查购置的财产，并在应付凭单登记簿或应付账款明细账中加以记录。在收到供应商发票时，应付账款部门应将发票上所记载的品名、规格、价格、数量、条件及运费与订购单上的有关资料核对，如有可能，还应与验收单上的资料进行比较。

（2）记录现金支出的人员不得经手现金、有价证券和其他资产，在手工系统下，应将已批准的未付款凭单送达会计部门，据以编制有关记账凭证和登记有关账簿；会计主管应监督为采购交易而编制的记账凭证中账户分类的适当性：通过定期核对编制记账凭证的日期与凭单副联的日期，监督入账的及时性，独立检查会计人员应核对所记录的凭单总数与应付凭单部门送来的每日凭单汇总表是否一致，并定期独立检查应付账款总账余额与应付凭单部门未付款凭单档案中的总金额是否一致。

7. 付款。

通常是由应付凭单部门负责确定未付凭单在到期日付款。企业有多种款项结算方式，以支票结算方式为例，编制和签署支票的有关控制包括：

（1）独立检查已签发支票的总额与所处理的付款凭单总额的一致性。

（2）应由被授权的财务部门人员负责签署支票。

（3）被授权签署支票的人员应确定每张支票都附有一张已经适当批准的未付款凭单，并确定支票收款人姓名和金额与凭单的内容一致。

（4）支票一经签署就应在其凭单和支持性凭证上用加盖印戳或打洞等方式将其注销，以免重复付款。

（5）支票签署人不应签发无记名甚至空白支票。

（6）支票应预先连续编号，保证支出支票存根的完整性和作废支票处理的恰当性。

（7）应确保只有被授权的人员才能接近未经使用的空白支票。

8. 记录现金、银行存款支出。

以记录银行存款支出为例，有关控制包括：

（1）检查记入银行存款日记账和应付账款明细账的金额的一致性。

（2）比较银行存款日记账记录的日期与支票副本的日期。

（3）独立编制银行存款余额调节表。

（二）采购与付款循环主要凭证和会计记录

与销售与收款交易一样，在内部控制比较健全的企业，处理采购与付款业务通常需要使用很多凭证和会计记录。典型的采购与付款循环所涉及的主要凭证和会计记录如表3-1所示。

表3-1 采购与付款的主要凭证与会计记录

主要业务	原始凭证	记账凭证与账簿
填写请购单	订购单、购货合同、购货发票	记账凭证、在途物资明细账与总账、应交税费明细账与总账、应付账款明细账与总账
验收入库	入库单	记账凭证、在途物资明细账与总账、原材料明细账与总账
支付货款	应付凭单	银行存款日记账与总账、应付账款明细账与总账

（三）相关的内部控制

审计人员通过检查被审计单位相关控制手册和其他书面指引、询问各部门的相关人员、观察操作流程等方式，并利用文字表述法、调查表法、流程图法等对采购与付款的交易流程进行了解。根据控制测试结果，重新评估控制风险水平并根据修正后的控制风险水平确定实质性测试的性质、范围和时间。

1. 采购交易的内部控制。

采购与付款循环包括应付账款、固定资产等财务报表项目。在正常的审计中，如果忽视采购与付款循环的控制测试及相应的交易实质性程序，仅仅依赖对这些具体财务报表项目的余额实施实质性程序，则审计不仅费时费力，而且质量难以保证。如果被审计单位具有健全并且运行良好的相关内部控制，审计人员把审计重点放在控制测试和交易的实质性程序上，则既可以降低审计风险，又可大大减少报表项目实质性程序的工作量，提高审计效率。

（1）适当的职责分离。

如前所述，适当的职责分离有助于防止各种有意或无意的错误。与销售与收款交易一样，采购与付款交易也需要适当的职责分离。企业应建立采购与付款交易的岗位责任制，明确相关部门和岗位的职责、权限，确保办理采购与付款的不相容岗位相互分离、制约和监督。

采购与付款交易不相容岗位至少包括：

①请购与预算审批。

②询价与确定供应商。

③采购合同的订立与采购合同审批。

④采购与验收。

⑤采购、验收与相关会计记录。

⑥付款审批与付款执行。

公司不得由同一部门或个人办理采购与付款业务的全过程。

（2）内部核查程序。

企业应当建立采购与付款交易内部控制的监督检查制度。采购与付款交易内部控制监督检查的主要内容包括：

①采购与付款交易相关岗位及人员的设置情况。重点检查是否存在采购与付款交易不相容职务混岗的现象。

②采购与付款交易授权批准制度的执行情况。重点检查大宗采购与付款交易的授权批准手续是否健全，是否存在越权审批的行为。

③应付账款和预付账款的管理。重点审查应付账款和预付账欲支付的正确性、时效性和合法性。

④有关单据、凭证和文件的使用和保管情况，重点检查凭证的登记、领用、传道、保管和注销手续是否健全以及使用和保管制度是否存在漏洞。

2. 付款交易的内部控制。

（1）企业应当按照《现金管理暂行条例》《支付结算办法》等有关货币资金内部控制的规定办理采购付款交易。

（2）企业财会部门在办理付款交易时，应当对采购发票、结算凭证、验收证明等相关凭证的真实性、完整性、合法性及合规性进行严格审核。

（3）企业应当建立预付账款和定金的授权批准制度，加强预付账款和定金的管理。

（4）企业应当加强应付账款和应付票据的管理，由专人按照约定的付款日期、折扣条件等管理应付款项。已到期的应付款项须经有关授权人员审批后方可办理结算与支付。

（5）企业应当建立退货管理制度，对退货条件、退货手续、货物出库、退货货款回收等做出明确规定，及时收回退货款。

（6）企业应当定期与供应商核对应付账款、应付票据、预付款项等往来款项，如有不符，应查明原因，及时处理。

3. 固定资产的内部控制。

固定资产归属采购与付款循环，固定资产与一般的商品在内部控制和控制测试问题上虽然有许多共性的地方，但固定资产还具有不少特殊性，有必要对其单独加以说明。

（1）固定资产的预算制度。预算制度是固定资产内部控制中最重要的部分。通常，大中型企业应编制旨在预测与控制固定资产增减和合理运用资金的年度预算；小规模企业即使没有正规的预算，对固定资产的购建也要事先加以计划。

（2）授权批准制度。完善的授权批准制度包括：企业的资本性预算只有经过董事会等高层管理机构批准方可生效；所有固定资产的取得和处置均须经企业管理层书面认可。

（3）账簿记录制度。除固定资产总账外，被审计单位还须设置固定资产明细分类账和固定资产登记卡，按固定资产类别、使用部门和每项固定资产进行明细分类核算。固定资产的增减变化均应有充分的原始凭证。

（4）职责分工制度。对固定资产的取得、记录保管、使用、维修、处置等，均应明确划分责任，由专门部门和专人负责。

（5）资本性支出和收益性支出的区分制度。企业应制订区分资本性支出和收益性支出的书面标准。通常须明确资本性支出的范围和最低金额，凡不属于资本性支出的和金额低于下限的任何支出均应列作费用并抵减当期收益。

（6）固定资产的处置制度。固定资产的处置包括投资转出、报废、出售等，均要有一定的申请报批程序。

（7）固定资产的维护保养制度。建立严密的固定资产维护保养制度，以防止其因各种自然和人为因素而遭受损失，并应建立日常的维护和定期检修制度，以延长其使用寿命。严格地讲，固定资产的保险不属于企业固定资产的内部控制范围，但它作为一项针对企业重要资产的特别保障，对企业非常重要。

（四）采购与付款循环可能发生的错报风险

审计人员需要确定和了解采购与付款循环的错报可能在什么环节发生，即确定被审计单位应在哪些环节设置控制，以防止或发现并纠正各重要交易活动可能发生的错报。部分在采购与付款循环中可能发生错报的环节如表3－2所示。

表3－2　　采购与付款循环可能发生错报的环节

交易活动	可能的错报	关键控制点
请购商品和劳务	可能请购过多商品、固定资产；购置没有预算	由经授权的专门机构或人员填制请购单；每张请购单应经过预算管理部门签字批准
编制订购单	可能有未经授权的采购	订购单一式多联，并预先连续编号，由经授权的采购人员签字
验收商品	可能收到未订购的商品；收到商品的品种、数量、质量可能不符合要求	收到货物时，应由独立于采购、仓储、运输的职能部门或人员点收，根据订购单验收商品，并编制一式多联的验收单
储存已验收的商品	商品可能被盗走	将保管与采购的其他职责相分离；只有经过授权的人员才能接近被保管的财产
编制付款凭单	可能对未订购或未收到的商品编制付款凭单	每张付款凭单应当与订购单、验收单和供应商发票相匹配

续表

交易活动	可能的错报	关键控制点
记录负债	付款凭单可能未入账	独立检查付款凭单汇总表和有关记账凭证上的金额的一致性
支付货款	可能对一张凭证重复付款；支票金额可能开错	支票签发后应立即注销付款凭单和支付性凭证；独立检查支票金额和付款凭单的一致性
记录现金、银行存款支出	支票可能未入账；记录支票数额错误	使用和控制预先连续编号的支票；定期独立编制银行存款余额调节表

在实务中，被审计单位常见的发生重大错报风险的情形如下：

1. 预算或计划外盲目采购或购建，造成资金积压与低效使用。

2. 收受回扣、中饱私囊、虚报损耗、中途转移、违规结算、资金流失等贪污舞弊行为造成企业资金的损失。

3. 混淆采购成本、资本性支出挤占生产成本等行为，造成成本核算的差错。

4. 保管不善，变质报废。

5. 固定资产与低值易耗品核算混淆。

6. 固定资产闲置不处理，造成报废损耗。

7. 多提或少提折旧与减值准备，虚列维修费用支出。

（五）应付账款审计

应付账款业务是随着企业赊购交易的发生而发生的，注册会计师应结合购货业务进行应付账款的审计。

1. 应付账款的审计目标。

应付账款的审计目标一般包括：确定应付账款的发生和偿还记录是否完整；确定应付账款期末余额是否正确；确定应付账款在财务报表上的披露是否恰当。

2. 应付账款的控制测试。

（1）从应付账款明细账中抽取部分业务。

①从明细账记录追查至原始凭证，主要检查每一笔业务是否都有请购单、订购单、购货发票和验收单，过程是否正确；

②检查请购单、订货单、验收单、核对发票和付款是否分属独立的部门；

③检查该样本中每笔购货交易的请购单是否授权、授权的级别是否合规；

④检查购货发票，以核实价格是否经过批准。

（2）从原始凭证追至明细账。

（3）抽取部分订购单、验收单和购货发票，检查订购单、验收单和购货发票是否连续编号。

3. 应付账款的实质性测试。

(1) 获取或编制应付账款明细表，复核加计正确，并与报表数、总账数和明细账合计数核对是否相符。

(2) 根据被审计单位的实际情况，对应付账款进行分析程序。

(3) 函证应付账款。

(4) 查找未入账的应付账款。

(5) 检查应付账款是否存在借方余额。

(6) 结合预付账款的明细余额，查明是否有应付账款和预付账款同时挂账的项目；结合其他应付款的明细余额，查明是否有不属于应付账款的其他应付款。

(7) 检查应付账款长期挂账的原因，作出记录，注意其是否可能发生呆账收益。

(8) 查明应付账款在资产负债表中的披露是否恰当。一般来说，"应付账款"项目应根据"应付账款"和"预付账款"科目所属明细科目的期末贷方余额的合计数填列。

4. 函证应付账款。

一般情况下，注册会计师不需要对应付账款进行函证，原因是：

(1) 购货发票本来就是一个外部凭证。

(2) 函证应付账款不能提供未入账负债的证据。

但如果被审计单位出现如下情形，则应进行应付账款的函证。

(1) 控制风险较高。

(2) 某些应付账款明细账户金额较大。

(3) 被审计单位处于经济困难阶段。

5. 查找未入账的应付账款。

低估负债是企业常见舞弊的方式，因此查找未入账应付账款是应付账款审计的重点。其主要方法如下：

(1) 审查被审计单位在报告日尚未处理的、不符合要求的购货发票。

(2) 审查有货物验收单、入库单但未收到购货发票的经济业务。

(3) 审查购货发票与验收单不符或未列明金额的发票单据。

(4) 审查报告日的全部待处理凭单，确定是否有漏记的应付账款。

(5) 检查企业报告日后收到的购货发票，确定相应负债的记录时间是否正确。

(六) 固定资产及累计折旧审计

固定资产审计的范围很广。固定资产在企业资产中所占比重较大，需要重点审计固定资产交易相对较少，可以进行详细审计。固定资产项目反映企业所有固定资产的原价，累计折旧项目反映企业固定资产的累计折旧数额，这两项无疑属于固定资产的审计范围。

由于固定资产的增加包括购置、自行建造、投资者投入、融资租入、更新改造、以非现金资产抵偿债务方式取得或以应收债权换入、以非货币性交易换入、经批准无偿调入、接受捐赠和盘盈等多种途径，相应涉及银行存款、应付账款、预付账款、在建工程、股本、资本公积等项目；企业的固定资产又因出售、报废、投资转出、捐赠转出、抵债转出、以非货币性交易换出、无偿调出、毁损和盘亏等原因而减少，与固定资产清理、其他应收款、资产处置损益、营业外收入和营业外支出等项目有关；另外，企业计提固定资产折旧和减值准备，又与制造费用、营业费用、管理费用等项目联系在一起。因此，在进行固定资产审计时，应当关注这些相关项目。

企业计提固定资产折旧，是为了把固定资产的成本分配于各个受益期，实现期间收入与费用的正确配比，折旧核算是一个成本分配过程。折旧计提和核算的正确性、合规性就成了固定资产审计中一项重要的内容。固定资产折旧的审查，就是为了确定固定资产折旧的计算、提取和分配是否合法与公允。

固定资产审计的方法包括分析性复核、盘点核查或观察。

1. 固定资产的审计目标。

固定资产的审计目标一般包括：确定固定资产是否存在；确定固定资产是否归被审计单位所有；确定固定资产及其累计折旧增减变动的记录是否完整；确定固定资产的计价和折旧政策是否恰当；确定固定资产的期末余额是否正确；确定固定资产在财务报表上的披露是否恰当。

2. 固定资产的控制测试。

结合上述固定资产内部控制的内容和顺序，注册会计师在对被审计单位的固定资产实施控制测试时应注意下列问题：

（1）对于固定资产的预算管理，注册会计师应选取固定资产投资预算和投资可行性项目讨论报告，检查是否编制预算并进行论证，以及是否经过适当层次审批；对实际支出与预算之间的差异以及未列入预算的特殊事项，应检查其是否履行特别的审批手续。如果固定资产增减均能处于良好的经过批准的预算控制之下，注册会计师即可适当减少对固定资产增加或减少实施的实质性程序的样本量。

（2）对于固定资产的授权审批制度，注册会计师不仅要检查被审计单位固定资产授权审批制度本身是否完整，还应该选取固定资产请购单及相关采购合同，检查是否得到适当审批和签署，关注授权审批制度是否切实得到执行。

（3）对于固定资产的凭证记录，注册会计师应当认识到，一套设置完善的固定资产明细分类账和登记卡，将为分析固定资产的取得和处置、复核折旧费用和修理支出的列支带来帮助。

（4）对于不相容职务分离，注册会计师应当认识到，明确的职责分工制度有利于防止舞弊，降低审计风险。

（5）对于合理划分资本性支出和收益性支出，注册会计师应当检查该制度是否遵循企业会计准则的要求，是否适应被审计单位的行业特点和经营规模，并抽查实际发生固定资产相关支出时是否按照该制度进行恰当的会计处理。

（6）对于固定资产的处置制度，注册会计师应当关注被审计单位是否建立了有关固定资产处置的分级申请报批程序；收取固定资产盘点明细表，检查账实之间的差异是否经审批后及时处理；抽取固定资产报废单，检查报废是否经适当批准和处理；抽取固定资产内部调拨单，检查调入、调出是否已进行适当处理；抽取固定资产增减变动情况分析报告，检查是否经复核。

（7）对于固定资产的定期盘点制度，注册会计师应了解和评价企业固定资产盘点制度，并应注意查询盘盈、盘亏固定资产的处理情况。

（8）对于固定资产的保险情况，注册会计师应抽取固定资产保险单盘点表，检查是否已办理商业保险。

3. 固定资产的实质性测试。

（1）索取或编制固定资产及累计折旧分类汇总表。

（2）分析程序。

（3）固定资产增加的审查。

（4）固定资产减少的审查。

（5）对固定资产进行实地观察。

（6）调查未使用和不需用的固定资产。

（7）检查固定资产的抵押、担保情况。

（8）检查固定资产是否已在资产负债表中恰当披露。

4. 累计折旧的审计目标。

固定资产折旧的特性决定了累计折旧审计的主要目标在于：确定折旧政策和方法是否符合国家有关的财务会计制度，是否一贯遵循；确定累计折旧增减变动的记录是否完整；确定折旧费用的计算、分摊是否正确、合理；确定累计折旧的期末余额是否正确；确定累计折旧在财务报表上的披露是否恰当。

5. 累计折旧的实质性测试。

（1）编制或索取固定资产及累计折旧分类汇总表。

（2）对固定资产累计折旧进行分析程序。

（3）审查被审计单位固定资产折旧政策的执行情况。

（4）固定资产折旧计算和分配的审查。

（5）将“累计折旧”账户贷方的本期计提折旧额与相应的成本费用中的折旧费用明细账户的借方相比较，以查明所计提折旧金额是否全部摊入本期产品成本费用。

（6）检查累计折旧的披露是否恰当。

6. 固定资产减值准备实质性测试。

（1）获取或编制固定资产减值准备明细表，复核加计正确，并与总账数和明细账合计数核对相符。

（2）检查固定资产减值准备计提和核销的批准程序，取得书面报告等证明文件。

（3）检查被审计单位计提固定资产减值准备的依据是否充分及会计处理是否正确。

（4）检查资产组的认定是否恰当，计提固定资产减值准备的依据是否充分，会计处理是否正确。

（5）实施分析程序，计算本期末固定资产减值准备占期末固定资产原值的比率，并与期初数比较，分析固定资产的质量状况。

（6）检查被审计单位处置固定资产时原计提的减值准备是否同时结转，会计处理是否正确。

（7）检查是否存在转回固定资产减值准备的情况。

（8）确定固定资产减值准备的披露是否恰当。

二、案例资料

案例一　鑫锐股份有限公司应付账款审计案例

（一）案例背景

荣茂会计师事务所自 2018 年开始接受鑫锐股份有限公司董事会委托，对鑫锐股份有限公司进行年度会计报表审计。根据双方所签订的审计业务约定书，由以刘轩为项目组长，以李和芳、张迪、刘华雨为组员的项目组，于 2021 年 2 月 15 日至 3 月 6 日，对该公司 2020 年度的会计报表进行了审计。本案例主要反映应付账款的审计过程及相关问题。

鑫锐股份有限公司主营业务为金属材料、功能材料的生产加工、销售，高科技产业投资，高科技产品的研制、生产、经销及相关技术服务。2020 年主要财务数据和指标（按新会计制度）为：净利润 54 142 000 元，每股收 0.2073 元，净资产报酬率 8.37%，每股经营活动产生的现金流量净额 0.2894 元，总资产 906 653 000 元，股东权益（不含少数股东权益）646 538 000 元，资产负债率 28.08%，每股净资产 2.48 元。

该公司在董事会下设有审计委员会，在总经理下设有审计部，审计委员会和审计部在业务上是指导与被指导关系。注册会计师的审计工作得到了该公司内部审计的协助。

在编制审计计划时，报表层的重要性水平是根据总资产的 0.5% 确定的，即 4 533 265 元，分配至应付账款的重要性水平是 48 000 元。该公司有应付账款明细账 100 个，确定函证其中的 30%，即 30 个客户。根据审计计划，审计人员刘华雨负责应付账款的审计测试与取证工作。

（二）案例内容与案例过程

1. 审计目标。

（1）评价应付账款内部控制的健全性与有效性；

（2）确定应付账款会计处理的合法性与公允性。

2. 对应付账款环节进行风险评估和控制测试。

在评估应付账款环节的重大错报风险时，审计人员首先了解鑫锐公司与应付账款相关的环境和政策。鑫锐公司主营业务为金属材料、功能材料的生产、加工、销售，高科技产业投资，高科技产品的研制、生产、经销及相关技术服务，对应付账款的会计核算自审计年度起采用财政部2006年颁布的企业会计准则，且购货业务季节性和周期性变化不突出，因此所形成应付账款的增减变化没有大的波动。

刘华雨根据审计计划对应付账款进行了控制测试。刘华雨首先通过调查表等方法对鑫锐公司的内部控制进行了调查了解，如表3－3所示。刘华雨还从鑫锐公司取得了该公司与应付账款有关的购货与付款循环的内部控制流程图，如图3－1所示。刘华雨以文字描述的形式对调查结果进行了描述，并运用检查凭证法、实地考察法等对应付账款内部控制进行了测试。在此基础上，刘华雨对鑫锐公司内部控制进行了评价。

表3－3　　内部控制调查表　　单位：元

<table>
<tr><td>被审计单位名称</td><td colspan="3">财务报表期间</td><td colspan="2">工作底稿索引号</td></tr>
<tr><td>鑫锐公司</td><td colspan="3">截至2020年12月31日</td><td colspan="2">C18－2</td></tr>
<tr><td colspan="6">编制人及复核人员签字：</td></tr>
<tr><td colspan="2">编制人：刘华雨</td><td colspan="4">日期：2021年2月18日</td></tr>
<tr><td colspan="2">复核人：刘轩</td><td colspan="4">日期：2021年2月19日</td></tr>
<tr><td colspan="2">项目质量控制复核人：高丰</td><td colspan="4">日期：2021年2月20日</td></tr>
<tr><td rowspan="3">调查问题</td><td colspan="4">调查结果</td><td rowspan="3">备注</td></tr>
<tr><td rowspan="2">是</td><td colspan="2">否</td><td rowspan="2">不适用</td></tr>
<tr><td>较轻</td><td>较重</td></tr>
<tr><td>1. 应付账款的记录是否由独立于请购、采购、验收、付款的职员来进行？</td><td>✓</td><td></td><td></td><td></td><td></td></tr>
<tr><td>2. 应付账款的入账是否在取得和审核各种必要的凭证以后进行？</td><td>✓</td><td></td><td></td><td></td><td></td></tr>
<tr><td>3. 对于有预付货款的交易，是否在收到供应商发票后，将预付金额冲抵部分发票金额，以此确认应付账款？</td><td>✓</td><td></td><td></td><td></td><td></td></tr>
<tr><td>4. 应付账款的统驭账户和明细账的设置是否健全？</td><td>✓</td><td></td><td></td><td></td><td></td></tr>
<tr><td>5. 对于享有折扣的交易，是否根据供应商扣除折扣的发票金额登记应付账款？</td><td>✓</td><td></td><td></td><td></td><td></td></tr>
<tr><td>6. 是否定期将应付账款明细账与客户的对账单进行核对？</td><td>✓</td><td></td><td></td><td></td><td></td></tr>
<tr><td>7. 应付账款的清偿是否依照有关约定及时进行？</td><td>✓</td><td></td><td></td><td></td><td></td></tr>
<tr><td>8. 会计部门是否及时记录应付账款的清偿业务并定期核对总账和分类账以及日记账？</td><td>✓</td><td></td><td></td><td></td><td></td></tr>
</table>

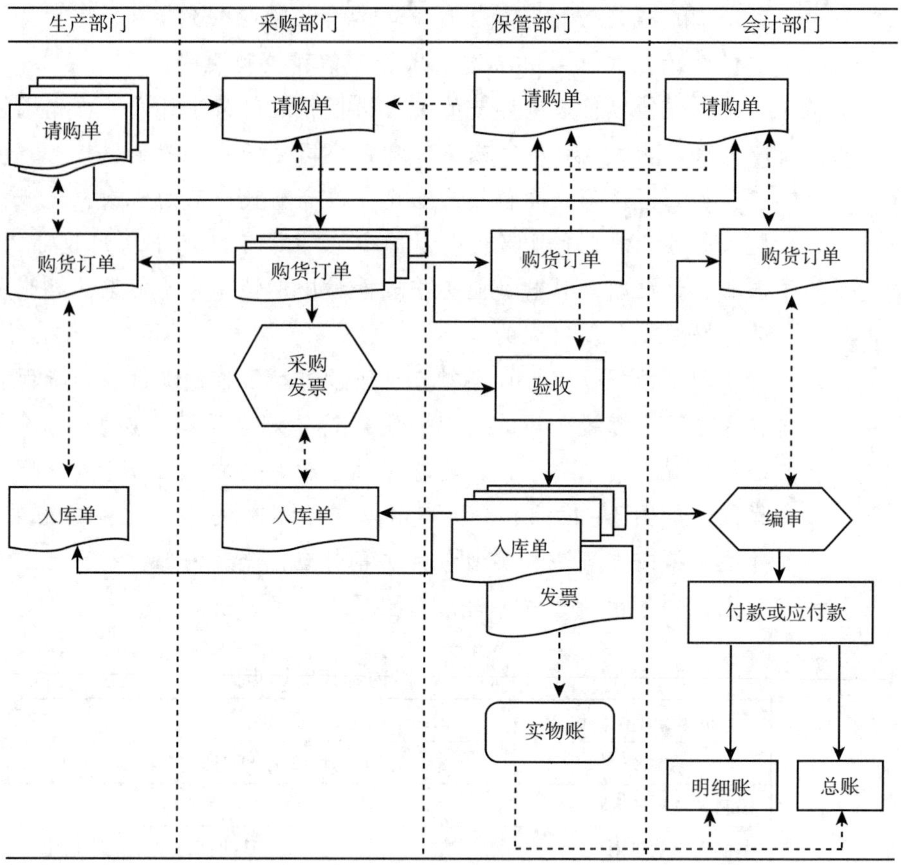

图3-1 购货与付款内部控制流程

审计人员对从不同方面收回的应付账款内部控制调查表进行了综合分析，根据测试结果认为应付账款内部控制有的方面是健全有效的，而有的方面还存在着缺陷。其结果是：

（1）应付账款内部控制比较健全的方面。

①应付账款的记录由独立于请购、采购、验收、付款的职员来进行，有利于保持采购环节中的控制得到有效的实施，防止错误和欺诈行为的发生。

②应付账款的入账是在取得和审核各种必要的凭证以后进行的。这些凭证主要是供应商的发票，以及为核对发票正确性的其他凭证，主要有请购部门的请购单、收货部门的收货报告单、购货部门的购货订单以及借项通知单等。负责应付账款的人员确认了这些原始凭证的日期和货物内容的一致性和授权人的核准签字、发票的折扣与购货订单的一致性，并验算了它们之间的数量、价格、加总合计等内容。

③对于有预付货款的交易，能保证账簿记录的正确性。即收到供应商发票后，将预付金额冲抵部分发票金额，以此记录应付账款。

④健全了应付账款的统驭账户和明细账的设置。统驭账户根据汇总的应

付凭单登记，明细账按不同债权人根据发票登记。

⑤对于享有折扣的交易，是根据供应商发票金额扣去折扣金额的净额登记应付账款的，可以防止日后有人在付款时贪污折扣。

（2）应付账款内部控制存在的问题。

①没有定期将应付账款明细账与客户的对账单进行核对，这样有可能使两者账账不符。

②应付账款总账与明细账之间缺乏定期的核对制度。

③应付账款的支付存在不及时问题，影响了企业获得现金折扣的好处。根据这种情况，审计人员决定在实质性测试时对应付账款实施较大数量的函证程序，对应付账款明细账进行审阅，并对重点内容进行账证核对与证证核对。

3. 对应付账款环节实施实质性程序。

审计人员根据上述风险评估和控制测试，对鑫锐公司应付账款实施了相应的实质性程序。

（1）获取应付账款明细表。刘华雨从鑫锐公司处取得了应付账款明细表，表 3－4 是其最后一页的内容。

表 3－4　　应付款明细表（部分）　　单位：元

被审计单位名称		财务报表期间			工作底稿索引号		
鑫锐公司		截至 2020 年 12 月 31 日			C18－3		
编制人及复核人员签字：							
编制人：刘华雨				日期：2021 年 2 月 18 日			
复核人：刘轩				日期：2021 年 2 月 19 日			
项目质量控制复核人：高丰				日期：2021 年 2 月 20 日			
账户名称	期初余额		本期发生额		期末余额		备注
	借方	贷方	借方	贷方	借方	贷方	
阳光公司		200 000	250 000	300 000		250 000	
原扩公司		82 500	600 000	550 000		32 500	
地博公司		1 700 000	525 000	550 000		145 000	
迪爱公司		50 000	126 000	120 000		44 000	
明扬公司		260 000	2 500 000	2 600 000		360 000	
远航公司		370 000	2 000 000	2 020 000		390 000	
中太机电		380 000	2 188 000	2 300 000		492 000	
硕英物资		260 000	600 000	870 000		530 000	
维奥工厂		200 000	400 000	100 000	100 000		
大维公司		68 000	900 000	854 000		22 000	
北和公司		76 400	400 000	358 000		34 400	
里司商厦		249 000	211 980	421 000		458 020	
本页合计		2 365 900	10 700 980	10 993 000	100 000	2 757 920	
全部合计		42 124 000	200 109 800	245 806 000	500 000	87 320 200	

刘华雨对表3-4中所列的应付账款各明细账的期初余额、本期发生额和期末余额及其合计数进行了复核，准确无误；将其与应付账款明细账进行了核对，证明相符；将各明细账期初余额、本期发生额和期末余额的各合计数与应付账款总账进行了核对，发现总账中本期借方发生额为199 875 800元、期末贷方余额为87 554 200元，分别比明细表中相对应的借方发生额200 109 800元少234 000元、贷方余额87 320 200元多234 000元。刘华雨经过审阅应付账款总账记录，发现2020年7月22日232#记账凭证反映的会计分录是：

借：应付账款　　234 000

　　贷：银行存款　　234 000

而记账人员在登记总账时将应记入“应付账款”总账中的内容错误地串记到“应收账款”总账中，而明细账没有串记，造成“应付账款”总账借方少记，同时“应收账款”总账借方多记，故出现上述应付账款明细表与应付账款总账不相符的情况。被审计单位由于缺乏总账与明细账定期核对制度，所以在未能发现及调整问题的情况下编制了会计报表。由于鑫锐公司会计报表中“应付账款”和“应收账款”是根据相关总账填制的，总账发生了串记，故报表中的相应数字应进行调整。审计人员对于此问题，作了如下审计调整：

借：应付账款　　234 000

　　贷：应收账款　　234 000

(2) 审查应付账款明细账。刘华雨应从应付账款明细账中选择重点审阅相关记录的摘要、日期、金额等内容，核对其是否与购货发票、订货单、验收报告等原始单据以及现金日记账、银行存款日记账的有关记录相符；运用分析性复核程序，检查年度内某一应付账款明细账发生和偿还的负债金额是否正常，有无利用应付账款账户进行营私舞弊的问题。刘华雨在分析、审阅应付账款明细账时，发现其中应付明扬公司明细账2020年12月贷方发生额高达80万元，相当于前11个月合计数180万元的约44.4%。他认为该月的应付账款记录不正常，便对12月明细账内每笔记录与有关凭证进行了核对，其中12月28日账内有一笔记录金额为50万元的应付账款增加记录，记账凭证中的会计分录是：

借：银行存款　　500 000

　　贷：应付账款——明扬公司　　500 000

该笔记账凭证所附原始凭证为银行存款进账单回单和销售给明扬公司货物的销售发票。刘华雨经询问鑫锐公司会计和出纳人员，证明该笔记录是一项销售业务，为了转移和隐藏本年度的销售收入，公司采取了上述非法的账务处理。在一般情况下，被审计单位会在第二年（2021年）将上述所隐藏的销售收入予以冲回，即借记“应付账款——明扬公司”账户，贷记“主营业务收入”账户。刘华雨通过审阅被审计单位2021年已有的有关账户内容，尚未发现冲回记录。对此，刘华雨认为应调整被审计单位2020年度会计报表中的有关项目假设被审计单位属于一般纳税人，增值税税率为17%，则应作账务调整如下：

借：应付账款——明扬公司　　500 000

　贷：主营业务收入　　427 350

　　应交税费——应交增值税（销项税额）　　72 650

（3）函证应付账款。刘华雨对鑫锐公司年度内有大额购货交易的应付账款，以及未寄对账单的供应商、异常交易账户、关联方、资产担保负债的债权人、期末账面余额为零的共计30家重要供应商进行了函证，以确定应付账款余额的正确性。

发函后，刘华雨在预定的时间范围内收到了其中25家的回函。对超过预定时间未回函的5家单位，刘华雨进行了第二次发函，其后收到了2家单位的回函，最终有围时公司、德生公司和友谊公司3家单位未回函。

刘华雨对未回函的上述3家公司的应付账款执行了替代程序，即详细审阅了这3笔应付账款明细账和银行存款明细账，并较大范围地抽查了有关的会计凭证，对所购入的物资进行了检查，询问了鑫锐公司的有关会计人员，最后证实围时公司和德生公司无异常情况，而友谊公司已破产。

在回函的27家单位中，其中25家的回函确认鑫锐公司应付账款明细账的余额，明扬公司所确认的余额与经过审计调整后的余额是相符的，中太机电则未确认。鑫锐公司应付账款中太机电明细账中报表日余额为49 200元，而中太机电回函确认余额为592 000元，相差10 000元。对中太机电的询证函及其回函内容如下：

鑫锐股份有限公司询证函

中太机电：　　　　编号：YF2007148

本公司聘请的荣茂会计师事务所正在对本公司会计报表进行审计，按照中国注册会计师审计准则的要求，应当询证本公司与贵公司的往来款项。下列数额出自本公司账簿记录，如与贵公司记录相符，请在本函下端“数额证明无误”处签章证明；如有不符，请在“数额不符需加以说明事项”处详为指正。回函请直接寄至荣茂会计师事务所。

地址：北京市海淀区阜成路××号邮编：10008 传真：(010) 689×××89

1. 本公司与贵公司的往来账项列示如下：

截止日期	贵公司欠	欠贵公司	备注	
2020年12月31日		492 000		

2. 其他事项

本函仅为复核账目之用，并非催款结算。若款项在上述日期之后已经付清，仍请及时函复为盼。

鑫锐公司

（公司印鉴）

2021 年 2 月 20 日

结论：

1. 信息证明无误

签章：

日期：

经办人：

2. 信息不符，请列明不符的详细情况：

本公司截至 2020 年 12 月 31 日应收鑫锐公司的货款为 592 000 元，具体构成如下：

2020. 09. 12	229 938	100 000
2020. 10. 16	235 678	99 000
2020. 11. 22	246 720	312 000
2020. 12. 16	278 341	81 000
合计	—	592 000

签章：中太机电

日期：2021 年 2 月 23 日

经办人：王英

经审阅应付账款“中太机电”明细账记录，证明鑫锐公司于 12 月 28 日以委托银行付款的结算方式支付中太机电 9 月 12 日发生的应付账款 100 000 元，而中太机电至 12 月 31 日尚未收到银行收款通知单，故造成上述两者不相等的情况，实属正常情况。

（4）查找未入账的应付账款。

审计人员审计应付账款时，还需要注意查明被审计单位是否存在金额较大且对企业财务报表有着重大影响的未入账应付账款。刘华雨在审阅有关会计资料时，针对所发现的下列两个未入账负债作出了相应的分析和处理。

①迪爱公司 2020 年 12 月 28 日开出的金额为 2 500 元的发票一张，该批货物于同日运出（交货条件为以运出地为准）。鑫锐公司于次年 1 月 2 日收到货物，于收货当日入账。该项购进业务应于 12 月 28 日记作负债，属于漏记 2020 年度的负债。由于该项漏记未达到所确定的重要性水平，故该项漏列可不予调整。

②2020年12月31日收到原扩公司货品一批，金额90 000元（交货条件为以运出地为准），当日验收入库。发票在2021年1月7日收到，发票日期标明为2020年12月29日，鑫锐公司记入2021年1月交易中。此项漏列错误使当期净利虚增90 000元，所有者权益虚增。根据所确定的重要性水平，审计人员对这一未入账的应付账款应予以调整，即应作如下审计调整：

借：主营业务成本　　90 000

　　贷：应付账款　　90 000

（5）审查长期挂账的应付账款。

刘华雨针对前面提及的友谊公司已破产的情况，详细审阅了该应付账款明细账，证明结欠友谊公司的账款60 000元已挂账1年时间，按准则规定，对此应转入营业外收入，即应作如下审计调整：

借：应付账款　　60 000

　　贷：营业外收入　　60 000

（三）案例分析

本案例研究了购货与付款业务循环中应付账款审计的程序和方法，反映了应付账款核算中常见的会计错误与舞弊及其审计调整过程与结果。通过学习本案例可以明确以下问题。

1. 应付账款有着特定的审计目标。

在会计报表审计中，可将审计内容划分为购货与付款循环、销售与收款循环、生产与费用循环、筹资与投资循环四个方面。货币资金的增减变动与上述多个业务循环均密切相关，故对其审计分别体现在以上四个业务循环中。在购货与付款业务循环中，应付账款和固定资产是两项主要内容。应付账款是企业因购买材料、商品和接受劳务供应等而应付给供应单位的款项。对应付账款进行审计，就是为了确定应付账款的发生和偿还记录是否完整，期末余额是否正确。应付账款控制测试就是根据内部控制及其审的基本理论与方法，针对应付账款的发生与偿还业务的特点，阐述、分析其内部控制的目标、关键控制点，在此基础上研究被审计单位应付账款内部控制制度的调查、了解、描述、观察、测试与评价等程序与方法。

2. 应付账款的控制测试。

应付账款控制测试就是根据内部控制及其审的基本理论与方法，针对应付账款的发生与偿还业务的特点，阐述、分析其内部控制的目标、关键控制点，在此基础上研究被审计单位应付账款内部控制制度的调查、了解、描述、观察、测试与评价等程序与方法。

3. 应付账款的实质性测试的程序和方法。

应付账款的实质性测试程序和方法与其他内容的实质性测试有其共性，

也有其特殊性。应付账款审计需要在进行内部控制测试的基础上确定实质性测试的范围和重点，在实质性测试中要获取应付账款明细表，函证重点应付账款的余额，审阅应付账款明细账，查找未入账的和挂账的应付账款。这些程序与方法有其特定的运用过程。如在审阅应付账款明细账时，审计人员应从应付账款明细账中选择重点审阅所记录的摘要、日期、金额等内容，核对其是否与购货发票、订货单、验收报告等原始单据以及现金日记账、银行存款日记账的有关项目相符；运用分析性复核程序，检查年度内某一应付账款明细账发生和偿还的负债金额是否正常，有无利用应付账款账户进行营私舞弊的行为。

在函证应付账款时，审计人员应根据重要性原则对年度内有大额购货交易的应付账款，不论其在报表日有无余额，都应进行函证。函证应付账款并不像函证应收账款那样重要，因为复核负债的最大目的存在于发现业已存在但未曾入账的债务，而函证已经入账的负债，并不能证明是否存在未曾列入账的债务；与应收账款相比，委托人有卖方发票、对账单等外来证据，可以用来核实应付账款，而对应收账款，则没有类似的凭证予以证明；决算日已经入账的大多数负债在下年度审计人员完成审核时已告付讫，付款行为进一步证实了已入账债务的可靠性。

对于未入账应付账款，审计人员应检查其资产负债表日未处理的不相符的购货发票（如抬头不符、与合同某项规定不符等）及有材料入库凭证但未收到购货发票的经济业务；审查结算日及结算日前两日的验收报告单，对照检查结算日后现金支出与结算日记录的交易，以查明是否存在购进商品已经验收并包含于年终之内，但却未列入审计年度负债之类的购货交易；检查资产负债表日后收到的购货发票，确认其入账时间是否正确；审查未入账的卖方发票，以查明其是否应包括在审计年度负债之内；检查资产负债表日后应付账款明细账贷方发生额的相应凭证，确认其入账时间是否正确；向会计部门和购货部门的有关负责人查询是否存在重大未入账的应付账款，可以结合查阅资本预算、工作通知单和基建合同来进行。

审计人员在查找未入账的应付账款时，还应注意以下几种漏记应付账款的情况：货已收到，但未收到卖方发票；有卖方发票，但其他手续不齐；卖方发票与购货不符；结算日后收到卖方发票；结算日记入应付凭单登记簿的未付凭单。

4. 应付账款会计处理中会计错弊的审计调整有其考虑的特殊点。

在应付账款的会计处理中，会计错弊对净利造成影响，是审计人员作账务调整的首要原则。如净利润不会发生变动，仅影响流动比率及营运资本，那么审计人员可以根据其影响的大小决定是否调整。审计人员应充分考虑这类差异的累计影响。因为大量不需调整的错误累积起来，可能会对企业财务报表产生重大影响。这时，审计人员就必须对其进行调整。

案例二　北京盛利实业有限公司固定资产审计案例

（一）案例背景

苏诚会计师事务所接受北京盛利实业有限公司（以下简称盛利公司）董事会的委托对该公司进行年度财务报表审计。根据审计计划的安排，2021年2月10日至3月4日，苏诚会计师事务所的李辰、季小明等注册会计师，对盛利公司的固定资产进行了审计。本案例主要反映在固定资产审计过程中涉及的相关程序、发现的问题及其处理办法。

盛利公司是一个以经营超市业为主的企业。该公司2020年主要财务数据和指标为：总资产133 639.6万元，净利润5 907万元，报表层的重要性水平是根据总资产的0.5%确定的，即668.2万元。该公司2020年12月31日的未审计固定资产原值为49 706万元，累计折旧为7 603.2万元，固定资产净值42 102.8万元，在编制审计计划时，分配到固定资产的重要性水平是200万元。其以前年度的年报曾经过大新会计师事务所的审计，该事务所现已合并到苏诚会计师事务所，因此审计业务实际保持了连贯性，项目组可以查找到以前年度的审计底稿。

根据审计计划，盛利公司审计项目的负责人张兴安排审计人员李辰和季小明负责固定资产的测试与取证工作。

（二）案例内容与案例过程

1. 审计目标。

（1）评价固定资产内部控制的健全性与有效性；

（2）确定固定资产会计处理的合法性与公允性。

2. 对固定资产环节进行风险评估和控制测试。

在评估固定资产环节重大错报风险时，审计人员首先了解了盛利公司与固定资产相关的环境和政策。盛利公司是一个以经营超市业为主的企业，由于经营策略问题致使公司持续经营性受到威胁。对固定资产的会计核算自审计年度起采用财政部2006年颁布的企业会计准则，审计年度内固定资产增减变化虽不突出，但其规模影响了企业业务的开展。

审计人员李辰负责对固定资产进行控制测试。李辰首先通过调查表的方式对盛利公司固定资产内部控制情况进行了调查了解，如表3－5所示，并进一步对固定资产的内部控制进行了测试，在此基础上初步形成了评价结论。

表 3-5　　　　固定资产内部控制调查表

被审计单位名称	财务报表期间	工作底稿索引号
盛利公司	截至 2020 年 12 月 31 日	C2-2

编制人及复核人员签字：	
编制人：李辰	日期：2021 年 2 月 10 日
复核人：张兴	日期：2021 年 2 月 11 日
项目质量控制复核人：许之	日期：2021 年 2 月 12 日

项目	是	否	不适用	执行人		
				总经理	财务经理	其他
1. 请购审批						
1.1 新增固定资产和在建工程有无投资预算，并经授权批准？	✓			✓		
2. 采购验收						
2.1 在建工程完工结转固定资产是否办理竣工验收和移交手续？	✓					✓
2.2 外购固定资产是否有严格的验收手续？	✓					✓
3. 日常管理						
3.1 固定资产是否实行目录管理，定期核对账卡，做到账卡、物一致？	✓					✓
3.2 固定资产的毁损、报废清理是否经技术鉴定和授权批准？	✓			✓		
3.3 固定资产是否定期盘点？盘盈、盘亏和报废是否及时按规定处理？		✓				
3.4 固定资产的购置与验收、使用，付款与记账等职责是否分离？	✓					✓
3.5 内部审计人员是否定期审查本循环有关内容？	✓					✓
3.6 内部审计意见是否及时正确调整入账？	✓				✓	

简要说明及结论
盛利公司的固定资产的管理制度较为合理并基本得到有效执行，但由于盛利公司未进行过固定资产的全面盘点，并且部分固定资产卡片账上使用部门不明确，不利于对其进行定期盘点，所以实施实质性程序时应注重固定资产存在性的认定。

对以上控制程序，李辰主要采取实地观察并结合抽查原始凭证及记账凭证的方法，进行了解及初步评价。

李辰抽查了几笔较大金额的固定资产购置，注意到 100 万元以上的固定资产购置基本依据预算实行，未经预算的也经过董事长的特别审批手续，但公司对实际支出与预算之间的差异不太大的固定资产购置未补充特别的审批手续。通过这些测试，李辰认为，盛利公司大额固定资产的预算制度及授权审批制度基本按规定执行，处置固定资产时亦分级履行了审批手续。此外，李辰发现，盛利公司固定资产卡片账上的存放地点或使用部门一栏填写不全，尤其是办公设备的使用部门不明确，不利于管理。

李辰对盛利公司固定资产盘点制度进行了详细的询问，发现公司近年来一直未进行过较为全面的固定资产盘点，但在上年审计时组织过一次抽盘。李辰拟在审计过程中组织人员对固定资产进行盘点。通过以上控制测试程序，李辰形成了自己的结论。根据上述情况，项目组认为盛利公司固定资产环节存在重大错报风险。

3. 对固定资产环节实施实质性程序。

根据上述风险评估和控制测试，按照苏诚会计师事务所执业规范的要求，审计人员应从固定资产项目、固定资产折旧、固定资产增减变化等方面，用审阅法、核对法、函证法、实际盘点法等方法实施固定资产的实质性程序，并编制固定资产实质性程序工作底稿。苏诚会计师事务所注册会计师李辰、季小明等对盛利公司实施的固定资产实质性程序主要包括：

（1）明确固定资产及累计折旧实质性程序的目的及过程。

明确固定资产及累计折旧实质性程序的目的及过程，是对固定资产及累计折旧实施实质性程序的首要工作。李辰首先编制了固定资产及累计折旧审计程序表，如表 3－6 所示。

表 3－6　　　　固定资产及累计折旧审计程序表

被审计单位名称	财务报表期间	工作底稿索引号
盛利公司	截至 2020 年 12 月 31 日	C2－4
编制人及复核人员签字：		
编制人：李辰	日期：2021 年 2 月 12 日	
复核人：张兴	日期：2021 年 2 月 12 日	
项目质量控制复核人：许之	日期：2021 年 2 月 13 日	
一、审计目标		
1. 确定固定资产是否存在 2. 确定固定资产是否归被审计单位所有 3. 确定固定资产及其累计折旧增减变动的记录是否完整 4. 确定固定资产折旧政策和计提是否恰当 5. 确定固定资产及其累计折旧年末余额是否正确 6. 确定固定资产减值准备的恰当性 7. 确定固定资产及其累计折旧在会计报表上的披露是否恰当审计程序		

续表

二、审计程序	执行情况说明	索引号
1. 核对固定资产及累计折旧明细账与总账的余额是否相符	已核对相符	C17－2
2. 获取或编制本年度固定资产增减变动明细表，检查增加固定资产的计价是否正确，手续是否完备；对已交付使用但未办理竣工结算手续的固定资产，检查其是否已估计入账，并按规定计提折旧，检查资本性支出与收益性支出的划分是否适当；检查减少的固定资产是否经授权批准，是否正确及时入账	已检查各项	C17－3
3. 实地抽查固定资产，确定其是否实际存在	存在	C17－4
4. 抽查有关使用权证明文件，确定固定资产是否归被审计单位所有	已抽查	C17－5
5. 复核固定资产保险范围，数额是否足够	已复核	C17－6
6. 获取与租入（含融资租入）、租出固定资产相关的证明文件，并检查其会计处理是否正确	无租入、租出固定资产	C17－7
7. 检查年度内未使用、不需用固定资产状况及起始时间，并作出记录	该项已检查，无未使用、不需用固定资产	C17－8
8. 了解并确认固定资产折旧政策，计算复核本年度折旧的计提是否正确	已检查并复核	C17－9
9. 检查涉及固定资产购置约定的资本性支出	已检查	C17－10
10. 检查固定资产减值准备的计提及其使用情况	已检查	C17－11
11. 验明固定资产及累计折旧是否已在资产负债表上确定披露	已披露	C17－12

索取或编制固定资产及累计折旧分类汇总表，核对明细表与明细账、总账是否相符。

李辰取得了全部固定资产及累计折旧明细表，并进行了复核，与明细账、总账核对一致。

李辰还认真将本期期初余额与上年工作底稿中的期末审定数予以核对，证实公司已按上年审计要求予以调账，年初数核对一致。在此基础上，李辰将分类汇总表的内容过入固定资产及累计折旧导引表，具体内容如表3－7所示。

表 3－7 **固定资产及累计折旧导引表** 单位：元

被审计单位名称	财务报表期间	工作底稿索引号
盛利公司	截至 2020 年 12 月 31 日	C17－2
编制人及复核人员签字：		
编制人：李辰	日期：2021 年 2 月 15 日	
复核人：张兴	日期：2021 年 2 月 16 日	
项目质量控制复核人：许之	日期：2021 年 2 月 17 日	

固定资产类别	索引号	未审数				审计调整	审定数			
		期初数	本期增加	本期减少	期末数	借方（贷方）	期初数	本期增加	本期减少	期末数
固定资产原值										
1. 房屋及建筑物		488 492 226. 94	138 359 927. 84	34 676 747. 78	492 175 407. 00		488 492 226. 94	138 359 927. 84	34 676 747. 78	492 175 407. 00
2. 办公设备		5 506 568. 88	3 184 150. 98	3 805 337. 80	4 885 382. 06		5 506 568. 88	3 184 150. 98	3 805 337. 80	4 885 382. 06
3. 其他设备		31 364 090. 90	—	31 364 090. 90	—		31 364 090. 90	—	31 364 090. 90	—
合计		525 362 886. 72	4 154 078. 82	6 984 617. 48	497 060 789. 06		525 362 886. 72	4 154 078. 82	6 984 617. 48	497 060 789. 06
累计折旧										
1. 房屋及建筑物		60 320 883. 10	18 412 765. 36	4 507 977. 21	74 225 671. 25		60 320 883. 10	18 412 765. 36	4 507 977. 21	74 225 671. 25
2. 办公设备		660 788. 26	1 834 794. 28	689 020. 07	1 806 562. 47		660 788. 26	1 834 794. 28	689 020. 07	1 806 562. 47
3. 其他设备		3 763 690. 90	245 670. 12	4 009 361. 02	—		3 763 690. 90	245 670. 12	4 009 361. 02	—
合计		64 745 362. 26	20 493 229. 76	9 206 358. 30	76 032 233. 72		64 745 362. 26	20 493 229. 76	9 206 358. 30	76 032 233. 72
固定资产净值										
审计结论：未发生异常情况										

（2）审计固定资产的增加。

审计固定资产的增加，是固定资产实质性测试中的重要内容。固定资产的增加有购入、自制自建、投资投入、更新改造增加、债务人抵债增加等多种方式，审计人员可区别固定资产的增加途径进行审计。

新增固定资产的审计主要由季小明负责。在审查过程中，对于外购固定资产，季小明通过核对购货合同、发票、保险单、发运凭证等文件，抽查测试其计价是否正确，授权批准手续是否齐备，会计处理是否正确；对于在建工程转入的，季小明着重检查了竣工决算、验收和移交报告是否正确，与在建工程相关的记录是否核对相符，资本化利息金额是否恰当等。季小明在该程序的审计过程中编制的主要工作底稿如表3－8所示。

表3－8　固定资产增加情况测试表　　单位：元

被审计单位名称	财务报表期间	工作底稿索引号
盛利公司	截至2020年12月31日	C17－3
编制人及复核人员签字：		
编制人：李辰	日期：2021年2月15日	
复核人：张兴	日期：2021年2月16日	
项目质量控制复核人：许之	日期：2021年2月17日	

月	日	凭证号	固定资产类别	固定资产名称	增加情况			测试情况					
					数量	原值	累计折旧	1	2	3	4	5	6
4	24	126	房屋及建筑物	营业楼1#	1	23 359 927.84		✓	✓	✓	✓	✓	*1
5	2	84	房屋及建筑物	营业楼3#	1	15 000 000.00		*2	✓	✓	✓	✓	✓
7	25	69	办公设备	发电设备	1	3 184 150.98		✓	✓	✓	✓	✓	✓

测试内容：

①新增固定资产的计价正确性；

②新增固定资产原始凭证手续齐备；

③新增固定资产计提折旧方法正确；

④新增固定资产归企业所有；

⑤新增固定资产的会计处理正确；

⑥新增固定资产划清资本性支出与收益性支出界限。

审计结论：除建议调整两笔分录外，其余未见异常。

在审计过程中，季小明发现本年新增的固定资产中，有盛利公司本年发生的装修费用支出72万元，计入了固定资产的价值。此笔费用不符合固定资产的确认条件，应该计入当期损益。

调整分录（1）为：

第一步，将固定资产转入相关费用。

借：管理费用（或其他相关费用）　　720 000

贷：固定资产　　720 000

第二步，冲销已提折旧（本会计年度已计提折旧720 000元）。

借：累计折旧　　720 000

贷：营业费用　　720 000

季小明在审计过程中发现有未办理竣工验收手续，先行估价的固定资产价值为1 500万元，低于原概算价值的25%（原概算为2 000万元）。季小明现场观察和了解了施工的结算情况，预计实际支出为2 150万元。为此，季小明报告项目负责人张兴，张兴提请管理层予以调整，管理层已同意调整。

调整分录（2）为：

借：固定资产——××工程　　6 500 000

贷：在建工程——××工程　　6 500 000

补提该部分当年应提折旧。

借：管理费用（或相关费用科目）　　125 000

贷：累计折旧　　125 000

（3）审计固定资产的减少情况。

审计固定资产减少的主要目的，在于查明业已减少的固定资产是否已作相应的会计处理。根据工作计划的安排，主要由李辰负责该部分内容的审计。在对减少的固定资产进行审计时，李辰首先审查了减少固定资产的授权批准文件，确认其是否符合有关规定，并验证其数额计算的准确性。此外，李辰还结合固定资产清理和待处理固定资产净损失科目，抽查了固定资产账面转销额的正确性，同时关注是否存在未作会计记录的固定资产减少业务。

李辰在审查减少的固定资产时，发现该公司有一笔办公设备提前报废的业务，但该公司对此项业务所作的账务处理却引起了审计人员的疑问，有关账务处理的会计分录为：

借：固定资产清理　　64 000

累计折旧　　16 000

贷：固定资产　　80 000

借：营业外支出——非常损失　　64 000

贷：固定资产清理　　64 000

从以上账务可以看出，该台设备的净值占原值的比例高达80%，说明其使用期限并不长而提前报废。而且该企业在此期间并没有发生火灾、被盗等意外事故，与该项报废固定资产业务发生联系的“固定资产清理”账户没有任何残值收入和清理费用的记载，李辰认为这笔业务必有问题，于是进行进一步追查。李辰首先调阅了该机器设备的固定资产卡片，发现该台设备使用仅一年，且无任何大修理记录，说明其使用状态较好。李辰又认真同财务主管人员及设备保管人员交谈，了解该项业务的真实情况。最后，有关人员终于承认，该项业务是虚报固定资产报废，实则将其变卖，所获款项已被有关人员私分。

针对这一情况，李辰向公司管理层进行了汇报，并提请管理层进行处理。由于涉及的金额不太大，尚未进行会计调整，待公司处理结果下来之后再作会计处理。

（4）审查固定资产的所有权。

审计人员季小明负责对固定资产的所有权进行再审查。在审查固定资产的所有权时，季小明主要通过审阅产权证书、财产保险单、财产税单、抵押贷款的还款收据等合法书面文件，以确定所审查的固定资产是否确实为企业所拥有的合法财产。对于新增的固定资产，季小明索取了客户财产的产权证书副本（以前年度购置的在以前年度底稿中已存档）。由于拥有所有权证书不一定就能证明固定资产的所有权（如卖主可能持有已出售固定资产的旧产权证书），所以季小明进一步审计有关合同、发票、付款凭证，并与财产税单进行核对。

在审查固定资产的所有权时，季小明发现盛利公司将原投入公司的固定资产，由于某种理由（该公司由盛利公司负责经营管理），盛利公司在公司未经清算和未经中介机构评估的情况下，自行估价收回固定资产万元，冲减“长期投资”项目。季小明认为，公司是独立的企业法人，盛利公司无权自行取消协议和章程所规定的权利和义务。因此，不论出于何种理由，盛利公司不能自行将原投入的固定资产收回和冲销“长期投资”项目。对此，季小明建议对该笔会计分录予以调整。调整分录为：

借：长期投资	300 000	
贷：固定资产		300 000
借：累计折旧	20 000	
贷：管理费用		20 000

（5）固定资产折旧的审计。

首先，审计人员李辰在核对折旧明细表后，对折旧计提的总体合理性进行复核。计算之前，李辰对本期增加和减少固定资产、使用年限长短不一的和折旧方法不同的固定资产作适当调整。

其次，李辰计算了本期计提折旧额占固定资产原值的比率，并与上期比较，分析本期折旧计提额的合理性和准确性。此外，李辰还计算了累计折旧占固定资产原值的比率，评估固定资产的老化率，并估计因闲置、报废等原因可能发生的固定资产损失。在进行分析性复核后，李辰审查了折旧的计提和分配，并将“累计折旧”账户贷方的本期计提折旧额与相应的成本费用中的折旧费用明细账户的借方相比较，以查明计提折旧金额是否已全部摊入本期产品成本或费用。

最后，李辰对某些折旧的计提过程追查至固定资产登记卡，特别注意有无已提足折旧的固定资产继续超提折旧的情况和在用固定资产不提或少提折旧的情况。

在以上审计过程中，李辰发现办公设备的折旧计提5~9月明显高于其他月份，结果查出盛利公司所有的夏季使用的空调设备，只按实际使用月份（5~9月）提取折旧。现行财务制度所规定的固定资产使用年限，是指固定资产的实际使用寿命。空调是一种具有特殊性质的、在夏季使用而在其他季节停用的设备。其使用的实际月份，在实质上讲，属于“季节性停用的固定资产”的使用期间。在其停用月份，按财务制度的规定，盛利公司也应照常计提折旧。该企业由于本年度的费用支出较大，故本年少提了7个月的空调设备折旧费用，经计算少提折旧额为3万元，李辰提请管理当局予以补提。调整分录为：

借：管理费用（或相关费用科目） 30 000

　　贷：累计折旧 30 000

此外，李辰通过测试发现盛利公司按固定资产分类提取折旧，但未从其中扣除“已提足折旧继续使用的固定资产”的价值，按折旧率计算多提折旧额25万元。于是，李辰建议管理当局予以调整。调整分录为：

借：累计折旧 250 000

　　贷：管理费用（或相关费用科目） 250 000

（6）实地观察固定资产。

一般来说，观察固定资产的实际存在主要是实地检视被审计年度内增加的主要固定资产项目，并不一定全面观察所有的固定资产。观察范围的确定需要依据客户单位内部控制的强弱、固定资产重要性和注册会计师的经验。通过分析企业内部控制情况，李辰决定对期初存在的固定资产进行30%的抽盘，而对当期新增固定资产进行百分之百盘点。李辰以经核对相符的固定资产明细表为起点，进行了实地追查，以证明会计记录中所列固定资产确实存在，并了解其目前的使用状况，并注意观察固定资产的保养和使用状况，运行是否正常。盘点表部分内容如表3-9所示。

表3-9　固定资产抽查盘点表　单位：元

被审计单位名称	财务报表期间	工作底稿索引号
盛利公司	截至2020年12月31日	C17-4
编制人及复核人员签字：		
编制人：李辰	日期：2021年2月15日	
复核人：张兴	日期：2021年2月16日	
项目质量控制复核人：许之	日期：2021年2月17日	

续表

项目	账面数额			盘点核实		
	数量	原值	已提折旧	数量	原值	已提折旧
三菱吉普车	1	640 000	270 000	1	640 000	270 000
戴尔电脑	12	90 000	35 000	12	90 000	35 000
格力空调	20	160 000	72 000	20	160 000	72 000
索尼音响	3	470 000	72 000	3	470 000	72 000
客货两用车	8	1 670 200	357 000	8	1 670 200	357 000
EPSON 打印机	20	64 000	24 000	20	64 000	24 000
联想电脑	40	360 000	200 000	40	360 000	200 000
小计	104	3 454 200	1 030 000	104	3 454 200	1 030 000
备注：盘点发现客货两用车实存数量比账面数量多出 2 辆，系由捐赠资产未入账所致。						

在抽盘过程中，李辰发现盛利公司接受某公司捐赠的客货车两辆，未按制度进行会计处理，所以固定资产账面亦未反映此车的数量存在。接受捐赠的固定资产应根据捐赠者提供的有关凭据记账。捐赠方没有提供有关凭据的，如果同类或类似资产存在活跃市场的，按市场价格估计入账；如果不存在活跃市场，按该接受捐赠资产预计未来现金流量现值入账。李辰参照二手车市场的价格，作出调整分录，记入工作底稿，并提请公司管理当局进行调账，调整分录为：

借：固定资产　　300 000

　　贷：营业外收入　　300 000

（三）案例分析

本案例列示了一般情况下固定资产审计的程序及方法，反映了固定资产及累计折旧中所存在的会计错弊及其审计调整过程与结果。通过本案例可以明确以下问题。

1. 固定资产在购建和建造过程中的错弊情况。

（1）在购建固定资产计划决策中的错弊。

一般来说，固定资产购建工程投资较大，需要建设的，其建设时间一般也较长，因此，投资风险大。若决策失误，将会导致盲目购建，重复建设，使购建的固定资产不适应生产经营需要，或效益不高，甚至无效益，造成企业资产的浪费和损失。因此，注册会计师注重审查固定资产的购建是否经过严格的预算并经过专家论证，这是一个企业固定资产管理成功的基础。

（2）在购建固定资产计价中的错弊。

将不合理、不合法的费用开支摊入购建费用，使购建成本增大；或将购建支出列入产品成本或计入其他费用，如将工程在建期间的利息支出计入财务费用，使购建成本降低；或只将固定资产的购进价格计入成本，未将固定资产购进的运费及安装费等资本性支出计入成本；计算房屋及建筑物、机器设备的建造成本时，只算工程直接发生的价款，而漏计因建造发生的工程管理费等。

(3) 在购建固定资产账务处理中的错弊。

不按规定进行明细分类核算，造成不同项目间的费用难以划分清楚，难以正确计提折旧，给固定资产核算带来差错。

2. 实地观察固定资产的重要性。

实地观察固定资产，有助于审计人员深入了解、熟悉被审计单位的生产经营情况，验证固定资产增加或减少会计处理的正确性。当被审计单位固定资产内部控制较薄弱时，实地观察显得尤为必要。审计人员可以固定资产明细分类账为起点，进行实地追查，以证明会计记录中所列固定资产确实存在，并了解其目前的使用状况；也可以实地观察为起点，追查至固定资产明细分类账，以获取实际存在的固定资产均已入账的证据。在实地观察的过程中，注册会计师应当注意观察固定资产的保养和使用状况，运行是否正常，对于未使用的闲置固定资产，如果不是由于大修理或订货不足或季节性原因而暂时闲置，而是无法在未来期间继续使用的，还应注意其账务处理是否正确。

3. 固定资产的增加方式及审查。

固定资产的增加有购入、自制自建、投资者投入、更新改造增加、债务人抵债增加等多种方式。在本案例对固定资产增加的审计中，未涉及后三种方式。如被审计单位有这三种情况，则对于投资者投入的固定资产，应检查其入账价值与投资合同中关于固定资产作价的规定是否一致；须经评估确认的固定资产是否有评估报告并经国有资产管理部门的确认；固定资产交接手续是否齐全；对于更新改造增加的固定资产，应查明增加的固定资产原值是否真实，重新确定的剩余折旧年限是否恰当；对于因债务人抵债而获得的固定资产，应检查产权过户手续是否齐备，固定资产进价及确认的损益是否符合相关会计制度的规定。

4. 固定资产减值准备的审查。

本案例中的被审计单位非股份有限公司，暂未执行新的企业会计制度，故未计提固定资产减值准备。如被审计对象是执行新会计制度的单位，则在审计中还应注意企业是否按《企业会计制度》规定正确地计提了固定资产减值准备。审计人员应确定计提固定资产减值准备的方法和比例是否恰当，增减变动的记录是否完整，期末余额是否正确等。一般来说，应采取以下措施进行审计：

(1) 核对固定资产减值准备报表数、总账数与明细账合计数是否相符。

如不符，应查明原因，作审计记录并进行审计调整。

（2）检查固定资产减值准备是否按单项资产计提；对长期闲置不用、在可预见的未来不会再使用且已无转让价值的固定资产，对由于技术进步等原因已不可使用的固定资产，对虽然固定资产尚可使用，但使用后产生大量不合格品的固定资产等，是否依照规定按其账面价值全额计提减值准备；对已全额计提减值准备的固定资产是否依照规定不再计提折旧。

（3）检查已计提减值准备的固定资产价值又得以恢复时，是否依照规定在原已计提减值准备的范围内转回。

（4）检查固定资产减值准备在会计报表附注和资产减值准备明细表中的披露是否恰当。

案例三　北京砂砾公司原材料审计案例分析

（一）案例背景

2021年2月17日，文华会计师事务所的张华、李立等注册会计师，对北京砂砾有限公司（以下简称“砂砾公司”）2020年度会计报表中采购与付款业务实施了具体的审计方案，对北京砂砾有限公司的材料采购项目进行了审计。

（二）案例内容与案例过程

张华和李立注册会计师于2021年2月18日至20日对砂砾公司采购与付款循环的内部控制进行了解和测试，并在相关审计工作底稿中记录了了解和测试的事项，摘录如下：

1. 砂砾公司的材料采购需要经授权批准后方可进行。

采购部根据经批准的请购单发出订购单。货物运达后，验收部根据订购单的要求验收货物，并编制一式多联的未连续编号的验收单。仓库根据验收单验收货物，在验收单上签字后，将货物移入仓库加以保管。验收单上有数量、品名、单价等要素。验收单一联交采购部登记采购明细账和编制付款凭单，付款凭单经批准后，月末交会计部；一联交会计部登记材料明细账（登账不及时）；一联由仓库保留并登记材料明细账。会计部根据只附验收单的付款凭单登记有关账簿。

2. 会计部审核付款凭单后，支付采购款项。

砂砾公司授权会计部的经理签署支票，经理将其授权给会计人员李梅负责，但保留了支票印章。李梅根据已适当批准的凭单，在确定支票收款人名称与凭单内容一致后签署支票，并在凭单上加盖“已支付”的印章。对付款控制程序的穿行测试表明，注册会计师张华和李立未发现与公司规定有不一致之处。

通过上述调查程序，张华根据小组的记录，将调查发现的主要问题汇总如下：

（1）审计小组发现砂砾公司的验收单未连续编号。不能保证所有的采购都已记录或不被重复记录。

（2）付款凭证未附订购单及供应商的发票，会计部无法核对采购事项是否真实。登记有关账簿时金额或数量可能就会出现差错。

（3）会计部月末审核付款凭单后才付款，未能及时将材料采购和债务登账并按约定时间付款。

（4）砂砾公司按照公司使用的计划成本核算存在计算错误。

砂砾公司采购原材料按计划成本核算，当年4月初库存A材料500公斤，计划单价28元，成本差异2 000元；B材料100公斤，计划单价45元，成本差异500元。①4月6日采购A材料为1 000公斤，实际单价为30元；采购B材料500公斤，实际单价为40元。②4月10日又采购了一批原材料：A材料实际采购费用1 395元，B材料实际采购费用为930元。③4月12日，两种材料到达企业并验收入库。④4月30日仓库汇总本月份生产产品共领用A材料1 200公斤、B材料200公斤。

经审计小组重新计算，A公司的成本差异率为 $(200+3\ 395)/(500\times28+1\ 000\times28)=8.56\%$，B材料成本差异率为 $(500-1\ 570)/(100\times45+500\times45)=-3.96\%$，而被砂砾公司将B材料的成本差异率误记成了3.96%。

（5）周转材料已于当年7月改用分次摊销法，但砂砾公司并未改变会计摊销方法。

周转材料自2013年采用五五摊销法。现已知，2020年7月16日生产车间领用一批周转材料（低值易耗品），计划成本为50 000元。该批材料于当年9月30日报废，残料估价1 500元作为原材料入库。因为改变后能更好反映企业的财务状况和经营成果，所以砂砾公司将五五摊销法改为分次摊销法，同时，审计小组还要在报表附注中检查公司是否详细披露了该信息。

（三）案例分析

本案例研究了文华会计师事务所审计的砂砾有限公司，列明了会计师事务所通过实施审计程序来查明砂砾公司原材料是否存在重大错报的具体流程。通过学习本案例，学生可以明确以下问题。

1. 连续编号是避免采购漏记的有效手段。

单据是流程的记录，如果不连续编号，存在产品或财产在采购验收入库过程中，账实不符的可能。任何单据的编号的首要目的是通过业务单据的完整性保证业务轨迹具有可追溯性，从而达到控制业务数据的无意重复、遗漏，更深层达到控制业务的舞弊行为。此外，单据的深度关联，也即类似“入库单依据订单”生成，其真正目的是保证入库业务是在授权下执行的，因为订单必须经过相应级别的领导批准的，无订单即无法办理入库手续（当然这必须在系统软件条件下）。

不仅仅材料采购的单据要连续编号，大部分的单据也要连续编号，只有连续编号才能有效防止工作遗漏、舞弊或其他疏失。例如，人事奖惩单，连续编号可以确定是否有扣给，以免给公司造成损失，而如果未奖励，又会降低员工的积极性；销售销货连续编号，可以确定是否每项业务均有收款，销售数量是否与对账数量相符等。本案例砂砾公司部分账务缺少连续编号，如果存在漏登记账目的情况，会对公司的财务状况带来潜移默化的影响。

2. 材料采购入库考验入库流程的规范化以及财务部门记账的严谨性。

仓库管理员应认真做好原材料入库工作，凡采购原材料必须填写进货记录，经公司领导批准方可采购，如果所采购的原材料不符合要求标准或规格、单价、数量不符，仓库保管员有权拒绝入库。原材料入库时，要有办公室开具的原材料采购单，采购单上应有质检员签字合格方可入库，入库数量要准确无误。如批次数量与采购单不符应及时转达办公室，由办公室通知对方单位，做出最终补救措施。其次，严格原材料出库手续，按生产任务书所规定的材料出库，如规定数量不够，应有负责人签字审批的领料单，原材料方可再次出库。每月按要求汇总原材料、易耗品报表，报表应与实际库存相符，并于每月30日前报财务部。

同时，仓库物资账目管理应做到进、出、存相符，严格按管理权限发放材料，进出仓库的材料应日清、月结、年报。对于主要原材料及时无误地将原材料入库单上交财务部（不能因规格型号没过清延时入库），不能影响财务记账。对各种原因造成库存物品积压，应及时书面报告办公室，提出处理意见，并经批示后再具体操作。本案例中砂砾公司存在记账不及时的状况，因此，为了降低公司在采购与付款循环的舞弊风险以及实时地反映公司的材料更新情况，财务部门的登记记账工作要及时。

案例四　Q企业会计凭证错误案例

以下是Q企业自行设置的记账凭证。该企业2018年10月4日用银行存款20 000元购入甲材料一批已入库，并填制了此份会计凭证，如表3－10所示。

表 3－10　　转账凭证

总号：68
分号：转字 22 号

摘要	总账科目	明细科目	借方	贷方
生产领用材料	银行存款	工商银行户	20 000	
	原材料	A 材料		20 000
合计（大写）：贰万元整			20 000	20 000

财务主管：　　记账：　　复核：　　制单：王举

那么：（1）请你指出这份会计凭证在设置上有哪些缺陷？（2）填制的购买原材料业务的此记账凭证存在哪些错误？（3）这份凭证使用于什么规模和类型的企业、单位？（4）如果该凭证已经登记入账但尚未结账，则会计人员应如何处理？

答案如下：

（1）这份会计凭证在设置上的缺陷主要有：缺少日期、附件、出纳签字；不应有金额大写内容；没有记账标记栏。

（2）填制凭证错误：凭证使用错误，不应用转账凭证，而应用付款凭证；科目借贷方向颠倒；摘要内容错误，是采购材料；明细科目名称错误，是甲材料而不是 A 材料；空行没有划线注销；小写金额前没有加人民币符号“¥”；编号错误，应该使用银付字×号。

（3）这份凭证适用于经济业务较多、规模较大的大中型企业或单位。

（4）如果该凭证已经登记入账但尚未结账，则应该采用红字更正法加以改正，重新再填制一张与本凭证科目、借贷方向和金额一样的红字凭证，然后再填制一张正确科目、借贷方向和金额的兰字凭证并据此登记入账。

三、相关法规和准则

（一）法规

1. 《中华人民共和国会计法》；
2. 《中华人民共和国审计法》；
3. 《中华人民共和国民法典》；
4. 《企业内部控制基本规范》；
5. 《企业内部控制审计指引》；

6.《中华人民共和国发票管理办法》;

7.《中华人民共和国增值税暂行条例》。

(二) 会计准则

1.《企业会计准则——基本准则》;

2.《企业会计准则第 4 号——固定资产》;

3.《企业会计准则第 30 号——财务报表列报》。

(三) 审计准则

1.《中国注册会计师审计准则第 1312 号——函证》;

2.《中国注册会计师审计准则第 1314 号——审计抽样和其他选取测试项目的方法》。

本章小结

购货与付款是相互联系的两个方面。购货既包括商品、材料等存货的购进活动,也包括固定资产的购进业务、购进存货与固定资产,便相应发生了付款业务。购货与付款循环是企业资金周转的关键环节,企业只有及时组织好资产的采购、验收业务,才能保证生产、销售业务的正常运行。本章针对购货与付款循环中应付账款和固定资产两个业务环节进行案例分析,每个案例侧重分析和研究该业务内容审计中的控制测试和实质性程序与方法,案例在内容和方法上既有联系又有区别。

通过对本章案例的学习,学生可以明确并熟悉应付账款和固定资产的业务中内部控制的关键点,明确应付账款和固定资产业务中容易发生的会计错误和舞弊,并掌握其审查程序与方法以及审计调整过程。

练习与思考

一、名词解释

1. 内部控制
2. 函证
3. 控制测试
4. 实质性程序
5. 监盘
6. 固定资产审计

二、思考题

1. 根据内部控制的要求，签发付款支票时应根据哪些原始凭证？

2. 就函证的重要程度而言，应付账款与应收账款有何不同？

3. 在审计应付账款时所取得的供应商的对账单和应付账款的函证回函均属外部审计证据，但它们的证据力是不同的，请分析其区别。

4. 对于应付账款明细账，审计人员是否需要对资产负债表日后有关内容或记录进行审阅？如果需要，其主要是为了查证什么问题？

5. 审计人员在复核折旧分录及其计算的正确性时，应注意哪些问题？

6. 在审查固定资产时，分析其修理费用有什么作用？

7. 假设审计人员现需审计一家运输企业，在对其固定资产的存在性实施审计时，由于该行业固定资产在极为广大的区域内流动，给盘点带来困难，审计人员应如何解决这一问题？

8. 如果公司存在经营性租赁的固定资产，那么审计人员在审计时应注意哪些要点？

9. 如果审计人员发现新增固定资产金额（万元）不属更新改造费用，不能计入固定资产价值，如该笔费用的性质属原固定资产改变用途而发生的更新改造支出，那么审计人员在审计过程中应着重注意哪些问题？

三、案例题

1. 荣茂会计师事务所自2018年开始接受鑫锐股份有限公司董事会委托，对鑫锐股份有限公司进行年度会计报表审计。根据双方所签订的审计业务约定书，于2021年2月15日至3月6日，对该公司2020年度的会计报表进行了审计。本次审计过程主要反映应付账款的审计过程及相关问题。

（1）假设审计人员刘华雨在审阅、核对鑫锐公司2020年末有关应付账款会计资料时，发现应付账款中含有本期估价入库的价值3 000 000元的购货，经检查未发现反映其具体的户名、品种、数量及金额计算的有关凭证。鑫锐公司的这种情况是否正常？刘华雨应开展哪些进一步的实质性程序工作？

（2）案例中表3－4是审计人员取得的鑫锐公司应付账款明细表中的部分内容，假设刘华雨决定选择其中的2家公司（供货人）进行函证。请问他应该选择哪2家公司？假设表中的客户为购货人（债务人），所反映的业务内容是应收账款期初余额、本期发生额和期末余额，刘华雨又应该选择哪2家客户进行函证？这两种选择在问题考虑上有什么不同？

2. 注册会计师郭静在审计A公司2021年度会计报表将近结束时，A公司财务主管提出不必抽查2022年付款记账凭证来证实2021年的会计记录，其理由如下：（1）2021年度的有些发票因收到太迟，不能记入12月份的付款记账凭证，公司已经全部用转账分录入账；（2）年后由公司内部审计人员进行了抽查；（3）公司愿意提供无漏记负债业务的说明书。请回答以下问题：

（1）注册会计师郭静在执行抽查未入账债务程序时，是否可以因客户已利用转账分录将2021年迟收发票入账的事实而改变原定程序？

（2）注册会计师抽查未入账债务是否因客户愿意提供无漏记债务说明书而受影响？

（3）注册会计师在抽查未入账债务的程序时可否因内部审计人员的工作而取消或减少？

（4）除2022年付款记账凭证外，注册会计师还可以从何种途径审查是否存在未入账的债务？

3. 瑞华会计师事务所注册会计师李新审计A股份有限公司2021年度“固定资产”和“累计折旧”项目时发现下列情况：（1）“未使用固定资产”中有固定资产——Y设备已于本年度5月份投入使用，该公司未按规定转入“使用固定资产”和计提折旧；（2）对所有的“空调器”，按其实际使用的时间（5 月至 9 月）计提折旧；（3）公司有融资租入的设备 4 台，租赁期为 5 年，尚可使用时间为 6 年，公司确定的折旧期为 6 年；（4）对已提足折旧继续使用的某设备，仍计提折旧；（5）8 月初购入吊车 2 辆，价值 650 万元，当月已投入使用并同时开始计提折旧；（6）该公司采用平均年限法计提折旧，但于本年度 9 月改为工作量法，这一改变已经股东大会批准，但未报财政及有关部门备案，也未在会计报表附注中予以说明。

要求：请代注册会计师张弛指出上述各项中存在的问题，并提出改进建议。

第四章 生产与存货业务循环审计理论与实务案例

学习内容与目标

存货审计与生产成本审计是生产与存货业务循环审计的重要内容，本章的两个审计案例即存货审计案例和生产成本审计案例便是围绕本循环的这两个重点内容设计的。在案例的编写上，本章将从分析审计案例的背景开始，对被审计单位的风险进行评估，重点介绍被审计单位的内部控制及相应的控制测试，进而分析被审计单位的内控制度是否健全并得到有效执行，最后重点阐述实质性测试程序，指出通过实质性测试可能发现的问题并提出相应的调整或解决办法。通过本章的学习，应掌握生产与存货循环的重大错报风险的评估，掌握存货的内部控制测试与实质性程序，重点掌握存货的监盘程序和要求，掌握职工薪酬审计、制造费用审计的目标和程序。

一、生产与存货循环的内部控制

生产与存货循环包括三大系统：一是生产过程中存货的内部控制；二是工薪的内部控制；三是对产品成本进行记录与控制的成本会计控制。

1. 存货的内部控制。

存货的内部控制主要包括购货、验收、存货、生产、销货等职能。

（1）购货应由独立的采购部门负责。请购单、购货单、购货单副本需要送存货部门和会计部门，以便随后的材料入库和会计核算。

（2）验收应由专门的验收部门负责。验收单送会计部门和存货部门。

（3）建立储存管理责任制。

（4）领料与发货。领料单一式三份：一份存领料部门；一份作为存货部门的收据；另一份作为会计部门记账的依据。领料单必须根据用料单、工程通知单或销货单填制。

（5）控制生产过程。

（6）销货。

2. 工薪的内部控制。

工薪内部控制是指对工薪的支出进行反映和监督的内部控制。其主要内容有：

（1）雇佣员工。人事授权表一份存放于人事部门的员工档案，一份送交工资部门。

（2）授权变动工资。

（3）编制出勤和计时资料。

（4）编制工资计算表。工资计算表和人工成本分配汇总表一式两份，一份连同计时卡和计工单留在工资部门，另一份与人工成本分配表送达财务部门。

（5）支付工资和保管未领工资。工资只发给经过适当确认的员工，未领工资应保存在财务部门的保险柜中。

（6）填写个人所得税申报表。

（7）记录工资。根据人工成本分配汇总表编制记账凭证，并登记有关账簿。

3. 成本会计制度的内部控制。

成本会计制度的内部控制主要包括成本费用管理控制与成本费用会计控制两部分内容。

（1）成本费用管理控制。成本费用管理控制是指对成本费用支出进行计划、控制和考核的内部控制。具体包括：确定成本控制目标和成本计划；制订直接材料、人工工资和制造费用的消耗定额；编制成本、费用预算；对各项成本费用指标进行分解，建立成本费用归口、分级管理责任制；定期进行成本费用考核与评价。

（2）成本费用会计控制。成本费用会计控制是指对成本费用支出业务进行反映和监督的内部控制。主要包括以下内容：制订成本费用制度，明确成本范围、开支标准，制订报销手续；建立各种支出的审核制度；设置相应的会计账户，选择适当的成本计算方法，合理地归集与分配各项费用，确定产品生产成本；对各项费用的归集与分配结果进行复核；定期进行成本分析，查明企业成本变动的趋势和原因。

关于存货的内部控制，需要作以下两个方面的说明：一方面，如前所述，由于生产与存货循环同其他业务循环的内在联系，生产与存货循环中某些审计测试，特别是对存货的审计测试，与其他相关业务循环的审计测试同时进行将更为有效。例如，原材料的取得和记录是作为采购与付款循环的一部分进行测试的，而装运产成品和记录营业收入与成本则是作为销售与收款循环审计的一部分进行测试的。另一方面，尽管不同的企业对其存货可能采取不同的内部控制，但从根本上说，均可概括为存货的数量和计价两个关键因素的控制。表 4 – 1 列示了成本会计制度的目标、关键内部控制和审计测试的关系。

表 4-1 成本会计制度的目标、关键内部控制和测试一览表

内部控制目标	关键内部控制	常用的控制测试	常用的交易实质性程序
生产业务是根据管理层一般或特定的授权进行的（发生）	对以下三个关键点，应履行恰当手续，经过特别审批或一般审批：（1）生产指令的授权批准；（2）领料单的授权批准；（3）工薪的授权批准	检查凭证中是否包括这三个关键点恰当审批；检查生产指令、领料单、工薪等是否经过授权	检查生产指令、领料单、工薪等是否经过授权
记录的成本为实际发生的而非虚构的（发生）	成本的核算是以经过审核的生产通知单、领发料凭证、产量和工时记录、工薪费用分配表、材料费用分配表、制造费用分配表为依据的	检查有关成本的记账凭证是否附有生产通知单、领发料凭证、产量和工时记录、工薪费用分配表、材料费用分配表、制造费用分配表等，原始凭证的顺序编号是否完整	对成本实施分析程序；将成本明细账与生产通知单、领发料凭证、产量和工时记录、工薪费用分配表、材料费用分配表、制造费用分配表相核对
所有耗费和物化劳动均已反映在成本中（完整性）	生产通知单、领发料凭证、产量和工时记录、工薪费用分配表、材料费用分配表、制造费用分配表均事先编号并已经登记入账	检查生产通知单、领发料凭证、产量和工时记录、工薪费用分配表、材料费用分配表、制造费用分配表的顺序编号是否完整	对成本实施分析程序；将生产通知单、领发料凭证、产量和工时记录、工薪费用分配表、材料费用分配表、制造费用分配表与成本明细账相核对
成本以正确的金额，在恰当的会计期间及时记录于适当的账户（发生、完整性、准确性、计价和分摊）	采用适当的成本核算方法，并且前后各期一致；采用适当的费用分配方法，并且前后各期一致；采用适当的成本核算流程和账务处理流程；内部核查	选取样本测试各种费用的归集和分配以及成本的计算；测试是否按照规定的成本核算流程进行核算和账务处理	对成本实施分析程序；抽查成本计算单，检查各种费用的归集和分配以及成本的计算是否正确；对重大在产品项目进行计价测试
对存货实施保护措施，保管人员与记录、批准人员相互独立（存在、完整性）	存货保管人员与记录人员职务相分离	询问和观察存货与记录的接触控制以及相应的批准程序	
账面存货与实际存货定期核对相符（存在、完整性、计价和分摊）	定期进行存货盘点	询问和观察存货盘点程序	以存货实施监盘程序

4. 评估重大错报风险。

注册会计师应当清楚了解被审计单位管理层管理生产与存货交易的关键因素和关键业绩指标，因为这些将为识别潜在的重大错报风险提供线索。当生产流程得到良好控制时，注册会计师可以将重大错报风险评价为中或低，并且，可以了解不同级别的管理层收到的例外报告的类型，实施的不同的监督活动，以及是否有证据表明所选取的控制的设计和运行是适当的，是否能够保证管理层采取及时有效的措施来识别错误并处理舞弊。

本教材有关采购与付款交易的固有风险和检查风险的讨论内容，对生产与存货交易基本上是适用的，不再赘述。当然，生产与存货交易也有其自身的特点，以制造类企业为例，影响生产与存货交易和余额的重大错报风险还可能包括以下方面。

（1）交易的数量和复杂性。

制造类企业交易的数量庞大，业务复杂，这就增加了错误和舞弊的风险。

（2）成本基础的复杂性。

制造类企业的成本基础是复杂的。虽然原材料和直接人工等直接费用的分配比较简单，但间接费用的分配就可能较为复杂，并且，同一行业中的不同企业也可能采用不同的认定和计量基础。

（3）产品的多元化。

这可能要求聘请专家来验证其质量、状况或价值。另外，计算库存存货数量的方法也可能是不同的。例如，计量煤堆、筒仓里的谷物或糖、钻石或者其他贵重的宝石、化工品和药剂产品的存储量的方法都可能不一样。这并不是要求注册会计师每次清点存货都需要专家配合，如果存货容易辨认，存货数量容易清点，就无需专家帮助。

（4）某些存货项目的可变现净值难以确定。

例如，价格受全球经济供求关系影响的存货，由于其可变现净值难以确定，会影响存货采购价格和销售价格的确定，并将影响注册会计师对与存货计价认定有关的风险进行的评估。

（5）将存货存放在很多地点。

大型企业可能将存货存放在很多地点，并且可以在不同的地点之间配送存货，这将增加商品途中毁损或遗失的风险，或者导致存货在两个地点被重复列示，也可能产生转移定价的错误或舞弊。

（6）寄存的存货。

有时候存货虽然还存放在企业，但可能已经不归企业所有。反之，企业的存货也可能被寄存在其他企业。

注册会计师应当了解被审计单位对生产与存货的管理程序。如果注册会计师认为被审计单位可能存在销售成本和存货的重大错报风险，通常需要考虑对已选取的控制活动的运行有效性进行测试，以证实计划依赖的认定层次上的控制已经在整个期间内运行了。

很显然，控制是否适当直接关乎其预防、发现和纠正错报的能力。预防性的控制经常在交易初期和记录过程中实施。而作为管理层的监督程序的组成部分，检查性控制通常在交易执行和记录过程之后实施，以便检查、纠正错误与舞弊。测试已选取的、涉及几项认定的监督控制，要比测试交易初期的预防性控制更为有效。

注册会计师对于生产过程和存货管理中控制的了解，来自观察控制活动执行情况、询问员工以及检查文件和资料。这些文件和资料包括以前年度审计工作底稿，原材料领料单上记录的各个生产流程的制造成本、人工成本记录和间接费用分配表以及例外报告和所及时采取的相应的纠正行动。

二、生产与存货循环的内部控制测试

注册会计师了解生产与存货循环内部控制，可以通过询问相关人员或者查阅企业章程等文件获得有关存货账户体系的设置、存货计价方法以及成本会计制度的信息。还可以通过发放调查问卷或者绘制流程图等方法来了解采购、验货、存货、生产、销售等有关内部控制制度是否得到执行。此外，还需要实地观察存货的保管是否能够有效地防止存货的变质、毁损和被盗。在调查中，应注意结合企业的实际情况，将不同的方式结合起来使用。不仅应认真听取直接参与生产的技术工人与管理人员的意见，还应注意认真听取技术人员、工程设计师等有关专家的意见；以便对生产与存货循环的内部控制作出正确的判断。为了证实审计工作底稿对生产与存货循环内部控制描述的完整性和正确性，可以在了解并熟悉企业生产流转和工艺流程的基础上实施简易抽查，对其加以验证。

(一) 以内部控制目标为起点的控制测试

在表4－1中，以内部控制目标和相关认定为起点，列示了相应的关键内部控制和常用的控制测试程序。由于表4－1中列示的常用的控制测试程序比较清晰，无需逐一解释，因此，下面对实施生产与存货交易的控制测试时应当注意的一些内容展开讨论，并对成本会计制度的控制测试单独进行讨论。

(1) 注册会计师应当通过控制测试获取支持将被审计单位的控制风险评价为中或低的证据。如果能够获取这些证据，注册会计师就可以接受较高的检查风险，并在很大程度上可以通过实施实质性分析程序获取进一步的审计证据，减少对生产与存货交易和营业成本、存货等相关项目的细节测试的依赖。

(2) 对于计划和安排生产这项主要业务活动，有些被审计单位的内部控制要求，根据经审批的月度生产计划书，由生产计划经理签发预先按顺序编号的生产通知单。对此，注册会计师在实施控制测试时，应抽取生产通知单检查是否与月度生产计划书中的内容一致。

(3) 对于发出原材料这项主要业务活动，有些被审计单位的内部控制要求：①仓库管理员应把领料单编号、领用数量、规格等信息输入计算机系统，经存货经理复核并以电子签名方式确认后，系统自动更新材料明细台账；②原材料仓库分别于每月、每季和年度终了，对原材料存货进行盘点，会计部门对盘点结果进行复盘。由仓库管理员编写原材料盘点明细表，发现差异及时处理，经存货经理、财务经理和生产经理复核后调整入账。相应地，注册会计师在实施控制测试时应当：①抽取出库单及相关的领料单，检查是否正确输入并经适当层次复核；②抽取原材料盘点明细表并检查是否经适当层次复核，有关差异是否得到处理。

（4）对于生产产品和核算产品成本这两项主要业务活动，有些被审计单位的内部控制要求：①生产成本记账员应根据原材料出库单，编制原材料领用凭证，与计算机系统自动生成的生产记录日报表核对材料耗用和流转信息；由会计主管审核无误后，生成记账凭证并过账至生产成本及原材料明细账和总分类账。②每月月末，由生产车间与仓库核对原材料、半成品、产成品的转出和转入记录，如有差异，仓库管理员应编制差异分析报告，经存货经理和生产经理签字确认后交会计部门进行调整。③每月月末，由计算机系统对生产成本中各项组成部分进行归集，按照预设的分摊公式和方法，自动将当月发生的生产成本在完工产品和在产品中按比例分配；同时，将完工产品成本在各不同产品类别中分配，由此生成产品成本计算表和生产成本分配表；由生产成本记账员编制成生产成本结转凭证，经会计主管审核批准后进行账务处理。相应地，注册会计师在实施控制测试时应当：①抽取原材料领用凭证，检查是否与生产记录日报表一致，是否经适当审核，如有差异是否及时处理；②抽取核对记录，检查差异是否已得到处理；③抽取生产成本结转凭证检查与支持性文件是否一致并经适当复核；④预设的分摊公式和方法是否存在变更，变更是否经适当审批。当然，必要时应当考虑利用计算机专家进行工作。

（5）对于储存产成品和发出产成品这两项主要业务活动，有些被审计单位的内部控制要求：①产成品入库时，质量检验员应检查并签发预先按顺序编号的产成品验收单，由生产小组将产成品送交仓库。仓库管理员应检查产成品验收单，并清点产成品数量，填写预先顺序编号的产成品入库单经质检经理、生产经理和存货经理签字确认后，由仓库管理员将产成品入库单信息输入计算机系统，计算机系统自动更新产成品明细台账并与采购订购单编号核对。②产成品出库时，由仓库管理员填写预先顺序编号的出库单，并将产成品出库单信息输入计算机系统，经存货经理复核并以电子签名方式确认后，计算机系统自动更新产成品明细台账并与发运通知单编号核对。③产成品装运发出前，由运输经理独立检查出库单、销售订购单和发运通知单，确定从仓库提取的商品附有经批准的销售订购单，并且，所提取商品的内容与销售订购单一致。④每月末，生产成本记账员根据计算机系统内状态为“已处理”的订购单数量，编制销售成本结转凭证，结转相应的销售成本，经会计主管审核批准后进行账务处理。⑤产成品仓库分别于每月、每季和年度终了，对产成品存货进行盘点，由会计部门对盘点结果进行复盘，仓库管理员应编写产成品存货盘点明细表，发现差异及时处理，经存货经理、财务经理和生产经理复核后调整入账。相应地，注册会计师在实施控制测试时应当：①抽取产成品验收单、产成品入库单并检查输入信息是否准确；②抽取发运通知单、出库单并检查是否一致；③抽取发运单和相关销售订购单，检查内容是否一致；④抽取销售成本结转凭证检查与支持性文件是否一致并适当复核；⑤抽取产成品存货盘点报告并检查是否经适当层次复核，有关差异是否得到处理。

（6）成本会计制度的控制测试。包括直接材料成本控制测试、直接人工成本控制测试、制造费用控制测试和生产成本在当期完工产品与在产品之间分配的控制测试四项内容。

①直接材料成本控制测试。对采用定额单耗的企业，可选择某一成本报告期若干种

具有代表性的产品成本计算单，获取样本的生产指令或产量统计记录及其直接材料单位消耗定额，根据材料明细账或采购业务测试工作底稿中各该直接材料的单位实际成本，计算直接材料的总消耗量和总成本，与该样本成本计算单中的直接材料成本核对，并注意下列事项：生产指令是否经过授权批准；单位消耗定额和材料成本计价方法是否适当，在当年度有无重大变更。

对未采用定额单耗的企业，可获取材料费用分配汇总表、材料发出汇总表（或领料单）、材料明细账（或采购业务测试工作底稿）中各该直接材料的单位成本，作如下检查：成本计算单中直接材料成本与材料费用分配汇总表中该产品负担的直接材料费用是否相符，分配标准是否合理；将抽取的材料发出汇总表或领料单中若干种直接材料的发出总量和各该种材料的实际单位成本之积，与材料费用分配汇总表中各该种材料费用进行比较，并注意领料单的签发是否经过授权批准，材料发出汇总表是否经过适当的人员复核，材料单位成本计价方法是否适当，在当年有无重大变更。

对采用标准成本法的企业，获取样本的生产指令或产量统计记录、直接材料单位标准用量、直接材料标准单价及发出材料汇总表或领料单，检查下列事项：根据生产量、直接材料单位标准用量和标准单价计算的标准成本与成本计算单中的直接材料成本核对是否相符；直接材料成本差异的计算与账务处理是否正确，并注意直接材料的标准成本在当年度内有无重大变更。

②直接人工成本控制测试。对采用计时工资制的企业，获取样本的实际工时统计记录、职员分类表和职员工薪手册（工资率）及人工费用分配汇总表，作如下检查：成本计算单中直接人工成本与人工费用分配汇总表中该样本的直接人工费用核对是否相符；样本的实际工时统计记录与人工费用分配汇总表中该样本的实际工时核对是否相符；抽取生产部门若干天的工时台账与实际工时统计记录核对是否相符；当没有实际工时统计记录时，则可根据职员分类表及职员工薪手册中的工资率，计算复核人工费用分配汇总表中该样本的直接人工费用是否合理。

对采用计件工资制的企业，获取样本的产量统计报告、个人（小组）产量记录和经批准的单位工薪标准或计件工资制度，检查下列事项：根据样本的统计产量和单位工薪标准计算的人工费用与成本计算单中直接人工成本核对是否相符；抽取若干个直接人工（小组）的产量记录，检查是否被汇总记入产量统计报告。

对采用标准成本法的企业，获取样本的生产指令或产量统计报告、工时统计报告和经批准的单位标准工时、标准工时工资率、直接人工的工薪汇总表等资料，检查下列事项：根据产量和单位标准工时计算的标准工时总量与标准工时工资率之积同成本计算单中直接人工成本核对是否相符；直接人工成本差异的计算与账务处理是否正确，并注意直接人工的标准成本在当年内有无重大变更。

③制造费用控制测试。获取样本的制造费用分配汇总表、按项目分列的制造费用明细账、与制造费用分配标准有关的统计报告及其相关原始记录，作如下检查：制造费用分配汇总表中，样本分担的制造费用与成本计算单中的制造费用核对是否相符；制造费

用分配汇总表中的合计数与样本所属成本报告期的制造费用明细账总计数核对是否相符；制造费用分配汇总表选择的分配标准（机器工时数、直接人工工资、直接人工工时数、产量等）与相关的统计报告或原始记录核对是否相符，并对费用分配标准的合理性做出评估；如果企业采用预计费用分配率分配制造费用，则应针对制造费用分配过多或过少的差额，检查其是否作了适当的账务处理；如果企业采用标准成本法，则应检查样本中标准制造费用的确定是否合理，计入成本计算单的数额是否正确，制造费用差异的计算与账务处理是否正确，并注意标准制造费用在当年度内有无重大变更。

④生产成本在当期完工产品与在产品之间分配的控制测试。检查成本计算单中在产品数量与生产统计报告或在产品盘存表中的数量是否一致；检查在产品约当产量计算或其他分配标准是否合理；计算复核样本的总成本和单位成本，最终对当年采用的成本会计制度做出评价。

（二）以风险为起点的控制测试

在审计实务中，注册会计师还可以以识别的重大错报风险为起点实施控制测试。表4－2列示了生产与存货交易相关的风险，旨在降低这些风险的计算机控制和人工控制以及相应的控制测试程序，供参考。

表4－2　生产与存货交易的风险、控制和控制测试

风险	计算机控制	人工控制	控制测试
计划和开始生产			
生产规模可能不适当；可能因生产过量导致存货滞销，或者因产量不足导致存货脱销	根据销售需求量对存货生产数量实施计算机化监督，以显示具体存货项目的再次订购数量和经济订购数量	计划和生产进度由生产部门监控，并取得生产经理批准	检查授权生产的证据
产品可能没有按照客户要求的规格生产，导致顾客拒收而滞销		生产开始前，获取客户对于产品设计和规格的认可。计划和生产进度由生产部门监控，并取得生产经理批准	检查客户签署的认可函和生产经理批准的证据
生产流程			
发出原材料			
原材料的发出可能未经授权或者发出用于生产的原材料可能不正确 原材料缺货可能导致生产延误 发出的原材料可能未分配或者未正确分配到生产任务中	将事先编号的原材料通知单录入系统，生成发出原材料给工厂以供生产的原材料发出通知单 每日打印发出至生产过程的原材料，以及包含在生产任务通知单中的原材料发出通知单代码	由经授权的生产人员签署所有生产任务或供生产使用的原材料通知单 由生产经理复核载有每日发出至生产过程中的原材料信息的打印文件，并与由生产人员签署的原材料通知单核对一致	检查生产经理复核生产任务通知单、跟进未分配的原材料和未完成的原材料通知单的情况 特别地，在期末查询没有分配的原材料发出通知单对于在产品的影响

续表

风险	计算机控制	人工控制	控制测试
	每日打印未完成的原材料通知单和没有分配到特定生产任务的原材料发出通知单	由生产人员监督没有完成的原材料通知单，并跟进发出原材料的延误 由生产人员分别就每个生产阶段逐个签署生产任务通知单，以表明为每一项生产任务所记录的原材料是完整和准确的	
原材料可能被盗		确保原材料存货的实物安全，仅允许经授权的人员进入原材料仓库 在生产地点安置监控录像机，控制安全通道。对于生产高价值或高度危险的产品地方，设置严密的安保系统	通过询问和观察以获取控制被执行的证据
在生产阶段间转移商品			
直接人工工时可能未被记录或者未被分配至正确的生产任务。 直接机器工时可能未被记录或者未被分配至正确的任务	每天在各生产任务上花费的人工时间要与按照每个员工的计时工资时间或工时记录比对一致 对分配到生产任务中的直接人工工时与每天的工时记录的差异要打印在例外报告上 每天计入生产任务的机器工时要与机器生产能力总数比对一致，未分配的工时要打印在例外报告上 每日生产报告累计所有生产任务所耗费的工时，并与每日工时总数比对一致	由管理层复核每日生产报告以及对直接人工总工时分配的调节表 由管理层复核例外报告，并改正分配直接人工工时和机器工时中的错误	检查管理层复核生产报告和工时调节表的证据。 检查管理层复核工时差异例外报告的证据，并检查其纠正例外报告所反映的错误的证据
在产品可能未被包括移送下一个生产阶段之前的所有累计成本	记录各个生产阶段中的产品移动。但在产品转移到下一个阶段前需经授权的生产人员的电子签名 出于这一目的，通过密码和菜单对授权人员的进入实施控制 下一生产阶段的成本核算直到前一生产阶段已经完成才能进行记录 每日生产报告记录生产任务从一个阶段转移到下一阶段的日期和时间，并识别授权转移的员工 每个连续性生产阶段最后的累计成本也要在每日生产报告中反映	经授权人员的电子签名要显示在生产任务通知单和每日生产报告中，以表明在批准向下一阶段转移生产任务面前，该人员已经检查并确认所有的直接材料、人工和机器工时成本是正确和完整的 生产管理层检查已分配的成本，并询问不一致的情况	对于期末在产品，检查授权将生产任务转移至下一阶段的相关签名 比较原材料、人工工时和机器工时与完成该阶段生产任务的说明书，并检查生产经理监督和更正差异的证据

续表

风险	计算机控制	人工控制	控制测试
转移产品至产成品仓库			
产成品仓库人员可能未记录接收的已完工产品，或接收了生产的残次品	转移完工产品前需要生产经理的电子签名 产成品仓库人员通过电子签名显示接收已完工产品，以完成产品从在产品到完工产品的转移 由计算机将已完工产品转移的数量和成本记录至完工产品存货主文档 由计算机生成关于所有生产任务已转移至产成品存货的完工生产报告	由质量控制人员检查每一生产阶段完工的存货，以确保其在送达产成品仓库前符合质量标准 损坏的产品或者不符合质量标准的产品应当立即撤出并处理 检查人员认为满意后在生产任务通知单上签字 除了他们的电子签名，产成品仓库人员还应当通过在有关生产任务通知单上的签章证明已经接收了有关的产成品 生产经理每日检查完工生产报告，询问并调整所有与预期不一致的成本和数量	检查接收完工产品到产成品仓库的证据 检查管理层复核完工生产报告和追踪出现的误差的证据 使用计算机辅助审计方法，将完成的生产任务与转移到产成品仓库的完工产品进行比对，检查转移的数量、成本是否一致
产成品可能被盗	定期打印存货主文档中的产成品记录，反映仓库中的存货项目	对产成品进行实物保护，如仅有经授权的员工才可以进入到仓库 在产成品仓库有选择地安装监控摄像机 由管理层持续地对存货进行盘点，并调整存货实物数量和存货主文档中存货余额之间的差异 对接收的产成品、采购和销售的商品实施截止测试	询问并观察安全措施的充分性 监盘和观察客户持续或定期的盘点程序，并调整记录在存货主文档中的存货余额 检查由于存货损耗和对期末完工产品、采购商品、销售商品实施截止测试产生的调整
记录生产的产品			
分配至生产的存货的成本可能存在错误，包括： 分配至生产的原材料的金额发生错误；直接人工工时和机器工时未正确分配到生产任务或分配的金额不正确	每日生产报告详细记录分配给各项任务的直接材料、人工和机器工时，并将其与发出原材料、计时工资记录和机器工时记录进行比较 将比对不一致的直接成本生成例外报告	由管理层复核每日生产报告和例外报告，并采取措施纠正在产品在各阶段转移过程中的错误和分配错误	检查每日生产报告和例外报告，获取管理层复核及采取相关措施的证据
分配给在产品和产成品的间接费用成本可能没有正确计算，可能未分配至正确的生产任务，或导致应该被费用化的部分可能被记入存货成本	计算机通常以直接人工、直接机器工时或者其他特定的生产流程为基础来分配间接成本 每日生产报告应该反映标准成本差异以及间接费用的分配	由管理层定期审批间接费用分配率和分配基础或分配至在产品的标准成本 由管理层定期复核并调查标准成本差异，并根据市场中的有关销售价格考虑产品的可变现净值	检查管理层对标准成本、费用的分配率和分配基础的审批 询问会计政策的一贯性 检查管理层复核标准成本差异以及产品可变现净值的证据

续表

风险	计算机控制	人工控制	控制测试
已完工产品的生产成本可能没有转移到产成品中	每日完工产品报告中反映了转移到产成品中的成本，以及经授权的生产人员批准这一转移，和经授权的产成品仓库人员接收完工产品至产成品仓库的签字	由生产管理层复核每日的产成品报告，询问并调整任何与预期不一致的成本或产量	使用计算机辅助审计方法，将完工产品与产成品仓库接收的产品的成本和数量进行核对 检查每日完工产品报告以及管理层复核的证据
保管存货和维护存货主文档			
记录的存货数量可能与实际存货数量不一致		定期或者持续执行存货盘点，调整存货主文档中的存货余额和总分类的余额 对于接收的完工产品、外购和销售的商品实施截止测试	检查存货盘点和记录的存货余额 检查授权调整已记录存货余额的证据
存货主文档中总额可能和存货总分类账的金额不一致	由计算机将总分类账和存货主文档中的总额进行持续的比对，并打印比对不一致的交易和余额的例外报告	对接收的产成品、外购和销售的商品实施截止测试。对于存货主文档和存货总分类账中存货的损耗和错误进行调整	检查管理层复核和经授权调整的证据
存货过时或者状况恶化，以至于其账面价值可能超过了可变现净值	打印出各存货项目的销售量，以及与现有销售需求对应的当前库存情况	经常复核过时毁损的存货，定期对存货项目计提减值准备作出决定 期末按照过往经验和一贯的会计政策计算存货跌价准备 检查存货的销售情况以及各存货项目的最后销售日，以便识别销售缓慢和没有销售出去的存货	检查管理层复核存货过时和存货减值的证据 询问计算存货减值准备人员的胜任能力 确认行业标准并考虑被审计单位的假设是否合理。 测试确定存货销售量的程序化的控制
控制环境和控制活动可能未能使管理层关注存货的变动、计量或者计价，以及与之高度相关的财务报表中可能存在潜在错误、错报和舞弊		高级管理层的监控主要涉及以下方面：生产量和生产成本；原材料和产成品存货水平；根据存货盘点的数量和存货主文档以及存货的损耗和丢失情况进行调整；与销售需求有关的脱销和储存过量情况；标准成本差异和间接费用分配应当与企业的实际情况和行业的一般情况匹配；监控关键业绩指标	检查管理层监控程序和关键业绩指标的有效性，以防止、发现并纠正生产与存货交易和余额相关的错误和舞弊

（三）评价生产与存货循环内部控制

注册会计师在完成上述审计程序后，应根据所收集的审计证据，结合自己的职业判断能力，对生产与存货循环内部控制进行评价。重点应评价：内部控制是否健全并得到有效执行；内部控制的整体强弱及各部分的强弱；内部控制的可依赖性及控制风险的大小。通过评价，注册会计师应了解生产与存货循环中控制较强的部分及较弱部分，并依据内部控制的可信赖程度，确定生产与存货循环实质性程序和重点。一般来说，生产与存货循环内部控制较强，则实质性程序相应的可以适当简化；反之，如果测试结果表明生产与存货循环内部控制较弱，则控制风险较大，注册会计师为了将审计风险降低至可接受水平，必须执行扩大的实质性审计程序。

三、生产与存货循环的实质性审计程序

（一）生产与存货审计复杂性

《企业会计准则第 1 号——存货》规定，存货是指企业在日常活动中持有以备出售的产成品或商品、处在生产过程中的在产品、在生产过程或提供劳务过程中耗用的材料和物料等。

在通常情况下，存货对企业经营特点的反映能力强于其他资产项目。存货对于生产制造业、贸易行业一般十分重要。通常，存货的重大错报对于财务状况和经营成果都会产生直接的影响。审计中许多复杂和重大的问题都与存货有关。存货、产品生产和销售成本构成了会计、审计乃至企业管理中最为普遍、重要和复杂的问题。

存货审计，尤其是对年末存货余额的测试，通常是审计中最复杂也最费时的部分。对存货存在性和存货价值的评估常常十分困难。导致存货审计复杂的主要原因包括：

（1）存货通常是资产负债表中的一个主要项目，而且通常是构成营运资本的最大项目。

（2）存货存放于不同的地点，这使对它的实物控制和盘点都很困难。企业必须将存货置放于便于产品生产和销售的地方，但是这种分散也带来了审计的困难。

（3）存货项目的多样性也给审计带来了困难。例如，化学制品、宝石、电子元件以及其他的高科技产品。

（4）存货本身的陈旧以及存货成本的分配也使存货的估价存在困难。

（5）不同企业采用的存货计价方法存在的多样性。

正是由于存货对于企业的重要性、存货问题的复杂性以及存货与其他项目密切的关联度，要求注册会计师对存货项目的审计应当予以特别的关注。相应地，要求实施存货项目审计的注册会计师应具备较高的专业素质和相关业务知识，分配较多的审计工时，运用多种有针对性的审计程序。

（二）存货监盘

1. 存货监盘概述。

如果存货对财务报表是重要的，注册会计师应当实施下列审计程序，对存货的存在

和状况获取充分、适当的审计证据：①在存货盘点现场实施监盘（除非不可行）；②对期末存货记录实施审计程序，以确定其是否准确反映实际的存货盘点结果。

具体来说，存货监盘涉及以下内容：①检查存货以确定其是否存在，评价存货状况，并对存货盘点结果进行测试；②观察管理层指令的遵守情况，以及用于记录和控制存货盘点结果的程序的实施情况；③获取有关管理层存货盘点程序可靠性的审计证据。

这些程序用做控制测试还是实质性程序，取决于注册会计师的风险评估结果、审计方案和实施的特定程序。

需要说明的是，尽管实施存货监盘，获取有关期末存货数量和状况的充分、适当的审计证据是注册会计师的责任，但这并不能取代被审计单位管理层定期盘点存货、合理确定存货的数量和状况的责任。事实上，管理层通常制订程序，要求对存货每年至少一次实物盘点，以作为编制财务报表的基础，并用以确定被审计单位永续盘存制的可靠性（如适用）。

存货监盘针对的主要是存货的存在认定、完整性认定以及权利义务认定，注册会计师监盘存货的目的在于获取有关存货数量和状况的审计证据，以确证被审计单位记录的所有存货确实存在，已经反映了被审计单位拥有的全部存货，并属于被审计单位的合法财产。存货监盘作为存货审计的一项核心审计程序，通常可同时实现上述多项审计目标。

需要指出的是，注册会计师在测试存货的权利和义务认定和完整性认定时，可能还需要实施其他审计程序，这些将在本章的其他部分讨论。

2. 存货监盘的计划。

（1）制订存货监盘计划的基本要求。注册会计师应当根据被审计单位存货的特点、盘存制度和存货内部控制的有效性等情况，在评价被审计单位管理层制定的存货盘点程序的基础上，编制存货监盘计划，对存货监盘做出合理安排。

有效的存货监盘需要制订周密、细致的计划。为了避免误解并有助于有效地实施存货监盘，注册会计师通常需要与被审计单位就存货监盘等问题达成一致意见。因此，注册会计师首先应当充分了解被审计单位存货的特点、盘存制度和存货内部控制的有效性等情况，并考虑获取、审阅和评价被审计单位预定的盘点程序。存货存在与完整性的认定具有较高的重大错报风险，而且注册会计师通常只有一次机会通过存货的实地监盘对有关认定做出评价。根据计划过程所搜集到的信息，有助于注册会计师合理确定参与监盘的地点以及存货监盘的程序。

（2）制订存货监盘计划应考虑的相关事项。在编制存货监盘计划时，注册会计师需要考虑以下事项。

①与存货相关的重大错报风险。存货通常具有较高水平的重大错报风险，影响重大错报风险的因素具体包括：存货的数量和种类、成本归集的难易程度、陈旧过时的速度或易损坏程度、遭受失窃的难易程度。由于制造过程和成本归集制度的差异，制造企业的存货与其他企业（如批发企业）的存货相比往往具有更高的重大错报风险，对于注册会计师的审计工作而言则更具复杂性。外部因素也会对重大错报风险产生影响。例

如，技术进步可能导致某些产品过时，从而导致存货价值更容易发生高估。以下类别的存货就可能增加审计的复杂性与风险：

具有漫长制造过程的存货。制造过程漫长的企业（如飞机制造和酒类产品酿造企业）的审计重点包括递延成本、预期发生成本以及未来市场波动可能对当期损益的影响等事项。

具有固定价格合约的存货。预期发生成本的不确定性是其重大审计问题。

与时装相关的服装行业。由于服装产品的消费者对服装风格或颜色的偏好容易发生变化，因此，存货是否过时是重要的审计事项。

鲜活、易腐商品存货。因为物质特性和保质期短暂，此类存货变质的风险很高。

具有高科技含量的存货。由于技术进步，此类存货容易过时。

单位价值高昂、容易被盗窃的存货。例如，珠宝存货的错报风险通常高于铁制纽扣之类存货的错报风险。

②与存货相关的内部控制的性质。在制订存货监盘计划时，注册会计师应当了解被审计单位与存货相关的内部控制，并根据内部控制的完善程度确定进一步审计程序的性质、时间安排和范围。与存货相关的内部控制涉及被审计单位供、产、销各个环节，包括采购、验收、存货、领用、加工、装运出库等方面。需要说明的是，与存货内部控制相关的措施有很多，其有效程度也存在差异。

与采购相关的内部控制的总体目标是所有交易都已获得适当的授权与批准。使用购货订购单是一项基本的内部控制措施。购货订购单应当预先连续编号，事先确定采购价格并获得批准。此外，还应当定期清点购货订购单。

与存货验收相关的内部控制的总体目标是所有收到的商品都已得到记录。使用验收报告单是一项基本的内部控制措施。被审计单位应当设置独立的部门负责验收商品，该部门具有验收存货实物、确定存货数量、编制验收报告、将验收报告传送至会计核算部门以及运送商品至仓库等一系列职能。

与存货相关的内部控制的总体目标是确保与存货实物的接触必须得到管理层的指示和批准。被审计单位应当采取实物控制措施，使用适当的存储设施，以使存货免受意外损毁、盗窃或破坏。

与领用相关的内部控制的总体目标是所有存货的领用均应得到批准和记录。使用存货领用单是一项基本的内部控制措施，对存货领用单，应当定期进行清点。

与加工（生产）相关的内部控制的总体目标是对所有的生产过程做出适当的记录。使用生产报告是一项基本的内部控制措施。在生产报告中，应当对产品质量缺陷和零部件使用及报废情况及时做出说明。

与装运出库相关的内部控制的总体目标是所有的装运都得到了记录。使用发运凭证是一项基本的内部控制措施。发运凭证应当预先编号，定期进行清点，并作为日后开具收款账单的依据。

被审计单位与存货实地盘点相关的内部控制通常包括：制订合理的存货盘点计划，

确定合理的存货盘点程序，配备相应的监督人员，对存货进行独立的内部验证，将盘点结果与永续存货记录进行独立的调节，对盘点表和盘点标签进行充分控制。

③对存货盘点是否制定了适当的程序，并下达了正确的指令。注册会计师一般需要复核或与管理层讨论其存货盘点程序。在复核或与管理层讨论其存货盘点程序时，注册会计师应当考虑下列主要因素，以评价其能否合理地确定存货的数量和状况：盘点的时间安排；存货盘点范围和场所的确定；盘点人员的分工及胜任能力；盘点前的会议及任务布置；存货的整理和排列，对毁损、陈旧、过时、残次及所有权不属于被审计单位的存货的区分；存货的计量工具和计量方法；在产品完工程度的确定方法；存放在外单位的存货的盘点安排；存货收发截止的控制；盘点期间存货移动的控制；盘点表单的设计、使用与控制；盘点结果的汇总以及盘盈或盘亏的分析、调查与处理。

如果认为被审计单位的存货盘点程序存在缺陷，注册会计师应当提请被审计单位调整。

④存货盘点的时间安排。如果存货盘点在财务报表日以外的其他日期进行，注册会计师除实施存货监盘相关审计程序外，还应当实施其他审计程序，以获取审计证据，确定存货盘点日与财务报表日之间的存货变动是否已得到恰当的记录。

⑤被审计单位是否一贯采用永续盘存制。存货数量的盘存制度一般为实地盘存制和永续盘存制。存货盘存制度不同，注册会计师需要做出的存货监盘安排也不同。如果被审计单位通过实地盘存制确定数量，则注册会计师要参加此种盘点。如果被审计单位采用永续盘存制，注册会计师应在年度中一次或多次参加盘点。

⑥存货的存放地点（包括不同存放地点的存货的重要性和重大错报风险），以确定适当的监盘地点。注册会计师应了解所有的存货存放地点，既可以防止被审计单位或自己发生任何遗漏，也有助于恰当地分配审计资源。注册会计师通常应当重点考虑被审计单位的重要存货存放地点，特别是金额较大可能存在重大错报风险（如存货性质特殊）的存货地点，将这些存货地点列入监盘地点。对其他无法在存货盘点现场实施存货监盘的存货存放地点，注册会计师应当实施替代审计程序，以获取有关存货的存在和状况的充分、适当的审计证据。

⑦是否需要专家协助。注册会计师可能不具备其他专业领域专长与技能。在确定资产数量或资产实物状况（如矿石堆），或在收集特殊类别存货（如艺术品、稀有玉石、房地产、电子器件、工程设计等）的审计证据时，注册会计师可以考虑利用专家的工作。

当在产品存货金额较大时，可能面临如何评估在产品完工程度问题。注册会计师可以了解被审计单位的盘点程序，如果有关在产品的完工程度未被明确列出，注册会计师应当考虑采用其他有助于确定完工程度的措施，如获取零部件明细清单、标准成本表以及作业成本表，与工厂的有关人员进行讨论等，并运用职业判断。注册会计师也可以根据存货生产过程的复杂程度利用专家的工作。

（3）存货监盘计划的主要内容。

存货监盘计划应当包括以下主要内容：

①存货监盘的目标、范围及时间安排。存货监盘的主要目标包括获取被审计单位资产负债表日有关存货数量和状况以及有关管理层存货盘点程序可靠性的审计证据，检查存货的数量是否真实完整，是否归属被审计单位，存货有无毁损、陈旧、过时、残次和短缺等状况。

存货监盘范围的大小取决于存货的内容、性质以及与存货相关的内部控制的完善程度和重大错报风险的评估结果。

存货监盘的时间，包括实地察看盘点现场的时间、观察存货盘点的时间和对已盘点存货实施检查的时间等，应当与被审计单位实施存货盘点的时间相协调。

②存货监盘的要点及关注事项。存货监盘的要点主要包括注册会计师实施存货监盘程序的方法、步骤，各个环节应注意的问题以及所要解决的问题。注册会计师需要重点关注的事项包括盘点期间的存货移动、存货的状况、存货的截止确认、存货的各个存放地点及金额等。

③参加存货监盘人员的分工。注册会计师应当根据被审计单位参加存货盘点人员分工、分组情况、存货监盘工作量的大小和人员素质情况，确定参加存货监盘的人员组成以及各组成人员的职责和具体的分工情况，并加强督导。

④检查存货的范围。注册会计师应当根据对被审计单位存货盘点和对被审计单位内部控制的评价结果确定检查存货的范围。在实施观察程序后，如果认为被审计单位内部控制设计良好且得到有效实施，存货盘点组织良好，可以相应缩小实施检查程序的范围。

3. 存货监盘程序。

在存货盘点现场实施监盘时，注册会计师应当实施下列审计程序。

（1）评价管理层用以记录和控制存货盘点结果的指令和程序。注册会计师需要考虑这些指令和程序是否包括下列方面：

①适当控制活动的运用，例如，收集已使用的存货盘点记录，清点未使用的存货盘点表单，实施盘点和复盘程序；

②准确认定在产品的完工程度，流动缓慢（呆滞）、过时或毁损的存货项目，以及第三方拥有的存货（如寄存货物）；

③在适用的情况下用于估计存货数量的方法，如可能需要估计煤堆的重量；

④对存货在不同存放地点之间的移动以及截止日前后期间出入库的控制。

（2）观察管理层制定的盘点程序（如对盘点时及其前后的存货移动的控制程序）的执行情况。这有助于注册会计师获取有关管理层指令和程序是否得到适当设计和执行的审计证据。尽管盘点存货时最好能保持存货不发生移动，但在某些情况下存货的移动是难以避免的。如果在盘点过程中被审计单位的生产经营仍将持续进行，注册会计师应通过实施必要的检查程序，确定被审计单位是否已经对此设置了相应的控制程序，确保在适当的期间内对存货做出了准确记录。

此外，注册会计师可以获取有关截止性信息（如存货移动的具体情况）的复印件，有助于日后对存货移动的会计处理实施审计程序。具体来说，注册会计师一般应当获取盘点日前后存货收发及移动的凭证，检查库存记录与会计记录期末截止是否正确。注册会计师在对期末存货进行截止测试时，通常应当关注：

所有在截止日期以前入库的存货项目是否均已包括在盘点范围内，并已反映在截止日以前的会计记录中。任何在截止日期以后入库的存货项目是否均未包括在盘点范围内，也未反映在截止日以前的会计记录中。

所有截止日以前装运出库的存货商品是否均未包括在盘点范围内，且未包括在截止日的存货账面余额中；所有已记录为购货但尚未入库的存货是否均已包括在盘点范围内，并已反映在会计记录中。

所有已确认为销售但尚未装运出库的商品是否均未包括在盘点范围内，且未包括在截止日的存货账面余额中；所有已记录为购货但尚未入库的存货是否均已包括在盘点范围内，并已反映在会计记录中。

在途存货和被审计单位直接向顾客发运存货是否均已得到了适当的会计处理。

注册会计师通常可观察存货的验收入库地点和装运出库地点以执行截止测试。在存货入库和装运过程中采用连续编号的凭证时，注册会计师应当关注截止日期前的最后编号。如果被审计单位没有使用连续编号的凭证，注册会计师应当列出截止日期以前的最后几笔装运和入库记录。如果被审计单位使用运货车厢或拖车进行存储、运输或验收入库，注册会计师应当详细列出存货场地上满载和空载的车厢或拖车，并记录各自的存货状况。

(3) 检查存货。在存货监盘过程中检查存货，虽然不一定能确定存货的所有权，但有助于确定存货的存在，以及识别过时、毁损或陈旧的存货。注册会计师应当把所有过时、毁损或陈旧存货的详细情况记录下来，这既便于进一步追查这些存货的处置情况，也能为测试被审计单位存货跌价准备计提的准确性提供证据。

(4) 执行抽盘。在对存货盘点结果进行测试时，注册会计师可以从存货盘点记录中选取项目追查至存货实物，以及从存货实物中选取项目追查至盘点记录，以获取有关盘点记录准确性和完整性的审计证据。需要说明的是，注册会计师应尽可能避免让被审计单位事先了解将抽盘的存货项目。除记录注册会计师对存货盘点结果进行的测试情况外，获取管理层完成的存货盘点记录的复印件也有助于注册会计师日后实施审计程序，以确定被审计单位的期末存货记录是否准确地反映了存货的实际盘点结果。

注册会计师在实施抽盘程序时发现差异，很可能表明被审计单位的存货盘点在准确性或完整性方面存在错误。由于检查的内容通常仅仅是已盘点存货中的一部分，因而在检查中发现的错误很可能意味着被审计单位的存货盘点还存在着其他错误。一方面，注册会计师应当查明原因，并及时提请被审计单位更正；另一方面，注册会计师应当考虑错误的潜在范围和重大程度，在可能的情况下，扩大检查范围以减少错误的发生。注册会计师还可要求被审计单位重新盘点。重新盘点的范围可限于某一特殊领域的存货或特定盘点小组。

（5）需要特别关注的情况。

①存货盘点范围。在被审计单位盘点存货前，注册会计师应当观察盘点现场，确定应纳入盘点范围的存货是否已经适当整理和排列，并附有盘点标识，防止遗漏或重复盘点。对未纳入盘点范围的存货，注册会计师应当查明未纳入的原因。

对所有权不属于被审计单位的存货，注册会计师应当取得其规格、数量等有关资料，确定是否已单独存放、标明，且未被纳入盘点范围。在存货监盘过程中，注册会计师应当根据取得的所有权不属于被审计单位的存货的有关资料，观察这些存货的实际存放情况，确保其未被纳入盘点范围。即使在被审计单位声明不存在受托代存存货的情形下，注册会计师在存货监盘时也应当关注是否存在某些存货不属于被审计单位的迹象，以避免盘点范围不当。

②对特殊类型存货的监盘。对某些特殊类型的存货而言，被审计单位通常使用的盘点方法和控制程序并不完全适用。这些存货通常或者没有标签，或者其数量难以估计，或者其质量难以确定，或者盘点人员无法对其移动实施控制。在这些情况下，注册会计师需要运用职业判断，根据存货的实际情况，设计恰当的审计程序，对存货的数量和状况获取审计证据。表4－3列举了被审计单位特殊存货的类型、通常采用的盘点方法与存在的潜在问题，以及可供注册会计师实施的监盘程序。注册会计师在审计实务中，应当根据被审计单位所处行业的特点、存货的类别和特点以及内部控制等具体情况，并在通用的存货监盘程序基础上，设计关于特殊类型存货监盘的具体审计程序。

表4－3　　特殊类型存货的监盘程序

存货类型	潜在问题	可供实施的审计程序
木材、钢筋盘条、管子	难以确定存货的数量或等级	检查标记或标识；利用专家或被审计单位内部有经验人员的工作
堆积型存货（如糖、煤、钢废料）	在估计存货数量时存在困难	运用工程估测、几何计算、高空勘测，并依赖详细的存货记录；如果堆场中的存货堆不高，可进行实地监盘，或通过旋转存货堆加以估计
使用磅秤测量的存货	在估计存货数量时存在困难	在监盘前和监盘过程中均应检验磅秤的精准度，并留意磅秤的位置移动与重新调校程序；将检查和重新衡量程序相结合。检查称量尺度的换算问题
散装物品（如贮窖存货、使用桶、箱、罐、槽等容器储存的液、气体、谷类粮食、流体存货等）	在估计存货数量和质量时存在困难	使用容器进行监盘或通过预先编号的清单列表加以确定；使用浸蘸、测量棒、工程报告以及依赖永续存货记录；选择样品进行化验与分析，或利用专家的工作
贵金属、石器、艺术品与收藏品	在存货辨认与质量确定方面存在困难	选择样品进行化验与分析，或利用专家的工作
生产纸浆用木材，牲畜	在存货辨认与数量确定方面存在困难；可能无法对此类存货的移动实施控制	通过高空摄影以确定其存在性，对不同时点的数量进行比较，并依赖永续存货记录

（6）存货监盘结束时的工作。在被审计单位存货盘点结束前，注册会计师应当：

①再次观察盘点现场，以确定所有应纳入盘点范围的存货是否均已盘点。

②取得并检查已填用、作废及未使用盘点表单的号码记录，确定其是否连续编号，查明已发放的表单是否均已收回，并与存货盘点的汇总记录进行核对。注册会计师应当根据自己在存货监盘过程中获取的信息对被审计单位最终的存货盘点结果汇总记录进行复核，并评估其是否正确地反映了实际盘点结果。

如果存货盘点日不是资产负债表日，注册会计师应当实施适当的审计程序，确定盘点日与资产负债表日之间存货的变动是否已得到恰当的记录。

无论管理层通过年度实地盘点还是采用永续盘存制确定存货数量，由于实际原因，存货的实地盘点均有可能在财务报表日以外的某一天或某几天进行。无论哪种情况，针对存货变动的控制的设计、执行和维护的有效性，决定了在财务报表日以外的某一天或某几天执行的盘点程序是否符合审计目的。《中国注册会计师审计准则第 1231 号——针对评估的重大错报风险采取的应对措施》对在期中实施实质性程序作出了规定。

如果被审计单位采用永续盘存制，管理层可能执行实地盘点或其他测试方法，确定永续盘存记录中的存货数量信息的可靠性。在某些情况下，管理层或注册会计师可能识别出永续盘存记录和现有实际存货数量之间的差异，这可能表明对存货变动的控制没有有效运行。

当设计审计程序以获取关于盘点日的存货总量与期末存货记录之间的变动是否已被适当记录的审计证据时，注册会计师考虑的相关事项包括：

①对永续盘存记录的调整是否适当；

②被审计单位永续盘存记录的可靠性；

③从盘点获取的数据与永续盘存记录存在重大差异的原因。

4. 特殊情况的处理。

（1）在存货盘点现场实施存货监盘不可行。在某些情况下，实施存货监盘可能是不可行的。这可能是由存货性质和存放地点等因素造成的，例如，存货存放在对注册会计师的安全有威胁的地点。然而，对注册会计师带来不便的一般因素不足以支持注册会计师作出实施存货监盘不可行的决定。审计中的困难、时间或成本等事项本身，不能作为注册会计师省略不可替代的审计程序或满足于说服力不足的审计证据的正当理由。

如果在存货盘点现场实施存货监盘不可行，注册会计师应当实施替代审计程序（如检查盘点日后出售盘点日之前取得或购买的特定存货的文件记录），以获取有关存货的存在和状况的充分、适当的审计证据。

但在其他一些情况下，如果不能实施替代审计程序，或者实施替代审计程序可能无法获取有关存货的存在和状况的充分、适当的审计证据，注册会计师需要按照《中国注册会计师审计准则第 1502 号——在审计报告中发表非无保留意见》的规定发表非无保留意见。

（2）因不可预见的情况导致无法在存货盘点现场实施监盘。有时，由于不可预见情况而可能导致无法在预定日期实施存货监盘，两种比较典型的情况包括：一是注册会计师无法亲临现场，即由于不可抗力导致其无法到达存货存放地实施存货监盘；二是气候因素，即由于恶劣的天气导致注册会计师无法实施存货监盘程序，或由于恶劣的天气无法观察存货，如木材被积雪覆盖。

如果由于不可预见的情况无法在存货盘点现场实施监盘，注册会计师应当另择日期实施监盘，并对间隔期内发生的交易实施审计程序。

（3）由第三方保管或控制的存货。如果由第三方保管或控制的存货对财务报表是重要的，注册会计师应当实施下列一项或两项审计程序，以获取有关该存货存在和状况的充分、适当的审计证据：

①向持有被审计单位存货的第三方函证存货的数量和状况。

②实施检查或其他适合具体情况的审计程序。根据具体情况（如获取的信息使注册会计师对第三方的诚信和客观性产生疑虑），注册会计师可能认为实施其他审计程序是适当的。其他审计程序可以作为函证的替代程序，也可以作为追加的审计程序。

其他审计程序的示例包括：

第一，实施或安排其他注册会计师实施对第三方的存货监盘（如可行）；

第二，获取其他注册会计师或服务机构注册会计师针对用以保证存货得到恰当盘点和保管的内部控制的适当性而出具的报告；

第三，检查与第三方持有的存货相关的文件记录，如存货单；

第四，当存货被作为抵押品时，要求其他机构或人员进行确认。

（三）存货截止测试

1. 存货截止测试的含义。

存货截止测试就是检查已经记录为企业所有并包括在12月31日存货盘点范围内的存货中是否含有截至该日尚未购入或已经售出的部分。存货正确截止的关键在于存货实物纳入盘点范围的时间与存货引起的借贷双方会计科目的入账时间都处于同一会计期间。

正确确定存货购入与售出的截止日期是正确、完整地记录企业期末存货的前提。如果被审计单位当年12月31日购入货物，并已包括在当年12月31日的实物盘点范围内，而当年12月账上并无进货与相应的负债记录，这就少记了账面存货和应付账款，这时若将盘盈的存货冲减有关的费用或增加有关收入，就虚增了本年利润；相反，如果在当年12月31日收到一张购货发票，并记入当年12月账内，而这张发票所对应的存货实物却在次年1月3日才收到，未包括在当年年度的盘点范围内，如果此时根据盘亏结果增加费用或损失，就会虚减本年的存货和利润。

2. 存货截止测试的方法。

（1）检查存货盘点日前后的购货（销售）发票与验收报告、入库单（或出库单）。

在一般情况下，档案中的每张发票均附有验收报告与入库单（或出库单），因此，测试购销业务年末截止情况的主要方法是检查存货盘点日前后的购货发票与验收报告与入库单（或销售发票与出库单，下同）。如果12月底入账的发票附有12月31日或之前日期的验收报告与入库单，则货物肯定已经入库，并包括在本年的实地盘点存货范围内；如果验收报告日期为1月的日期，则货物不会列入年底实地盘点的存货中；反之，如果仅有验收报告与入库单而没有购货发票，则应认真审核每一验收报告单上面是否加盖暂估入库印章，并以暂估价记入当年存货账内，待次年年初以红字冲销。

（2）查阅验收部门的业务记录。存货截止测试的另一审核方法是查阅验收部门的业务记录，凡是接近年底（包括次年年初）购入或销售的货物，均必须查明其相应的购货或销售发票是否在同期入账。对于未收到购货发票的入库存货，应查明是否将入库单分开存放并暂估入账；对已填制出库单而未发出的商品，应查明是否将其单独保管；对于测试完成后发现的截止期处理不当的情况，审计人员应提请被审计单位作必要的账务调整。

（四）存货计价测试

监盘程序主要是对存货的结存数量予以确认。为验证财务报表上存货余额的真实性，还必须对存货的计价进行审计，即确定存货实物数量和永续盘存记录中的数量是否经过正确地计价和汇总。存货计价测试主要是针对被审计单位所使用的存货单位成本是否正确所做的测试，当然，广义地看，存货成本的审计也可以被视为存货计价测试的一项内容。

单位成本的充分的内部控制与生产和会计记录结合起来，对于确保用于期末存货计价的成本的合理性十分重要。一项重要的内部控制是使用标准成本记录来反映原材料、直接人工和制造费用的差异，它还可以用来评价生产。使用标准成本时，应设置相应程序及时反映生产过程与成本的变化。由独立于成本核算部门的雇员来复核单位成本的合理性，也是一项有用的计价控制。

表4－4 存货计价审计表

日期	品名及规格	购入			发出			余额		
		数量	单价	金额	数量	单价	金额	数量	单价	金额
1. 计价方法说明：										
2. 情况说明及审计结论：										

存货计价测试的主要程序包括：

（1）样本的选择。计价审计的样本，应从存货数量已经盘点、单价和总金额已经计入存货汇总表的结存存货中选择。选择样本时应着重选择结存余额较大且价格变化比较频繁的项目，同时考虑所选样本的代表性。抽样方法一般采用分层抽样法，抽样规模应足以推断总体的情况。

（2）计价方法的确认。存货的计价方法多种多样，被审计单位应结合企业会计准则的基本要求选择符合自身特点的方法。注册会计师除应了解掌握被审计单位的存货计价方法外，还应对这种计价方法的合理性与一贯性予以关注，没有足够理由，计价方法在同一会计年度内不得变动。对于已变动的计价方法，审计人员应审查其变动是否在财务报表上予充分披露。

（3）计价测试。进行计价测试时，注册会计师首先应对存货价格的组成内容予以审核，然后按照所了解的计价方法对所选择的存货样本进行计价测试。测试时，应尽量排除被审计单位已有计算程序和结果的影响，进行独立测试。测试结果出来后，应与被审计单位账面记录对比，编制对比分析表，分析形成差异的原因。如果差异过大，应扩大测试范围，并根据审计结果考虑是否应提出审计调整建议。

在存货计价审计中，由于被审计单位对期末存货采用成本与可变现净值孰低的方法计价，因此注册会计师应充分关注其对存货可变现净值的确定及存货跌价准备的计提。

可变现净值是指企业在日常活动中，存货的估计售价减去至完工时估计将要发生的成本、估计的销售费用以及相关税费后的金额。企业确定存货的可变现净值，应当以取得的确凿证据为基础，并且考虑持有存货的目的以及资产负债表日后事项的影响等因素。

（五）存货相关账户审计

存货在企业总资产中占有很高比重，资产负债表中“存货”一项由众多账户组成，如材料采购、原材料、包装物、低值易耗品、材料成本差异、自制半成品、库存商品、委托加工物资、委托代销商品、受托代销商品、分期收款发出商品、生产成本、制造费用等。作为构成“存货”的项目，它们有相同之处，所以可以考虑一并审计；同时，每一个科目又有其单独的核算内容，所以若被审计单位有这些科目的核算内容，应考虑制订审计程序进行审计测试。具体来讲，存货相关账户审计相同的审计程序包括以下几点：

（1）应获取或编制存货相关账户明细表，复核加计是否正确，并与总账数、明细账合计数核对是否相符。

（2）进行分析性复核，对期末存货相关账户余额与上期期末余额进行比较，解释其波动原因，并对大额异常项目进行调查。

（3）对存货项目进行监盘和抽点，取得盘点资料和盘盈、盘亏报告表，作重点抽查，并注意查明账实不符原因，有关审批手续是否完备，账务处理是否正确；存放在外的库存材料，应现场查看或函询核实。

（4）检查存货购入和发出的入账基础与计价方法是否正确，前后期是否一致；抽查年末结存量较大的存货项目的计价是否正确，必要时进行复算，若原材料以计划成本计价，还应检查“材料成本差异”账户发生额、转销额计算是否正确。

（5）查阅资产负债表日前后若干天的存货增减变动的有关账簿记录和原始凭证，检查有无跨期现象，如有，则应作出记录，必要时作调整。

（6）对原材料的审计，应注意审核有无长期挂账原材料的事项，如有，应查明原因，必要时作调整；结合原材料的盘点，检查期末有无料到单未到情况，如有，应查明是否已暂估入账，其暂估价是否合理。

（7）对低值易耗品的审计，应检查低值易耗品与固定资产的划分是否符合规定，低值易耗品的摊销方法是否正确，前后期是否一致。

（8）对材料成本差异的审计，应重点对每月材料成本差异率进行分析性复核、检查是否有异常波动，注意是否存在调节成本现象；抽查若干月发出材料汇总表，检查材料成本差异的分配是否正确，并注意分配方法前后期是否一致。

（9）对委托加工物资的审计，应重点检查若干份委托加工业务合同，抽查有关发料凭证、加工费、运费结算凭证，核对其计费、计价是否正确，会计处理是否及时、正确；抽查加工完成物资的验收入库手续是否齐全，会计处理是否正确；对委托加工物资的期末余额，应现场查看或函询核实；检查是否定期收到委托代销商品销售月结单（对账单），抽查若干月的销售月结单（对账单），验明会计处理是否及时、正确。

（10）对受托代销商品的审计，应重点检查若干份受托代销业务合同，抽查有关收货凭证，核对其会计处理是否及时、正确；检查是否定期发出受托代销商品销售月结单（对账单），抽查若干月的销售月结单（对账单），验明会计处理是否及时、正确；对受托代销商品的期末余额，应现场查看其是否存在。

（11）对分期收款发出商品的审计，应重点检查若干份分期收款业务协议、合同，抽查有关发货凭证，核对其会计处理是否及时、正确；结合库存商品审计，抽查分期收款发出商品的入账基础，与库存商品结转额核对是否相符。检查是否按合同约定时间分期收回货款，并复核其转销成本是否与约定收到货款比例配比，验明会计处理是否及时、正确；对分期收款发出商品的期末余额，必要时应函询核实。

（六）各种测试的整合应用

图 4 – 1 列示了生产与存货循环审计中各种测试之间的内在联系。

当审计人员对采购与付款循环中的采购交易进行验证时，应取得除人工以外的外购原材料和制造费用是否准确的证据。这些采购成本要么直接转为销售成本，要么成为期末原材料、在产品和产成品等存货的重要组成部分。在审计存货时，通常将它作为采购

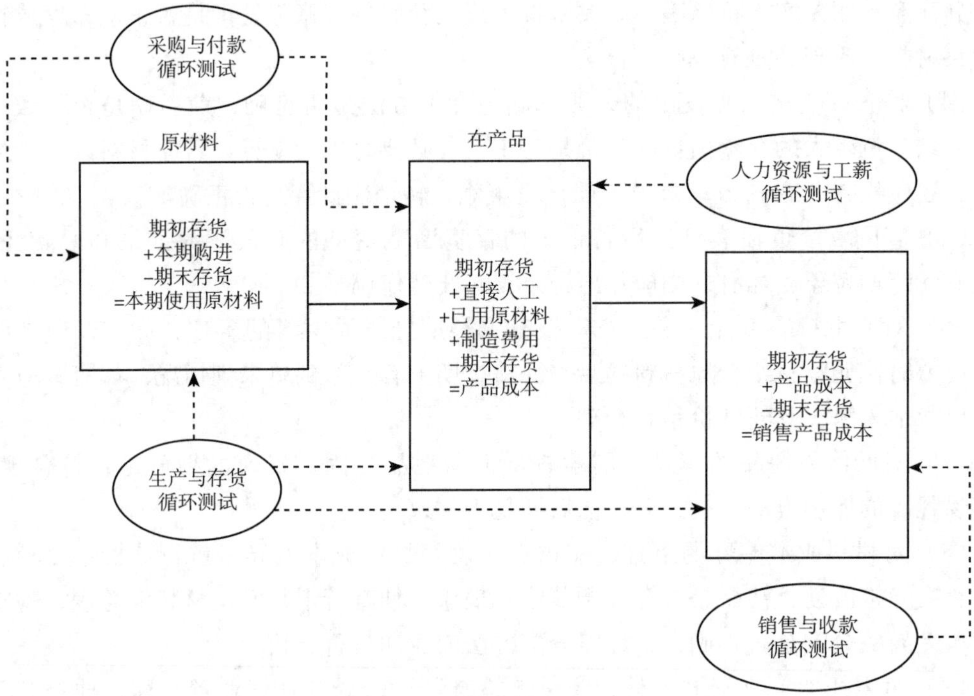

图 4 –1　各种测试之间的关系

与付款循环审计中控制测试和交易实质性程序的一部分。同样，如果制造费用按照订单和不同工序进行分配，其测试也通常作为采购与付款循环测试的一部分。

审计人员对人工成本的验证与对采购交易的验证基本相似。在大多数情况下，直接、间接人工的成本会计记录测试可作为工薪循环审计的一部分。

尽管销售与收款循环和生产与存货循环的关系不如上述两个循环同生产与存货循环的关系那样紧密，但它仍然很重要。关于产成品入库、发运和销售记录的大多数测试都在销售与收款循环测试中完成。成本会计测试对验证以上三种测试未能验证的影响存货的内部控制十分有用。这些测试包括实物控制，以及原材料成本转入在产品、在产品成本转入产成品的文件和单位成本记录。

存货的实地盘点、计价与汇总在审计中同样重要，因为其中的任何一个错报必然导致存货和销售成本的错报。在大多数存货审计的测试中，通常假定销售成本等于期初存货加上外购原材料、直接人工、制造费用，再减去期末存货。因为销售成本是一个余额，且通常还是利润表中的重大账户之一，所以期末存货审计就显得格外重要。

另外，不同来源的存货在计价和分摊方面的性质是不同的。例如，将在产品和产成品与外购商品进行比较，外购商品计量的准确性取决于供应商的价格和其达到销售状态所需的进一步成本，而在产品、产成品计量的准确性则更多地依赖于复杂的生产成本，包括耗用的原材料、人工成本和间接可变费用的分配，这些将影响存货余额的计价和分摊。进而言之，与生产相关的存货可变现净值的确认可能更难，由于产品的特殊性，它主要取决于被审计单位能够实现的销售价格而不是外购商品存货在公开市场上的外购价格。如果被审计单位现有的存货项目周转过慢，就可能没有任何近期的销售可供确认存货的可变现净值。在这种情况下，审计人员可能谨慎地给那些包括产成品在内的与生产相关的存货项目的计价和分摊认定设定一个检查风险较低的可接受水平，而同时给外购商品等存货项目的计价和分摊认定设定一个检查风险较高的可接受水平。

审计生产与存货交易和余额时的另一考虑就是其与采购、销售收入及销售成本间的相互关系，因为存货认定取得的证据也同时为其对应项目的认定提供了证据。例如，通过存货监盘和对已收存货的截止测试取得的、与外购商品或原材料存货的完整性和存在认定相关的证据，自动为同一期间原材料和商品采购的完整性和发生提供了保证。类似地，销售收入的截止测试也为期末之前的销售成本已经从期末存货中扣除并正确计入销售成本提供证据。因此，这种审计程序为销售收入和销售成本的完整性、截止、准确性和分摊认定以及产成品存货的完整性、截止和存在认定同时提供证据。

像存货的控制测试和交易的实质性程序与存货账户余额细节测试的整合一样，审计人员也可以将存货账户余额细节测试与为满足列报和披露相关的审计目标而执行的测试整合在一起。企业会计准则要求在报表附注中披露存货计价方法和其他与存货相关的信息，因此，审计人员应该了解与被审计单位的存货披露相关的控制，并就这些控制执行控制测试和其他实质性程序，以获得满足列报与披露目标的充分适当的证据。

四、应付职工薪酬的实质性程序

1. 应付职工薪酬的审计目标。

职工薪酬是指企业为职工在职期间和离职后提供的全部货币性薪酬和非货币性福利，新会计准则下的“应付职工薪酬”科目包括“工资”“职工福利”等。工资和职工福利是企业成本费用的重要构成项目，是生产与费用审计中十分重要的一项内容。

工资是企业支付给员工的劳动报酬，工资曾经普遍采用现金的形式支付，因而相对于其他业务，更容易发生错误或舞弊行为，如虚报冒领、重复支付和贪污等。但随着经营管理水平的提高和技术手段的发展，工资业务中发生舞弊及其掩饰的可能已经有所缩小。这是因为，有效的工资内部控制可以及时地揭露错误和舞弊；使用计算机编制工资表和使用工资卡，提高了工资计算的准确性；通过有关机构（如税务部门、社会保障机构）的复核，可相应防止工资计算错误的发生。然而，在一般企业中，职工薪酬在成本费用中所占比重较大，如果职工薪酬计算错误，就会影响成本费用和利润的正确性。因此，审计人员仍应重视职工薪酬业务的审计，首先应该根据管理层认定和审计总目标，确定应付职工薪酬的审计目标，再实施相应的审计程序。

应付职工薪酬审计的具体目标一般包括：确定资产负债表中记录的应付职工薪酬是否存在；确定所有应当记录的应付职工薪酬是否均已记录；确定记录的应付职工薪酬是

否为被审计单位应当履行的现时义务；确定应付职工薪酬是否以恰当的金额包括在财务报表中，与之相关的计价调整是否已恰当记录；确定应付职工薪酬是否已按照企业会计准则的规定在财务报表中作出恰当列报。

2. 应付职工薪酬的实质性程序。

（1）获取或编制应付职工薪酬明细表，复核加计是否正确，并与报表数、总账数和明细账合计数核对是否相符。

（2）实施实质性分析程序。实质性分析程序有时在识别因错误或舞弊而导致的重大错报领域或证实支出列报和披露的公允性时非常有用。分析程序包括在对企业的核心进程和相关账务处理进行了解时进行的前期比较、比率分析、财务与非财务信息的比较等。在人力资源和工薪循环的审计中，审计人员为收集大多数审计证据，通常采用实质性分析程序。

如果是连续审计，审计人员在前期审计中积累了一些分析记录，可以根据这些记录形成对本年度分析的预期。需要注意的是，这个预期应当根据经营和经济环境的变化而改变。

下列因素可能影响工薪金额的变化：员工结构的变更以及针对不同种类的平均工薪水平和工薪范围；员工数量的变化以及在季节性变化的情况下该数量的稳定性；是否存在年度中由于企业经营或生产期限的限制而加班所支付的高工薪；由于企业扩张而增加人员；产量的变化，如企业获得了大额合同，或丢失了主要客户或供应商，以较低产量生产。

如果不能合理预期工薪金额，则对于所抽取的月薪样本，审计人员应当进行详细检查，发现大额或非正常的项目并作进一步调查。这些项目可能包括：与正常数额不相符的数额、额外的工作时间以及不存在的或很少的工薪扣除审计人员应当就未预期变化获取管理层的解释，并通过检查相关的文档或员工工薪或工薪记录来验证该解释。审计人员为了实现审计目标，通常实施以下实质性分析程序：

①检查各月职工薪酬费用的发生额是否有异常波动，若有，则要求被审计单位予以解释；

②将本期职工薪酬费用总额与上期进行比较，要求被审计单位解释其增减变动原因，或取得公司管理层关于员工薪酬水平的决议；

③了解被审计单位本期平均职工人数，计算人均薪酬水平，与上期或同行业水平进行比较。

（3）检查工薪、奖金、津贴和补贴的确认、计量和费用分配。检查工薪、奖金、津贴和补贴的计算是否正确，依据是否充分。将执行的工薪标准与有关规定核对，并对工薪总额进行测试；被审计单位如果实行工效挂钩的，应取得有关主管部门确认的效益工薪发放额认定证明，结合有关合同文件和实际完成的指标，检查其计提额是否正确，是否应作纳税调整。国家规定了计提基础和计提比例的，应当按照国家规定的标准计提，如医疗保险费、养老保险费、失业保险费、工伤保险费、生育保险费、住房公积金、工会经费以及职工教育经费等；国家没有规定计提基础和计提比例的，如职工福利费等，应按实列支。

检查本项目的核算内容是否包括工资、职工福利、社会保险费、住房公积金、工会经费、职工教育经费、解除职工劳动关系补偿、股份支付等明细项目。外商投资企业按规定从净利润中提取的职工奖励及福利基金，也应在本项目核算。

检查分配方法与上年是否一致。除因解除与职工的劳动关系给予的补偿直接计入管理费用外，被审计单位是否根据职工提供服务的受益对象，分下列情况进行处理：应由生产产品、提供劳务负担的职工薪酬，计入产品成本或劳务成本；应由在建工程、无形资产负担的职工薪酬，计入固定资产或无形资产成本；被审计单位为外商投资企业，按规定从净利润中提取的职工奖励及福利基金，是否以董事会决议为依据，是否相应记入“利润分配——提取的职工奖励及福利基金”账户；其他职工薪酬，是否计入当期损益。

检查发放金额是否正确，代扣的款项及其金额是否正确。检查是否存在属于拖欠性质的职工薪酬，并了解拖欠的原因。

（4）检查社会保险费（包括医疗、养老、失业、工伤、生育保险费）、住房公积金、工会经费和职工教育经费等计提（分配）和支付（使用）的会计处理是否正确，依据是否充分。

（5）检查辞退福利。对于职工没有选择权的辞退计划，检查按辞退职工数量、辞退补偿标准计提辞退福利负债的金额是否正确；对于自愿接受裁减的建议，检查按接受裁减建议的预计职工数量、辞退补偿标准等计提辞退福利负债金额是否正确；检查实质性辞退工作在一年内完成但付款时间超过一年的辞退福利，是否按折现后的金额计量，折现率的选择是否合理；检查计提辞退福利负债的会计处理是否正确，是否将计提金额计入当期管理费用；检查辞退福利支付凭证是否真实正确。

（6）检查非货币性福利。检查以自产产品发放给职工的非货币性福利，是否根据受益对象，按照该产品的公允价值，计入相关资产成本或当期损益，同时确认应付职工薪酬；对于难以认定受益对象的非货币性福利，是否直接计入当期损益和应付职工薪酬。

检查无偿向职工提供住房的非货币性福利，是否根据受益对象，将该住房每期应计提的折旧计入相关资产成本或当期损益，同时确认应付职工薪酬；对于难以认定受益对象的非货币性福利，是否直接计入当期损益和应付职工薪酬。

（7）检查以现金与职工结算的股份支付。检查授予后立即可行权的以现金结算的股份支付，是否在授予日以承担负债的公允价值计入相关成本或费用。检查完成等待期内的服务或达到规定业绩条件以后才可行权的以现金结算的股份支付，在等待期内的每个资产负债表日，是否以可行权情况的最佳估计数为基础，按照承担负债的公允价值金额，将当期取得的服务计入成本或费用。在资产负债表日，后续信息表明当期承担债务的公允价值与以前估计不同的，是否进行调整，并在可行权日调整至实际可行权水平。

检查可行权日之后以现金结算的股份支付当期公允价值的变动金额，是否借记或贷记“公允价值变动损益”账户。

（8）检查应付职工薪酬的期后付款情况，并关注在资产负债表日至财务报表批准报出日之间，是否有确凿证据表明需要调整资产负债表日原确认的应付职工薪酬事项。

（9）检查应付职工薪酬是否在财务报表中作出恰当的列报。检查是否在附注中披露与职工薪酬有关的下列信息：应当支付给职工的工薪、奖金、津贴和补贴及其期末应付未付金额；应当为职工缴纳的医疗、养老、失业、工伤和生育等社会保险费及其期末应付未付金额；应当为职工缴存的住房公积金及其期末应付未付金额；为职工提供的非货币性福利及其计算依据；应当支付的因解除劳动关系给予的补偿及其期末应付未付金额；其他职工薪酬。

检查因自愿接受裁减建议的职工数量、补偿标准等不确定而产生的预计负债（应付职工薪酬），是否按照《企业会计准则第13号——或有事项》进行披露。

五、案例资料

案例一　明达公司存货审计案例

（一）案例背景

明达公司是国内大型石油石化制造企业，由5家国际国内大型石油石化企业组建于20世纪90年代中期并建成投产，21世纪初改制为股份有限公司，属于石油石化行业。公司主要经营范围为石油冶炼产品和石油化工产品的生产和销售，主要产品有汽油、柴油、煤油、石脑油和燃料油等。明达公司的原油供应主要来自进口，原料以高含硫原油为主。公司建有12套先进的生产装置和完善的公用工程系统及辅助生产设施，形成了90#、93#、军用柴油、航空煤油、高等级道路沥青等10余个品种、30余个牌号的产品生产能力。公司是全国为数较少的具有原油加工出口贸易资格的企业之一。各种产品畅销国内市场和日、韩等10个国家和地区。目前，明达公司外销收入占主营业务收入的37%。

截至2020年年底，明达公司拥有员工1 400名，其中生产工人1 200名，销售、人事、财务等管理人员200名。总资产28亿元人民币，所有者权益7亿元人民币，总负债21亿元人民币，资产负债率为75%；2020年公司实现销售收入71亿元人民币，利润总额1.3亿元人民币，净利润1.17亿元人民币，经营活动产生的净现金流－4 655万元人民币。明达公司从2007年1月1日起执行新《企业会计准则》。公司自2017年以来一直委托中华会计师事务所审计，注册会计师对其2019年度财务报表出具了标准无保留意见的审计报告。

根据双方所签订的审计约定书，以郑明为项目组长及以李芳、张荣、王俊为组员的项目组于2021年2月15日至3月6日对明达公司2020年度的财务报表进行了审计。本案例主要反映存货的审计过程及相关问题。

（二）案例内容与审计过程

1. 审计目标。

存货的审计目标一般包括以下几点：

（1）确定资产负债表中的存货在资产负债表日是否确实存在，其余额是否正确；

（2）确定资产负债表中的存货是否为被审计单位拥有；

（3）确定在特定期间发生的存货增减变动业务是否予以记录；

（4）确定存货的品质状况、存货跌价准备的计提是否合理，存货计价方法是否恰当；

（5）确定存货在财务报表中的分类与披露是否恰当。

2. 对存货环节进行风险评估和控制测试。

通常来说，在存货业务循环中，由于存货的成本归集较为复杂，且存货的牵扯性大，即对其他项目的影响较大，因此企业在准确性的认定层次上存在重大错报风险。审计人员首先通过调查表（见表4-5）等方法对明达公司存货的内部控制进行了调查了解，并从明达公司取得了与存货有关的生产与存货循环的内部控制流程图，以文字描述的形式对调查结果进行了描述，并运用检查凭证法、实地考察法等对存货的内部控制进行了测试，在此基础上，对明达公司存货的内部控制进行了评价，并编制了生产与存货循环控制测试汇总表（见表4-6）。本案例主要针对明达公司仓储与存货环节进行研究，存货的购进主要在购货循环中探讨，而存货成本则主要在生产成本案例中探讨。

表4-5　存货业务循环内部控制调查表

被审计单位名称：明达公司　　编制：李芳　日期：2021年2月22日　索引号：C18-2
会计期间：2020年1月1日—12月31日　复核：郑明　日期：2021年2月22日　页次：1/1
被调查人：王福

应调查项目	是	否	不适合	备注
1. 是否有采购预算制度，大宗材料的采购是否都订有合同并经主管批准?	√			
2. 原料的领用是否经核准后开出领料单?	√			
3. 是否对存货有出门验证制度?	√			

续表

应调查项目	是	否	不适合	备注
4. 仓库存货（材料、成品）是否按类别、性质集中堆放并有醒目标记？	√			
5. 是否对所有存货均设永续盘存制度？	√			
6. 是否对存货定期盘点（盘点期间）？	√			年终
7. 存货的盘盈、盘亏是否经报批后入账？	√			
8. 仓库是否对呆滞、废损存货进行了清理？	√			
9. 存货的收发人员与记账人员是否分开？	√			
10. 原料、成品的收发存月报表是否根据当月的入库单、领料单分别汇总编制？	√			
11. 计时、计件工资的原始记录是否齐全？	√			
12. 月末车间未用的原材料是否办理了假退料手续？	√			
13. 产品是否有材料定额并以限额领料单控制领料？	√			
14. 产成品完工是否及时办理交库手续？	√			
15. 存货计价方法的确定与变更是否经过董事会批准？	√			
16. 成本计算和费用分配方法的确定与变更是否经授权批准？	√			
17. 是否建立了成本核算管理制度？	√			
18. 成本开支范围是否符合有关规定？	√			
19. 成本核算制度是否适合生产特点并得以严格执行？	√			
20. 各成本项目的核算、制造费用的归集与分配、产品成本的结转是否严格按规定办理？前后期是否一致？	√			

根据调查表以及检查等相关程序所得出的结论，注册会计师郑明编制了存货内部控制生产与存货循环控制测试汇总表。

表 4-6　　生产与存货循环控制测试汇总表

被审计单位名称：明达公司　　编制：李芳　日期：2021 年 2 月 22 日　索引号：C18-2

会计期间：2020 年 1 月 1 日—12 月 31 日 复核：郑明　日期：2021 年 2 月 22 日　页次：1/1

（一）了解内部控制的初步结论

控制测试合理，并得到执行。

（二）控制测试结论

控制目标（3233）	控制活动对实现控制目标是否有效（3233）	控制活动是否得到执行（3235）	控制活动是否有效运行（5303）	控制测试结果是否支持风险评估结论
1. 已验收材料均附有有效采购订单	是	是	是	是
2. 已验收材料均已准确记录	是	是	是	是
3. 已验收材料均已记录	是	是	是	是
4. 已验收材料均已记录于适当期间	是	是	是	是

续表

控制目标（3233）	控制活动对实现控制目标是否有效（3233）	控制活动是否得到执行（3235）	控制活动是否有效运行（5303）	控制测试结果是否支持风险评估结论
5. 管理层授权进行生产	是	是	是	是
6. 发出材料均已准确记录	是	是	是	是
7. 发出材料均记录于适当期间	是	是	是	是
8. 已记录的生产成本均真实发生且与实际成本一致	是	是	是	是
9. 已发生的生产成本均已记录	是	是	是	是
10. 已发生的生产成本均记录于适当期间	是	是	是	是
11. 存货流转已准确地记录于适当期间	是	是	是	是
12. 完工产成品均已准确记录于适当期间	是	是	是	是
13. 产成品发运均已记录	是	是	是	是
14. 产成品发运均已准确记录	是	是	是	是
15. 已发运产成品均附有有效销售订单	是	是	是	是
16. 产成品发运均已记录于适当期间	是	是	是	是
17. 适当保管存货	是	是	是	是
18. 准确记录存货价值	是	是	是	是
19. 存货价值调整已于适当期间进行记录	是	是	不适当	不适当
20. 存货价值调整是真实发生的	是	是	是	是
21. 存货价值调整均已记录	是	是	是	是
审计结论： 经过内部控制调查表测试后，认为存货业务内部控制的可信赖程度比较高。				

通过以上程序，审计人员了解到明达公司在仓储与存货环节建立了以下内部控制：存货建立了定期盘点制度，存活的盘盈、盘亏能及时报批处理，产成品的完工入库和销售发出都建立了相应的内部控制制度，产成品的核算采用加权平均法。通过询问被审计单位的人员，观察关键控制点的运行，检查关键控制点的有关文件和记录，发现内部控制运行合理，执行有效。

3. 对存货实施实质性程序。

根据存货内部控制的评价结果，注册会计师郑明、李芳确定了存货审计实质性程序，包括实质性分析程序、生产与存货交易和余额的细节测试两个方面，具体审计程序见表4－7和表4－8。

表 4－7　　审计目标与认定对应关系表

审计目标	财务报表认定				
	发生	完整性	权利和义务	计价和分摊	列报
A. 资产负债表中记录的存货是存在的	√				
B. 所有应当记录的存货均已记录		√			
C. 记录的存货由被审计单位拥有或控制			√		
D. 存货以恰当的金额包括在财务报表中，与之相关的计价调整已恰当记录				√	
E. 存货已按照企业会计准则的规定在财务报表中做出恰当列报					√

表 4－8　审计目标与审计程序对应关系表以及计划实施的审计程序

被审计单位名称：明达公司　　编制：李芳　日期：2021 年 2 月 23 日　索引号：CH－9

会计期间：2020 年 1 月 1 日—12 月 31 日　复核：郑明　日期：2021 年 2 月 23 日　页次：

审计目标	可供选择的审计程序	计划及实施的审计程序	
		索引号	执行人
（一）库存商品			6109－4
D	1. 获取或编制库存商品的明细表，复核加计是否正确，并与总账数、明细账合计数核对是否相符	6109－4－1	
ACD	2. 实质性分析程序 （1）针对已识别需要运用分析程序的有关项目，并基于对被审计单位及其环境的了解，同时通过进行以下比较，并考虑有关数据间关系的影响，以建立注册会计师有关数据的期望值 ①按品种分析库存商品各月单位成本的变动趋势，评价是否有调节生产成本或销售成本的因素 ②比较前后各期的主要库存商品的毛利率（按月、按生产线、按地区等）、库存商品周转率和库存商品账龄等，评价其合理性并对异常波动做出解释、查明异常情况的原因 ③比较库存商品库存量与生产量及库存能力的差异，并分析其合理性 ④核对仓库记录的库存商品入库理与生产部门记录的库存商品生产的销售量是否一致，并对差异做出解释 ⑤比较库存商品销售量与生产量或采购量的差异，并分析其合理性 ⑥比较库存商品销售和平均单位成本之积与账面库存商品销售成本的差异，并分析其合理性 （2）确定可接受的差异额 （3）将实际的情况与期望值相比较，识别需要进一步调查的差异 （4）如果其差额超过可接受的差异额，调查并获取充分的解释和恰当的佐证审计证据（例如：通过检查相关的凭证） （5）评估分析程序的测试结果	06109－4－2	

续表

审计目标	可供选择的审计程序	计划及实施的审计程序	
		索引号	执行人
BA	3. 选取代表性样本，抽查库存商品明细账的数量与盘点记录的库存商品数量是否一致，以确定库存商品明细账的数量的准确性和完整性 （1）从库存商品明细账中选取具有代表性的样本，与盘点报告（记录）的数量核对 （2）从盘点报告（记录）中抽取有代表性的样本，与库存商品明细账的数量核对	6109－9－3	
BA	4. 截止测试 （1）库存商品入库的截止测试 ①在库存商品明细账的借方发生额中选取资产负债表日前后____张、________金额以上的凭证，并与入库记录（如入库单，或购货发票、或运输单据）核对，以确定库存商品入库被记录在正确的会计期间 ②在入库记录（如入库单，或购货发票，或运输单据）选取资产负债表日前后______张、____金额以上的凭据，与库存商品明细账的借方发生额进行核对，以确定库存商品入库被记录在正确的会计期间 （2）库存商品出库截止测试 ①在库存商品明细账的贷方发生额中选取有资产负债表日前后______张、______金额以上的凭据，并与出库记录（如出库单，或销货发票，或运输单据）核对，以确定库存商品出库被记录在正确的会计期间 ②在出库记录（如出库单，或销货发票，或运输单据）中选取资产负债表日前后______张、______金额以上的凭证，与库存商品明细账的贷方发生额进行核对，以确定库存商品出库被记录在正确的会计期间		
D	5. 库存商品测试计价方法的测试 （1）检查库存商品的计价方法是否前后期一致 （2）检查库存商品的入账基础和计价方法是否正确，自库存商品明细表中选取适量品种 ①自制库存商品 • 以实际成本计价时，将其单位成本与成本计算单核对 • 以计划成本计价时，将其单位成本与相关成本差异明细账及成本计算单核对 ②外购库存商品 • 以实际成本计价时，将其单位成本与购货发票核对 • 以计划成本计价时，将其单位成本与相关成本差异明细账及成本计算单核对 ③抽查库存商品入库单，核对库存商品的品种、数量与入账记录是否一致；并将入库库存商品的实际成本与相关科目（如生产成本）的结转额核对并作交叉索引 （3）检查外购库存商品的发出计价是否正确 ①了解被审计单位对库存商品发出的计价方法，并抽取主要库存商品，检查其计算是否正确；若库存商品以计划成本计价，还应检查产品成本差异的发生和结转金额是否正确		

续表

审计目标	可供选择的审计程序	计划及实施的审计程序	
		索引号	执行人
D	②编制本期库存商品发出汇总表，与相关科目勾稽核对，并复核______月库存商品发出汇总表的正确性 （4）结合库存商品的盘点，检查期末有无库存商品已到相关单据未到的情况，如有，应查明是否暂估入账，其暂估价是否合理		
ABCD	6. 对于通过非货币性资产交换、债务重组、企业合并以及接受捐赠取得的库存商品，检查其入账的有关依据是否真实、完备，入账价值和会计处理是否符合相关规定	N/A	
ABCD	7. 检查投资者投入的库存商品是否按照投资合同或协议约定的价值入账，并同时检查约定的价值是否公允，交接手续是否齐全	N/A	
CAB	8. 检查与关联方的商品购销交易是否正常，关注交易价格、交易金额的真实性与合理性，对合并范围内购货记录应予合并抵销的数据是否抵销		
A	9. 审问库存商品明细账，检查有无长期挂账的库存商品，如有，应查明原因并作适当处理		
CE	10. 结合银行借款等科目，了解是否有用于债务担保的库存商品，如有，则应取证并作相应的记录，同时提请被审计单位作恰当披露		
	11. 根据评估的舞弊风险等因素增加审计程序		
（二）发出商品			N/A
D	12. 获取或编制发出商品的明细表，复核加计是否正确，并与总账数、明细账合计数核对是否相符		
ABCD	13. 检查发出商品有关的合同、协议和凭证，分析交易实质，检查其会计处理是否正确		
AB	14. 检查发出商品品种、数量和金额与库存商品的结转额核对一致，并作交叉索引		
D	15. 了解被审计单位发出商品结转的计价方法，并抽取主要发出商品，检查其计算是否正确；若发出商品以计划成本计价，还应检查产品成本差异发生和结转金额是否正确		
ABC	16. 编制本期发出商品发出汇总表与相关科目勾稽核对，并复核________月发出商品发出汇总表的正确性		
A	17. 审核有无长期挂账的发出商品事项，如有，应查明原因，必要时作调整		
D	18. 检查发出商品退回的会计处理是否正确		
ABD	19. 查阅资产负债表日前后______天发出商品增减变动的有关账簿记录和有关的合同、协议和凭证、出库单、货运单等资料，检查有无跨期现象，如有，则应做出记录，必要时作调整		

续表

审计目标	可供选择的审计程序	计划及实施的审计程序	
		索引号	执行人
	20. 根据评估的舞弊风险等因素增加审计程序		
（三）生产成本（在产品）			
D	21. 获取或编制生产成本的明细表，复核加计是否正确，并与总账数、明细账合计数核对是否相符		
ABD	22. 实质性分析程序 （1）针对已识别需要运用分析程序的有关项目，注册会计师基于对被审计单位及其环境的了解，通过进行以下比较，并考虑有关数据间关系的影响，以建立注册会计师有关数据的期望值 ①对生产成本进行分析性复核，检查各月及前后期同一产品的单位成本是否有异常变动以及是否存在调节成本的现象 ②分别比较前后各期及本年度各个月份的生产成本项目，以确定成本项目是否有异常变动以及是否存在调节成本的现象 ③比较当年度及以前年度直接材料、直接人工、制造费用占生产成本的比例，并查明异常情况的原因 ④核对下列相互独立部门的数据，并查明异常情况的原因：仓库记录的材料领用量与生产部门记录的材料领用量；工资部门记录的人工成本与生产部门记录的工时和工资标准之积 （2）确定可接受的差异额 （3）将实际的情况与期望值相比较，识别需要进一步调查的差异 （4）如果其差额超过可接受的差异额，调查并获取充分的解释和恰当的佐证明审计证据（例如：通过检查相关的凭证） （5）评估分析程序的测试结果		
D	23. 生产成本计价方法的测试 （1）了解被审计单位的生产工艺流程和成本核算方法，检查成本核算方法与生产工艺流程是否匹配，前后期是否一致并做出记录 （2）抽查成本计算单，检查直接材料、直接人工及制造费用是计算和分配是否正确，并与有关佐证文件（如领料记录、生产工时记录、材料费用分配汇总表、人工费用分配汇总表）相核对 ①获取并复核生产成本明细汇总表的正确性，将直接材料与材料耗用汇总表、直接人工与职工薪酬分配表、制造费用总额与制造费用明细表及相关账项的明细表审核对，并作交叉索引 ②检查车间在产品盘存资料，一成本核算资料核对；检查车间月末余料是否办理假退料手续 ③获以直接材料、直接人工和制造费用的分配标准和计算方法，评价其是否合理和适当，以确认在产品中所含直接材料、直接人工和制造费用是合理的 （3）获取完工产品与在产品的生产成本分配标准和计算方法，检查生产成本在完工产品与在产品之间，以及完工产品之间的分配是否正确，分配标准和方法是否适当，与前期比较是否存在重大变化，该变化是否合理		

续表

审计目标	可供选择的审计程序	计划及实施的审计程序	
		索引号	执行人
D	（4）对采用标准成本或定额成本核算的，检查标准成本或定额成本在本期有无重大变动，分析其是否合理；检查本期材料成本差异的计算、分配和会计处理是否正确，库存商品期末余额是否已按实际成本进行调整		
A	24. 获取关于现有设备生产能力的资料，检查产量是否与现有生产能力相匹配；若产量超过设计生产能力，应提请被审计单位说明原因，并提供足够的依据及技术资料		
D	25. 检查废品损失和停工损失的核算是否符合有关规定		
D	26. 对应计入生产成本的借款费用，结合对长短借款、应付债券或长期应付款的审计，检查借款费用（借款利息、折溢价摊销、汇兑差额、辅助费用）资本化的计算方法和资本化金额以及会计处理是否正确		
	27. 根据班次估计舞弊风险等因素增加审计程序		
（四）制造费用			6109－8
D	28. 获取或编制制造费用的明细表，复核加计是否正确，并与总账数、明细账合计数核对内容是否相符		
ABD	29. 对制造费用进行分析比较 （1）比较当年度和以前年度，以及当年度各月制造费用的增减变动，询问并分析异常波动的原因 （2）分别比较前后各期及本年度各个月份的制造费用项目，以确定成本项目是否有异常变动，以及是否存在调节成本的现象		
ABD	30. 将制造费用明细表中的材料发生额与材料耗用汇总表、人工费用发生额与职工薪酬分配表、折旧发生额与折旧分配表、资产摊销发生额与各项资产摊销分配表及相关账项明细表核对一致，并作交叉索引		
ABCD	31. 选择重要或异常的制造费用项目，检查其原始凭证是否齐全，会计处理是否一致		
D	32. 分析各项制造费用的性质，结合生产成本科目的审计，抽查成本计算单，检查制造费用的分配是否合理、正确，检查制造费用的分配方法前后是期是否一致		
D	33. 对采用标准成本核算的，应抽查标准制造费用及分配率的确定是否合理，计入成本计算单的数额是否正确，制造费用差异的计算、分配和会计处理是否正确，并检查标准成本在本期有无重大变动，变动是否合理		
D	34. 检查计入生产成本的制造费用是否已扣除非正常消耗的制造费用（如非正常的低生产量、闲置设备等生产的费用）		
AD	35. 检查制造费用中有无资本性支出，必要时作调整		

续表

审计目标	可供选择的审计程序	计划及实施的审计程序	
		索引号	执行人
BA	36. 必要时，对制造费用实施截止测试，检查资产负债表日前后____天内____张____金额以上的制造费用明细账和凭证，确定有无跨期现象		
ABD	37. 检查季节性停工损失的核算是否符合有关规定		
	38. 根据评估的舞弊风险等因素增加审计程序		
（五）劳务成本			
D	39. 获取或编制劳务成本的明细表，复核加计是否正确，并与总账数、明细账合计数核对是否相符		
BD	40. 对劳务成本进行分析比较 （1）比较当年度和以前年度，以及当年度各月劳务成本的增减变动，询问并分析异常波动的原因 （2）分别比较前后各期及本年度各月份的劳务成本项目，以确定成本项目是否有异常波动以前是否存在调节成本的现象		
AB	41. 检查部分劳务合同，核对实际发生的劳务项目、金额、进度与合同内容是否一致		
AD	42. 将劳务成本明细表中的材料发生额与材料耗用汇总表、人工费用发生额与职工薪酬分配表、折旧发生额与折旧分配表、资产摊销发生额与各项资产摊销分配表及相关账项明细表核对一致，并作交叉索引		
ABCD	43. 选择重要或异常劳务成本项目，检查其原始凭证是否合法会计处理是否正确		
D	44. 抽查成本计算单，检查劳务成本的计算和分配是否合理、正确		
AD	45. 检查劳务成本中有无资本性支出		
BA	46. 必要时，对劳务成本实施了截止测试，检查资产负债表日前后____天内____张、____金额以上的劳务成本明细账和凭证，确定有无跨期现象		
D	47. 检查劳务成本的结转是否与对应的劳务收入相互配比，是否合理		
	48. 根据评估的舞弊风险等因素增加审计程序		
（六）存货监盘		6109－9	
ABD	49. 编制存货监盘报告，对存货进行监盘。详见存货监盘程序		
（七）存货跌价准备		6109－10	
BD	50. 获取或编制存货跌价准备的明细表，复核加计是否正确，并与总账数、明细账合计数核对是否相符		

续表

审计目标	可供选择的审计程序	计划及实施的审计程序	
		索引号	执行人
D	51. 检查分析存货是否存在减值迹象以判断被审计单位计提存货跌价准备的合理性 (1) 将存货余额与现有的订单、资产负债表日后各期的销售额和下一年度的预测销售额进行比较，以评估存货滞销和跌价的可能性 (2) 比较当年度及以前年度存货跌价准备占存货余额的比例，并查明异常情况的原因 (3) 结合存货监盘，对存货的外观形态进行检视，以了解其物理形态是否正常；检查期末结存库存商品和在产品针对型号陈旧、产量下降、生产成本或售价波动、技术或市场需求的变化情形，以及期后销售情况，考虑是否进一步计提准备 ①对于残次、冷背、呆滞的存货查看永续盘存记录、销售分析等资料，分析当年实际使用情况，确定是否已合理计提跌价准备 ②将上年度残次、冷背、呆滞存货清单与当年存货清单进行比较，确定是否需补提跌价准备		
D	52. 检查计提存货跌价准备的依据、方法是否前后一致		
D	53. 根据成本与可变现净值孰低的计价方法，评价存货跌价准备所依据的资料、假设及计提方法，考虑是否有确凿证据为基础计算确定存货的可变现净值，检查其合理性		
D	54. 考虑不同存货的可变现净值的确定原则，复核其可变现净值计算正确性（即：充足但不过度） (1) 对于用于生产而持有的原材料检查是否以所生产的产成品的估计售价减去至完工时时估计将要发生的成本、估计的销售费用和相关税费后的金额作为其可变现净值的确定基础 (2) 库存商品和用于出售而持有的原材料等直接用于出售的存货检查是否以该存货的估计售价减去估计的销售费用和相关税费后的金额作为其可变现净值的确定基础 (3) 检查为执行销售合同而持有库存商品等存货，是否以合同价格作为其可变现净值的确定基础；如果被审计单位持有库存商品的数量多于销售合同订购数量，超出部分的库存商品可变现净值是应以一般销售价格为计量基础		
D	55. 抽查计提存货跌价准备的项目，其期后售价是否低于原始成本		
D	56. 检查存货跌价准备的计算和会计处理是否正确，本期计提或转销是否与有关损益科目金额核对一致		
D	57. 对从合并范围内部购入存货计提的跌价准备，关注其在合并时是否已作抵销		
	58. 检查债务重组、非货币性资产交换和企业合并等及存货跌价准备的会计处理是否正确		
	59. 根据评估的舞弊风险等因素增加审计程序		

续表

审计目标	可供选择的审计程序	计划及实施的审计程序	
		索引号	执行人
（八）存货的列报		6109－1	
E	60. 检查存货是否已按照企业会计准则的规定在财务报表中做出恰当列报 （1）各类存货的期初和期末账面价值 （2）确定发出存货成本所采用的方法 （3）存货可变现净值的确定依据，存货跌价准备的计提方法，当期计提的存货跌价准备的金额，当期转回的存货跌价准备的金额，以及计提和转回的有关情况 （4）用于担保的存货账面价值		

（1）存货监盘。

在编制存货监盘计划时，注册会计师郑明、李芳了解了明达公司存货的特点、盘存制度和存货内部控制的有效性等情况，在评价其管理层制定的盘点程序的基础上，编制了存货监盘计划和存货监盘报告。

存货监盘计划

被审计单位：明达公司　　索引号：6109－9－1

项目：存货监盘计划　　财务报表截止日/期间：2020年12月31日

编制：李芳　　复核：郑明

日期：2021年2月23日　　日期：2021年2月24日

一、存货监盘目标、范围及时间安排

存货监盘目标是获取明达公司资产负债表日（2020年12月31日）有关存货数量和状况的审计证据，检查存货数量是否真实完整，是否归属于明达公司，存货有无毁损、陈旧、过时、残次和短缺等状况。

存货监盘范围：明达公司2020年12月31日存货未审余额为143 403万元，其中：库存原油2.7亿元，比重为19.12%；海上在途原油6.9亿元，比重为48.72%；库存成品油1.6亿元，比重为11.5%；各装置内的自制半成品2.7亿元，比重为19.27%；材料1 985万元，比重为1.38%。所以从存货组成来看，明达公司存货中主要以原料油、自制半成品和成品油为主，消耗性材料比重较低。另，根据我们对明达公司内部控制的了解和测试，认为明达公司中存货内控设计合理并得到执行，所以我们认为明达公司存货数量重大错报风险水平为中等，重点对库存原油、成品油实施监盘。鉴于在途物资正处于海上运输过程中，无法对其实施监盘，我们将实施替代审计程序，获取期末在途原油数量和状况的充分适当审计证据。

存货监盘时间：根据明达公司盘点计划，该公司将于2020年12月31日早上6:00开始对原油和成品油实施盘点，所以我们亦收集截止测试信息，获取截止日资料，对明达公司于截止日时存货实施监盘。

二、存货监盘要点及关注事项

因明达公司存货的特殊性，各监盘小组人员进入监盘现场之前，首先应该听从明达公司技术人员的指示了解监盘过程中的安全事项，随同明达公司盘点人员一同进入现场。监盘过程中，实施观察、检查等程序，确定应纳入盘点的油罐存列地点及排列规则，检查油品测量仪是否能够正常使用；仔细观察明达公司技术人员的测量方法是否与该公司规定的测量方法一致。监盘过程中，详细记录每一个油罐存储的油品数量，并将其与经营部记录的台账核对。

撤离油品现场之后，监盘人员亲自到经营部索取海上在途原油的原始依据，必要时打电话询问供应商。询问及检查过程中，关注在途数量的依据是否充足可靠，单价暂估依据是否合理。

三、参加存货监盘人员分工

根据明达公司盘点计划，该公司将组织3组人员分别同时对原油和成品油予以盘点。我们将分派3组人员参与监盘，每组2个人，并且均派男性审计人员，第一组为张阳、宋俊；第二组为许晨、王峰；第三组为赵江、李健。

四、检查存货范围

一方面因明达公司内部控制设计良好并得到实施，根据往年存货监盘得知，该公司存货盘点组织良好；另一方面因油品的特殊性，每个小组监盘人员无需登上每一个油罐进行实地检查，只抽查50%的油罐即可。

存货监盘报告

被审计单位：明达公司　　索引号：6109－9－1

项目：存货监盘计划　　财务报表截止日/期间：2020年12月31日

编制：李芳　　复核：郑明

日期：2021年2月25日　　日期：2021年2月27日

一、盘点日期：2020年12月31日

二、盘点仓库名称：原油储存罐、成品油储运罐

仓库负责人：孙立强

仓库记账员：陆萍　　仓库保管员：林晶、张斌

仓库概况：明达公司拥有2个5万立方米原油储存能力，15万立方米成品油储存能力，分别储存各种成品油。在公司生产地有10个成品油储存罐。储存罐日常性能维护较好。

三、监盘参加人员：

监盘人员（中华会计师事务所）注册会计师：张阳、宋俊

监盘人员（中华会计师事务所）注册会计师：许晨、王峰

监盘人员（中华会计师事务所）注册会计师：赵江、李健

监盘人员（明达公司财务处）：张森、孙泉、王慧

明达公司盘点负责人：孙洋

明达公司盘点人员：孙洋、张霖、陆君、齐祥

上述人员在监盘过程中，自始至终未离开现场。

四、监盘开始前的工作：

项目	是或否	工作底稿编号
1. 索取《期末存货盘点计划》	是	①
2. 索取该仓库《存货收发存月报表》	是	
3. 索取存货的《盘点清单》	是	
4. 索取盘点前该仓库收料、发料的最后一张单证	是	
5. 存货是否快已停止流动	是	
6. 废品、毁损物品是否已分开摊放	N/A	
7. 货到单未到的存货是否已暂估入账	是	
8. 发票未开，客户已提去的存货是否已单独记录	N/A	
9. 发票已开，客户未提去的存货是否已单独记录（或单独堆放）	N/A	
10. 存货是否已按存货的型号、规格排入整齐	是	
11. 外单位寄存的货物是否已分开堆放	N/A	
12. 代外单位保管的货物是否已分开堆放	N/A	
13. 外单位代销的货物是否已分开堆放	N/A	
14. 其他非本公司的货物是否已分开堆放	N/A	
15. 委托外单位加工的存货、存放外单位的存货，是否收到外单位的书面确认书	N/A	
16. 最近一次盘点存货的日期	11. 30	
17. 最近一次对计量用具（地秤、秤量器和其他计器量）的校对	11. 30	
18. 是否有存货的记录位置或存放图	是	

五、监盘进行中的工作：

1. 监盘从 6 点开始，共分 3 个监盘小组，每个小组 2 人。

①一人点数并报出型号、规格；

②一人记录《盘点清单》。

2. 核对仓库报表结存数量与仓库存货账结存数量是否相符；仓库存货账结存数量与仓库存货卡数量是否相符；填制《存货表、账、卡核对记录表》。

3. 盘点结束，索取《盘点清单》及《存货盘盈、盘亏汇总表》。

六、复盘

1. 盘点结束后，选择数额较大、收发频繁的存货项目进行复盘。

2. 复盘人员为：张阳、许晨、赵江。

3. 复盘记录详见《存货监盘结果汇总表》（附后）。

4. 复盘统计：

品种、型号共12种，复盘6种，占50%；

金额共43 908万元，复盘达16 392万元，占37.33%。

5. 计算复盘正确率：

复盘共6种，其中复盘正确的有6种，占100%；

复盘金额共16 392万元，其中复盘正确的有16 392万元，占100%。

6. 盘点的存货中不存在残次、毁损、滞销积压的情况。

七、盘点结束后的工作：

1. 再次观察现场并检查盘点表单；

2. 复核盘点结果汇总记录；

3. 关注盘点日与资产负债表日之间存货的变动情况；

4. 关注存货盘点结果与永续盘存记录之间出现重大差异的处理；

5. 关注被审计单位盘点方式及其结果无效时的处理，如果认为被审计单位的盘点方式及结果无效，注册会计师应当提请被审计单位重新盘点；

6. 请参加复盘人员在《存货监盘结果汇总表》上签字；

7. 索取由仓库人员填写的《复盘差异说明》（请用文字说明，并加盖单位公章）。

八、对盘点及复盘的评价：

1. 仓库管理人员对存货很熟悉。

2. 盘点工作及复盘工作很认真。

3. 对会计师需要的资料很配合。

4. 监盘结果总体评价：明达公司存货盘点计划执行较好。存货实地盘点数量与账面一致，存货不存在残次、毁损、滞销等情况。

监盘人员签名：张阳、宋俊
许晨、王峰
赵江、李健

审计人员将存货明细账与盘点报告（记录）进行核对：①从明细账中选取具有代表性的样本将明细账上的存货数量与经确认盘点报告的数量核对；②从经确认的盘点报告中抽取有代表性的样本将盘点报告的数量与存货明细账核对。经核对，存货明细账记载数量与盘点报告数量一致（见表4-9）。

表 4－9　　　　存货监盘结果汇总表①

被审计单位名称：明达公司　　　编制：李芳　日期：2021 年 2 月 25 日　索引号：CH－9

会计期间：2020 年 1 月 1 日—12 月 31 日　复核：郑明　日期：2021 年 2 月 27 日　页次：1/1

存货类别	存货名称	单位	监盘数量	未经确认盘点报告数量	差异数量	差异原因	索引号	审计确认盘点报告数量
1#罐原油	原油	吨	24 491	2 490. 44	0. 56	计量误差		24 490. 44
3#罐成品油	0#柴油	吨	679	678. 28	0. 72	计量误差		678. 28
5#罐成品油	燃料油	吨	2 079	2 079. 98	0. 98	计量误差		2 079. 98
7#罐成品油	航空煤油	吨	2 845	2 845. 37	0. 37	计量误差		2 845. 37
8#罐成品油	燃料油	吨	2 078	2 079. 79	1. 79	计量误差		2 079. 79
9#罐成品油	化工轻油	吨	3 453	3 454. 98	1. 98	计量误差		3 454. 98

监盘人员签名：张阳、宋俊
许晨、王峰
赵江、李健

审计说明：
我们对该公司期末存货中的原油、成品油予以监盘，确认盘点报告数量。

（2）存货计价测试。

为验证财务报表中存货余额的准确性，需要对存货的计价进行审计，即确定存货实物数量和永续盘存记录中的数量是否经过正确的计价和汇总。

对存货计价进行审计时，首先要选取样本。应该从存货数量已经盘点、单价和总金额已经列人存货汇总表的结存存货中选择。着重选择结存金额比较大而且价格变化比较频繁的项目，同时考虑所选样本的代表性。

存货计价方法有多种，应审查被审计单位选择的计价方法是否适合，结合国家法规的要求和企业实际情况，以确认存货计价方法的合理性、一贯性。没有足够理由，计价方法在同一会计年度内不得变动。

进行计价测试时，注册会计师首先应对存货价格的组成内容予以审核，然后按照了解的计价方法对所选择的存货样本进行独立的计价测试。测试时，应尽量排除被审计单位已有计算程序和结果的影响，进行独立测试。注册会计师将审计结果与被审计单位的账面记录进行比较，并编制对比分析表，对于其中的差异应进行分析。如果差异过大，应扩大样本范围进行继续审计，并根据审计结果进行审计调整。注册会计师李芳编制的存货计价测试表见表 4－10。

表 4－10　　　　库存商品 93#汽油出入库计价测试表①

被审计单位名称：明达公司　　　　编制：李芳　　日期：2021 年 2 月 25 日　索引号：CH－6

会计期间：2020 年 1 月 1 日—12 月 31 日　　　　复核：郑明　　日期：2021 年 2 月 27 日　页次：1/1

月份	期初量	年初额	本月入库量	本月入库额	本月出库量	加权平均单价	本月应转	账面实际结转额	差异额
一月	1 507.87	7 031 789.81	13 277.80	59 508 921.66	6 349.91	4 500.35	28 576 850.37	28 576 831.87	18.50
二月	8 435.752	37 963 879.60	8 358.60	37 815 625.30	13 708.17	4 512.20	61 854 031.71	61 854 007.38	24.33
三月	3 086.181	13 925 497.52	10 994.80	50 586 216.71	13 097.33	4 581.48	60 005 113.53	60 005 132.54	-19.01
四月	983.656	4 506 581.69	0.00	0.00	906.20	4 581.46	4 151 718.35	4 151 719.05	-0.70
五月	77.456	354 862.64	38 493.60	186 758 347.59	25 490.31	4 851.13	123 656 825.94	123 656 825.01	0.92
六月	13 080.743	63 456 385.21	18 777.00	92 765 330.11	26 492.87	4 903.73	129 913 827.85	129 913 872.58	-44.72
七月	5 364.875	26 307 842.74	24 308.20	420 813 385.35	27 392.17	4 958.07	135 812 316.00	135 812 272.51	43.49
八月	2 280.909	11 308 955.58	12 667.40	65 330 739.07	13 295.77	5 126.98	68 167 174.37	68 167 164.31	10.07
九月	1 652.536	8 472 530.34	18 151.60	92 564 196.31	19 729.90	5 101.80	100 658 004.79	100 658 019.13	-14.34
十月	74.233	378 707.53	32 667.60	173 352 744.84	27 528.31	5 306.10	146 067 986.63	146 067 976.30	10.33
十一月	5 213.521	27 663 476.06	23 195.20	132 175 714.53	19 840.21	5 626.41	111 629 201.89	111 629 146.94	54.94
十二月	8 568.513	48 210 043.65	20 095.40	120 298 077.00	18 085.68	5 878.76	106 321 276.56	106 321 366.28	-89.71
合计			177 696.60	879 495 506.94	173 990.94		858 863 849.55	858 863 820.69	28.87

审计说明：

1. 我们选取主要品种之一93#汽油进行出入库计价测试。
2. 该公司库存商品出库计价采用移动加权平均法。
3. 为了不影响测算结果，我们采用月一次加权平均法予以测算。
4. 通过上述表格记录的各月发出单价，可以看出单位成本逐渐递增，与前面分析结果一致。
5. 库存商品入库采用实际成本计价。我们将各月入库额与“生产成本—储运场”成本计算单核对，入库金额无误。

审计结论：

经测试，该库存商品入库基础和发出计价均正确。

（3）存货跌价准备审计。

在进行存货计价测试时，由于企业对期末存货采用成本与可变现净值孰低进行计量，因而注册会计师应当特别关注企业对存货可变现净值的确定以及存货跌价准备的计提。可变现净值是指在日常活动中，存货的估计售价减去至完工时估计将要发生的成本、估计的销售费用以及相关税费后的余额。不同的存货可变现净值按不同的方法确定：①产成品、商品和用于出售的材料等直接用于出售的商品存货，在正常生产经营过程中，应当以该存货的估计售价减去估计的销售费用和相关税费后的金额，确定其可变现净值。②需要经过加工的材料存货，在正常生产经营过程中，应当以所生产的产成品的估计售价减去至完工时估计将要发生的成本、估计的销售费用和相关税费后的金额，确定其可变现净值。我国会计准则规定，企业通常应当按照单个存货项目计提存货跌价准备，但是，对于数量繁多、单价较低的存货，可以按照存货类别计量存货成本与可变现净值。如果某些存货与在地区生产和销售的产品系列相关，具有相同或类似最终用途或目的，且难以与其他项目分开计量，可以合并计提存货跌价准备。

按照确定的审计程序，注册会计师李芳编制的存货跌价准备明细表见表4－11和表4－12。

表4－11　　存货跌价准备明细表

被审计单位名称：明达公司　　编制：李芳　日期：2021年2月25日　索引号：CH－7

会计期间：2020年1月1日—12月31日 复核：郑明　日期：2021年2月27日　页次：1/1

项目	期初余额	本期计提数	本期转销数	期末审定余额	审计调整		期末审定余额
					调增	调减	
原材料							
材料	2 406 615.97			2 406 615.97			
在途物资							
库存商品					3 831 109.60		
自制半成品					6 622 497.91		
合计	2 406 615.97			2 406 615.97	10 453 607.51		

审计说明：

1. 材料跌价准备期初余额本期没有变化，经过我们核实：一是因为该批材料本期没有处置或使用，二是可变现净值本期没有变动。
2. 该公司内销成品油价格受国家政策和国内市场环境的影响，本期国际市场原油价格呈上涨趋势，使得期末部分成品油的单位成本高出市价。同时，根据我们国家目前市场环境预测，近期内成品油价格不会有调整。为此，我们建议该公司以年末市场价格为依据，合理估计内销成品油可变现净值，以此合理计提存货跌价准备。
3. 调整事项系补提存货跌价准备，调整分录为：

　借：资产减值损失　　10 453 607.51

　　贷：存货跌价准备　　10 453 607.51

4. 存货跌价准备计提说明见表4－12。

审计结论：

未审余额经审计调整后，可以确认。

表4－12　　存货跌价准备计提说明

被审计单位名称：明达公司　　编制：李芳　日期：2021年2月25日　索引号：CH－7

会计期间：2020年1月1日—12月31日 复核：郑明　日期：2021年2月27日　页次：1/1

项目1	结存数量	单位生产成本	预计可变现净值	减 值
库存产品部分：				
3#航空煤油	2 845.37	5 707.23	5 085.47	1 769 137.25
0#轻柴油	678.28	5 089.21	4 689.83	291 239.87
－35#轻柴油	2 724.12	9 008.99	5 358.97	1 770 732.48
小计				3 831 109.60

续表

项目2	结存金额	计提跌价率		减值
自制半成品——调和柴油	66 224 979. 08	10%		6 622 497. 91
合计				10 453 607. 51

审计说明：

1. 库存商品的单位成本系该公司账面期末成本。
2. 预计可变现净值等于估计售价减估计销售费用。其中：估计售价是根据2020年12月31日的国内市场价格，并考虑2021年1月份国内市场销售价格，合理予以估计的；因该公司内销运费全部由买方承担，所以估计销售费用为0。
3. 3#航空煤油2020年12月31日库存量2 845. 37吨小于2021年1月份计划销售18 000吨且全部内销，所以，2020年12月31日库存量预计全部为内销量，市价采用内销市价。期末存量的需计提跌价准备。专用煤油市价高于成本，所以不计提跌价准备。
4. 0#柴油2020年12月31日库存量678. 28吨，2021年1月份计划销售14 000吨且全部内销，不存在外销，所以2020年12月31日库存量预计全部为内销量，市价采用内销市价。期末存量均需计提跌价准备。
5. 35#柴油全部内销，2020年12月31日库存量2 742. 12吨小于2021年1月份计划内销数量10 000吨，市价采用内销市价。期末存量均需计提跌价准备。
6. 自制半成品减调和柴油为成品柴油的半成品，且2021年1月份柴油计划销售数量远远低于2020年末成品柴油的库存量，所以对2020年末调和柴油存量均需计提跌价准备。又因2020年末成品柴油的跌价率为100%，所以按照此比率计提调和柴油的跌价准备金额。
7. 原油和其他自制半成品因无法估计未来能够加工多少已存在减值现象的成品，故没有计提跌价准备。

审计结论：

经分析，该公司调整后的跌价准备金额计提合理，确认余额。

（4）审定存货。

注册会计师编制的存货审定表见表4－13。

表4－13　　　　存货审定表

被审计单位名称：明达公司　　编制：李芳　日期：2021年2月26日　索引号：CH－8

会计期间：2020年1月1日—12月31日　复核：郑明　日期：2021年2月27日　页次：1/1

项目名称	期末未审数	账项调整		期末审定数	上期审定数
		借方	贷方		
一、存货账面余额					
原材料	274 223 799. 54			274 223 799. 54	154 071 593. 98
材料	19 848 362. 41			19 848 362. 41	34 755 069. 25
在途物资	698 699 160. 92			698 699 160. 92	537 594 952. 53
库存商品	164 855 237. 48			164 855 237. 48	85 269 127. 70
自制半成品	276 403 052. 27			276 403 052. 27	123 419 998. 13
合计	1 434 029 612. 63			1 434 029 612. 63	935 110 741. 61

续表

项目名称	期末未审数	账项调整		期末审定数	上期审定数
		借方	贷方		
二、存货跌价准备					
原材料					
材料	2 406 615.97			2 406 615.97	2 406 615.97
在途物资					
库存商品			3 831 109.60	3 831 109.60	
自制半成品			6 622 497.91	6 622 497.91	
合计	2 406 615.97		10 453 607.51	12 860 223.48	2 406 615.97
三、存货账面价值					
原材料	274 223 799.54			274 223 799.54	154 071 593.98
材料	17 441 746.44			17 441 746.44	32 348 453.28
在途物资	698 699 160.92			698 699 160.92	537 594 952.53
库存商品	164 855 237.48		3 831 109.60	161 024 127.88	85 269 127.70
自制半成品	276 403 052.27		6 622 497.91	269 780 554.36	123 419 998.13
合计	1 431 622 996.65		10 453 607.51	1 421 169 389.14	932 704 125.63

审计说明：

1. 我们取得存货明细表，重新计算正确，并与明细账、总账、报表数核对一致；各存货项目明细表参见相关存货底稿。

2. 存货期末余额较期初增加53%，主要原因为：一是本期期末库存量增加3万多吨，二是单位成本每吨上涨1 299元，二者共同使得存货期末余额增加5亿多元，存货余额增加合理；各存货本期增减情况：（1）各存货本期发生额均较大，而且贷方发生额均大于期初余额，初步判断存货不存在长期积压情况；（2）明细表中在途物资没有贷方发生额，系期末在途物资增加为暂估值，下月初冲回时账面以红字在借方列示，列示合理。

3. 明达公司存货分为：原材料、材料、在途物资、库存商品和自制半成品，占比重较大的是在途物资、自制半成品。原材料主要系外购原油，材料系车间维修用备品备件等，在途物资系供应商已经发出但尚未到达明达公司的原油，库存商品主要系成品油及其附属产品，自制半成品系处于成品油前的各个炼油环节尚未炼成成品的半成品。

4. 根据风险评估结果，明达公司存货跌价准备存在重大错报风险，所以我们对其予以重点关注，具体情况参见存货跌价准备明细表。

5. 我们对明达公司期末存货进行了监盘，监盘情况参见存货监盘结果汇总表。

6. 各存货项目审计情况参见相关底稿。

7. 结合银行长短期借款审计情况，不存在以存货做抵押取得借款情况。

8. 本期调整事项系补提存货跌价准备，具体参见存货跌价准备明细表。

审计结果：

经调整后，余额可以确认。

（三）案例分析

本案例研究了明达公司的内部控制测试与实质性程序，存货审计工作中所形成的主要审计工作底稿等。通过学习本案例，学生可以了解存货业务中内部控制的关键点及其测试过程，明确该业务所存在的主要会计舞弊形式，掌握其审核程序与方法，以及审计调整的过程及结果。

1. 按要求计提存货跌价准备。

企业会计准则对存货跌价准备的计提有明确要求，审计人员应就被审计单位存货的品质状况进行审查，依据不同情况决定对存货全额计提跌价准备还是按存货账面成本与存货可变现净值的差额计提存货跌价准备。在本案例中，审计人员根据本年度存货品质状况，对存货跌价准备进行了调整。

2. 对存货实地监盘和抽点。

对存货的实地监盘和抽点是存货审计必要的也是非常重要的审计程序。从制订盘点计划开始，审计人员都应积极参与，提出合理化建议。审计人员应参与监督盘点，并进行一定比例的抽样盘点，对盘点中发现的账实差异应找出原因，及时处理。

3. 重视存货的盘点工作。

盘点工作对维护企业资产存货的完整准确、及时发现问题、分析原因、处理问题、改进工作方面有着相当重要的意义，并为会计信息汇总归集的准确性提供了相应的保障，通过对货物的盘点，可以加强库存货物的管理，明确相关人员的保管责任，避免公司的资产受到损失，保证库存商品的真实、准确、有效，确保账实相符。

案例二　明达公司生产成本审计案例

（一）案例背景

案例背景如案例一所述，注册会计师郑明为项目组长及以李芳、张荣、王俊为组员的项目组于2021年2月15日至3月6日对明达公司2020年度的财务报表进行了审计，李芳、郑明负责明达公司年报审计项目中生产与存货循环的审计。

本案例主要反映生产成本的审计过程及相关问题。生产成本的审计主要是指对企业生产经营过程中发生的成本费用及其会计核算的真实性、合法性、合规性进行的审计与评价，这些工作对于监督企业严格遵守会计制度规定的成本开支范围、正确地计算产品成本、合理地处理各利益相关者之间的关系均有十分重要的意义。

（二）案例内容与审计过程

1. 审计目标。

(1) 确定生产过程中各项原材料的耗用是否真实，费用的发生是否真实，费用的开支范围与标准是否符合规定；

(2) 确定产品生产的各项纪录和会计处理是否完整；

(3) 确定成本费用的归集与分配是否合理，在产品与完工产品成本的计算是否准确，主营业务成本的结转是否符合配比原则，成本计算对象的确定是否合理；

(4) 确定产品的主要品种、存货的计价方法及费用在财务报表上的分类与披露是否恰当。

2. 对生产成本进行风险评估和控制测试。

李芳根据审计计划对生产成本进行了控制测试。首先李芳通过调查表法等方法对明达公司生产成本的内部控制制度进行了调查和了解，以文字形式对调查结果进行了描述，并运用检查凭证法、实地考察法等对生产成本内部控制进行了测试，在此基础上，对明达公司生产成本的内部控制制度进行了评价。有关明达公司生产成本的内部控制，李芳选择并获取成本报告期1～2种具有代表性的产品成本计算单，对其成本构成及核算过程作了如下检查：

(1) 李芳对直接材料成本进行了测试。明达公司直接材料的会计核算采用非定额单耗制度，李芳获取了材料费用分配汇总表、成本计算单、领料单以及材料明细账，将成本计算单中直接材料成本与材料费用分配汇总表中该产品负担的直接材料费用进行了核对，结果无误。李芳还抽取了若干领料单，将直接材料的发出总量和各该种材料的实际单位成本之积与材料费用分配汇总表中各该种材料的费用进行了比较，主要检查了下列事项：领料单的签发是否经过授权批准；材料发出汇总表是否经过适当的人员复核；材料单位成本计价方法是否适当，在当年度有何重大变更。经李芳审计确认，被审计单位的领料单的签发都有适当的授权批准手续，材料发出分配汇总表也经过适当的人员复核，材料单位成本计价方法采用加权平均法，年度内无重大变更。

(2) 李芳对直接人工成本进行了测试。被审计单位是采用计时工资制的企业，李芳获取了若干实际工时统计记录、职员分类表和职员工资手册（工资率）、人工费用分配汇总表及成本计算单，将成本计算单中直接人工成本与人工费用分配汇总表中该样本的直接人工费用进行了核对，结果无误。李芳又将样本的实际工时统计记录与人工费用分配汇总表中该样本的实际工时进行了核对，结果无误。李芳还抽取了生产部门若干天的工时台账与实际工时统计记录进行了核对，结果无误。

（3）李芳对制造费用进行了测试。李芳获取了若干制造费用分配汇总表、制造费用明细账和与制造费用分配标准有关的统计报告及其相关原始记录，然后将制造费用分配汇总表中样本分担的制造费用与成本计算单中的制造费用进行了核对，结果无误。李芳又将制造费用分配汇总表中的合计数与样本所属成本报告期的制造费用明细账总计数进行了核对，结果无误。李芳还审查了制造费用分配汇总表选择的分配标准（本例中被审计单位采用的是按直接人工工资标准分配制造费用的方法），将其与相关的统计报告或原始记录进行了核对，结果无误，经审计可以确认被审计单位制造费用分配标准的选用较适当。

（4）李芳最后对生产成本在当年期末完工产品与在产品之间的分配进行了测试。李芳将成本计算单中在产品数量与在产品盘存表中的数量进行了核对，结果无误；被审计单位的在产品采用约当产量法计算，经测试分配标准较合理；计算复核样本的总成本和单位成本，最终对当年采用的成本会计制度作出评价。

李芳对从不同方面收回的生产成本内部控制调查表进行了综合分析，根据测试结果认为，明达公司的生产成本内部控制有的方面是健全有效的：第一，领料单的签发经过了适当授权批准，材料发出汇总表经过适当的人员复核；第二，成本计算单中直接人工成本与人工费用分配汇总表中该样本的实际工时经核对相符；第三，制造费用分配汇总表中，样本分担的制造费用与成本计算单中的制造费用经核对相符；制造费用分配汇总表中的合计数与样本所属成本报告期的制造费用明细账总计数经核对相符。

3. 对生产成本实施实质性程序。

（1）获取生产成本明细表，复核加计是否正确，并与总账数、明细账合计数核对是否相符。表 4－14 与表 4－15 为明达公司的生产成本明细表。

表 4－14　　　　生产成本明细表①

被审计单位名称：明达公司　　编制：李芳　日期：2021 年 2 月 26 日　索引号：SC－1

会计期间：2020 年 1 月 1 日—12 月 31 日　复核：郑明　日期：2021 年 2 月 27 日　页次：1/1

项目	未审发生额	调整数		审定发生额	比重
		调增	调减		
常减压	6 697 872 758. 29			6 697 872 758. 29	24. 67%
催化重整	719 843 520. 13			719 843 520. 13	2 365%
煤、柴油加氢	1 010 705 504. 95			1 010 705 504. 95	3. 72%
馏份油加氢	591 695 027. 73			591 695 027. 73	2. 18%

续表

项目	未审发生额	调整数		审定发生额	比重
		调增	调减		
重油加氢	1 323 213 909. 81			1 323 213 909. 81	4. 87%
催化裂化	1 663 961 675. 98			1 663 961 675. 98	6. 13%
…	466 397 768. 87			466 397 768. 87	1. 69%
…	118 221 540. 30			118 221 540. 30	0. 44%
…	979 153 177. 63			979 153 177. 63	3. 61%
储运场一	6 776 496 037. 05			6 776 496 037. 05	24. 96%
储运场二	6 803 260 932. 51			6 803 260 932. 51	25. 06%
合计	27 150 821 853. 24			27 150 821 853. 24	100. 00%

审计说明：

1. 该科目按照明达公司炼油装置设置明细项目，并归集生产费用。
2. 生产成本的核算项目包括：原料及主要材料、辅助材料、燃料等项目，具体项目构成分析参见表4－15。
3. 月末，各个装置归集的生产成本按照系数法全部转至该装置产生的自制半成品或产成品中，所以该科目月末（年末）无余额。
4. 从表中可以看出，常减压是炼油的首个环节，即该装置是原油的投入点；储运场二是整个炼油过程的最后一个环节，即该装置的产出品为成品油及附属产品等。
5. 从表中可以看出，常减压和储运场二的发生额占整个生产成本比重较大，所以我们重点复核该两个装置的成本计算单。
6. 生产成本的核算方法：明达公司采用的是逐步综合结转法——上一步骤核算的半成品成本作为下一步骤的原料投入使用，具体如下：

（1）储运场一。

每月发生原料、燃料等费用时，先通过“生产成本——××装置”归集，月末根据物料平衡表将当月发生的生产成本按照如下方法分配；

先按折合系数将各品种自制半成本折合标准产量，然后按各品种产量占折合后总产量的比例对当月生产成本进行分配，由“生产成本”科目转至“自制半成品”中（按合系数为行业通用标准）。

（2）储运场二。

每月发生原料、燃料等费用时，先通过“生产成本——储运场”归集，月末根据产销存表将当月发生的生产成本按照如下方法分配：

先按折合系数将各品种产成品折合标准产量，然后按各品种标准产量占折合后总产量的比例对当月生产成本进行分配，由“生产成本”科目转至“产成品”中（折合系数为行业通用标准）。

因此，我们认为明达公司生产成本核算过程与其实际工艺流程相吻合，并且前后期保持一致。

7. 明达公司成本计算是由成本软件自动计算，所以我们只抽取少量样本予以核对，核对时我们重点关注成本计算所用原始数据的真实性。

审计结论：

经审计，余额可以确认。

表 4－15 **生产成本明细表②**

被审计单位名称：明达公司 编制：李芳 日期：2021 年 2 月 26 日 索引号：SC－2

会计期间：2020 年 1 月 1 日—12 月 31 日 复核：郑明 日期：2021 年 2 月 27 日 页次：1/1

项目			原料及主要材料	辅助材料	燃料	动力	直接工资	制造费用	合计
常减压	2020 年度	1－12 月发生额	6 663 312 704.49	1 137 686.96	7 386 579.53	11 581 546.23	561 390.24	13 889 850.83	6 697 872 758.29
		各项目所占比例	99.48%	0.02%	0.11%	0.17%	0.01%	0.21%	100.00%
	2019 年度	1－12 月发生额	6 794 809 213.76	1 251 191.95	10 297 045.25	10 377 874.93	503 840.81	10 545 806.57	6 827 784 973.28
		各项目所占比例	99.52%	0.02%	0.15%	0.15%	0.01%	0.15%	100.00%
		对比结果	－0.03%	0.00%	－0.04%	0.02%	0.00%	0.05%	
重油加氢	2020 年度	1－12 月发生额	1 268 962 209.40	11 286 803.42	306 215.41	19 636 013.48	822 644.86	22 200 023.25	1 323 213 909.81
		各项目所占比例	95.90%	0.85%	0.02%	1.48%	0.06%	1.68%	100.00%
	2019 年度	1－12 月发生额	1 451 286 686.54	971 400.11	1 473 300.00	17 440 948.68	705 385.81	17 383 897.19	1 489 261 618.33
		各项目所占比例	97.45%	0.07%	0.10%	1.17%	0.05%	1.17%	100.00%
		对比结果	－1.55%	0.79%	－0.08%	0.31%	0.01%	0.51%	
催化裂化	2020 年度	1－12 月发生额	1 608 443 989.64	15 721 857.44	390 465.16	17 635 861.13	1 047 872.30	20 186 236.20	1 663 426 281.86
		各项目所占比例	96.69%	0.95%	0.02%	1.06%	0.06%	1.21%	100.00%
	2019 年度	1－12 月发生额	1 716 018 221.97	11 500 577.78	134 700.00	17 585 752.04	927 035.68	12 288 707.05	1 759 662 994.52
		各项目所占比例	97.52%	0.65%	0.08%	1.00%	0.05%	0.70%	100.00%
		对比结果	－0.83%	0.29%	－0.05%	0.06%	0.01%	0.52%	
储运场二	2020 年度	1－12 月发生额	6 776 496 037.05	452 123.99		2 832 564.79		23 480 206.68	6 803 260 932.51
		各项目所占比例	99.61%	0.01%		0.04%		0.35%	

续表

项目			原料及主要材料	辅助材料	燃料	动力	直接工资	制造费用	合计
储运场二	2019年度	1－12月发生额	6 997 864 986.30	79 600.48		2 264 150.58		18 767 702.24	7 018 976 439.60
		各项目所占比例	99.70%	0.00%		0.03%		0.27%	
		对比结果	－0.09%	0.01%		0.01%		0.08%	

审计说明：

1. 我们选取占生产成本发生额比重较大的几个装置进行成本构成分析。
2. 通过分析，我们发现各项目各项目所占的比例较上年无太大差异，且由于原料及主要材料在成本中据绝对主导地位，由于今年原油加工量下降8万多吨造成原料及主要材产在总成本中所占比例略有所下降。
3. 由于原油在成本项目中所占比例非常大，所以单位生产成本的变动主要受原油价格的影响。
4. 上述表中所列数据系摘自生产成本明细账，我们已将各装置生产成本发生额与其成本计算单核对，无误。12月份成本计算单参见附件。
5. 发生额勾稽关系核对：

（1）常减压装置和原材料项目系原油投入，其发生额与原材料贷方发生额勾稽核对参见原材料底稿；

（2）储运场装置生产成本年发生额与库存商品借方发生额勾稽关系核对参见库存商品底稿。

审计结论：

经核对，双方差异合理，余额无误。

（2）制造费用审计。

以制造费用为例说明对成本费用实质性审计的过程，注册会计师李芳编制的制造费用明细表（见表4－16）和制造费用构成分析表（见表4－17）。

表4－16　　制造费用明细表

被审计单位名称：明达公司　　编制：李芳　日期：2021年2月26日　索引号：SC－3

会计期间：2020年1月1日—12月31日　复核：郑明　日期：2021年2月27日　页次：1/1

制造费用项目	本年未审数	调整数		本年审定数	上年审定数	年度间变动额	年度间变动率
		调增	调减				
工资	2 629 511.24			269 511.24	2 606 960.12	22 551.12	0.87%
折旧费	96 699 382.89			96 699 382.89	91 426 254.43	5 273 128.46	5.77%
修理费	52 740 874.70			52 740 874.70	20 174 518.99	32 666 355.71	162.73%
机物料消耗	1 410 183.82			1 410 183.82	1 088 544.49	321 639.33	29.55%
低值易耗品摊销	19 677.80			19 677.80	24 674.66	－4 996.86	－20.25%
劳动保护费	698 972.40			698 972.40	300 728.39	398 244.01	132.43%
差旅费	154 713.22			154 713.22	69 231.58	85 481.64	123.47%
运输费	40 333.32			40 333.32	4 863.72	35 469.60	729.27%
保险费	4 996 713.87			4 996 713.87	4 918 730.60	77 983.27	1.59%
劳务费	2 848 947.66			2 848 947.66	3 050 318.49	－201 370.83	－6.60%

续表

制造费用项目	本年未审数	调整数		本年审定数	上年审定数	年度间变动额	年度间变动率
		调增	调减				
日常维护费	5 586 652.48			5 586 652.48	5 344 135.03	242 517.45	4.54%
试验检验费	3 659 256.86			3 659 256.86	4 386 340.39	-727 083.53	-16.58%
环境保护费	1 147 393.00			1 147 393.00	1 570 895.26	-423 502.26	-26.96%
其他	3 075 663.19			3 075 663.19	2 009 942.95	1 065 056.16	53.10%
合计	175 708 276.45			175 708 276.45	136 876 139.12	38 832 137.33	28.37%

审计说明：

1. 我们取得制造费用明细表复核加计正确，并与明细账合计数、总账数核对一致。
2. 制造费用按照炼油装置设置明细（同生产成本明细），归集费用。
3. 将制造费用总额与生产成本各装置制造费用项目合计数核对相符。
4. 各装置制造费用分配至各产品成本中的方法见生产成本底稿。
5. 本年制造费用较上期增加 3 883 万元，主要系维修费增加导致，具体参见制造费用分析程序底稿。
6. 根据新会计准则的规定，生产车间发生的固定资产维修费应该在“管理费用”中核算，但该公司依然的制造费用中核算。鉴于维修费主要集中在 3 月和 4 月，而且该公司存货周转率较快（11 次/年），所以该差异不会对当期损益造成较大影响，但会影响到报表项目的列报。

鉴于此，我们对损益表中的项目进行重分类：

借：管理费用　　242

　　贷：主营业务成本　　517.45

审计结论：

经调整后，发生额可以确定。

表 4-17　制造费用构成分析

被审计单位名称：明达公司　　编制：李芳　日期：2021 年 2 月 26 日　索引号：SC-4

会计期间：2020 年 1 月 1 日—12 月 31 日　复核：郑明　日期：2021 年 2 月 27 日　页次：1/1

制造费用项目	2020 年		2019 年		比重变动幅度	年度间变动额
	金额	比重	金额	比重		
工资	2 629 511.24	1.50%	2 606 960.12	1.90%	-0.41%	22 551.12
折旧费	96 699 382.89	55.03%	91 426 254.43	66.79%	-11.76%	5 273 128.46
修理费	52 740 874.70	30.02%	20 174 518.99	14.67%	15.35%	32 666 355.71
物料消耗	1 410 183.82	0.80%	4 088 544.49	0.80%	0.01%	321 639.33
低值易耗品摊销	19 677.80	0.01%	24 674.66	0.02%	-0.01%	-4 996.86
劳动保护费	698 972.40	0.40%	300 728.39	0.22%	0.18%	398 244.01
差旅费	154 713.22	0.09%	69 231.58	0.05%	0.04%	85 481.64
运输费	40 333.32	0.02%	4 863.72	0.00%	0.02%	35 469.60
保险费	4 996 713.87	2.84%	4 918 730.60	3.59%	-0.75%	77 983.27
劳务费	2 848 947.66	1.62%	3 050 318.49	2.23%	-0.61%	-201 370.83
日常维护费	5 586 652.48	3.18%	5 344 135.03	3.90%	-0.72%	242 517.45
试验检验费	3 659 256.86	2.08%	4 386 340.39	3.20%	-1.12%	-727 083.53

续表

制造费用项目	2020 年		2019 年		比重变动幅度	年度间变动额
	金额	比重	金额	比重		
环境保护费	1 147 393.00	0.65%	157 895.26	1.15%	-0.49%	-423 502.26
其他	3 075 663.19	1.75%	2 009 942.95	1.47%	0.28%	1 065 056.16
合计	175 708 276.45	100.00%	136 876 139.12	100.00%	0.00%	38 832 137.33

审计说明：
1. 从表中可以看出，制造费用核算内容符合会计准则的规定，并且与该公司实际情况相符。
2. 在本年制造费用各个组成项目中，占比重较大的是折旧费、修理费，而且本年修理费用比重上升，这与该公司的实际情况相符：一是该公司属于炼油行业，固定资产投资规模大，折旧费必然很大；二是该公司本年4月进行大修，因而较上年相比发生了更多的修理费。
3. 工资费用已与应付职工薪酬科目核对一致；折旧费发生额已与折旧费用分配核对一致，参见累计折旧底稿；其他比重较大的费用——修理费、保险费、日常维护费等将作为细节测试重点，以验证其发生性。

审计结论：
经分析，确认发生额。

（3）应付职工薪酬审计。

应付职工薪酬的审计目标主要是：确定资产负债表中记录的应付职工薪酬是否存在；确定所有应当记录的应付职工薪酬是否均已记录；确定记录的应付职工薪酬是否为被审计单位应当履行的现时义务；确定应付职工薪酬是否以恰当的金额包括在财务报表中，与之相关的计价调整是否已恰当记录；确定应付职工薪酬是否已按照企业会计准则的规定在财务报表中进行了恰当列报。明达公司实行计时工资制度，注册会计师李芳编制了应付职工薪酬细节测试表（见表4－18）。

表4－18　　应付职工薪酬细节测试表

被审计单位名称：明达公司　　编制：李芳　日期：2021年2月26日　索引号：SC－5
会计期间：2020年1月1日—12月31日　复核：郑明　日期：2021年2月27日　页次：1/1

一、应付职工薪酬分析程序				
月份	贷方金额（元）	占全年比例（%）	是否异常	核查说明
1	5 220 000	8.3254	正常	
2	5 220 000	8.3254	正常	
3	5 226 000	8.3349	正常	新增2名工人，每人工资3 000元/月
4	5 226 000	8.3349	正常	
5	5 226 000	8.3349	正常	
6	5 226 000	8.3349	正常	
7	5 226 000	8.3349	正常	
8	5 226 000	8.3349	正常	
9	5 226 000	8.3349	正常	

续表

一、应付职工薪酬分析程序

月份	贷方金额（元）	占全年比例（%）	是否异常	核查说明
10	5 226 000	8.3349	正常	
11	5 226 000	8.3349	正常	
12	5 226 000	8.3349	正常	
合计	62 700 000	100	正常	

二、未通过“应付职工薪酬”科目直接在“其他应付款”科目中列支的工资性支出

会计科目	其他应付款				合计
金额（元）	11 200 000				11 200 000

三、应付职工薪酬抽查

<table>
<tr><td rowspan="2">凭证号</td><td rowspan="2">月份</td><td colspan="6">抽查内容</td></tr>
<tr><td>借方金额（元）</td><td>计算是否正确</td><td>依据是否充分</td><td>有无授权批准</td><td>领款人是否签章</td><td>代扣款项是否扣减</td></tr>
<tr><td>35</td><td>2</td><td>5 220 000</td><td>正确</td><td>充分</td><td>有批准手续</td><td>是</td><td>是</td></tr>
<tr><td>33</td><td>5</td><td>5 226 000</td><td>正确</td><td>充分</td><td>有批准手续</td><td>是</td><td>是</td></tr>
<tr><td>37</td><td>12</td><td>5 226 000</td><td>正确</td><td>充分</td><td>有批准手续</td><td>是</td><td>是</td></tr>
</table>

四、会计处理核对

<table>
<tr><td>凭证号</td><td>月份</td><td>金额（元）</td><td colspan="5">成本、费用科目</td></tr>
<tr><td>18</td><td>11</td><td>11 200 000</td><td>销售费用</td><td></td><td></td><td></td><td></td></tr>
</table>

审计说明：

全年销售人员的工资 11 200 000 元未通过“应付职工薪酬”科目进行计提和发放核算，但是各种保险费和住房公积金的计提会计处理正确，其余工资的提取和发放均已核对。调整分录为：

借：其他应付款　　11 200 000

　　贷：应付职工薪酬——工资　　11 200 000

该公司全年提取工资 73 900 000 元，平均人数 1 400 人，属于企业合理的工资薪金支出，准予在税前扣除。

（三）案例分析

本案例研究了生产与存货业务循环中生产成本审计的程序和方法，反映了生产成本核算中易发生的会计错误与舞弊及其审计调整过程和结果。通过学习本案例，学生可以明确以下问题。

1. 生产成本有其特定的审计程序。

李芳应当采取适当的审计程序确定：生产成本的发生、用途、性质和数额是否正确、合理；生产成本的核算对象，生产成本的分类、归属是否适当；生产成本的分配、成本计算方法是否合理；生产成本期末余额是否正确；生产成本的披露是否恰当。

2. 生产成本的控制测试有其特定的程序和内容。

被审计单位的生产成本的核算方法不同，相应的内部控制制度就不同。

例如，对直接材料的生产成本，既可以选择采用定额单耗核算、非定额单耗核算，也可以采用标准成本法核算，每种方法都对应不同的测试程序和内容。本案例采用的是非定额单耗核算，这种方法由于对材料的耗用没有定额控制，因而容易造成材料的浪费和成本核算的不准确。审计人员对此应该有所认识，可以建议被审计单位采用定额单耗成本控制制度。

3. 生产成本的实质性程序有特定的过程和方法。

生产成本的实质性程序的一个明显特点是：料、工、费的归集和分配过程涉及大量相互有勾稽关系的单证和账表。对于这些证据的收集和复核是实质性测试环节的重要程序。此外，李芳应特别注意采用分析性复核程序，这对于李芳确定审计重点和发现差异和异常波动非常有用。

六、案例涉及相关法规和准则

（一）法规

《中华人民共和国会计法》；
《中华人民共和国注册会计师法》。

（二）会计准则

1. 企业会计准则第 1 号——存货；
2. 企业会计准则第 8 号——资产减值；
3. 企业会计准则第 39 号——公允价值计量。

（三）审计准则

1. 中国注册会计师审计准则第 1231 号——针对评估的重大错报风险实施的程序；
2. 中国注册会计师审计准则第 1311 号——存货监盘；
3. 中国注册会计师审计准则第 1314 号——审计抽样和其他选取测试项目的方法；
4. 中国注册会计师审计准则第 1321 号——会计估计的审计。

本章小结

企业存货的品种、数量很多，收入发出频繁，存货金额在流动资产总额中占有较大比重；存货这一报表项目的金额是通过多个会计账户汇总得来的。另外，存货若管理不善很容易导致舞弊情况，造成被审计单位财产的流失；再者，存货若计价不正确，将既影响资产负债表的存货金额，又影响利润表中的营业成本，进而影响利润的正确披露。因此，存货审计非常重要。

本章以明达公司为例，对生产与存货业务循环的审计进行了分析，审计程序包括评估重大错报风险、控制测试和实质性程序。通过了解、调查、描述、测试与评价对被审计单位进行了控制测试；通过编制存货明细表并将其与明细账、总账、报表余额进行核对，监盘存货，验证存货所有权，检查存货品质状况；审查存货跌价准备、存货计价等，进行了实质性测试；在生产成本核算中，对料、工、费的归集和分配的审计也是本循环的一项重要内容，并重点介绍了职工薪酬和制造费用的审计程序。

练习与思考

一、名词解释

1. 生产成本审计
2. 存货监盘
3. 存货截止测试
4. 存货计价测试
5. 控制风险
6. 重新执行

二、思考题

1. 对于石油类的特殊存货，如何实施有效监盘？
2. 列举在存货审计中常用的实质性程序。
3. 说明生产与费用循环和其他业务循环的关系。
4. 注册会计师应如何应对异地存货、特殊性质的存货进行审计？
5. 简述存货计价审计的方法。
6. 注册会计师王丽、李东负责金石公司存货项目的审计工作，金石公司对存货实行永续盘存制，每年全面盘点一次，金石公司有30%的存货储存在偏远山区的防空洞里，考虑到交通不便，王丽、李东决定对这30%的存货不实施监盘，请问这样处理是否正确？注册会计师可以不实施存货监盘吗？如果不实施监盘，要实施哪些替代程序？如果没有实施监盘，也没有实施替代程序，对审计报告有影响吗？

三、案例题

1. 资料：审计人员李某和张某在审查A公司2020年12月甲产品成本明细账时，发现下列问题：

（1）12月应记入在建工程却记入甲产品的原材料30 000元；

（2）12月应记入福利部门的工资却记入甲产品的工资5 000元；

（3）12月多摊销低值易耗品2 000元；

（4）根据账面资料，12月生产甲产品100件，月末在产品30件，在产品完工程40%，原材料是在生产开始时一次投入。据此计算的产品计算单如下：

成本计算单

甲产品　　2020 年 12 月　　单位：元

成本项目	月初在产品成本	本月生产费用	生产费用合计	产成品成本	月末在产品
直接材料	50 000	230 000	280 000	216 000	64 000
直接人工	12 000	128 000	140 000	125 000	15 000
制造费用	8 000	92 000	100 000	90 000	10 000
合计	70 000	450 000	520 000	431 000	89 000

经审查 12 月底在产品盘存数应为 60 件，加工程度应为 80%。

要求：

（1）指出存在的错误并重新编制产品成本计算单（填入下面的产品成本计算单中）；

（2）分析 A 公司上述做法的动机并提出审计意见。

成本计算单

甲产品　　2003 年 12 月　　单位：元

成本项目	月初在产品成本	本月生产费用	生产费用合计	产成品成本	月末在产品
直接材料					
直接人工					
制造费用					
合计					

2. 注册会计师林琳在对 A 公司存货项目的相关内控制度进行研究评价后，发现 A 公司存在下述可能导致错误的情况：

（1）存货盘点欠缺认真；

（2）由红特公司代管的甲材料可能并不存在；

（3）通过销售与收款循环审计发现已销产成品可能未进行相关会计处理；

（4）A 公司将明光公司存放在仓库中的乙材料计入 A 公司存货项目中。

要求：针对上述情况，注册会计师林琳应当采用什么实质性程序进行审查？

3. 在对红光公司 2020 年度财务报表进行审计时，注册会计师王哲和陈丽在实施截止性测试时发现的情况如下：

以 2020 年 12 月 31 日为截止日，分别向前或向后推若干天，顺序选取并检查购货发票和验收报告，发现：

（1）2020 年 12 月 26 日已验收入库的甲材料，由于其购货发票于 2021 年 1 月 8 日收到，记入 2021 年 1 月账内，其会计处理为：

借：原材料——甲材料　　300 000

　　应交税费——应交增值税（进项税额）　　51 000

　　贷：应付账款　　351 000

（2）2020 年 12 月 28 日收到南方公司的发票，记入账内，增加购进存货 1 000 000 元，但对应的原材料 2021 年 2 月才收到并验收入库，该原材料采用实地盘存制，并以个别计价法核算。

以 2020 年 12 月 31 日为截止日，分别向前或向后推若干天，顺序选取并检查销售发票和货运凭证，发现：

（3）2020 年 12 月 8 日确认销售给北方公司的会计处理仅有销售发票，没有发运凭证。但该笔销售在 2021 年 2 月 3 日以红字发票进行了销售退回，没有入库单。

（4）2020 年 11 月 23 日确认销售给东方公司的交易，销售发票与发运凭证核对无误，会计记录如下，但该笔销售在 2021 年 1 月 18 日退回。

借：应收账款　　468 000
　　贷：主营业务收入　　400 000
　　　　应交税费——应交增值税（销项税额）　　68 000
借：主营业务成本　　220 000
　　贷：库存商品　　220 000

（5）2020 年 12 月 29 日以红字发票销售退回 2019 年 8 月销售给西方公司的货物，在 12 月账上用红字冲销了原确认的销售收入和结转的成本。

要求：对于情况（1）至情况（5），分别指出红光公司的处理是否正确，并指出对财务报表的影响及注册会计师的建议。

4. 注册会计师张宏对维强公司 6 月分产品生产成本进行审查。该公司生产单一产品 A，一次投料，采用约当产量法计算产品成本（产品成本计算单如下），账列本月完工产品 80 件，未完工产品 20 件（完工程度 50%）。

产品成本计算单

产品名称：A　　2020 年 6 月　　单位：元

项目	月初在产品成本	本月生产费用	生产费用总额	完工产品成本	月末在产品成本
直接材料	40 000	800 000	840 000	672 000	168 000
直接人工	10 000	260 000	270 000	240 000	30 000
制造费用	10 000	170 000	180 000	160 000	20 000
合计	60 000	1 230 000	1 290 000	1 072 000	218 000

经查：

（1）完工产品及月末在产品数量可以确认。

（2）将在建工程领用的材料 20 000 元，计入产品生产成本。

（3）生产车间已领未用材料 10 000 元，月末未退库。

（4）虚列生产工人工资 15 500 元，多提生产工人福利费 2 500 元。

（5）计提经营性租入设备的折旧费 6 000 元，计入制造费用。

（6）无形资产摊销费用 12 000 元，计入制造费用。

要求：假如你是该注册会计师，请分析上述业务的会计处理是否正确？你将做出怎样的审计处理？

第五章 筹资业务循环审计

学习内容与目标

随着时代的发展，企业的筹资模式正在向多元化、复杂化方向转变，本章主要介绍筹资业务的审计概述、审计理论框架、风险导向审计、战略分析以及执行财务报表认定的审计程序，从审计对企业内控管理要求的角度出发，以风险导向审计应用的基本逻辑，对筹资管理的控制目标、主要风险点以及关键控制点进行识别和评估，并对财务报表实质性程序进行分析概述。具体审计案例包括：华泰公司负债筹资审计案例、达能公司权益筹资审计案例。通过本章的学习，学生应能掌握筹资业务的特点，掌握如何进行筹资业务的重大错报风险评估，掌握如何结合实际业务进行筹资业务的控制测试和实质性程序。

一、理论概述

（一）筹资管理活动概述

企业筹资活动是指企业根据其生产经营、对外投资和调整资本结构的需要，通过筹资渠道和资金市场，运用筹资方式，经济有效地筹集为企业所需的资金的财务行为。一般认为，筹资和狭义的融资表达同一概念，按筹资方式主要分为负债筹资和权益筹资，在账务核算方面主要涉及负债类账户和权益类账户，而注册会计师主要关注来源于被审计单位外部的资金筹集状况。

1. 筹资活动的意义。

（1）筹资活动是企业资金活动的起点，也是企业整个经营活动的基础。通过筹资活动，企业取得投资和日常生产经营活动所需的资金，从而使企业投资、生产经营活动能够顺利地进行。

（2）满足其资本结构调整需要。当企业负债经营决策正确，能够合理保证企业达到最佳资本结构时，这部分资金就可以为企业创造出高于负债成本的超额利润，促进实现企业价值的最大化。

2. 筹资活动的主要业务。

筹资循环涉及的主要业务活动如图 5－1 所示。

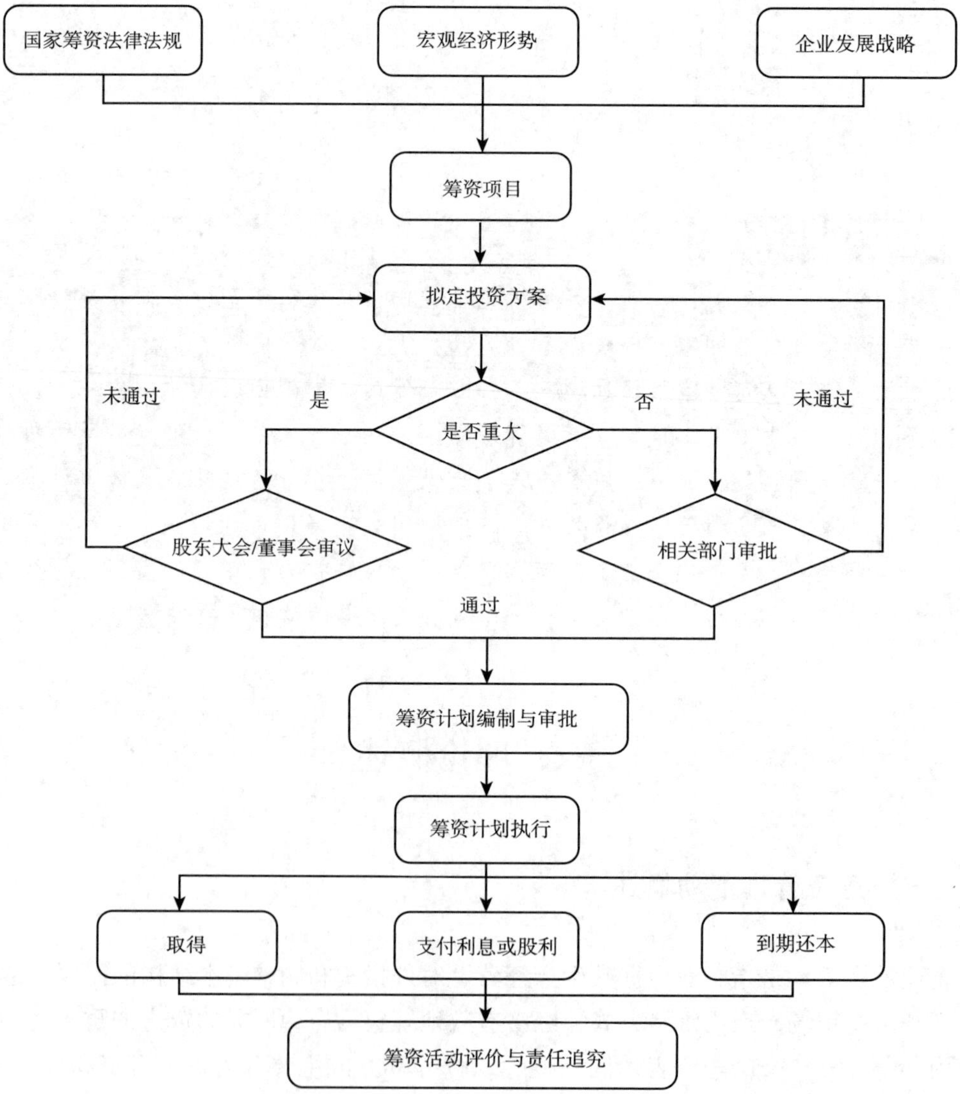

图 5－1　筹资活动的主要业务

3. 负债筹资业务涉及的凭证及会计记录。

负债筹资是指企业通过银行借款、商业信用和发行债券等形式筹集资金，通过负债筹集资金是企业一项重要的资金来源。按照所筹集资金使用期限的长短不同，负债筹资可以分为短期负债筹资和长期负债筹资两类，本章着重介绍长期负债筹资。长期负债筹资通常采用的方式有长期借款和发行债券。

（1）企业（公司）债券。企业（公司）依据法定程序发行、约定一定期限还本付息的有价证券。

（2）债券契约。载明债券持有人（记名债券）与发行企业双方所拥有的权利与义务的法律性文件。

（3）企业（公司）债券存根簿。发行记名企业（公司）债券应记载的内容一般包括：债券持有人的姓名或者名称及住所；债券持有人取得债券的日期及债券的编号；债券总额、债券的票面金额、债券的利率、债券还本付息的期限和方式；债券的发行日期。发行无记名债券的应当在企业（公司）债券存根簿上记载债券总额、利率、偿还期限和方式、发行日期和债券编号等。

（4）债券承销或包销协议。被审计单位向社会公开发行债券时，应当由依法设立的证券经营机构承销或包销，被审计单位与其签订的债券承销或包销协议。

（5）借款合同或协议。被审计单位向银行或其他金融机构借入款项时与其签订的合同或协议。

（6）有关记账凭证。被审计单位为了核算各类负债筹资业务而产生的各种记账凭证。

（7）负债类总分类账。被审计单位为核算各类借款所设置的“短期借款”“长期借款”“应付债券”等总分类账。

（8）负债类明细分类账。被审计单位为了详细核算各类借款可以按借款项目、借款单位等内容设置明细分类账，“应付债券”账户则需要设置“债券面值”“债券溢价”“债券折价”“应计利息”等明细账户，以便更全面地记录应付债券的信息。

4. 权益筹资业务涉及的凭证和会计记录。

（1）发行股票的决议及批准文件。发行股票必须有股东大会的决议以及国务院证券监督管理机构的批准文件，保证权益筹资的程序符合法律法规的规定。

（2）股本凭证。企业签发的证明股东持有被审计单位股份的凭证。

（3）股份承销或包销协议。企业向社会公开发行股份时，应当由依法设立的证券经营机构承销或包销，被审计单位应与其签订股份承销或包销办议。

（4）股东名册。发行记名股票的公司应记载的内容一般包括：股东的姓名或者名称及住所；各股东所持股份数额；各股东所持股票的编号，各股东取得被审计单位股份的日期发行无记名股票的，企业应当记载其持有股票数量、编号及发行日期。

（5）有关记账凭证。被审计单位为了核算发行股份业务而产生的各种记账凭证。

（6）所有者权益类总分类账。被审计单位为核算所有者权益类项目所设置的“股本（实收资本）”“资本公积”“盈余公积”“利润分配”以及“应付股利”等总分类账。

（7）所有者权益类明细分类账。为了核算需要还应该设置与所有者权益类总分类账相应的明细分类账。一般情况下，“股本（实收资本）”账户不需要设置明细账；“资本公积”账户设置“资本溢价”“股本溢价”“其他资本公积”三个明细账；“盈余公积”账户需要设置“法定盈余公积”“任意盈余公积”“储备基金”“企业发展基金”“利润归还投资”等明细账；“利润分配”账户需要设置“盈余公积转入”“提取法定盈余公积”“应付优先股股利”“提取任意盈余公积”“应付普通股股利”“转作资本的普通股股利”“未分配利润”等明细账；如果有需要，“应付股利”账户可以依照股东名册按股份（股票）持有人进行明细核算。

（二）筹资活动的控制测试

企业在建立和实施筹资内部控制制度时，至少应当强化对以下关键方面或者关键环节的风险控制，并采取相应的控制措施。

（1）权责分配和职责分工应当明确，机构设置和人员配备应当科学合理。

（2）筹资决策、执行与偿付各环节的控制流程应当清晰，筹资方案的拟订与审批、筹资合同的审核和签订、筹集资金的收取与使用、还本付息的审批与办理等应当有明确规定。

（3）筹资业务的会计处理应当符合国家统一的会计制度的规定。

筹资循环的关键控制点及其控制措施如表 5－1 所示。

表 5－1　　筹资循环的关键控制点及其控制措施

关键控制点	控制措施示例
不相容职务分离	1. 筹资方案的拟定与决策分离； 2. 筹资合同或协议的审批与订立分离； 3. 与筹资有关的各种款项偿付的审批与执行分离； 4. 筹资业务的执行与相关会计记录分离
提出筹资方案	1. 进行筹资方案的战略评估，包括是否与企业发展战略相符合，筹资规模是否适当； 2. 进行筹资方案的经济性评估，如筹资成本是否最低，资本结构是否适当，筹资成本与资金收益是否匹配； 3. 进行筹资方案的风险性评估，如筹资方案面临哪些风险，风险大小是否适当、可控，是否与收益匹配
筹资方案审批	1. 根据分级授权审批制度，按照规定程序严格审批经过可行性论证的筹资方案； 2. 审批中应实行集体决策审议或联签制度，保证决策的科学性
制定筹资计划	1. 根据筹资方案，结合当时经济金融形势，分析不同筹资方式的资金成本，正确选择筹资方式和不同方式的筹资数量，财务部门或资金管理部门制定具体筹资计划； 2. 根据授权审批制度报有关部门批准
实施筹资	1. 根据筹资计划进行筹资； 2. 签订筹资协议，明确权利义务； 3. 按照岗位分离和授权审批制度，各环节和各责任人正确履行审批监督责任，实施严密的筹资程序控制和岗位分离控制； 4. 做好严密的筹资记录，发挥会计的控制作用

续表

关键控制点	控制措施示例
筹资活动评价与责任追究	1. 促使各部门严格按照确定的用途使用资金； 2. 监督检查，督促各环节严密保管未发行的股票、债券； 3. 监督检查，督促正确计提、支付利息； 4. 加强债务偿还和股利支付环节的监督管理； 5. 评价筹资活动过程，追究违规人员责任

（三）负债筹资业务审计的实质性程序

对于负债类项目，注册会计师在实质性程序中应重点关注其完整性，防止被审计单位低估负债。低估债务经常伴随着低估成本费用，从而高估利润。因此，低估债务不仅影响财务状况的反映，而且还会极大地影响企业财务成果的反映。

1. 短期借款的实质性程序。

（1）从负责记录短期借款的部门获取或编制短期借款明细表。注册会计师应首先获取或编制短期借款明细表，复核其合计数是否正确，并与明细账和总账核对是否相符。

（2）函证短期借款的真实金额。注册会计师应在期末短期借款余额较大或认为必要时向银行或其他债权人函证短期借款。

（3）检查短期借款的增加数。对审计年度内增加的短期借款，注册会计师应检查借款合同和授权批准材料，了解借款数额、借款条件、借款日期、还款期限、借款利率，并与相关会计记录核对。

（4）检查短期借款的减少数。对审计年度内减少的短期借款，注册会计师应检查相关记录和原始凭证，核实还款数额。

（5）检查有无到期未偿还的短期借款。注册会计师应检查相关记录和原始凭证，检查被审计单位有无到期未偿还的短期借款，如果有，则应查明是否已向借款人提出申请并经同意后办理延期手续。

（6）复核短期借款利息。注册会计师应根据短期借款的利率和期限，复核被审计单位短期借款的利息计算是否正确，有无计算不准确的情况。如果有未计利息和多计利息的情况，应作出记录，必要时进行调整。

（7）检查外币借款的折算。如果被审计单位有外币短期借款，注册会计师应检查外币短期借款的增减变动是否按业务发生时的市场汇率或期初市场汇率折算为记账本位币金额；期末是否按市场汇率将外币短期借款余额折算为记账本位币金额；折算差额是否按规定进行会计处理；折算方法前后期是否一致。

（8）检查短期借款在资产负债表上的列报是否恰当。企业的短期借款在资产负债表上通常设置“短期借款”项目单独列示，对于因抵押而取得的短期借款，应在资产负债表附注中进行揭示，注册会计师应注意被审计单位对短期借款项目的披露是否充分。

2. 长期借款的实质性程序。

（1）从记录长期借款部门获取或编制长期借款明细表。复核其合计数是否正确，并与明细账和总账核对相符；在审查时，注册会计师通过审阅有关决议及契约文件，核对账簿和凭证，根据有关资料编制长期借款明细账表，内容包括债权人姓名、地址、借入金额、利率、到期日、付款日、已还款金额、附有抵押品种类、名称、价值及保管情况。

（2）检查长期借款的增加数。检查借款合同和授权批准文件，了解借款数额、借款条件、借款日期、还款期限、借款利率，并与相关会计记录进行核对。

（3）向银行或其他债权人函证重大的长期借款。长期借款期末余额较大，或者注册会计师认为必要时，可函证各贷款银行或其他金融机构，函证时，一般可结合银行存款余额的函证进行，不仅能验证长期借款的期末余额，也可发现未入账的长期借款。

（4）检查年度内金额较小的长期借款。检查相关的会计记录和原始凭证，核实还款数额。

（5）检查年末有无到期未偿还的长期借款，逾期借款是否办理延期手续，分析计算逾期借款的金额、比率和期限，判断被审计单位的资信程度和偿债能力。

（6）检查长期借款利息费用是否正确。由于长期借款金额大，偿还期较长，因而一般都需要支付利息。注册会计师通过对利息费用的计算，不仅能确定利息费用的计算与入账的正确性，而且还可以间接地查明被审计单位长期借款数额。因此，认真验算利息费用是发现未入账长期借款的有效手段之一。

对长期借款利息费用的验证，注册会计师应复核被审计单位利息计算表的正确性，并与账面已记载利息核对，如有未计利息应作出记录，必要时应要求被审计单位进行适当调整。另外，注册会计师还应审查长期借款利息资本化的会计处理是否正确，审查企业资本性支出与收益性支出的利息费用界限是否严格划分。

（7）如果是外币借款，还应检查非记账本位币折算记账本位币采用的折算汇率是否正确，折算差额是否按规定进行会计处理。

（8）确定长期借款是否在资产负债表上充分披露。长期借款在资产负债表中列示在非流动负债项目之下，应根据“长期借款”科目期末余额扣除将于一年内到期的长期借款后的余额填列，该项扣除数应填列在流动负债下的“一年内到期的非流动负债”项目中。注册会计师应根据审计结果，确定被审计单位长期借款在资产负债表上的列报是否充分，并注意长期借款的抵押和担保是否已在财务报表附注中作了充分说明。

更应该注意的是，长期借款一旦形成，在其偿还期内，除了按规定计提利息外，相关的经济业务一般不会发生，如果注册会计师在上一审计年度已对相关的长期借款进行了审查，本年度的审计工作将大大简化，有关的工作底稿仍可继续使用，审计的侧重点则放在各项长期借款本年内发生的变动上，这样就可以大大节约审计时间。

3. 应付债券的实质性程序。

（1）从负责债券记录的部门获取或编制应付债券明细表。

（2）检查应付债券业务有关的原始凭证。检查债券交易的各项原始凭证，是确定应付债券及其合法性的重要程序，注册会计师应做好以下工作：①检查被审计单位现有债券副本，确定其发行是否合法，各项内容是否与相关的会计记录相一致；②检查被审计单位发行债券获取资金的收据、汇款通知单、送款登记簿及相关的银行对账单；③检查用以偿还债券的支票存根，并检查利息费用的计算是否正确；④检查已偿还债券数额同应付债券借方发生额是否相符；⑤如果被审计单位发行债券时已作抵押或担保，注册会计师还应检查相关契约的履行情况。

（3）检查利息费用和应计利息。检查应计利息、债券折（溢）价摊销及其会计处理是否正确，这项工作主要通过检查债券利息、溢价、折价等账户分析表来实施，该表可让被审计单位代为编制，注册会计师加以检查，注册会计师也可自行编制。

（4）证实应付债券期末余额。应付债券的函证可直接向作为委托人的承销商或包销商询证，询证函一般应请求受托人证实债券的种类或名称、发行日、到期日、利率、付息日、发行日的金额、本年度已偿付的债券金额、结账日尚未偿还的债券余额及其他注册会计师认为应包括的重要事项。

（5）检查对到期债券偿还的会计处理是否正确。对到期债券的偿还，注册会计师应检查相关会计记录，检查其会计处理是否正确。对可转换公司债券持有人行使转换权利，将其持有的债券转换为股票，则应检查其转股的会计处理是否正确。

（6）检查一年内到期的应付债券是否转为流动负债。注册会计师应根据应付债券明细表，确定即将在一年内到期的应付债券数额，并与资产负债表中有关数据核对，如有不符，应予以记录或调整。

（7）验明应付债券是否已在资产负债表上充分披露。应付债券在资产负债表中列示于非流动负债项目中，该项目根据“应付债券”科目的期末余额扣除将于一年内到期的应付债券后的数额填列，该扣除数应当填列在流动负债项目下的“一年内到期的非流动负债”项目中，注册会计师应根据审计结果，确定被审计单位应付债券在财务报表上的披露是否充分，应付债券的类别是否已在财务报表附注中作了充分的说明。

（四）权益筹资的实质性程序

1. 实收资本（股本）的实质性程序。

实收资本（股本）项目一般情况下很少发生变动，因而，直接对其进行实质性程序，测试的重点在于关注其真实性。

（1）获取或编制实收资本（股本）明细表。

①复核加计是否正确，并与报表数、总账数和明细账合计数核对是否相符。

②以非记账本位币出资的，检查其折算汇率是否符合规定，折算差额的会计处理是

否正确。

（2）首次接受委托的客户，取得历次验资报告，将其所载明的投资者名称、投资方式、投资金额、到账时间等内容与被审计单位历次实收资本（股本）变动的账面记录、会计凭证及附件等进行核对。

（3）审阅公司章程及股东（大）会、董事会会议记录中有关实收资本（股本）的规定。收集与实收资本（股本）变动有关的董事会会议纪要、股东（大）会决议、合同、协议、公司章程及营业执照，公司设立批文、验资报告等法律性文件，并更新永久性档案。

（4）检查投入资本是否真实存在。审阅和核对与投入资本有关的原始凭证、会计记录，必要时向投资者函证实缴资本额，对有关财产和实物价值进行鉴定，以确定投入资本的真实性。

①对于发行在外的股票，应检查其发行活动。检查的内容包括已发行股票的登记簿、募股清单、银行对账单、会计账面记录等。必要时可向证券交易所和金融机构函证股票发行的数量及金额。

②对于发行在外的股票，应检查股票发行费用的会计处理是否符合有关规定。

（5）检查出资期限和出资方式、出资额。检查投资者是否按合同、协议、章程约定的时间和方式缴付出资额，是否已经注册会计师验证。若已验资，应审阅验资报告。

（6）检查实收资本（股本）增减变动的原因。查阅其是否与董事会纪要、补充合同、协议及其他有关法律性文件的规定一致，逐笔追查至原始凭证，检查其会计处理是否正确。注意有无抽资或变相抽资的情况，如果有，应取证核实，作恰当处理。对首次接受委托的客户，除取得验资报告外，还应检查并复印记账凭证及进账单。

①对于股份有限公司，应检查股票收回的交易活动。检查的内容包括已发行股票的登记簿、收回的股票、银行对账单、会计账面记录等。

②以发放股票股利增资的，检查股东（大）会决议，检查相关增资手续是否办理，会计处理是否正确。

③对于以资本公积、盈余公积和未分配利润转增资本的，应取得股东（大）会等会议资料，并审核是否符合国家有关规定，会计处理是否正确。

④以权益结算的股份支付行权时增资的，取得相关资料，检查是否符合相关规定，会计处理是否正确。

⑤以回购股票以及其他法定程序报经批准减资的，检查股东（大）会决议以及相关的法律文件，检查相关减资程序是否按规定办理，会计处理是否正确。

⑥中外合作经营企业在合作期间归还投资的，收集与已归还投资变动有关的公司章程、合同、董事会会议纪要、政府部门的批准文件等资料，查明其是否合规、合法，并更新永久性档案，并对已归还投资的发生额逐项审计至原始凭证，检查应用的折算汇率和会计处理是否符合相关规定。

（7）根据证券登记公司提供的股东名录，检查被审计单位及其子公司、合营企业与联营企业是否有违反规定的持股情况。

(8) 检查认股权证及其有关交易，确定委托人及认股人是否遵守认股合约或认股权证中的有关规定。

(9) 根据评估的舞弊风险等因素增加的审计程序。

(10) 检查实收资本（股本）是否已按照企业会计谁则的规定在财务报表中作出恰当列报。

2. 资本公积的实质性程序。

(1) 获取或编制资本公积明细表，复核加计是否正确，并与报表数、总账数和明细账合计数核对是否相符。

(2) 首次接受委托的单位，应对期初的资本公积进行追溯查验，检查原始发生的依据是否充分。

(3) 收集与资本公积变动有关的股东（大）会决议、董事会会议纪要、资产评估报告等文件资料，更新永久性档案。

(4) 根据资本公积明细账，对“资本（股本）溢价”的发生额逐项审查至原始凭证。

①对股本溢价，应取得董事会会议纪要、股东（大）会决议、有关合同、政府批文，追查至银行收款等原始凭证，结合相关科目的审计，检查会计处理是否正确，注意发行股票溢价收入的计算是否已扣除股票发行费用。

②对资本公积转增资本的，应取得股东（大）会决议、董事会会议纪要、有关批文等，检查资本公积转增资本是否符合有关规定，会计处理是否正确。

③若有同一控制下企业合并，应结合“长期股权投资”科目，检查被审计单位（合并方）取得的被合并方所有者权益账面价值的份额与支付的合并对价账面价值的差额计算是否正确，是否依次调整本科目、盈余公积和未分配利润。

④股份有限公司回购本公司股票进行减资的，检查其是否按注销的股票面值总额和所注销的库存股的账面余额，冲减资本公积。

⑤检查与发行权益性证券直接相关的手续费、佣金等交易费用的会计处理是否正确，是否将与发行权益性证券间接相关的手续费记入本账户，若有，判断是否需要被审计单位进行调整。

(5) 根据资本公积明细账，对“其他资本公积”的发生额逐项审查至原始凭证。

①检查以权益法核算的被投资单位除净损益以外所有者权益的变动，被审计单位是否已按其享有的份额入账，会计处理是否正确；处置该项投资时，是否已转销与其相关的资本公积。

②检查以权益结算的股份支付，取得相关资料，检查在权益工具授予日和行权日的会计处理是否正确。

(6) 检查资本公积各项目，考虑对所得税的影响。

(7) 记录资本公积中不能转增资本的项目。

（8）根据评估的舞弊风险等因素增加的审计程序。

（9）检查资本公积是否已按照企业会计准则的规定在财务报表中作出恰当列报。

3. 盈余公积的实质性程序。

（1）获取或编制盈余公积明细表，复核加计是否正确，并与报表数、总账数及明细账合计数核对是否相符。

（2）收集与盈余公积变动有关的董事会会议纪要、股东（大）会决议以及政府主管部门、财政部门批复等文件资料，进行审阅以确定其合法性。

（3）法定盈余公积和任意盈余公积的发生额逐项审查至原始凭证以确定其计提金额是否正确、会计处理是否恰当。

（4）检查余公积是否已按照企业会计准则的规定在财务报表中作出恰当列报。

4. 未分配利润的实质性程序。

（1）获取或编制利润分配明细表，复核加计是否正确，与报表数、总账数及明细账合计数核对是否相符。

（2）将未分配利润年初数与上年审定数核对是否相符，检查涉及损益的上年审计调整是否正确入账。

（3）检查董事会会议纪要、股东（大）会决议、利润分配方案等资料，确认利润分配方案实施的合法性。

（4）检查未分配利润变动的相关凭证，确定未分配利润的增减变动金额及会计处理是否正确。

（5）检查未分配利润是否已按照企业会计准则的规定在财务报表中作出恰当列报。

5. 应付股利的实质性程序。

（1）获取或编制应付股利明细表，复核加计是否正确，并与报表数、总账数及明细账合计数核对是否相符。

（2）审阅公司章程、股东（大）会和董事会会议纪要中有关股利支付的规定，了解股利分配标谁和发放方式是否符合有关规定并经法定程序批准。

（3）检查应付股利的计提是否依据董事会或股东（大）会决定的利润分配方案，是否从税后可供分配利润中计算确定，并复核应付股利计算和会计处理的正确性。

（4）检查股利支付的原始凭证的内容、金额和会计处理是否正确；检查现金股利是否按公告规定的时间、金额予以发放。

（5）向主要股东函证，以确定未支付股利的真实性和完整性。

（6）检查董事会或类似机构通过的利润分配方案中拟分配的现金股利或利润，是否按规定已作账务处理，并已在报表附注中进行了披露。

（7）根据评估的舞弊风险等因素增加的审计程序。

（8）检查应付股利的列报是否恰当：按主要投资者列示欠付的应付股利金额并说明原因。

二、案例资料

案例一　华泰公司负债筹资审计案例

（一）案例背景

亚新会计师事务所接受华泰公司的委托，于2021年1月4日至3月5日审计其2020年度财务报表及其附注，其中的筹资与投资项目审计由注册会计师张军、王明、刘珊负责。华泰公司为2010年于深交所挂牌的上市公司，其主营业务为以水务为核心的基础设施产业，并逐步发展成为主营业务突出、品牌知名度较高、综合实力较强的城市综合性企业。且华泰公司拥有自主智能终端生产基地，总投资逾10亿元、占地面积500亩，一期、二期工程已经竣工投产，产能达400万台/年，整个工业园全部建成投产后，产能将达到800万台/年。

华泰公司在董事会下设有审计委员会，在总经理下设有审计部，审计委员会和审计部在业务上是指导与被指导的关系。注册会计师的审计工作得到了公司内部审计的协助。根据审计计划，审计人员刘珊负责负债融资的审计测试与取证工作。

（二）案例内容与审计过程

1. 负债筹资业务的特点和审计目标。

筹资交易（包括负债筹资和权益筹资）通常与企业的发展战略相关，且每笔交易金额较大，需要符合相关法律法规的规定，因此会对企业的长期经营活动或持续能力产生很大的影响。

负债筹资业务涉及的主要业务活动资料如下：

（1）公司债券，即公司依据法定程序发行、约定在一定期限内还本付息的有价证券。

（2）债券契约，即载明债券持有人与发行企业双方所拥有的权利与义务的法律性文件。其内容一般包括：债券发行的标准；债券的明确表述；利息或利息率；受托管理人证书；登记和背书；如为抵押债券，其所担保的财产；债券发生拖欠情况如何处理；对偿债基金、利息支付、本金返还等的处理。

（3）公司债券存根簿。记名债券应记载的内容一般包括：债券持有人的姓名或者名称及住所；债券持有人取得债券的日期及债券的编号；债券总额、债券的票面金额、债券的利率、债券还本付息的期限和方式；债券的发行日期。发行无记名债券的应当在公司的债券存根簿上记载债券总额、利率、偿还期限和方式、发行日期和债券编号。

(4) 承销或包销协议。公司向社会公开发行债券时，应当由依法设立的证券经营机构承销或包销，公司应与其签订承销或包销协议。

(5) 借款合同或协议，即公司向银行或其他金融机构借入款项时与其签订的合同或协议。

负债筹资业务审计的主要内容包括短期借款、长期借款和应付债券。

负债筹资业务的审计目标包括：确定被审计单位在特定期间内发生的负债筹资业务是否均已记录完毕，有无遗漏；确认被审计单位所记录的负债筹资业务在特定的期间是否确实存在，是否为被审计单位所承担；确定所有负债筹资业务的借入、偿还及计息和付息的会计处理是否正确；确定各项负债筹资业务的发生是否符合有关法律法规的规定，被审计单位是否履行了有关债务契约的规定；确认被审计单位负债筹资业务的余额在财务报表中的反映是否恰当。

2. 对负债筹资环节进行风险评估和控制测试。

根据对负债筹资业务内部控制的了解和评价，注册会计师需要识别负债筹资业务内部控制的关键控制点，并根据具体审计计划拟订的针对评估的重大错报风险实施的程序，对拟信赖的设计有效并被执行的关键控制点进行控制测试。

审计人员刘珊通过调查表等方法，对华泰公司负债筹资的内部控制进行了调查了解，内部控制调查表如表5-2所示。

表5-2　　内部控制调查表

被审计单位名称：华泰公司　　编制：刘珊　日期：2021年1月12日　索引号：FZKZ-2

会计期间：2020年1月1日—12月31日　复核：张军　日期：2021年1月12日　页次：1/1

控制测试目标	测试结果			备注
	是	否	不适合	
1. 是否编制借款计划？	√			
2. 借款申请是否经董事会批准？	√			
3. 是否签订借款合同？	√			
4. 是否对借款的批准人、经办人、会计记录人进行分工控制？	√			
5. 是否按计划使用借款？			√	
6. 企业债券发行是否经过批准？	√			
7. 企业债券是否指定专人保管？	√			
8. 企业发行债券是否签订债券契约？	√			
9. 各项借款和应付债券的入账是否在取得和审核各种必要的凭证以后进行？	√			

续表

控制测试目标	测试结果			备注
	是	否	不适合	
10. 统驭账户和明细账的设置是否健全?	√			
11. 抵押担保是否获得授权批准?	√			
结论： 1. 经内部控制调查表和简易测试后，认为负债筹资业务内部控制的可信赖程度为： 高（ ）　中（√）　低（ ） 2. 该循环是否需进一步进行控制测试： 是（√）　否（ ）				

审计人员了解到，华泰公司已经制定了相关的政策和程序以保持适当的职责分工，主要包括负债筹资方案的制定与决策、合同或协议的审批与订立、与负债筹资有关的各种款项偿付的审批与执行、负债筹资业务的执行与相关会计记录等职务相分离；各相关部门之间相互牵制并在其授权范围内履行职责，同一部门或个人不得处理负债筹资业务的全过程。华泰公司现行的负债筹资政策和程序经董事会批准，如需对该项政策和程序作出任何修改，均应经董事会批准后方能执行。这些政策和程序较合理，本年度这些政策和程序没有发生变化。

根据了解的业务活动及控制设计并评估其执行情况所获取的审计证据，审计人员刘珊实施了进一步的审计程序，即控制测试和实质性程序。测试负债筹资控制运行有效性的工作包括：针对了解的华泰公司负债筹资的控制活动，确定拟进行测试的控制活动；测试控制运行的有效性，记录测试过程和结论；根据测试结论，确定对实质性程序的性质、时间和范围的影响。测试负债筹资内部控制有效性的工作形成了下列审计工作底稿：控制测试汇总表、控制测试程序及控制测试过程。其中，负债筹资业务内部控制执行有效性汇总评价表如表 5－3 所示。

表 5－3　负债筹资业务内部控制执行有效性汇总评价表

被审计单位名称：华泰公司　　编制：刘珊　日期：2021 年 1 月 12 日　索引号：FZKZ－2
会计期间：2020 年 1 月 1 日—12 月 31 日　复核：张军　日期：2021 年 1 月 12 日　页次：1/1

内部控制风险评价标准
重要提示： 如出现下列情况，应将控制风险评估为高水平： 1. 既定内部控制制度在不同的时间点或不同的业务单元和公司层面未被一贯执行； 2. 例外事项的控制点未被一贯执行； 3. 有证据表明存在管理层凌驾于内部控制之上的情况。
对内部控制制度执行有效性的评价
评价对象： 检查表（√）；询问记录（√）；观察记录（√）

续表

对内部控制制度执行有效性的评价	
评价： 通过询问华泰公司的保管人员、会计人员和业务主管等，了解负债筹资业务的主要控制制度被执行得比较有效；检查负债筹资业务关键控制点生成的有关文件和记录，记录真实。	
评价结论类型	结论（在选项前划“√”）
内部控制可信赖	√
内部控制不可信赖	注：确定实质性测试方案或确定报告意见类型
部分内部控制可信赖	注：需要详细描述并确定实质性测试方案

根据有关的控制测试结果，刘珊认为华泰公司负债筹资的内部控制有的方面是健全有效的，而有的方面还存在缺陷。华泰公司负债筹资内部控制比较健全有效的方面有：负债筹资的申请、批准、经办、记录等工作由不同的职员来进行，有利于保持筹资环节中的内部控制得到有效实施，防止错误和欺诈行为的发生；各项借款和应付债券的入账是在取得和审核各种必要的凭证以后进行的；统驭账户和明细账的设置比较健全。负债筹资内部控制存在的问题主要是：虽然编制了借款计划，但是没有按计划使用借款；此外，华泰公司虚设技改项目，从银行套取现金用于投资，违反长期借款合同的约定。

综合上述情况，项目组认为，华泰公司负债筹资环节存在一定的重大错报风险。

3. 对负债筹资环节实施实质性程序。

实质性分析程序包括与上年度或预算的比较、比率分析、财务与非财务信息的比较等，是在注册会计师对企业业务进行了解的基础上实施的。当对权益和借款交易与余额执行实质性分析程序时，这些步骤为：

（1）建立预测或预期。主要采用资本绩效和财务管理有关的比率。资本绩效和财务管理比率可能在行业基础上并不具有可比性，但对企业不同时间内经营业绩的比较可能是更好的办法。

（2）计算真实数据与预期之间的差异。计算差异包括各种比率的计算，包括管理层用来监控企业的关键业绩指标。将计算结果与上期结果、预算数以及与客户的历史记录相比较。对管理层所使用关键业绩指标的计算，以及对发现问题时相关纠正措施的询问程序，可以提供管理层监控程序运行是否有效的证据。管理层使用的关键业绩指标可能包括：①资本绩效，如股东权益回报率、每股收益、市盈率、资本税前收益、税后收益留存率等；②财务管理，如平均利率（包括税前和税后）、总资本利息率和股利率、财务杠杆等。

(3) 调查重大差异并运用判断。注册会计师应当根据前述预期值来进行比率分析。任何未预期的波动都应当与管理层进行讨论，并在必要时进一步调查。

(4) 确定重大差异或临界值。注册会计师应当通过询问程序确定管理层用来作为关键业绩指标的比率或基准数据是否表明存在重大错报风险，并考虑影响盈利能力、现金流量、业务持续性和管理层监控程序的趋势。

(5) 记录得出结论的基础。注册会计师应当就所收集到的审计证据能否支持所选择的认定或审计目标得出结论。

注册会计师对筹资交易实施的细节测试，主要包括就权益和长期借款的发生、完整性、准确性、截止和分类认定获取审计证据。在期末，注册会计师应当主要就账户余额的存在性、权利和义务、完整性、计价和分摊认定，以及权益和长期借款以账面价值列报与披露的情况获取审计证据。

借款是企业承担的一项经济义务，是企业的负债项目，包括短期借款、长期借款和应付债券。在一般情况下，被审计单位不会高估负债，因为这样于自身不利，且难以与债权人的会计记录相互印证。为了正确反映企业的财务状况和经营成果，必须将企业的负债完整地列示在资产负债表中，并正确地予以计价。注册会计师对于负债项目的审计，主要是防止企业低估债务。低估债务经常伴随着低估成本费用，从而高估利润的目的。因此，低估债务不仅影响财务状况的反映，而且还会极大地影响企业经营成果的反映。所以注册会计师在执行借款业务审计时，应将被审计单位是否低估借款作为一个关注的要点。

所有者权益，是企业投资者对企业净资产的所有权，包括投资者对企业的投入资本以及企业存续过程中形成的资本公积、盈余公积和未分配利润。根据资产负债表的平衡原理，所有者权益在数量上等于企业的全部资产减去全部负债后的余额，即企业净资产数额。如果注册会计师能够对企业的资产和负债进行充分的审计，证明两者的期初余额、期末余额和本期变动都是正确的，这便从侧面为所有者权益的期末余额和本期变动的正确性提供了有力的证据。同时，由于所有者权益增减变动的业务较少、金额较大的特点，注册会计师在审计了企业的资产和负债之后，往往只花费相对较少的时间对所有者权益进行审计。尽管如此，在审计过程中，对所有者权益进行单独审计仍是十分必要的。

根据上述情况，审计人员对华泰公司负债筹资业务实施了相应的实质性程序。编制了短期借款项目的细节测试表（见表5-4）并对给予华泰公司贷款的齐州市中国银行发出了询证函，齐州市中国银行在规定的时间内给予了答复。询证函的内容见表5-5。

表 5－4　　短期借款细节测试表

被审计单位名称：华泰公司　　编制：刘珊　日期：2021 年 1 月 13 日　索引号：DQJK－2

会计期间：2020 年 1 月 1 日—12 月 31 日　复核：张军　日期：2021 年 1 月 13 日　页次：1/1

项目	未审金额（元）	凭证号	检查核对记录				调整金额（元）	审定金额（元）
			1	2	3	4		
1. 期初余额	163 000 000		√	√	√	√	0	163 000 000
2. 本期借入	1 000 000	22	√	√	√	√	0	1 000 000
3. 本期归还	1 030 000	31	√	√	√	√	－30 000	1 000 000
4. 期末余额	162 970 000		√	√	√	√	＋30 000	163 000 000
5. 逾期情况	163 000 000		√	√	√	√	0	163 000 000
6. 利息支付情况	30 000	31	√	√	√	√	0	30 000
7. 担保、抵押情况	有担保		√	√	√	√		
检查、核对提示： 1. 与借款合同核对相符； 2. 与贷款信息核对相符； 3. 与函证结果核对相符； 4. 与银行入账、支出凭证核对相符。			审计说明及结论： 经核对借款合同、贷款信息等，除了企业将被偿还的借款利息 30 000 元误记成偿还借款本金外，借款程序合法，手续完备。经调整利息处理后，余额可以确认。					

表 5－5　　银行询证函

银询函编号：01

日期：2021 年 1 月 13 日

齐州市中国银行：

本公司聘请的亚新会计师事务所正在对本公司 2020 年度（或期间）的财务报表进行审计，按照《中国注册会计师审计准则》的要求，应当询证本公司与贵行的存款、借款往来等事项。下列数据出自本公司账簿记录，如与贵行记录相符，请在本函“结论”部分签字和签章或签发电子签名；如有不符，请在本函“结论”部分列明不符项目及具体内容，并签字和签章或签发电子签名。有关询证费用可直接从本公司存款账户中收取。回函请直接寄至亚新会计师事务所。

地址：新兴市新华路 112 号　　邮政编码：123456

电话：略　　传真：略

截至 2020 年 12 月 31 日，本公司在贵行的银行存款（借款）账户余额列示如下：

1. 银行存款

账户名称	账号	币种	利率	存款余额（元）	备注
华泰公司	809000123	人民币	0.5%	195 000 000	

2. 银行借款

借款日	到期日	币种	借款本金（元）	利率	已还金额（元）	未还金额（元）	借款条件
2019 年 12 月 31 日	2020 年 8 月 1 日	人民币	163 000 000	4.5%	0	163 000 000	担保
2020 年 2 月 1 日	2020 年 8 月 1 日	人民币	100 000	4.5%	100 000	0	担保
2020 年 1 月 1 日	2021 年 1 月 1 日	人民币	1000 000	4.5%	0	1 000 000	抵押

3. 为其他单位借款提供担保和抵押物

事项说明

公司签章：华泰公司

日期：2021 年 1 月 12 日

结论：2020 年到期的 163 000 000 元尚未归还，数据不符，请列明不符金额。

其余数据证明无误。

日期：2021 年 1 月 20 日

银行签章：齐州市中国银行

（1）经审查，由于华泰公司生产 A－130 产品的原料需要从国外进口，2020 年发生一笔外币短期借款业务：10 月 20 日，华泰公司以 1 美元兑换 8.3 元人民币的市场汇率从 M 银行借入美元 10 万元，作了借记“银行存款 83 万元”、贷记“短期借款 83 万元”的会计记录。年末，美元对人民币的市场汇率上升为 1∶8.4，华泰公司编制会计报表时，短期借款项目的金额仍为 83 万元。经查，华泰公司为简化处理，减少差错的发生，财务部门发生外币短期借款业务及期末编制会计报表时均按发生当时的市场汇率折算，折算差额计入财务费用。

按照会计制度规定，华泰公司在发生外币短期借款业务时按当时的市场汇率折算是恰当的，但在编制会计报表时应按期末市场汇率 1∶8.4 折算。企业在期末仍按当时的市场汇率 1∶8.3 进行折算，违反了财务制度的规定。应建议华泰公司作以下调整：

借：银行存款　　　　10 000

　贷：短期借款　　　　10 000

（2）华泰公司为新建加工车间，于 2019 年 1 月初从华夏银行借入年利率为 6%、期限为 2 年的长期借款 1 000 万元。该车间自 2019 年 7 月 1 日开工建设，于 2020 年 6 月 30 日交付使用，但至 2020 年 12 月 31 日仍未办理竣工决算。华泰公司以该项建筑工程尚未转入固定资产为由，未对新建车间计提折旧，并将 2020 年度发生的 60 万元借款费用计入在建工程。

针对上述情况，华泰公司的会计处理有两处不符合会计制度规定：

一是将 2020 年发生的借款费用 60 万元全部计入在建工程，应建议华泰公司将 7 月 1 日至 12 月 31 日之间的借款费用从在建工程冲回，计入财务费用科目。

借：财务费用　　　　300 000

贷：在建工程　　　　　　　　　　　　30 000

二是未将已投入使用的新建车间转入固定资产。按照会计制度规定，在建工程在交付使用时应按暂估价转入固定资产，并到期末为止计提半年折旧，待竣工结算后按决算价值进行适当调整。为此应建议华泰公司作如下会计调整：

借：固定资产　　　　　　　　×××

贷：在建工程　　　　　　　　×××

借：制造费用　　　　　　　　×××

贷：累计折旧　　　　　　　　×××

(3) 经审查，截至2020年年底，华泰公司总资产达425亿元，净资产112亿元，由于公司主营项目主要涉及房地产、水务、地铁、高速公路等大型项目，且项目之间高度关联，因此华泰公司对资金的需求量非常庞大。从2015年开始，华泰公司对银行借款的依赖性逐渐增强，其各年末借款余额如表5-6所示，2020年3月，华泰公司因经营决策战略失误，部分项目投资回报率低于预期，回款期限拉长，但同时，由于部分银行借款即将到期，导致华泰公司还款压力增大。

表5-6　　　　单位：亿元

年度	2015	2016	2017	2018	2019	2020
金额	121	154	176	193	215	233

根据表5-6，截至2020年末，华泰公司425亿元的总资产中，有233亿元的资金来自银行信贷，占比达到50%，且公司资产负债率为73.65%，对比同行业上市公司，华泰公司的负债程度相对较高。高负债比对企业经营决策以及资本利润率提出更高的要求，在企业进行借入资本决策时，企业应当审时度势，全面考虑，充分估计预期的利润和增加的风险，权衡利害得失，作出正确的分析和决策。

同时还发现，根据供应商合作框架协议约定，华泰公司与供应商约定的信用期最长为6个月，但是华泰公司为满足对外投资需求，故意延长信用期，长期拖欠供应商货款。2020年1月，华泰公司管理层表示，2018年和2019年华泰公司的营销费用和投资费用投入超限，其中营销费用达60亿元，近三年对外投资费用达30多亿元，两项费用接近100亿元，对华泰公司资金链造成很大影响，导致货款周转困难，在拖欠货款后被供货商申请资产保全。供应商融资，既是一种融资方式，也是一种直接增加财务收益的商业模式。然而高收益必然伴随着高风险，运营供应商融资的企业，也存在潜在的财务风险，其中最突出的是供应商挤兑风险。因此，在不断运用供应商融资的同时如何有效地降低风险，同时达到供应链条上的共赢，是企业最为关注的问题。

（三）案例分析

负债筹资是融资的重要形式之一，本案例反映了负债筹资核算过程中的问题及其审计过程。通过学习本案例，学生可以了解负债筹资业务中的风险评估、内部控制的关键点及其测试过程，明确该业务核算中常见的主要会计舞弊形式，掌握其主要审核程序与方法，以及审计调整的过程及结果。可以明确以下问题。

1. 合理使用所筹资金，不能随意改变资金投向。

企业所筹资金到位后，筹资活动并没有结束。为了实现筹资的目的，企业应对资金运作的全过程进行有效控制和监督。因此，资金到位后，有关人员必须审慎、合理地使用资金，不能随意改变资金投向。在本案例中，华泰公司不履行借款合同，擅自改变借款用途，使借款合同的条款难以落实。值得注意的是，这种现象在很多贷款企业中并不少见，应引起审计人员的特别关注。

2. 正确计算与核算利息费用。

通过贷款和债券筹资，是目前企业筹资的主要方式。根据借款费用准则的规定，借款费用确认的基本原则是：企业发生的借款费用，可直接归属于符合资本化条件的购建或者生产的，应当予以资本化，记入相关资产成本；其他借款费用，应当在发生时根据其发生额确认为费用，记入当期损益。借款费用必须同时满足3个条件，即资产支出已经发生、借款费用已经发生、为使资产达到预定可使用或者可销售状态所必要的购建或者生产活动已经开始。购建或者生产符合资本化条件的资产达到预定可使用或者可销售状态时，借款费用应当停止资本化。对此，审计人员应审阅、核对“长期借款”“固定资产”“在建工程”“财务费用”等账户和相应的会计凭证等会计资料，以查明问题。在本案例中，将60万元借款费用计入在建工程的会计处理是违反准则规定的，因为经查验该工程已交付使用。因此，华泰公司必须作出相应调整。此外，若公司的债券是溢价发行的，实际收到的款项与面值的差额应记入“利息调整”明细科目，利息调整的金额应在债券存续期间内采用实际利率法进行摊销。

3. 特别关注其他违规问题。

企业在负债筹资核算时，可能出现的其他违规问题主要有：混淆长期借款和短期借款的界限，使科目分类和报表反映数据不正确；记名债券债权人登记簿记载不完整、不及时，保管不善，与会计记录不符；未经批准擅自扩大或变相扩大公司债券发行规模；擅自改变全部或部分债券筹资的用途；由于资金使用不当，造成资金呆滞，造成到期无法兑付本息；筹资决策失误，造成效率低下，甚至亏损；向证券管理机构和人民银行呈报虚假材料，募集债券时向社会公众和投资法人公布虚假的债券发行简章；会计账务处理时计价、核算和会计报告反映不真实、不合规或不合理。

案例二　达能公司权益筹资审计案例

（一）案例背景

北方会计师事务所派出了以赵新为组长及以李欣、张红、刘丽为组员的项目组，于2021年2月12至3月8日对达能股份有限公司2020年度的会计报表进行审计。达能股份有限公司（以下简称“达能公司”）属纺织工业化学纤维行业，其主营业务范围是聚酯切片及化纤、纺织原料及成品的生产及销售等。本报告期内达能公司紧紧围绕经济效益这一中心，内抓管理，外拓市场，生产经营状况良好，全年完成主营业务收入51 586.5万元，同比增长25.89%；主营业务利润12 631.7万元，同比增长0.37%。企业增长稳定，产品质量优良，产销两旺。

根据审计计划，审计人员李欣负责权益筹资的审计测试与取证工作。

（二）案例内容与审计过程

1. 权益筹资业务特点及审计目标。

权益筹资业务是企业为满足生存和发展的需要，通过改变资本规模而融通资金的活动。权益筹资涉及的主要业务活动如下：

（1）审批授权。企业发行股票必须按国家有关法规和企业章程的规定，由企业董事会批准和中国证券监督管理委员会核准。

（2）签订合同或协议。向社会募集股本要与证券机构签订承销协议。

（3）获得资金。签订合同或协议后，企业可以在规定的期限内或按照规定的程序实际取得股票的融入资金，用于企业的生产或经营。

（4）计算应付股利。企业应根据董事会批准、股东大会通过的股利分配方案，按有关合同或协议的规定计算应付股东的股利，这有利于企业对资金获得成本进行计量与控制。

（5）发放股利。对于融入的股本，应根据股东大会的决定及时发放股利。

企业权益筹资是企业所有者投入的资本，通常表现为实收资本或股本，权益筹资主要是企业按照章程、合同和投资协议的规定向所有者募集的资本。与其他业务相比，权益筹资业务不常发生变化，只有在公司设立、增资扩股和减资时发生变化。

权益筹资业务的审计目标主要包括：确定权益筹资的形成是否合法；确定权益筹资的增减变动是否真实；确定权益筹资业务的会计记录是否完整；确定权益筹资在财务报表中的披露是否恰当。

2. 对权益筹资环节进行风险评估和控制测试。

审计人员了解到，达能公司权益筹资的主要方式是实收资本，相关文件记录完整，通过调查表等方法，对达能公司权益筹资的内部控制进行了调查了解，内部控制调查表如表 5－7 所示。

表 5－7　　权益筹资业务内部控制调查表

检查过程记录	调查结果				备注
	是	否		不适用	
		较轻	较重		
1. 取得公司章程、股东（大）会、董事会会议记录、收集有关的董事会会议纪要、合同、协议、公司章程及营业执照，公司设立批文、验资报告等法律性文件，查明股本（实收资本）的构成是否合规，金额是否正确。	√				
2. 取得股东大会纪要、董事会会议记录等，查明企业是否根据契约的规定合法支付股利。	√				
3. 检查企业年内发行股票的收款凭证和银行对账单，企业将股票发行收入是否立即存入银行，股票入账的会计处理是否正确合规。	√				
4. 检查 1～10 月账簿记录，确定企业股票股利的会计处理是否正确。	√				
5. 索取股利分配的法律性文件，验明股利计算及分配是否合法、正确。	√				
6. 检查权益筹资业务的会计记录，按原始凭证到明细账、总账的顺序核对有关数据和情况，判断其会计处理过程是否合规、完整。	√				
7. 权益性融资事项的审批人员、经办人员、记账人员等的职责权限是否明确。			√		
8. 提取法定盈余公积或任意盈余公积是否符合规定。	√				
结论： 权益筹资业务的内部控制基本合理，执行基本良好，但权益筹资事项的审批人员、经办人员、记账人员等的职责权限还不够明确。					

李欣认为，筹资活动是一个综合性的系统活动。为了保证其合法性和效益性，企业需要通过分工实现相互制约。会计机构和会计人员应通过自身的活动，关注或监督整个筹资活动是否存在业务分工。通常，在一个企业中，筹资业务的职责可作如下划分：主管财务的副总裁提出筹资方案，交由董事

会批准，并负责全部筹资活动；财会部门具体实施方案，并负责会计记录。但达能公司的实际情况是，权益性融资事项的审批人员、经办人员、记账人员等的职责权限不明确，授权、批准、决策、执行等程序不明确，没有做到相互分离、相互制约。审计人员决定与管理层及治理层进行沟通，并建议达能公司完善有关控制程序。

综合上述情况，项目组认为，达能公司权益筹资环节存在重大错报风险但不突出。

3. 对权益筹资环节实施实质性程序。

根据上述情况，李欣对与权益性融资有关的主要报表项目实施了实质性程序。审阅“实收资本”账户，审查无形资产投资占企业注册资金比例，审查受捐赠财产的账务处理情况，审查盈余公积形成问题。

在审计中，注册会计师发现如下情况：

（1）2020 年 10 月 20 日的第 60 号凭证分录为：借记“银行存款”5 000 元，贷记“营业外收入”5 000 元。如表 5－8 所示，其摘要为接受捐赠 5 000 元，所附原始凭证是捐赠协议和银行存款回执。

表 5－8　　资本公积审计工作底稿

被审计单位名称：达能公司　　编制：李欣　　日期：2021 年 2 月 18 日　　索引号：I3－1

审计项目：资本公积　　复核：张军　　日期：2021 年 1 月 13 日　　页次：1/1

截止日：2020 年 12 月 31 日

审计说明及调整分录	经审查，2020 年 10 月 20 日的第 60 号凭证分录为：借记“银行存款”5 000 元，贷记“营业外收入”5 000 元。其摘要为接受捐赠 5 000 元，所附原始凭证是捐赠协议和银行存款回执，证明确为捐赠。会计人员把应作为资本公积的捐赠未列入“资本公积”账户，使利润虚增。达能公司应做如下调整： 借：营业外收入　　5 000 　　贷：资本公积　　5 000
审计结论：调整后资本公积金额可以确认	

（2）李欣审阅达能公司“盈余公积”总账下“一般盈余公积”明细账时，发现贷方一处记录摘要内容为“收到股利收入”金额 200 000 元，调阅该笔记账凭证，记账凭证显示的会计分录为：

借：银行存款　　200 000

　　贷：盈余公积　　20 000

所附原始凭证为银行通知单，显示对方付款理由为“年底分派股息”，再查阅该公司“对外投资”账户，证实确有对外长期股权投资。

注册会计师一般应实施以下审计程序对盈余公积进行审计：获取或编制盈余公积明细表，复核加计是否正确，并与报表数、总账数及明细账合计数核对是否相符；收集与盈余公积变动有关的董事会会议纪要、股东（大）会决议以及政府主管部门、财政部门批复等文件资料，进行审阅，并更新永久性档案；对法定盈余公积和任意盈余公积的发生额逐项审查至原始凭证，包括：审查法定盈余公积和任意盈余公积的计提顺序、计提基数、计提比例是否符合有关规定，会计处理是否正确；审查盈余公积的减少是否符合有关规定，取得董事会会议纪要、股东（大）会决议，予以核实，检查有关会计处理是否正确。

本案例中，所附原始凭证为银行通知单，显示对方付款理由为“年底分派股息”。李欣再查阅该公司“对外投资”账户，查明确有对外长期股权投资。据此，李欣认为达能公司把本应作为投资收益的股利收入错入了盈余公积账。后查明，该公司为了少纳所得税，故意隐瞒收入。经向会计人员询问，会计人员说明此行为出自公司经理的授意。

对此，达能公司应作审计调整如下：

借：盈余公积　　200 000

　　贷：投资收益　　200 000

（3）2020 年公司新增两笔售后回租融资租赁业务，第一笔融资 4 亿元，其会计核算和以前年度同类业务一样，分出售和租回两步进行账务处理，合同约定起租日资产转移至提供资金方，公司每期支付租金，租赁期满支付最后一笔租金后，出租房（提供资金方）以名义金额 1 元将资产转让至达能公司；本年新增的第二笔融资租赁金额 2 亿元（2 年期）比较特殊，与上述业务存在如下不同：合同约定租赁期内达能公司按照年利率 6% 支付利息，待租赁期满时归还租赁成本 2 亿元和最后一笔利息。

达能公司对第二笔融资租赁业务的会计核算和列报：将对应的固定资产、折旧、累计折旧从自有资产重分类到融资租入资产等项目核算，同时在长期应付款核算原始融入资金（租赁成本）2 亿元，因其租赁期内仅支付利息，所以不确认未确认融资费用，按照合同约定的计息方式支付租金。

参照《国际会计准则第 17 号——租赁》第 60 段对构成融资租赁的售后回租交易的经济实质的分析：“如果售后回租构成融资租赁，则该交易是出租人向承租人提供融资的一种方式，并以该资产作为融资的担保物”。

根据对此类交易经济实质的上述分析，实务中对该类交易还有另一种可使用的会计处理方法：即不在账面上体现标的资产的出售及其相关的递延收益，而是把所获得的融资作为一项担保借款列报（但在“长期应付款”科目中列报），以后年度支付的租金和留购价款视作还本付息，按照实际利率法以摊余成本对该长期应付款进行后续计量，确认利息支出。该种处理方法与租赁准则及其讲解中介绍的处理方法相比，对租赁期内各年度以及租赁期结束后的净资产、净利润均无影响，唯一的区别就是在建工程和递延收益两个科目的同增同减。同时，这种方法的会计处理不要求确定出售总价，只是把实际获取的融资确认为负债，对于那些在售后回租合同签订时尚无法确定总价的售后回租业务而言有更好的适用性。

从审计角度，重点关注售后回租融资租赁合同约定内容及经济实质，由此判断企业选择的账务处理方式是否符合《企业会计准则》要求，并在同一会计期间的同一份财务报表中，对性质类似的交易（售后回租构成融资租赁）采用的核算和列报方式是否具有一贯性。

因此，针对上述情况，达能公司可以按以下两种方法之一进行核算：

（1）对本年新增的第二笔融资租赁业务，也采用与以前原有的售后回租构成融资租赁的交易相一致的方式进行确认、计量和列报；

（2）对售后回租构成融资租赁的交易的会计处理政策进行变更，将全部此类交易所采用的会计处理方式均变更为“抵押借款模式”，相应地，按照《企业会计准则第28号——会计政策、会计估计变更和差错更正》对企业自主变更会计政策的相关衔接和披露要求，应相应追溯调整财务报表中的前期比较数据。

对于该租赁事项的附注披露，按照《企业会计准则第21号——租赁》中适用于融资租赁承租人的披露规定，在财务报表附注中披露与该售后回租构成融资租赁的交易相关的信息。

（三）案例分析

本案例将重点研究权益筹资的风险评估及进一步的审计程序，权益筹资核算中主要会计舞弊形式及其审核方法与审计调整，以及权益筹资审计工作所形成的主要审计工作底稿等。通过学习本案例，学生可以了解权益筹资业务中的风险评估、内部控制的关键点及其测试过程，明确该业务所存在的主要会计舞弊形式，掌握其审核程序与方法，以及审计调整的过程和结果。可以明确以下问题：

1. 履行资本保全原则。

我国财务制度明确了资本保全原则，要求企业筹集资本后，在生产经营期间，投资者除转让外，不得以任何方式抽走资本，转让也应依照法定的程序进行。对企业的减资行为，我国有关法律也有明确的规定，如企业准备减资时，应事先告知债权人，若其无异议方可减资；公司减资后的注册资本不得低于法定注册资本的最低限额等。审计人员通过审阅“实收资本”账户发现有转让或减资记录后，应进一步审查有关会计及其他记录，询证有关投资者，验证其出资是否真实与合法。在现实中，投资方抽逃资金的行为时有发生，应引起审计人员的足够重视。

2. 执行无形资产出资的比例规定。

《中华人民共和国公司法》规定，股东可以用货币出资，也可以用实物、知识产权、土地使用权等可以用货币估价并可以依法转让的非货币财产作价出资，但企业不得以国家专项储备的物资以及国家规定不得用于对外投资的其他财产向其他单位投资。

3. 特别关注其他违规问题。

企业进行权益筹资核算易出现的其他违规问题主要有：出资期限超过合同或法律规定的时间界限；增资或减资不符合规定或会计处理不当；将应列入收入类的内容转入“资本公积”科目，虚减利润；入账的资本公积缺乏应有的法律手续，如资产评估资料未经必要的确认程序或评估机构本身不具备资格；资本公积转增资本手续不完备；资本公积明细核算不规范，账务处理不正确；盈余公积的基数或者比例错误；未分配利润的形成有误；利润分配不当，向投资者分配过高，提取法定盈余公积或任意盈余公积不合规定，弥补以前年度亏损不合规等。

三、相关法规和准则

（一）法规

1.《中华人民共和国公司法》。

第一百六十四条 公司应当在每一会计年度终了时编制财务会计报告，并依法经会计师事务所审计。

财务会计报告应当依照法律、行政法规和国务院财政部门的规定制作。

2.《中华人民共和国证券法》。

第四十五条 为股票发行出具审计报告、资产评估报告或者法律意见书等文件的证券服务机构和人员，在该股票承销期内和期满后六个月内，不得买卖该种股票。

除前款规定外，为上市公司出具审计报告、资产评估报告或者法律意见书等文件的证券服务机构和人员，自接受上市公司委托之日起至上述文件公开后五日内，不得买卖该种股票。

3.《中华人民共和国审计法》。

第三十八条 审计人员通过审查会计凭证、会计账簿、会计报表，查阅与审计事项有关的文件、资料，检查现金、实物、有价证券，向有关单位和个人调查等方式进行审计，并取得证明材料。

4.《证券公司监督管理条例》。

（二）会计准则

1.《企业会计准则第 17 号——借款费用》；

2. 《企业会计准则第 21 号——租赁》;
3. 《企业会计准则第 28 号——会计政策、会计估计变更和差错更正》。

(三) 审计准则

1. 《中国注册会计师审计准则第 1602 号——验资》;
2. 《中国注册会计师审计准则第 1312 号——函证》。

本章小结

筹资是企业内相互联系的重要财务行为之一。负债筹资是指企业以已有的自有资金作为基础，为了维系企业的正常营运、扩大经营规模、开创新事业等，产生财务需求，发生现金流量不足，通过银行借款、商业信用和发行债券等形式吸收资金，并运用这笔资金从事生产经营活动，使企业资产不断得到补偿、增值和更新的一种现代企业筹资的经营方式。股权筹资是指以发行股票的方式进行筹资，是企业经济运营活动中一个非常重要的筹资手段。

本章从筹资的风险评估入手，阐述筹资环节的内部控制测试的程序和方法，并在此基础上，阐述筹资业务循环涉及的主要报表项目测试的程序与方法。本章学习的重点是如何针对包括负债的发生、利息的支付、债款的偿还、所有者权益的形成等企业的筹资循环。例如，对于筹资项目，审计人员应获取各项负债明细表、函证负债额，审查负债的增减变动和逾期未办理的负债，复查负债利息和外币负债的折算，审查负债的会计报告反映，审查应付债券溢价、折价摊销的计算与会计处理。在案例学习中，学生应注意结合教学案例，掌握负债筹资、权益筹资主要程序和内容。除了案例的核心内容外，学生还应思考、分析和注重解决实际工作中遇到的其他相关审计问题。

练习与思考

一、名词解释

1. 筹资循环审计
2. 资本保全
3. 风险评估程序
4. 合规性审计
5. 包销协议

二、思考题

1. 简述筹资活动中的关键控制点及其控制措施。
2. 如何识别筹资业务循环中的高风险账户?

3. 权益类账户的内部控制、控制测试及实质性程序有何特点？

4. 注册会计师如何进行短期借款和长期借款的实质性程序？

5. 审计人员李欣审查发现A公司在达能公司注册后不久即有一笔与投资额相等的资金减少额，怀疑实收资本的存在有问题，你认为应如何审查实收资本的真实存在？

三、案例题

1. 注册会计师张三对ABC公司2020年度财务报表进行审计，发现如下事项：

（1）2020年5月22日，ABC公司购入D公司的股票200万股作为可供出售金融资产，每股10元，其中包含已宣告但尚未发放的现金股利每股1元。ABC公司另支付相关费用10万元，会计处理为：

借：可供出售金融资产——成本　　18 100 000
　　应收股利　　2 000 000
　贷：银行存款　　2 010 000

6月30日，每股市价为9.3元，会计处理为：

借：资本公积——其他资本公积　　500 000
　贷：可供出售金融资产——公允价值变动　　500 000

12月31日，ABC公司将上述股票对外出售100万股，每股售价为9.4元，会计处理为：

借：银行存款　　9 400 000
　　资本公积——其他资本公积　　500 000
　贷：可供出售金融资产——成本　　9 050 000
　　　投资收益　　850 000

（2）ABC公司2020年1月31日将采用公允价值模式计量的投资性房地产转为本公司的行政办公楼。该办公楼2019年12月31日的公允价值为2 000万元（成本1 900万元，公允价值变动100万元），2020年1月31日的公允价值为2 070万元。转换日该办公楼的尚可使用年限为15年，采用年限平均法计提折旧，无残值。2020年1月31日，ABC公司会计处理为：

借：固定资产　　20 000 000
　贷：投资性房地产——成本　　19 000 000
　　　　　　　　　——公允价值变动　　1 000 000

2020年末，ABC公司对该项办公楼计提了折旧，会计处理为：

借：管理费用　　1 222 000
　贷：累计折旧　　1 222 000

（3）2020年1月1日，ABC公司经批准按面值发行了15 000万元5年期、债券票面利率为4.2%、到期一次还本付息的公司债券。发行债券所筹集的资金中6 000万元用于建造厂房（2020年底尚未完工），9 000万元用于补充流动资金，会计处理为（未计提2020年度的债券利息）：

借：银行存款　　150 000 000
　贷：应付债券——面值　　150 000 000

要求：

（1）请判断ABC公司对上述事项的会计处理是否正确。

（2）如果不正确，需要进行审计调整的，请列示审计调整分录。要求：依据上述资料，分析注册会计师应该如何作出审计建议及处理。

2. D企业为国内某大型住宅开发企业，经过30年的发展，在国内的业务已覆盖上海、北京、广东、浙江四大区域，并准备进入香港市场。房地产项目开发具有其独特的特点，资金需求量大，周期长，涉及的关联方多。2020年度，D公司逐渐通过保理融资的方式拓展公司融资渠道，实现多元化融资，具体业务模式如下：

（1）D公司与保理服务商合作，通过在上海的保理商整合供应商与银行，由银行切割D公司的授信额度给保理商；

（2）保理商与银行合作，对D公司的供应商做保理融资业务；

（3）保理商主要负责对分散各地的供应商营销、收集资料、与D公司对接确认；

（4）D公司确认后直接向银行发函，保理商将相应的合同、单证、发票等资料整理好提交给银行；

（5）银行见单放款至供应商（过保理商账户），到期D公司直接回款给银行。

通过上述业务模式，D公司实现融资需求，那么站在审计角度，对于D公司保理融资各环节的风险识别和关键控制有哪些？实质性程序设计和执行的重点在哪里？

3. 超市为民生消费行业，受经济波动影响较小，具有行业风险较小的特点，并且客群体量庞大，在经济增长乏力的大环境下，快消品行业依然稳步增长。

超市经营产品主要以快消品为主，“厂商—经销（供应）商—超市”在整个商业链条中呈现“夹心饼干”模式，即厂商与超市处于强势地位，厂商要求款到发货或提前打款提货（计划外），而超市有一定账期，经销商无法快速回笼资金，加上1～1.5个月基础库存，经销商需要垫付大量资金保证货物运转，从而如何保证经销商及时回笼资金，确保流程合理有效运转，就成为厂商、经销（供应）商和超市急需解决的问题。

F超市为国内某大型连锁超市，其产品主要分为四大类型：生鲜及农产品、食品用品、服装、加工产品。为解决上述问题，F超市、供应商以及银行选择采取供应链融资的业务模式：银行在F超市与供应商的贸易环节介入，将银行的现金管理系统与F超市的供应商服务系统对接，授权银行管理其“供应商服务系统”，有效监控目标客群现金流、物流，依托核心客户F超市完善的供应销售流程以及信息管理，并将F超市唯一回款账号锁定在银行，做到信贷风险控制，向其提供流动资金贷款、银行承兑汇票等短期融资。并通过具体风险控制措施把控风险，具体如下：

（1）F超市结合“供应商服务系统”查询的“到库总额”数据与银行结算流水，综合判断年供应量和开票结算依据；

（2）供应商将银行结算账户作为F超市结算回款的唯一账户；

（3）供应商将F超市“供应商服务系统”的用户名及密码交由银行保管，并有权随时查询供应商与F超市交易情况；

（4）借款人法定代表人、实际控制人、主要股东（出资额合计不低于注册资本的51%）的连带责任保证。

通过上述风险控制措施，有效监控企业现金流、物流，从而实现信贷风险控制。针对上述案例，从审计角度出发，在执行实质性测试方式时，具体应该如何设计审计程序，把控审计风险？

▶▶ 第六章 投资业务循环审计

学习内容与目标

本章主要学习投资业务测试流程，包括风险识别和评估、风险应对；涉及投资业务各环节内部控制要点；投资业务内部控制测试要求和关注事项。具体分析了聚安公司的审计案例，通过本章的学习，能够了解投资业务的特点，掌握如何进行投资业务的重大错报风险评估，掌握如何结合实际业务进行投资业务的控制测试和实质性程序。理解、掌握或运用投资业务相关专业知识和职业技能，增强解决审计实务问题的能力。学生应重点掌握投资成本核算合规性审计和权益法运用过程中的问题及其审查过程和方法。

一、理论概述

（一）投资活动管理概述

投资活动是指企业为享有被投资单位分配的利润，或为谋求其他利益，将资产让渡给其他单位而获得另一项资产的活动。投资活动主要由权益性投资交易和债权性投资交易组成。

1. 投资业务循环主要特征。

（1）投资业务交易数量少，每笔交易的金额通常较大，对企业资产负债状况影响较大。

（2）投资业务循环交易必须遵守国家法律、法规和相关协议的规定，如关键控制点措施不到位，会给企业带来较大损失。

（3）投资业务会计处理涉及会计科目较多，所涉及的资产负债表项目主要包括交易性金融资产、可供出售金融资产、持有至到期投资、长期股权投资、投资性房地产等，如产生错报，从而对企业财务报表的公允反映产生较大的影响。

2. 投资所涉及的主要业务活动。

（1）审批授权：投资业务应由企业的高层管理机构进行审批。

（2）取得证券或其他投资。企业可以通过购买股票或债券进行投资，也可以通过与其他单位联合形成投资。

（3）取得投资收益。企业可以取得股权投资的股利收入、债券投资的利息收入和其他投资收益。

（4）转让证券或收回其他投资。企业可以通过转让证券实现投资的收回；其他投资已经投出，除联营合同期满，或由于其他特殊原因联营企业解散外，一般不得抽回投资。

3. 投资业务涉及的主要凭证和会计记录。

（1）债券投资凭证。载明被审计单位持有的与发行企业双方所拥有的权利与义务的法律性文件，其内容一般包括债券发行的标准、债券的明确表述、利息或利率、受托管理人证书、登记和背书。

（2）股票投资凭证。股票投资凭证包括买入凭证和卖出凭证。买入凭证记载股票投资购买业务，包括购买股票数量、被投资企业名称、股票买价、交易成本、购买日期、结算日应付金额合计等内容。卖出凭证记载股票投资卖出业务，包括卖出股票数量、被投资企业名称、股票买价、交易成本、卖出日期、结算日期、结算金额合计等内容。

（3）股票证书。股票证书是载明股东所有权的证据，记录股票所有者持有被投资企业所有股票的数量。如果被投资企业发行了多种类型的股票，也反映股票的类型，如普通股、优先股。

（4）股利收取凭证。被投资企业向所有股东派发股利的文件等凭证，标明股东、股利数额、每股股利、被审计单位在交易截止日期应收取的总股利金额等。

（5）长期股权投资协议。被审计单位向被投资企业进行长期股权投资而签署的投资协议或者相关文件。

（6）投资总分类账。被审计单位为了记录其所持有的投资而需要设置的总分类账，投资业务总分类账户主要记录各种投资的初始购买成本和后续的账面价值，还包括所获得或收取的投资收益。这些账户主要有“交易性金融资产”“持有至到期投资”“可供出售金融资产”“长期股权投资”“投资性房地产”“应收股利”“投资收益”等。

（7）投资明细分类账。为了更详细地核算各类投资业务的具体内容而需要设置各投资类账户明细分类账，用来记录所有投资业务的详细信息，如期末对账面价值的调整、公允价值的变动，以及处置各类投资相关的损益等。例如，“交易性金融资产”应当按照类别和品种，分别“成本”“公允价值变动”进行明细核算；“持有至到期投资”需要设置“成本”“利息调整”“应计利息”等进行明细核算：“可供出售金融资产”需要设置“成本”“利息调整”“应计利息”“公允价值变动”等进行明细核算；“长期股权投资”需要设置“成本”“损益调整”“其他权益变动”进行明细核算；“投资性房地产”可按投资性房地产类别和项目进行明细核算，如果采用公允价值模式计量的投资性房地产，还应当设置“成本”和“公允价值变动”进行明细核算。

（二）控制测试与交易的实质性程序

1. 内部控制目标和关键内部程序。

投资业务内部控制的主要内容包括下列几个方面。

（1）合理的职责分工。这是指合法的投资业务，应在业务的授权、业务的执行、业务的会计记录以及投资资产的保管等方面都有明确的分工，不得由一人同时负责上述任何两项工作。例如，投资业务在企业高层管理机构核准后，可由高层负责人员授权签批，由财务经理办理具体的股票或债券的买卖业务，由会计部门负责进行会计记录和财务处理，并由专人保管股票或债券。这种合理的分工所形成的相互牵制机制有利于避免或减少投资业务中发生错误或舞弊的可能性。

（2）健全的资产保管制度。企业对投资资产（指股票和债券资产）一般有两种保管方式：一种是由独立的专门机构保管，如在企业拥有较大的投资资产的情况下，委托银行、证券公司、信托投资公司等机构进行保管。这些机构拥有专门的保存和防护措施，可以防止各种证券及单据的失窃或毁损，并且由于它与投资业务的会计记录工作完全分离，可以大大降低舞弊的可能性。另一种方式是由企业自行保管，在这种方式下，必须建立严格的联合控制制度，即至少要由两名以上人员共同控制，不得一人单独接触证券。对于任何证券的存入或取出，都要将债券名称、数量、价值及存取的日期、数量等详细记录于证券登记簿内，并由所有在场的经手人员签名。

（3）详尽的会计核算制度。企业的投资资产无论是自行保管还是由他人保管，都要进行完整的会计记录，并对其增减变动及投资收益进行相关会计核算。具体而言，应对每一种股票或债券分别设立明细分类账，并详细记录其名称、面值、证书编号、数量、取得日期、经纪人（证券商）名称、购入成本、收取的股息或利息等；对于联营投资类的其他投资，也应设置明细分类账，核算其他投资的投出及其投资收益和投资收回等业务，并对投资的形式（如流动资产、固定资产、无形资产等）、投向（即接受投资单位）、投资的计价以及投资收益等做出详细的记录。

（4）严格的记名登记制度。除无记名证券外，企业在购入股票或债券时应在购入的当日尽快登记于企业名下，切忌登记于经办人员名下，防止冒名转移并借其他名义牟取私利的舞弊行为发生。

（5）完善的定期盘点制度。对于企业所拥有的投资资产，应由内部审计人员或不参与投资业务的其他人员进行定期盘点，检查是否确为企业所拥有，并将盘点记录与账面记录相互核对以确认账实的一致性。

表 6 - 1 总结了投资活动的控制目标和关键内部控制程序。

表6－1　投资活动的控制目标和关键内部控制程序一览表

内部控制总体目标	内部控制目标详述	关键内部控制程序
真实性	投资账面余额为资产负债表日确实存在的投资，投资收益（或损失）归属审计期间	投资业务经过授权审批；取得与被投资单位签订合同、协议，并获取被投资单位出具的投资证明
完整性	投资增减变动及其收益损失均已登记入帐	投资业务的会计记录与授权，执行和保管等方面明确职责分工；证券投资资产的保管制度，或者委托专门机构保管，或者在内部建立至少两名人员以上的联合控制制度，证券的存取均需详细记录和签名
权利与义务	投资均为被审计单位所有	内部审计人员或其他不参与投资业务的人员定期盘点证券投资资产，检查是否为企业实际拥有
计价和分摊	投资的计价方法正确，期末余额正确	建立详尽的会计核算制度，按每一种证券分别设立明细帐，详细记录相关资料；核算方法符合准则的规定；期末成本与市价孰低，并正确记录投资跌价准备
列报	投资在资产负债上的披露正确	投资明细账与总账的登记职务分离；投资披露符合会计准则的要求

2. 内部控制测试目标。

（1）确定投资是否存在；

（2）确定投资是否归被审计单位所有；

（3）确定投资的增减变动及其收益（或损失）的记录是否完整；

（4）确定投资的计价方法（成本法或权益法）是否正确；

（5）确定投资的年末余额是否正确；

（6）确定投资在会计报表上的披露是否恰当。

表6－2总结了投资活动的内部控制和控制测试程序。

表6－2　投资活动的内部控制和控制测试程序一览表

内部控制测试	交易实质性测试
1. 索取投资的授权批文，检查权限恰当否，手续齐全否； 2. 索取投资合同或协议，检查是否合理有效； 3. 索取被投资单位的投资证明，检查其是否合理有效； 4. 观察并描述业务的职责分工； 5. 了解证券资产的保管制度，检查被审计单位自行保管时，存取证券是否进行详细的记录并由所有经手人员签字； 6. 了解企业是否定期进行证券投资资产的盘点/审阅盘核报告； 7. 审阅盘核报告，检查盘点方法是否恰当、盘点结果与会计记录核对情况以及出现差异的处理是否合规； 8. 抽查投资业务的会计记录，从明细账抽取部分会计记录，按顺查顺序核对有关数据和情况，判断其会计处理过程是否合规完整； 9. 观察职务是否分离	1. 获取或编制投资明细表，复核加计正确，并与报表数、总账数和明细账合计数核对相符； 2. 向被投资单位函证投资金额、持股比例及发放股利情况； 3. 检查年度内增减变动的原始凭证，对于增加项目要核实其入帐基础是否符合有关规定，会计处理是否正确，对于减少的项目要核实其变动原因及授权批准手续； 4. 盘点证券投资资产； 5. 向委托的专门保管机构函证，以证实投资证券的真实存在； 6. 检查投资的入账价值是否符合投资合同、协议的规定，会计处理是否正确，重大投资项目，应查阅董事会有关决议，并取证； 7. 检查长期股权投资的核算是否符合会计准则的规定； 8. 检查长期债券投资的溢价或折价，是否按有关规定摊销； 9. 验明投资的披露是否恰当，注意1年内到期的长期投资是否列入流动资产

3. 投资业务控制实质性测试一般方法。

（1）抽查法。审计人员应抽查投资业务的会计记录。例如，可从各类投资业务的明细账中抽取部分会计分录，按原始凭证到明细账、总账的顺序核对有关数据和情况，判断其会计处理过程是否合规完整。

（2）审阅法。审计人员应审阅内部审计人员或其他授权人员对投资资产进行定期盘核的报告。应审阅其盘点方法是否恰当、盘点结果与会计记录相核对情况以及出现差异的处理是否合规。如果各期盘核报告的结果未发现账实之间存在差异（或差异不大），说明投资资产的的内部控制得到了有效执行。

（3）分析法。对于企业的长期投资，审计人员应对照有关投资方面的文件和凭证，分析企业的投资业务管理报告。在做出长期投资决策之前，企业最高管理阶层（如董事会）需要对投资进行可行性研究和论证，并形成一定的纪要，如证券投资的各类证券，联营投资中的投资协议、合同及章程等。负责投资业务的财务经理须定期向企业最高管理层报告有关投资业务的开展情况（包括投资业务内容和投资收益实现情况及未来发展预测），即提交投资业务管理报告书，供最高管理层决策和控制。审计人员应认真分析这些投资业务管理报告的具体内容，并对照前述的文件和凭证资料，从而判断企业长期投资的管理情况。

4. 投资业务内部控制实质性程序。

（1）获取或编制投资明细表。

（2）分析性复核。

①计算短期股票投资、长期股权投资、期货等高风险投资所占的比例，分析短期投资和长期投资的安全性，要求被审计单位估计潜在的短期投资和长期投资损失。

②计算投资收益占利润总额的比例，分析被审计单位在多大程度上依赖投资收益，判断被审计单位盈利能力的稳定性；将当期确认的投资收益与从被投资单位实际获得的现金流量进行比较分析；将重大投资项目与以前年度进行比较，分析是否存在异常变动。

（3）实地盘点投资资产，并检查账实是否相符。

①盘点库存证券；

②将盘点清单与前述明细表中有关账户相核对，并经企业管理人员签章后列入审计工作底稿。

盘点工作可与其他盘点工作一道安排于期末结账日进行。如实地盘核工作是在结账后进行的，审计人员应根据盘点结果和结账日与盘点日之间的证券增减变动业务的发生情况计算结账日长期投资余额。

如果企业的投资证券是委托某些专门机构代为保管的，审计人员应向这些保管机构发出询证函，以证实投资证券的真实存在。

①清点或函证股票数量；

②清点或函证债券数量；

③通过向被投资者询证，检查其他投资资产是否存在。

对于固定资产、无形资产、流动资产的对外投资，还应结合企业的固定资产、无形资产和流动资产有关账户一起进行检查。

（4）检查投资的入账价值。

对于按溢价或折价购入债券，应将溢价或折价在债券存续期内采用直线法或实际利率法予以摊销，每期投资收益应为“应计利息”与溢价摊销额之差或折价摊销额之和。审计人员在检查这类长期债券溢价和折价摊销时，应重点检查摊销的方法是否合规，每期摊销额的计算是否正确无误。

（5）检查投资收益。

对于长期股权投资收益的检查，应着重于以下几个方面：

①审计人员应按照不同种类的股票，分别从公开印发的股利手册或证券公司及付款单位查证各种股票的股利收入；

②通过核对企业有关货币资金账户和“投资收益”账户，检查企业所获得的股利收入是否得到适当正确的记录；

③采用权益法核算长期投资时，应主要检查企业投资收益增减额的正确性，即是否按其在被投资企业投资比例来分享投资收益。还应当检查企业实际收到接受投资企业分配来的股利和利润时，是否再次重复计入“投资收益”账户。

（6）检查长期投资业务是否符合国家的限制性规定。

按照《公司法》规定，除国务院规定的投资公司和控股公司外，公司的累计投资额不得超过本公司净资产的50%。

（7）检查长期投资的核算方法。

权益法下，企业“长期股权投资”账户反映的投资额要随着接受投资企业净资产的增减变化而变动，审计人员应注意重点检查以下两个问题：第一，接受投资企业净资产增减变化数额是否真实、准确；第二，投资企业投资额占被投资企业实收资本或股本的比例及按此比例分享的净资产增减额是否真实、准确。为了检查上述问题，审计人员应尽量取得被投资企业经过审计的年度会计报表，如被投资企业是股票上市公司，其年度会计报表可以从公开渠道获得。否则，审计人员应与担任被投资企业审计工作的审计人员或被投资企业联系，函证获得所需要情况或数据。

（8）检查长期投资与短期投资在分类上相互划转的会计处理是否正确。

对于长期投资转化为短期投资，审计人员应通过分析股票和债券的收益情况以及按接受投资企业经营状况等资料检查其理由是否充分，尤其是应注意企业是否存在为提高“流动比率”指标而随意结转的现象。

（9）检查短期投资跌价准备和长期投资减值准备的计提及会计处理是否正确。

对无市价的长期投资，应向被审计单位索取被投资单位经审计人员审计后的会计报表及审计人员出具的审计报告，或是对被审计单位会计报表进行审计，在考虑各项长期投资的减值在可预见的将来价值恢复的可能性的基础上，计算被审计单位应计提的长期投资减值准备，如计算结果与账面差异较大，应提请被审计单位予以调整。

对追溯调整期间各时点的长期投资，应在向被审计单位索取长期投资的市价和市价的资料来源，或是取得被投资单位经审计的会计报表，或是在对被投资单位会计报表进行分析性复核基础后，检查被审计单位的追溯调整是否正确。

（10）检查本期发生的重大股权变动。

①对于当期（尤其是会计年度结束前）发生的重大股权转让，应当审阅股权转让合同、协议、董事会和股东大会决议，分析是否存在不等价交换，判断被审计单位是否通过不等价股权转让调节利润，粉饰财务状况；

②对于年度内取得股权的，应分析被审计单位根据被投资单位的净损益确认投资收益时，是否以取得股权后发生的净损益为基础；

③特别注意股权转让协议是否存在倒签日期的现象，股权转让涉及的款项是否已经支付或收取。

（11）确定投资是否已在资产负债表上恰当披露。

①检查资产负债表中投资项目的数字是否与审定数相符；

②“一年内到期的长期债权投资”项目的数字是否与审定数相符；

③若长期投资超过净资产的50%，是否已在会计报表的注释中对此作了披露。

如果股票、债券在资产负债表日市价与成本有显著的差异，应检查被审计单位是否对此已作恰当的披露。

二、案例资料

案例一　聚安公司投资审计案例

（一）案例背景

聚安股份有限公司是一家从事水产品养殖、加工、深度综合开发及销售，生物工程研究、开发及食品、饮料销售的公司。新化会计师事务所自2019年开始接受聚安股份有限公司（以下简称聚安公司）董事会的委托，对聚安公司进行年度会计报表审计，根据双方所签订的审计约定书，以李华为组长及以张颖、赵超、刘敬军为组员的项目组于2021年2月10至3月4日对该公司2020年度的会计报表进行审计。2020年，聚安公司把经营工作的重点继续放在拓展主营业务上，除了抓好传统养殖和引进新的养殖品种外，合理利用水面资源，发展“三网”养殖，增加名特优新水产品养殖投入，使水产养殖继续保持稳定增长的势头。1～12月，聚安公司共计实现主营业务收入84 342万元，实现净利润10 525万元，分别比上年同期增长54.27%和30.59%。

根据审计计划，审计人员张颖负责投资的审计测试与取证工作。

（二）案例内容与审计过程

1. 审计目标。

投资业务的审计目标包括：确定资产负债表中列示的相关投资项目是否存在；所有应当列示的投资项目是否均已列示；确定列示的投资项目是否由被审计单位拥有或控制，并以恰当的金额包括在财务报表中；确定各项投资是否已经按照企业会计准则的规定在财务报表中进行了恰当列报。

2. 对投资环节进行风险评估和控制测试。

与投资相关的交易和账户余额主要包括交易性金融资产、投资收益、长期股权投资、持有至到期投资、应收股利等。审计人员了解到，聚安公司投资涉及上述各种主要方式，投资的相关文件记录有些不完整，投资政策和程序与公司实际存在脱节现象。

审计人员张颖通过调查表等方法，对聚安公司投资的内部控制进行了调查了解，内部控制调查表如表6－3所示。

表6－3　　　　投资活动内部控制调查表

被审计单位名称：聚安公司　　　　编制：张颖　日期：2021年2月15日　索引号：TZNK－1
会计期间：2020年1月1日—12月31日　复核：李华　日期：2021年2月15日　页次：1/1

调查项目	调查结果			备注
	是	否	不适合	
1. 各项投资是否订立投资协议？	√			
2. 购买证券是否经董事会、高层管理机构和财务部门的核准？	√			
3. 投资签约、经办与审批职责是否分离？	√			
4. 保险箱是否由两人以上同时开启		√		由出纳一人负责
5. 有价证券保管实物与账务记录是否分离？	√			
6. 管理部门是否定期检查有价证券实物？		√		
7. 投资购买的有价证券是否均以企业名义登记？	√			
8. 长期股权投资存在减值现象的，是否按照规定计提减值准备？	√			
9. 投资的本息是否及时按照投资协议的约定回收？	√			
10. 是否对每一种证券设立明细分类账并逐笔登记交易情况、记录盈亏？	√			
11. 统驭账户和明细账的设置是否健全？	√			
12. 投资的入账是否在取得和审核各种必要的凭证后进行？	√			
13. 是否建立投资管理制度和实施细则？	√			

审计人员张颖对投资进行内部控制测试后，对其进行了评价。聚安公司的投资内部控制方面较好的是：投资的记录由独立于审批、执行的人员来进行；投资的入账是在取得和审核各种必要的凭证以后进行的；公司建立了投资管理制度和实施细则。聚安公司的投资内部控制方面存在的问题主要是：没有对长期投资资产（股票、债券）进行定期盘点，即对由证券公司代为

保管的股票和债券，没有建立定期的核对制度；保险箱只由出纳一人负责；对存放在企业内部的有价证券，没有建立定期的盘点制度，没有将核对和盘点的结果与账簿记录进行比较，以确保有价证券的安全、完整。为此，审计人员张颖指出聚安公司应建立并完善对长期投资资产（股票、债券）的定期盘点制度，强调核对和盘点工作应由企业的内部审计人员或不参与有价证券保管、记录和买卖的其他财会人员进行，以防止舞弊行为的发生。

综合以上情况，项目组认为，聚安公司投资环节存在重大错报风险。

3. 对投资环节实施实质性程序。

根据上述情况，张颖对与聚安公司投资有关的主要报表项目实施了相应的实质性程序。

（1）注册会计师张颖在审查聚安公司2020年12月31日的资产负债表和该年度利润表时发现，该公司对宏远公司进行长期股权投资600 000元，占宏远公司总资本的1/2，会计上采用成本法核算，由于没有收到利润分成款，故未反映投资收益。经查证，宏远公司2020年度实现净利润200 000元。

上述情况存在的问题是：对长期股权投资会计处理方法的选择不正确，对该项投资业务应采用权益法进行会计处理。《企业会计准则》对投资收益的核算有成本法和权益法。成本法，就是按股权投资的投资成本计价核算的方法。投资企业的长期股权投资，不随着接受投资企业所有者权益的增减变动而变动，其账面价值反映的是该项投资的投资成本，并且股权投资的价值一经入账，除追加或收回投资外，一般不再进行调整。权益法是指投资企业的长期股权投资，按照占接受投资单位资本总额的比例，随着接受投资企业所有者权益的增减变动而变动。长期股权投资反映的价值，不是企业的投资成本，而是投资企业对接受投资企业所有者权益的份额。投资企业长期股权投资占接受投资单位有表决权的资本总额20%或20%以上，或者投资虽然不足20%，但有重大影响，应采用权益法。企业因减少投资等原因对被投资单位不再具有重大影响时，应当终止采用权益法，或企业因增加投资等原因对被投资单位具有了重大影响时，应当改成本法为权益法。

该公司使用成本法导致2020年度漏计了对外投资的资产价值和投资收益。对宏远公司投资本年度应计投资收益是200 000×1/2＝100 000（元），应为：

借：长期股权投资　　　　100 000

　　贷：投资收益　　　　　　100 000

（2）聚安公司2009年向投资单位达美公司投资5 000万元，2011年聚安公司为拓展海外市场向达美公司借款4 000万元并记录在其他应付款中，该笔款项直至2020年尚未归还。2020年9月，聚安公司未经过与达美公司协商即根据占用的资金数额直接冲减了其对达美公司的长期股权投资4 000万元。

聚安公司未经过双方协议就直接冲减达美公司的长期股权投资是不正确

的，因为根据会计准则和相关法规的规定，长期股权投资不能随意冲减，并且其他应付款与长期股权投资是不同性质的科目，不可以随意直接冲销。注册会计师应建议聚安公司将该笔冲销长期股权投资和其他应付款转回，并且建议其在财务报表附注中披露其占用关联方资金的情况。

（3）甲公司持有安信公司40%的普通股权，采用权益法核算，截至2020年末该项长期股权投资账户余额为380万元，2019年末该项投资减值准备余额为12万元，安信公司2020年发生净亏损100万元。2020年12月25日，聚安公司与Y公司签署协议，将其对安信公司投资以400万元的价格转让给Y公司，Y公司已经支付价款300万元，财务人员说产权过户手续正在办理中。聚安公司以该项长期股权投资正在转让之中为由，不再计提减值准备。

根据上述情况，应追加审计程序，以查明长期股权投资转让是否真正完成，如果股权转让确实已经完成，应建议该公司处置该长期股权投资，如果至12月31日，股权转让没有真正完成，应建议聚安公司确认投资损失并根据长期股权投资的可回收性计提减值准备。

（4）审查发现聚安公司利用现金股利虚减投资收益。审计人员张颖发现聚安公司于2020年4月购入立新公司的股票50 000股，预计持有时间为4个月。每股面值为1元，每股购入价为1.2元，实际支付金额为62 000元。聚安公司作了以下会计分录：

借：交易性金融资产　　60 000
　　投资收益　　2 000
　　贷：银行存款　　62 000

张颖审阅了该笔投资业务的原始凭证，发现投资收益借方所反映的是已宣告发放但未支付的股利。根据审计过程中所取得的审计证据，张颖认定上述会计处理是错误的。于是，张颖编制了下面的工作底稿，如表6－4所示。

表6－4　　投资收益审计工作底稿

被审计单位名称：聚安公司　　编制：张颖　日期：2021年2月16日　索引号：M4－2
会计期间：2020年1月1日—12月31日　复核：李华　日期：2021年2月16日　页次：1/1

审计过程	经查，该公司于2020年4月购入立新公司的股票50 000股，预计持有时间4个月。每股面值为1元，每股购入价为1.2元，实际支付金额为62 000元，其中包含已宣告发放但未支付的股利2 000元。该公司作了以下会计分录： 借：交易性金融资产　　60 000 　　投资收益　　2 000 　　贷：银行存款　　62 000 根据上述情况，张颖认为该公司把本应作为“应收股利”的2 000元错记入了“投资收益”账户。后查明，该企业为例少纳所得税，故意冲减投资收益。
会计调整	应调账如下： 借：应收股利　　2 000 　　贷：投资收益　　2 000

（5）聚安公司2009年1月1日用25万元现金购买兴业公司20%的股权，对其有重大影响。兴业公司净资产账面价值为140万元，公允价值也是140万元。9月30日兴业公司获得其他公司捐赠8万元，2020年度兴业公司获得净利润50万元。12月31日，聚安公司根据兴业公司的报表确认了16万元的投资收益。

9月30日兴业公司获得其他公司捐赠8万元，属于被投资单位除净损益以外的所有者权益的其他变动，不应确认为投资收益，聚安公司只能对2020年度兴业公司获得净利润50万元确认投资收益。其调整分录为：

借：投资收益　　160 000
　　贷：长期股权投资——损益调整　　160 000
借：长期股权投资——其他权益变动　　160 000
　　贷：资本公积——其他资本公积　　160 000

（6）发现聚安公司于2020年1月2日以52万元购入成达企业实际发行在外股数的10%，并支付2 000元相关费用。该公司对于这项投资采用成本法核算。2020年5月2日成达企业宣告分派现金股利，聚安公司可获现金股利4万元。2020年7月2日聚安公司又以180万元购入成达企业实际发行在外股数的25%，并支付9 000元相关费用。此次购买股票后，该公司所购股数占成达企业实际发行在外股数的35%。张颖审阅了聚安公司对成达企业增加投资后的会计核算过程，发现其并未改成本法为权益法。

根据规定，该公司原本对于这项投资采用成本法核算是正确的。但由于该公司再次购买股票后，该公司所购股数占成达企业实际发行在外股数的35%，根据规定，聚安公司对于此项投资应采用权益法核算。但聚安公司未改成本法为权益法，这样就影响了损益和长期股权投资的准确性，应建议其改为权益法，并追溯调整。

（三）案例分析

本案例研究了企业投资会计核算过程中的问题及其审计程序。通过学习本案例，学生可以了解投资业务中的风险评估、内部控制的关键点及其测试过程，明确该业务存在的主要会计舞弊形式，掌握其审核程序与方法，以及审计调整的过程及结果。

1. 投资成本的核算要合规。

在投资审计中，审计人员首先要关注的就是投资成本的真实性、合法性。按照规定，投资的形式不同，其入账价值的标准也是不同的。审计人员应审查交易性金融资产的购入是否符合投资合同、协议的规定。对于重大投资项目，审计人员应查阅董事会的有关决议，并取证。审计人员应审查企业取得交易性金融资产时，是否按照该金融资产取得时的公允价值作为其初始确认金额，记入“交易性金融资产——成本”账户；取得交易性金融资产所支付的价款中包含已宣告但尚未发放的现金股利或已到付息期但尚未领取的债券利息的，是否单独确认为应收项目，记入“应收股利”或“应收利息”账户。审计人员还应注意审查企业取得交易性金融资产所发生的相关交易费用，包括支付给代理机构、咨询公司、券商等的手续费和佣金及其他必要支出是否在发生时记入投资收益。审查企业取得的持有至到期投资时，审计人员应关注是否按该投资的面值，记入“持有至到期投资——成本”账户；支付的价款中包含已到付息期但尚未领取的利息的，是否作为应收项目单独核算；实际支付的金额与上述项目的差额，是否在“持有至到期投资——利息调整”账户中核算。审查企业取得的可供出售金融资产时，审计人员应关注是否按其公允价值和交易费用之和，记入可供出售金融资产的成本；企业取得的可供出售金融资产为债券投资的，是否按债券的面值记入可供出售金融资产的成本，按面值与实际支付的差额记入可供出售金融资产（利息调整）；此外，取得可供出售金融资产所支付的价款中包含已宣告但尚未发放的现金股利或已到付息期但尚未领取的债券利息的，是否单独确认为应收项目，记入“应收股利”或“应收利息”账户。

长期股权投资的初始投资成本依据企业合并和非企业合并两种情况确定。企业合并可分为同一控制下的企业合并和非同一控制下的企业合并。对于同一控制下的企业合并，合并方以支付现金、转让非现金资产或承担债务方式作为合并对价的，应当在合并日按照取得被合并方所有者权益账面价值的份额作为初始投资成本，该成本与支付的现金、转让的非现金资产及所承担债务账面价值之间的差额，调整资本公积，资本公积不足冲减的，调整留存收益；合并方以发行权益性证券作为合并对价的，应当在合并日按照取得被合并方所有者权益账面价值的份额作为初始投资成本，该成本与所发行股份面值总额之间的差额，调整资本公积，资本公积不足冲减的，调整留存收益。对于非同一控制下的企业合并形成的长期股权投资，购买方应按照确定的企业合并成本作为初始投资成本。企业合并成本包括购买方付出的资产、发生或承担的负债、发行的权益性证券的公允价值以及为进行企业合并发生的各项直接相关费用。

对于企业合并以外的方式取得的长期股权投资，如支付现金取得的长期股权投资，企业应按照实际支付的购买价款作为初始投资成本，包括企业所发生的与取得长期股权投资直接相关的费用、税金。因此，审计人员应结合企业取得长期股权投资的方式，审查其初始投资成本的正确性，并将“长期股权投资”账户与有关“银行存款”“资本公积”账户等相互核对，来判明其入账的价值是否合规、适当。审计人员还应注意企业取得长期股权投资时实际支付的价款或对价中包含的已宣告但尚未发放的现金股利或利润，应作为应收项目处理，不构成长期股权投资成本。本案例中就存在投资购入成本不真实的问题。聚安公司在以货币资金购买股票时，没有按认购股票实际支付的价款扣除已宣告但尚未发放的股利作为长期股权投资的入账价值；对于已宣告但尚未发放的股利，没有在“应收股利”账户核算。

2. 正确使用权益法。

在股权投资形成后，也就产生了关联公司。关联公司间的幕后交易，增大了审计人员审计测试和判断的工作量。特别是有些投资企业利用投资方法的不同，人为调节损益和隐瞒投资收益或损失。审计人员应审查企业有哪些投资项目适合采用权益法核算，并通过询问管理当局或函证接受投资企业等方式，确认企业是否确实对接受投资企业具有共同控制或重大影响，检查企业是否对这些项目采用了权益法。在权益法下，审计人员除了应注意审查接受投资企业净资产增减变化数额是否真实、准确以外，还要注意审查投资企业投资额占被投资企业实收资本或股本的比例及按此比例分享的净资产增减额是否真实、准确。为了检查上述问题，审计人员应尽量取得被投资企业经过审计的年度会计报表。如被投资企业是上市公司，其年度会计报表可以从公开渠道取得。否则，审计人员应与担任被投资企业审计工作的审计人员或与被投资企业联系，函证获得所需情况或数据。在本案例中，审计人员发现聚安公司能够对宏远公司和成达企业的生产经营决策施加重大影响，聚安公司应按照权益法核算该项投资。由于在权益法下，企业“长期股权投资”账户反映的投资额会随着接受投资企业净资产的增减变动而变动。但是聚安公司并未按照持股比例确认和调整投资收益和资本公积，从而对聚安公司的净利润产生了很大的影响。

3. 投资减值准备的审查也是投资审计中的一个难点。

按照规定，审计人员应审查企业是否在资产负债表日，按照持有至到期投资发生减值的金额，计提持有至到期投资减值准备，并记入当期损益。在已提减值准备的持有至到期投资价值恢复后，审计人员应注意审查企业是否在原已计提的减值准备金额内，按恢复增加的金额，作相反的处理。对于可供出售金融资产减值准备，审计人员应审查企业对可供出售金融资产发生减值时，是否按照以下规定进行了处理：将减值金额记入资产减值损失，将其与所有者权益中转出原记入资本公积的累计损失金额的差额记入可供出售金融资产（公允价值变动）。此外，审计人员还应注意，对于已确认减值损失的可供出售金融资产，在随后会计期间内公允价值已上升且客观上与确认原减值损失事项有关的，是否按原确认的减值损失，记入可供出售金融资产（公允价值变动）和资产减值损失；可供出售金融资产为股票等权益工具投资的，是否记入可供出售金融资产（公允价值变动）和资本公积。在审查长期股权投资减值准备方面，审计人员要审查当企业对子公司、合营企业及联营企业的长期股权投资在资产负债表日存在可能发生减值的迹象时，其可收回金额低于账面价值的，是否将该长期股权投资的账面价值减记至可收回金额，减记的金额确认为减记损失，记入当期损益，同时计提相应的资产减值准备。对于企业对被投资单位不具有控制、共同控制或重大影响，且在活跃市场中没有报价、公允价值不能可靠计量的长期股权投资，审计人员应审查企业是否将该长期股权投资在资产负债表日的账面价值，与按照类似金融资产当时市场收益率对未来现金流量折现确定的现值之间的差额，确认为减值损失，记入当期损益。审计人员应注意，企业的长期股权投资减值损失一经确认，在以后会计期间不得转回。

4. 特别关注的其他问题。

企业进行投资核算易出现的其他违规问题主要有：用企业的基本流动资金搞短期投资，影响企业正常生产运营；出售交易性金融资产时，只将该金融资产出售时的公允价值与其初始入账金额之间的差额确认为投资收益，但没有同时调整公允价值变动损益，从而对投资收益产生影响；重大投资项目未进行可行性研究，盲目投资造成重大损失浪费；对外实物投资不经评估或故意少评估；债券投资收益挂往来账；随意改变长期投资会计核算方法；转让、出售或收回的投资不入公司账，借机转移、隐匿财产物资，转移资金，损害投资者利益。

三、本章涉及相关法规和准则

（一）法律法规

1.《中华人民共和国公司法》；
2.《中华人民共和国证券法》；
3.《中华人民共和国审计法》；
4.《证券公司监督管理条例》。

（二）会计准则

1.《企业会计准则第 2 号——长期股权投资》；
2.《企业会计准则第 22 号——金融工具确认和计量》；
3.《企业会计准则第 23 号——金融资产转移》；
4.《企业会计准则第 37 号——金融工具列报》；
5.《企业会计准则第 20 号——企业合并》；

6.《企业会计准则第 33 号——合并财务报表》。

（三）审计准则

1.《中国注册会计师审计准则第 1602 号——验资》；
2.《中国注册会计师审计准则第 1323 号——关联方》。

本章小结

综合本章与第五章所述，可以明确：筹资与投资循环构成整个业务循环的一个方面，是会计报表审计实务的重要组成部分。本章的学习重点是包括资金的投出、收益的取得和投出资金的收回等企业的投资循环，对其进行风险评估及控制测试，以及在此基础上进行的实质性程序。例如，审计人员应审查投资的入账价值、投资的核算方法、投资收益、短期投资期末计价，审查对外投资的报告披露等。本章学习的难点主要包括长期股权投资审计中对成本法和权益法的审查。在案例学习中，学生应注意结合教学案例，掌握投资审计的主要程序与内容，思考、分析和注重解决实际工作中遇到的其他相关审计问题。

练习与思考

一、名词解释

1. 关联方交易
2. 同一控制
3. 审计抽样
4. 函证法
5. 投资活动审计

二、思考题

1. 简述投资活动中的关键控制点及其控制措施。
2. 审计人员在对投资内部控制检查和评价的基础上，应进行哪些实质性程序？
3. 确定瑞丰公司的长期股权投资所采取的权益法是否适当可以运用哪些审计程序和方法？
4. 长期股权投资与其他投资，如交易性金融资产、投资，性房地产、套期保值等相比，审计重点有何不同？

三、案例题

1. 假设审计人员张颖在审查瑞丰公司 2020 年 12 月 31 日的资产负债表和该年度利润表时查明，“交易性金融资产”项目数额为 2 170 万元，“投资收益”项目数额 100 万元，“公允价值变动损益”项目数额为 0 元，该公司没有其他短期和长期投资。张颖进一步审查“交易性金融资产”账簿及有关资料得知，2020 年 1 月 1 日，瑞丰公司购入某公司发行的公司债券，该笔债券于 2019 年 7 月 1 日发行，面值为2 000万元，票面利率为5%，债券利息按年支付。瑞丰公司将其划分为交易性金融资产，支付价款为2 200万元（其中包含已宣告发放的债券利息50万元），另支付交易费用20万元。2020年2月5日，瑞丰公司收到该笔债券利息50万元。同时审计人员了解到，2020年6月30日，瑞丰公司购买的该笔债券的市价为2 180万元；2020年12月31日，该笔债券的市价为2 160万元。

要求：

（1）根据上述资料，核实2020年12月31日"交易性金融资产"项目和该年度"投资收益"项目、"公允价值变动损益"项目的实有数，并提出审计意见。

（2）假定2021年1月10日，瑞丰公司出售了所持有的该公司债券，售价为2 165万元，它应作怎样的会计处理？

2. 假设审计人员张颖在审查瑞丰公司2020年12月31日的资产负债表和该年度利润表时查明，该公司在2020年1月1日对A公司进行长期股权投资，以600万元的价格购入A公司3%的股份，购买过程中另支付相关税费2万元。A公司是未上市的民营企业，其股权不存在明确的市场价格。瑞丰公司在投资以后，也没有参与A公司的生产经营决策。瑞丰公司对该项业务在会计上采用成本法核算。通过审查相关凭证，张颖发现瑞丰公司在取得投资时，将600万元记入长期股权投资，将2万元税费记入投资收益。经查证，A公司2020年度实现净利润2 000万元，当年度分派利润1 200万元。瑞丰公司对此没有反映。

要求：根据上述资料，指出该公司用成本法核算长期股权投资是否正确。指出存在的主要问题。

3. 资料：某合资企业中方通过当地甲公司对该合资企业投资。验资时，审计人员审查有关投入资本的记录为：

（1）甲公司垫付合资企业原材料采购货款10万元。借记"原材料"，贷记"其他应付款——甲公司"。

（2）甲公司为合资企业支付建筑公司工程款120万元。借记"其他应付款——建筑公司"，贷记"其他应付款——甲公司"。

（3）甲公司汇来人民币10万元。借记"银行存款"，贷记"其他应付款——甲公司"。

（4）工程完工决算150万元。借记"固定资产"，贷记"其他应付款——建筑公司"。

（5）完工固定资产转作中方投资。借记"其他应付款——甲公司"，贷记"实收资本"。

（6）合资企业支付建筑公司工程尾款30万元。借记"其他应付款——建筑公司"，贷记"银行存款"。

要求：根据上述资料，计算分析中方投资并提出验资意见。

第七章 销售与收款业务循环审计

学习内容与目标

销售收入的认定是审计的重要内容之一，它直接关系到企业财务成果的真实与否，对财务报表预期使用者做出合理决策有很大的影响。本章将重点研究销售与收款的业务活动，风险识别，内部控制测试程序以及销售业务中可能出现的主要会计舞弊形式、审核的方法及审计调整，销售业务审计所形成的主要审计工作底稿等。通过本案例的学习，同学们可了解销售与收款循环的风险识别与评估方法，以及其在业务中内部控制的关键点及其测试过程，充分掌握该业务所存在的主要会计舞弊形式，掌握其审核程序与方法以及审计调整的过程和结果。

一、理论概述

（一）涉及的主要单据与会计记录

在内部控制比较健全的企业，处理销售与收款业务通常需要使用很多单据与会计记录。典型的销售与收款循环所涉及的主要单据与会计记录有以下几种（不同被审计单位的单据名称可能不同）。

1. 客户订购单。

客户订购单即客户提出的书面购货要求。企业可以通过销售人员或其他途径，如采用电话、信函、邮件和向现有的及潜在的客户发送订购单等方式接受订货，取得客户订购单。

2. 销售单。

销售单是列示客户所订商品的名称、规格、数量以及其他与客户订购单有关信息的凭证，作为销售方内部处理客户订购单的凭据。

3. 发运凭证。

发运凭证即在发运货物时填制的，用以反映发出商品的规格、数量和其他有关内容的凭据。发运凭证的一联留给客户，其余联（一联或数联）由企业保留，通常其中有一联由客户在收到商品时签署并返还给销售方，用作销售方确认收入及向客户收取货款的依据。

4. 销售发票。

销售发票通常包含已销售商品的名称、规格、数量、价格、销售金额等内容。以增值税发票为例，销售发票的两联（抵扣联和发票联）寄送给客户，一联由企业保留。销售发票也是在会计账簿中登记销售交易的基本凭据之一。

5. 商品价目表。

商品价目表是列示已经授权批准的、可供销售的各种商品的价格清单。

6. 贷项通知单。

贷项通知单是一种用来表示由于销售退回或经批准的折让而导致应收货款减少的单据，其格式通常与销售发票的格式类似。

7. 应收账款账龄分析表。

通常，应收账款账龄分析表按月编制，反映月末应收账款总额的账龄区间，并详细反映每个客户月末应收账款金额和账龄。它也是常见的计提应收账款坏账准备的重要依据之一。

8. 应收账款明细账。

应收账款明细账是用来记录每个客户各项赊销、还款、销售退回及折让交易的明细账。

9. 主营业务收入明细账。

主营业务收入明细账是一种用来记录销售交易的明细账。它通常记载和反映不同类别商品或服务的营业收入的明细发生情况和总额。

10. 折扣与折让明细账。

折扣与折让明细账是一种用来核算企业销售商品时，按销售合同规定为了及早收回货款而给予客户的销售折扣和因商品品种、质量等原因而给予客户的销售折让情况的明细账。企业也可以不设置折扣与折让明细账，而将该类业务直接记入主营业务收入明细账。

11. 汇款通知书。

汇款通知书是一种与销售发票一起寄给客户，由客户在付款时再寄回销售单位的凭证。这种凭证注明了客户名称、销售发票号码、销售单位开户银行账号以及金额等内容。

12. 现金日记账和银行存款日记账。

现金日记账和银行存款日记账是用来记录应收账款的收回或现销收入以及其他各种现金、银行存款收入和支出的日记账。

13. 坏账核销审批表。

坏账核销审批表是一种用来批准将无法收回的应收款项作为坏账予以核销的单据。

14. 客户对账单。

客户对账单是一种定期寄送给客户的用于购销双方核对账目的文件。客户对账单上通常注明应收账款的期初余额、本期销售交易的金额、本期已收到的货款、贷项通知单的金额以及期末余额等内容。对账单可能是月度、季度或年度的，取决于企业的经营管理需要。

15. 转账凭证。

转账凭证是指记录转账业务的记账凭证。它是根据有关转账业务（即不涉及现金、银行存款收付的各项业务）的原始凭证编制的。企业记录赊销交易的会计凭证即为一种转账凭证。

16. 现金和银行凭证。

现金和银行凭证是指分别用来记录现金和银行存款收入业务和支付业务的记账凭证。

（二）销售与收款循环的业务活动和相关内部控制

了解被审计单位的重大业务循环的业务活动及其相关内部控制是注册会计师在审计计划阶段实施的一项必要工作，其目的一方面是识别和评估认定层次的重大错报风险，另一方面也使注册会计师对相关内部控制的有效性作出初步判断，以便设计和实施应对重大错报风险的进一步审计程序。

对于大多数企业而言，销售与收款循环通常是重大的业务循环，注册会计师需要在审计计划阶段了解该循环涉及的业务活动及相关的内部控制。注册会计师通常通过实施下列程序，了解销售和收款循环的业务活动和相关内部控制：

1. 询问参与销售与收款流程各业务活动的被审计单位人员，一般包括销售部门、仓储部门和财务部门的员工和管理人员；

2. 获取并阅读企业的相关业务流程图或内部控制手册等资料；

3. 观察销售与收款流程中特定控制的运用，如观察仓储部门人员是否以及如何将装运的商品与销售单上的信息进行核对；

4. 检查文件资料，如检查销售单、发运凭证、客户对账单等；

5. 实施穿行测试，即追踪销售交易从发生到最终被反映在财务报表中的整个处理过程。例如，选取一笔已收款的销售交易，追踪该笔交易从接受客户订购单直至收回货款的整个过程。

在审计工作的计划阶段，注册会计师应当对销售与收款循环中的业务活动进行充分了解和记录，通过分析业务流程中可能发生重大错报的环节，进而识别和了解被审计单位为应对这些可能的错报而设计的相关控制，并通过诸如穿行测试等方法对这些流程和相关控制加以证实。

下面，我们就常见的业务活动做出进一步解释，并说明被审计单位通常可能存在的相关控制。

1. 接受客户订购单。

客户提出订货要求是整个销售与收款循环的起点，是购买某种货物或劳务的一项申请。

客户订购单只有在符合企业管理层的授权标准时才能被接受。例如，管理层一般设有已批准销售的客户名单。销售单管理部门在决定是否同意接受某客户的订购单时，需要追查该客户是否被列入这张名单。如果该客户未被列入，则通常需要由销售单管理部门的主管来决定是否同意销售。

很多企业在批准了客户订购单之后，会编制一式多联的销售单。销售单是证明销售交易的“发生”认定的凭据之一，也是此笔销售交易轨迹的起点之一。此外，由于客户订购单是来自外部的引发销售交易的文件之一，有时也能为有关销售交易的“发生”认定提供补充证据。

2. 批准赊销信用。

对于赊销业务的批准，是由信用管理部门根据管理层的赊销政策在每个客户的已授权的信用额度内进行的。信用管理部门的员工在收到销售单管理部门的销售单后，应将销售单与该客户已被授权的赊销信用额度以及至今尚欠的账款余额加以比较。执行人工赊销信用检查时，还应合理划分工作职责，以避免销售人员为扩大销售而使企业承受不适当的信用风险。

企业的信用管理部门通常应对每个新客户进行信用调查，包括获取信用评审机构对客户信用等级的评定报告。无论是否批准赊销，都要求被授权的信用管理部门人员在销售单上签署意见，然后再将已签署意见的销售单送回销售单管理部门。

设计信用批准控制的目的是降低坏账风险，因此，这些控制与应收账款账面余额的“计价和分摊”认定有关。

在使用信息系统实现自动控制的企业，订购单涉及的客户是否已被列入经批准的客户名单，以及赊销金额是否仍在信用额度内，这类控制往往通过系统设置得以实现。对于不满足条件的情形则要求管理层的特别批准。

3. 根据销售单编制发运凭证并发货。

企业管理层通常要求商品仓库管理人员只有在收到经过批准的销售单时才能编制发运凭证并供货。设立这项控制程序的目的是防止仓库在未经授权的情况下擅自发货。因此，已批准销售单的一联通常应送达仓库，作为仓库按销售单供货和发货给装运部门的授权依据。

信息系统可以协助企业在销售单得到发货批准后才能生成连续编号的发运凭证，并能按照设定的要求核对发运凭证与销售单之间相关内容的一致性。

4. 按销售单装运货物。

将按经批准的销售单供货与按销售单装运货物的职责相分离，有助于避免负责装运货物的员工在未经授权的情况下装运产品。装运部门员工在装运之前，通常会进行独立验证，以确定从仓库提取的商品都附有经批准的销售单，且所提取商品的内容与销售单及发运凭证一致。

5. 向客户开具发票。

开具发票是指开具并向客户寄送事先连续编号的销售发票。与这项活动相关的问题是：(1) 是否对所有装运的货物都开具了发票（“完整性”）；(2) 是否只对实际装运的货物开具发票，有无重复开具发票或虚开发票（“发生”）；(3) 是否按已授权批准的商品价目表所列价格计价开具发票（“准确性”）。

为了降低开具发票过程中出现遗漏、重复、错误计价或其他差错的风险，通常需要设立以下控制：

①负责开发票的员工在开具每张销售发票之前，检查是否存在发运凭证和相应的经批准的销售单；

②依据已授权批准的商品价目表开具销售发票；

③将发运凭证上的商品总数与相对应的销售发票上的商品总数进行比较。

上述控制与销售交易（即营业收入）的“发生”“完整性”以及“准确性”认定有关。企业通常保留销售发票的存根联。

信息系统也可以协助实现上述内部控制，在单证核对一致的情况下生成连续编号的销售发票，并对例外事项进行汇总，以供企业相关人员进行进一步的处理。

6. 记录销售。

在手工会计系统中，记录销售的过程包括区分赊销、现销，按销售发票编制转账凭证或现金、银行存款收款凭证，再据以登记营业收入明细账和应收账款明细账或库存现金、银行存款日记账。

记录销售的控制程序包括但不限于：

(1) 依据有效的发运凭证和销售单记录销售。这些发运凭证和销售单应能证明销售交易的发生及其发生的日期。

(2) 使用事先连续编号的销售发票并对发票使用情况进行监控。

(3) 独立检查已销售发票上的销售金额与会计记录金额的一致性。

(4) 记录销售的职责应与处理销售交易的其他功能相分离。

(5) 对记录过程中所涉及的有关记录的接触权限予以限制，以减少未经授权批准的记录发生。

(6) 定期独立检查应收账款的明细账与总账的一致性。

(7) 由不负责现金出纳和销售及应收账款记账的人员定期向客户寄发对账单，对不符事项进行调查，必要时调整会计记录，编制对账情况汇总报告并交管理层审核。

7. 办理和记录现金、银行存款收入。

这项活动涉及的是货款收回，导致现金、银行存款增加以及应收账款减少。在办理和记录现金、银行存款收入时，企业最关心的是货币资金的安全。货币资金的失窃或被侵占可能发生在货币资金收入入账之前或入账之后。处理货币资金收入时要保证全部货币资金如数、及时地记入现金、银行存款日记账或应收账款明细账，并如数、及时地将现金存入银行。企业通过出纳与现金记账的职责分离、现金盘点、编制银行余额调节表、定期向客户发送对账单等控制来实现上述目的。

8. 办理和记录销售退回、销售折扣与折让。

客户如果对商品不满意，销售企业一般会同意在商品售出一定期限内接受退货，或给予一定的销售折让；客户如果提前支付货款，销售企业则可能会给予一定的销售折扣。此类事项一般需要经过授权批准，并确保与办理此事有关的部门和员工各司其职，分别控制物流和会计处理。

9. 提取坏账准备。

企业一般定期对应收账款的信用风险进行评估，并根据预期信用损失计提坏账准备。

10. 核销坏账。

不管赊销部门的工作如何主动，客户因经营不善、宣告破产、死亡等原因而不支付货款的事仍可能发生。如有证据表明某项货款已无法收回，企业即通过适当的审批程序注销该笔货款。

综合上述业务活动中设计的内部控制，可以看出，在销售与收款循环中企业通常从以下方面设计和执行内部控制：

（1）适当的职责分离。

适当的职责分离不仅是预防舞弊的必要手段，也有助于防止各种有意或无意的错误。例如，主营业务收入账如果是由记录应收账款之外的员工独立登记，并由另一位不负责账簿记录的员工定期调节总账和明细账，就构成了一项交互牵制；规定负责主营业务收入和应收账款记账的员工不得经手货币资金，也是防止舞弊的一项重要控制。另外，销售人员通常有一种追求更大销售数量的自然倾向，而不考虑它是否将以巨额坏账损失为代价，赊销的审批则在一定程度上可以抑制这种倾向。因此，赊销批准职能与销售职能的分离，也是一种理想的控制。

为确保办理销售与收款业务的不相容岗位相互分离、制约和监督，一个企业销售与收款业务相关职责适当分离的基本要求通常包括：企业应当分别设立办理销售、发货、收款三项业务的部门（或岗位）；企业在销售合同订立前，应当指定专门人员就销售价格、信用政策、发货及收款方式等具体事项与客户进行谈判。谈判人员至少应有两人以上，并与订立合同的人员相分离；编制销售发票通知单的人员与开具销售发票的人员应相互分离；销售人员应当避免接触销货现款；企业应收票据的取得和贴现必须经由保管票据以外的主管人员的书面批准。

（2）恰当的授权审批。

对于授权审批问题，注册会计师应当关注以下四个关键点上的审批程序：其一，在销售发生之前，赊销已经正确审批；其二，非经正当审批，不得发出货物；其三，销售价格、销售条件、运费、折扣等必须经过审批；其四，审批人应当根据销售与收款授权批准制度的规定，在授权范围内进行审批，不得超越审批权限。对于超过企业既定销售政策和信用政策规定范围的特殊销售交易，需要经过适当的授权。前两项控制的目的在于防止企业因向虚构的或者无力支付货款的客户发货而蒙受损失；价格审批控制的目的在于保证销售交易按照企业定价政策规定的价格开票收款；对授权审批范围设定权限的目的则在于防止因审批人决策失误而造成严重损失。

（3）充分的凭证和记录。

充分的凭证和记录有助于企业执行各项控制以控制目标。例如，企业在收到客户订购单后，编制一份预先编号的一式多联的销售单，分别用于批准赊销、审批发货、记录发货数量以及向客户开具发票等。在这种制度下，通过定期清点销售单和销售发票，可以避免漏开发票或漏记销售的情况。又如，财务人员在记录销售交易之前，对相关的销售单、发运凭证和销售发票上的信息进行核对，以确保入账的营业收入是真实发生的、准确的。

（4）凭证的预先编号。

对凭证预先进行编号，旨在防止销售以后遗漏向客户开具发票或登记入账，也可防止重复开具发票或重复记账。当然，如果对凭证的编号不作清点，预先编号就会失去其控制意义。定期检查全部凭证的编号，并调查凭证缺号或重号的原因，是实施这项控制的关键点。在目前信息技术得以广泛运用的环境下，凭证预先编号这一控制在很多情况下由系统执行，同时辅以人工的监控（例如对系统生成的例外报告进行复核）。

（5）按月寄出对账单。

由不负责现金出纳和销售及应收账款记账的人员按月向客户寄发对账单，能促使客户在发现应付账款余额不正确后及时反馈有关信息。为了使这项控制更加有效，最好将账户余额中出现的所有核对不符的账项，指定一位既不掌管货币资金也不记录主营业务收入和应收账款账目的主管人员处理，然后由独立人员按月编制对账情况汇总报告并交管理层审阅。

（6）内部核查程序。

由内部审计人员或其他独立人员核查销售交易的处理和记录，是实现内部控制目标不可缺少的一项控制措施。销售与收款内部控制检查的主要内容包括：

①销售与收款交易相关岗位及人员的设置情况。重点检查是否存在销售与收款交易不相容职务混岗的现象。

②销售与收款交易授权批准制度的执行情况。重点检查授权批准手续是否健全，是否存在越权审批行为。

③销售的管理情祝。重点检查信用政策、销售政策的执行是否符合规定。

④收款的管理情况。重点检查销售收入是否及时入账，应收账款的催收是否有效，坏账核销和应收票据的管理是否符合规定。

⑤销售退回的管理情况。重点检查销售退回手续是否齐全，退回货物是否及时

入库。

此外，对于收款循环的内部控制而言，尽管由于每个企业的性质、所处行业、规模以及内部控制健全程度等不同，而使其与收款交易相关的内部控制内容有所不同，但以下与收款交易相关的内部控制内容是通常应当共同遵循的：

（1）企业应当按照《现金管理暂行条例》《支付结算办法》等规定，及时办理销售收款业务。

（2）企业应将销售收入及时入账，不得账外设账，不得擅自坐支现金。销售人员应当避免接触销售现款。

（3）企业应当建立应收账款信用风险分析制度和逾期应收账款催收制度。销售部门应当负责应收账款的催收，财会部门应当督促销售部门加紧催收。对催收无效的逾期应收账款可通过法律程序予以解决。

（4）企业应当按客户设置应收账款台账，及时登记每一客户应收账款余额增减变动情况和信用额度使用情况。对长期往来客户应当建立起完善的客户资料，并对客户资料实施动态管理，及时更新。

（5）企业对于可能成为坏账的应收账款，应当报告有关决策机构，由其进行审查，确定是否确认为坏账。企业发生的各项坏账，应查明原因，明确责任，并在履行规定的审批程序后作出会计处理。

（6）企业注销的坏账应当进行备查登记，做到账销案存。已注销的坏账又收回时应当及时入账，防止形成账外资金。

（7）企业应收票据的取得和贴现必须经由保管票据以外的主管人员的书面批准。应有专人保管应收票据，对于即将到期的应收票据，应及时向付款人提示付款；已贴现票据应在备查簿中登记，以便日后追踪管理；并应制订逾期票据的冲销管理程序和逾期票据追踪监控制度。

（8）企业应当定期与往来客户通过函证等方式核对应收账款、应收票据、预收款项等往来款项。如有不符，应查明原因，及时处理。

（三）风险评估程序

应实施风险评估程序，以了解销售与收款循环的相关内部控制制度及可能的风险点，识别和评估财务报表层次和认定层次的重大错报风险。了解被审计单位销售与收款循环的内部控制，并实施风险评估程序，是设计并实施进一步审计程序的基础。

在销售与收款循环实施风险评估程序、对注册会计师识别与收入确认相关的舞弊风险至关重要。例如，注册会计师通过了解被审计单位生产经营的基本情况、销售模式和业务流程、与收入相关的生产技术条件、收入的来源和构成、收入交易的特性、收入确认的具体原则、所在行业的特殊事项、重大异常交易的商业理由、被审计单位的业绩衡量等，有助于其考虑收入虚假错报可能采取的方式，从而设计恰当的审计程序以发现此类错报。

注册会计师应当了解下列内容，作为识别和评估会计估计（包括公允价值会计估计）重大错报风险的基础：（1）与会计估计（包括相关披露）相关的适用的财务报告编制基础的规定；（2）管理层如何识别可能需要作出会计估计并在财务报表中确认或披露的交易、事项和情况。在进行了解时，注册会计师应当向管理层询问可能导致新的或需要修改现有的会计估计的环境变化；（3）管理层如何作出会计估计，以及会计估计所依据的数据。

管理层作出会计估计的方法和依据包括：（1）用以作出会计估计的方法，包括模型（如适用）；（2）相关控制；（3）管理层是否利用专家的工作；（4）会计估计所依据的假设；（5）用以作出会计估计的方法是否已经发生或应当发生不同于上期的变化，以及变化的原因；（6）管理层是否评估以及如何评估估计不确定性的影响。

注册会计师可以通过了解适用的会计准则和相关会计制度的规定、被审计单位的业务和行业情况及实施其他风险评估程序的结果，评估收入确认的方式是否公允、恰当。注册会计师应当根据职业判断确定识别出的具有高度估计不确定性的会计估计（包括公允价值估计）是否会导致特别风险：注册会计师应当评价通过实施风险评估程序和执行其他相关活动获取的信息是否表明存在舞弊风险因素。例如，如果注册会计师通过实施风险评估程序了解到，被审计单位所处行业竞争激烈并伴随着利润率的下降，而管理层过于强调提高被审计单位利润水平的目标，则注册会计师需要警惕管理层通过实施舞弊高估收入从而高估利润的风险。审计人员应以职业谨慎态度高度关注相关舞弊风险迹象。存在舞弊风险迹象并不必然表明发生了舞弊，但了解舞弊风险迹象，有助于注册会计师对审计过程中发现的异常情况产生警觉，从而更有针对性地采取应对措施。

通常表明被审计单位在收入确认方面可能存在舞弊风险的情况举例如下：

1. 收入的复杂性。例如，被审计单位可能针对一些特定的产品或服务提供一些特殊的交易安排，但管理层可能对这些不同安排下所涉及的交易风险的判断缺乏经验，收入的确认容易发生错误。

2. 管理层凌驾于控制之上的风险。被审计单位在接近期末时发生了大量或大额的交易。虚增销售，进而美化经营成果和财务状况。

3. 注册会计师发现，被审计单位的顾客是否付款取决于下列情况：（1）能否从第三方取得融资；（2）能否转售给第三方（如经销商）；（3）被审计单位能否满足特定的重要条件。

4. 采用不正确的收入截止，可能导致本期收入以及本期期末应收账款余额、货币资金余额和应交税费余额的高估和低估。

5. 实际销售情况与订单、合同不符，或者根据已取消的订单、合同发货或重复发货。

6. 发生异常大量的现金交易，或被审计单位有非正常的资金流转及往来，特别是有非正常现金收付的情况。

（四）测试销售与收款循环的内部控制

在对被审计单位销售与收款循环的相关内部控制实施测试时，注册会计师需要注意以下几点：

1. 控制测试所使用的审计程序的类型主要包括询问、观察、检查和重新执行，其提供的保证程度依次递增。注册会计师需要根据所测试的内部控制的特征及需要获得的保证程度选用适当的测试程序。

2. 如果在期中实施了控制测试，注册会计师应当在年末审计时实施适当的前推程序，就控制在剩余期间的运行情况获取证据，以确定控制是否在整个被审计期间持续运行有效。

3. 控制测试的范围取决于注册会计师需要通过控制测试获取的保证程度。

4. 如果拟信赖的内部控制是由计算机执行的自动化控制，注册会计师除了测试自动化应用控制的运行有效性外，还需要就相关的信息技术一般控制的运行有效性获取审计证据。如果所测试的人工控制利用了系统生成的信息或报告，注册会计师除了测试人工控制外，还需要就系统生成的信息或报告的可靠性获取审计证据。

（五）销售与收款循环的控制测试

本循环常用的控制测试方式如下：

1. 从主营业务明细账中抽取部分业务记录，并与销货通知单、提货单、销售发票进行核对，确定它们的摘要、金额、日期等是否一致。其目的在于检查销货业务是否全部、及时、正确地入账，账簿记录中的销售业务是否确实发生。如果主营业务明细账中载明的销售业务找不到对应的原始凭证，则表明该笔销售业务可能是虚构的。

2. 抽取部分发票副本进行检查。检查以下内容：①检查是否附有销货通知单、提货单和客户订单，并核对销售发票与客户订单、销货通知单、提货单所载明的品名、规格、数量、价格、日期是否一致；②检查销售发票是否连续编号，作废发票的处理是否正确；③检查销售发票上的价格等是否经过批准以及数量、单价、金额是否正确。

3. 核对销售发票与客户订单、销货通知单、提货单。主要核对它们所记载的品名、数量等是否一致。

4. 抽取一定数量的出库单或提货单，与相关的销售发票核对。通过此核对检查，可以发现是否存在已发出的商品未开发票和未记账的情况。

5. 抽取一定数量的销售调整业务的会计凭证，复核有关销货退回、销售折扣与折让及坏账的核准与会计处理。主要复核：①有关销货退回、销售折扣与折让及坏账的业务有无授权审批手续；②有关凭证中的计算及金额是否正确。

6. 检查是否定期核对应收账款。观察对账单的寄送情况，并检查顾客回函档案。

7. 观察并询问职责分工情况。审计人员通过实地观察和询问了解该循环中的职责分工情况。

（六）主要账户的实质性程序

第一，营业收入的实质性程序。

1. 取得或编制主营业务收入明细表。

审计人员取得或编制主营业务收入明细表，与总账、明细账核对是否一致，并作为实施分析程序的基本资料。

2. 检查主营业务收入的确认条件、方法。

审计人员要查明主营业务收入的确认条件、方法，注意是否符合企业会计准则；前后期是否一致；关注周期性、偶然性的收入是否符合既定的收入确认原则、方法。

3. 实施以下实质性分析程序（必要时）。

（1）针对已识别需要运用分析程序的有关项目，并基于对被审计单位及其环境的了解，通过进行以下比较，同时考虑有关数据间关系的影响，以建立有关数据的期望值：

①将本期的主营业务收入与上期的主营业务收入、销售预算或预测数等进行比较，分析主营业务收入及其构成的变动是否异常，并分析异常变动的原因；

②计算本期重要产品的毛利率，与上期或预算或预测数据比较，检查是否存在异常，各期之间是否存在重大波动，并查明原因；

③比较本期各月各类主营业务收入的波动情况，分析其变动趋势是否正常，是否符合被审计单位季节性、周期性的经营规律，查明异常现象和重大波动的原因；

④将本期重要产品的毛利率与同行业企业进行对比分析，检查是否存在异常；

⑤根据增值税发票申报表或普通发票，估算全年收入，与实际收入金额比较。

（2）确定可接受的差异额。

（3）将实际的情况与期望值相比较，识别需要进一步调查的差异。

（4）如果其差额超过可接受的差异额，调查并获取充分的解释和恰当的佐证审计证据。

（5）评估分析程序的测试结果。

4. 实施销售的截止测试。

（1）目的。确定被审计单位主营业务收入业务的会计记录归属期是否正确，即应计入本期的是否推迟至下期，或者应计入下期的是否提前至本期。

（2）关键日期。发票开具日期或者收款日期、记账日期和发货日期。

（3）检查关键。检查三个日期是否归属于同一适当会计期间是主营业务收入截止测试的关键。

第二，应收账款的实质性程序。

1. 取得或编制应收账款明细表，分析有贷方余额的项目，查明原因，必要时，建议作重分类调整。

在企业会计核算中，应收账款明细账的余额一般在借方，表示被审计单位应收而未收的债权。如果某一应收账款明细账的余额在贷方，此时，其性质不是应收债权，而是预收款项。对于出现贷方余额的项目，应查明原因，必要时，作重分类调整。大额的贷方余额，必须查验相关合同和凭证，确认是预收账款，方可进行重分类调整。

2. 检查涉及应收账款的相关财务指标。

（1）复核应收账款借方累计发生额与主营业务收入是否合理，并将当期应收账款借方发生额占销售收入净额的百分比与管理层考核指标和被审计相关赊销政策比较，如存在异常，应查明原因（一般与信用政策和市场行情等有关，若没有变，则存在一定的规律性，间接查出是否有虚构的收入）；

（2）计算应收账款周转率、应收账款周转天数等指标，并与被审计单位的相关赊销政策、被审计单位以前年度指标、同行业同期相关指标对比分析，检查是否存在重大异常。

3. 获取或编制应收账款账的分析表，检查应收账款账龄分析是否正确。

账龄是指从销售实现、产生应收账款之日起，至资产负债表日止所经历的时间。审计人员应获取或编制应收账款账龄及坏账准备分析表，同时结合上年底稿对一年以上的应收账款的账龄进行分析，找出差异原因，以便了解应收账款的可收回性、坏账准备计提的充分性。

4. 向债务人函证应收账款。

函证是指审计人员为了获取影响财务报表或者相关披露认定的项目的信息，通过直接来自第三方对有关信息和现存状况的声明，获取和评价审计证据的过程，函证应收账款的目的在于证实应收账款账户余额的存在、正确性，防止或发现被审计单位及其有关人员在销售交易中发生错误或舞弊行为。通过函证应收账款，可以比较有效地证明被询证者（即债务人）的存在或被审计的记录的可靠性。

审计人员应当考虑被审计单位的经营环境、内部控制的有效性、应收账款账户的性质、被询证者处理询证函的习惯做法及回函的可能性等，以确定应收账款函证的范围、对象、方式和时间。

（1）函证的范围和对象。

除非有充分证据表明应收账款对被审计单位财务报表而言不重要或函证很可能无效，否则，审计人员必须对应收账款进行函证。如果不对应收账款进行函证，应在工作底稿中说明理由。如果认为函证很可能无效，审计人员应当实施替代审计程序获取充分、适当的审计证据。函证数量的多少和范围是由诸多因素决定的。其主要包括：

①应收账款在全部资产中的重要性。如果应收账款在全部资产中所占的比重较大，则函证的范围应相应大一些。

②被审计单位内部控制的强弱。如果内部控制制度较健全，则可以减少函证范围；反之，则应扩大函证范围。

③以前年度的函证结果。如果以前年度函证中发现过重大差异，或者欠款纠纷较多，则函证范围应相应扩大些。

一般情况下，审计人员应选择以下项目作为函证对象：

①大额或账龄较长的项目；

②与债务人发生纠纷的项目；

③关联方项目；

④主要客户（包括关系密切的客户）项目；

⑤交易频繁但期末余额较小甚至为零的项目；

⑥可能产生重大错报或舞弊的非正常的项目。

（2）函证方式的选择。

如果采用积极式的函证方式，则可以相应减少函证量；若采用消极式的函证方式，则要相应增加函证量。

①积极式函证方式。采用积极式函证方式，审计人员要求该询证者在所有情况下必须回函，确认询证函中列示的信息是否正确或填列询证函要求的信息。

②消极式函证方式。采用这种函证方式，审计人员要求被询证者仅在不同意询证函列示信息的情况下才予以回函。

③函证方式的选择。在审计实务中，审计人员可单独采用积极或消极的函证方式实施函证，也可将两种方式结合起来使用。积极式函证方式通常比消极式函证方式提供的审计证据可靠。当同时存在以下情况时，审计人员可以考虑采用消极函证方式：重大错报风险评估为低水平；涉及大量余额较小的账户；预期不存在大量的错误；没有理由相信被询证者不认真对待函证。

（3）函证时间的选择。

为了充分发挥函证的作用，应恰当选择函证的实施时间。审计人员通常以资产负债表日为截止日，在资产负债表日后适当时间实施函证。如果重大错报风险评估为低水平，审计人员可选择资产负债表日前适当的日期为截止日实施函证，并对所函证项目自该截止日起至资产负债表日止发生的变动实施实质性程序。

（4）函证的控制。

审计人员通常利用被审计单位提供的应收账款明细账户名称及客户地址等资料编制询证函，但审计人员应当对选择被询证者、设计询证函以及发出和收回询证函保持控制。具体的控制措施有：将被询证者的名称、地址与被审计单位有关记录核对；将询证函中列示的账户金额或其他信息与被审计单位有关资料核对；询证函被审计单位盖章后，由审计人员直接发出；在询证函中指明直接向接受审计业务委托的会计师事务所回函；将发出询证函的情况记录于工作底稿；将收到的回函形成工作底稿并汇总统计函证结果等。实务中，审计人员一般通过完成函证结果汇总表的方式对询证函的收回情况加以控制。

（5）函证结果差异的分析。

收回的询证函若有差异，即函证出现了不符事项，审计人员应当首先提请被审计单位查明原因，并作进一步分析和核实。不符事项的原因可能是双方登记入账的时间不同，或是一方或双方结账错误，也可能是被审计单位发生了舞弊行为。对应收账款而言，登记入账的时间不同而产生的不符事项主要表现为：

①询证函发出时，债务人已经付款，而被审计单位尚未收到货款；

②询证函发出时，被审计单位的货物已经发出并作销售记录，但货物仍在途中，债务人尚未收到货物；

③债务人由于某种原因将货物退回，而被审计单位尚未收到；

④债务人对收到的货物的数量、质量及价格等方面有异议而全部或部分拒付货款的。如果不符事项构成错误，审计人员应当重新考虑所实施审计程序的性质、时间和范围。

（6）对函证结果的总结和评价。

审计人员对函证结果可进行如下评价：

①审计人员应重新考虑：对内部控制的原有评价是否适当；控制测试的结果是否适当；分析程序的结果是否适当；相关的风险评价是否适当等。

②如果函证结果表明没有审计差异，则审计人员可以合理地推论，全部应收账款总体是正确的。

③如果函证结果表明存在审计差异，审计人员应当估算应收账款总额中可能出现的累计差错是多少，以及未被选中进行函证的应收账款的累计差错是多少。为取得对应收账款累计差错更加准确的估计，也可以进一步扩大函证范围。

需要指出的是，审计人员应当将询证函回函作为审计证据，纳入审计工作底稿管理，询证函回函的所有权归属在会计师事务所。除法院、检察院及其他有关部门依法查阅审计工作底稿、注册会计师协会对执业情况进行检查以及前后任注册会计师沟通等情况外，会计师事务所不得将询证函回函提供给被审计单位作为法律诉讼证据。

二、案例资料

案例一　永佳公司主营业务收入审计案例

（一）案例背景

永佳公司坐落于东山市高科技园区信息产业基地，是国内著名的系统集成商，连续被东山市高新技术产业开发实验区评为“经济二十强企业”，被东山市评为“重合同，守信用”企业，通过了 ISO 9001 质量管理体系认证；毗邻东山市的高速公路，道路通畅便利。作为东山市高新技术企业，永佳公司运营环境良好，享受诸多高新技术企业的优惠政策。

公司经营范围：开发、生产计算机软件、硬件、显示器、计算机外部设备；网络信息技术、电子商务技术、电子政务技术、数据库技术、通信技术、工业自动化技术的开发与应用；计算机系统集成；自产产品的安装、调试、维修、技术转让、技术培训、技术服务；承接技术咨询和外包服务；销售自产产品。

东方会计师事务所于2018年1月16日至2月28日对永佳公司2017年度财务报表进行审计，其中注册会计师李全、马安负责审计销售与收款循环业务。经初步了解，永佳公司2017年度的经营形势、管理及经营机构与2016年度比较未发生重大变化。

（二）案例内容和审计过程

1. 审计目标。

（1）评价主营业务收入内部控制的健全性与有效性；

（2）确定主营业务收入会计处理的合法性与公允性。

2. 对主营业务收入环节进行风险评估和控制测试。

在实施用以识别和评估重大错报风险相关的审计程序后，注册会计师李全、马安充分关注可能表明永佳公司存在重大错报风险的事项和情况。永佳公司2017年度未经审计的利润表数据见表7－1，2017年度1～12月未经审计的营业收入、营业成本见表7－2。注册会计师据此分析发现，永佳公司在2017年度的经营形势、管理及经营机构与2016年度比较未发生重大变化的情况下，利润表数据反映2017年全年营业收入比2016年增加了77.08%，2017年全年营业成本比2016年增加了71.35%，增长幅度都很大，销售费用变化却不大，管理费用还减少了23%，所得税费用数据异常；2017年1～12月未经审计的营业收入、营业成本数据反映12月营业收入变动很大。

表7－1　　2017年度未经审计的利润表　　单位：万元

项目	本期金额	上期金额
一、营业收入	10 300.00	5 816.58
减：营业成本	5 345.00	3 119.35
税金及附加	560.00	421.00
销售费用	1 100.00	968.00
管理费用	1 200.00	1 558.45
财务费用	180.00	176.00
资产减值损失	6.00	0
加：公允价值变动收益（损失以“－”号填列）	0	0
投资收益（损失以“－”号填列）	0	0
其中：对联营企业和合营企业的投资收益	0	0

续表

项目	本期金额	上期金额
二、营业利润	1 909.00	-426.22
加：营业外收入	10.00	8.00
其中：非流动资产处置利得	0	0
减：营业外支出	26.00	12.00
其中：非流动资产处置损失	12.00	0
三、利润总额（亏损总额以“-”号填列）	1 893.00	-430.22
减：所得税费用	208.23	0
四、净利润（净亏损以“-”号填列）	1 684.77	-430.22
五、其他综合收益的税后净额（略）		
（一）以后不能重分类进损益的其他综合收益		
（二）以后将重分类进损益的其他综合收益		
六、综合收益总额（略）		
七、每股收益（略）		
（一）基本每股收益		
（二）稀释每股收益		

表7-2　2017年1~12月未经审计的营业收入、营业成本

月份	营业收入（万元）	占全年营业收入的比重（%）	营业成本（万元）	占全年营业成本的比重（%）
1	770.23	7.48	440.32	8.24
2	750.46	7.29	393.62	7.36
3	730.78	7.09	378.96	7.09
4	760.36	7.38	393.87	7.37
5	770.23	7.48	406.22	7.60
6	775.19	7.53	404.31	7.56
7	785.56	7.63	414.22	7.75
8	760.35	7.38	397.45	7.44
9	750.46	7.29	397.56	7.44
10	780.12	7.57	413.81	7.74
11	799.90	7.76	423.64	7.93
12	1 866.36	18.12	881.02	16.48
合计	10 300.00	100.00	5 345.00	100.00

考虑到由于上述事项和情况导致的重大错报风险比较重大，以及该风险导致财务报表发生重大错报的可能性也比较大，注册会计师再将所了解的控制与特定认定相联系，考虑对识别的销售与收款交易、账户余额和披露认定

层次的重大错报风险的评估和汇总，认为永佳公司销售与收款循环的重大错报风险的评估结果为高水平。

根据审计计划的要求，李全对销售与收款循环进行了控制测试。审计人员首先通过使用调查表等方法对永佳公司销售与收款循环的内部控制进行了调查了解，调查表如表7-3所示，初步认为永佳公司的内部控制具有一定的有效性。李全运用抽查凭证法、实地考察法等对销售与收款循环的内部控制进行了一定范围的控制测试，在此基础上，对其进行了评价。

表7-3　　销售与收款内部控制调查表

被审计单位名称	财务报表期间	工作底稿索引号
永佳公司	截至2017年12月31日	J1
编制人及复核人员签字：		
编制人：李全	日期：2018年1月18日	
复核人：马安	日期：2018年2月5日	
项目质量控制复核人：齐君	日期：2018年2月6日	

调查问题	调查结果				备注
	是	否	较弱	不适用	
1. 是否有专门人员处理客户订单？	√				
2. 是否在每次销售前检查顾客的信用情况，并由授权部门审批赊销金额？	√				
3. 是否根据销售通知单填写出库单？	√				
4. 对已接受的顾客订单，是否由业务部门编制已连续编号的销售通知单？	√				
5. 出库单是否连续编号？	√				
6. 货物装运是否与销售通知单核对？		√			
7. 销售发票是否由专人负责保管，并对开具的发票由其他人员独立复核？	√				
8. 作废的发票是否加盖“作废”戳记，并保留在发票本上？			√		
9. 销售发票是否按号连续记入主营业务收入日记账？	√				
10. 主营业务收入总账、明细账和应收账款总账、明细账及款项的收回的登记是否分离？	√				
11. 销售、应收账款明细账和总账是否定期核对？		√			
12. 是否定期与顾客核对应收账款明细账？		√			
13. 销售退回和折让是否经授权的销售人员批准？			√		

李全抽取20%的销售发票作为样本进行检查。销售发票是非常重要的原始凭证，是向顾客收取货款、登记有关销售账户和应收款总账和明细账的

依据。李全在选取样本之前，首先检查了发票上的存根是否完整，并从发票日期判断是否按顺序开具发票。李全随机抽取发票并进行了检查，测试过程记录如表 7 – 4 所示。

表 7 – 4　　销售发票控制测试过程表

被审计单位名称	财务报表期间		工作底稿索引号
永佳公司	截至 2017 年 12 月 31 日		J1 – 1
编制人及复核人员签字：			
编制人：李全		日期：2018 年 1 月 26 日	
复核人：郑洁		日期：2018 年 2 月 1 日	
项目质量控制复核人：齐君		日期：2018 年 2 月 2 日	

序号	测试过程记录	备注
1	抽取 6 月份开出的所有销售发票，发现编号连续，无缺号，只有 2 张作废发票，均有“作废”印章	附有 Y1 – 2 控制测试底稿
2	随机抽取 2017 年开出的销售发票 200 份，与销售合同、销售通知单、商品价目表、主营业务收入明细账和应收账款明细账等进行核对，合同内容、销售数量、销售价格和金额相互之间相符率比较高，但发现有 2 张销售发票与销售合同、销售通知单金额不符	附有 Y1 – 3 底稿
3	将发运单、装货单和销售发票核对，发现有已经开出销售发票但无发运单和装货单的情形，误差比率为 3%	附有 Y1 – 4 底稿
4	1 ~ 12 月份折让业务发生 3 笔，均由销售经理批准。有 14 笔销售退回业务，附有红字销售发票，但有 2 笔无主管人员签字，有对方税务部门开具的有关证明，会计处理恰当	附有 Y1 – 5 底稿

注：相关的控制测试底稿略。

从上述控制测试结果来看，永佳公司的销售与收款循环内部控制得到了执行，但在有些控制环节依然有风险存在。从内部控制调查表和控制测试表中可以发现，永佳公司销售发票的开具与发运单、装货单的核对机制较弱，致使出现了销售发票与相关凭据不符的情形，为销售发票的虚开提供了可能；应收款项未能定期与客户核对，应收款项的管理较为混乱。

3. 对主营业务收入环节实施实质性程序。

（1）在对该公司 2017 年度与 2016 年度利润表进行分析后，注册会计师认为利润表的重点审计领域为营业收入、营业成本、管理费用、所得税费用。其原因在于：第一，2017 年度的经营环境与 2016 年度比较未发生重大变化，而营业收入却增长了 77.08%，营业成本增长了 71.35%；第二，2017 年度的经营状况与 2016 年度相比，在收入大幅增长的情况下，管理费用出现大幅度下降，下降比例为 23%；第三，所得税与利润总额的比例仅为 11%，远小于 25%。

（2）进行主营业务收入与成本分析，比较 2017 年度各月份主营业务收入和主营业务成本的波动情况（见表7－5），发现12月的主营业务收入和主营业务成本增长较快；产品毛利率的变化情况基本与收入和成本相配比。所以应重点审查2017年度1月和12月的主营业务收入和主营业务成本。同时还发现，2017年全年平均毛利率为48.11%，1月为42.83%，12月为52.79%，其他各月均在47%左右，且12月的收入占全年总收入的比重达18.12%，其他各月均在7%左右，所以1月和12月的主营业务收入和主营业务成本重大错报风险较大，应进一步执行细节测试。

表7－5　　主营业务收入与成本分析表

被审计单位名称	财务报表期间		工作底稿索引号	
永佳公司	截至2017年12月31日		D1－1	
编制人及复核人员签字：				
编制人：李全		日期：2018年1月26日		
复核人：马安		日期：2018年2月1日		
项目质量控制复核人：齐君		日期：2018年2月2日		
项目月份	主营业务收入（元）①	主营业务成本（元）②	毛利率（%）③＝（①－②）/①	备注
1	7 702 300	4 403 200	42.83	
2	7 504 600	3 936 200	47.55	
3	7 307 800	3 789 600	48.14	
4	7 603 600	3 938 700	48.20	
5	7 702 300	4 062 200	47.26	
6	7 751 900	4 043 100	47.84	
7	7 855 600	4 142 200	47.27	
8	7 603 500	3 974 500	47.73	
9	7 504 600	3 975 600	47.02	
10	7 801 200	4 138 100	46.96	
11	7 999 000	4 236 400	47.04	
12	18 663 600	8 810 200	52.79	
本年数	103 000 000	53 450 000	48.11	
上年数	58 165 800	31 193 500	46.37	

（3）进行凭证抽查，发现收入虚记的确切证据。审计人员实施凭证抽查程序时发现下列几笔重要销售业务：

业务1：销售给益华公司计算机20台，共计18 7200元（含税，增值税税率为17%）。相关合同约定：签订合同后暂不付款，安装完毕，试运行1个月并经验收合格后支付货款。永佳公司于2017年12月9日发货，经双方签字盖章的安装验收报告日期为2018年1月11日，销售发票日期为2017

年12月11日。永佳公司于2017年12月11日确认该项营业收入。

对于销售给益华公司的计算机收入，注册会计师认为应在验收合格后确认。因此，提请永佳公司调减已入账的收入：

借：主营业务收入　　160 000

　　应交税费——应交增值税（销项税额）　　27 200

　　贷：应收账款———益华公司　　187 200

业务2：销售给尔华公司计算机30台，共计280 800元（含税，增值税税率为17%）。相关合同约定：签订合同后暂不付款，出具安装验收报告后付清全部货款，永佳公司于2017年12月10日发货。实际执行情况是：经双方签字盖章的安装验收报告日期为2018年1月11日，永佳公司于2017年12月11日确认该项营业收入。注册会计师在抽查时未能取得该项销售业务的发货单据，永佳公司给出的理由为供货单位接受永佳公司指令直接将货物发运至尔华公司。

对于销售给尔华公司的计算机收入，注册会计师实施了进一步的实质性程序。获取相关发运凭证后，证明确已发货；通过检查安装记录及费用的发生情况，并向购货单位函证，证明此笔销售业务确已发生，可以确认收入，但是应计入2018年1月。因此，提请永佳公司调减2017年度已入账收入：

借：主营业务收入　　240 000

　　应交税费——应交增值税（销项税额）　　40 800

　　贷：应收账款——尔华公司　　280 800

业务3：销售给武华公司计算机合计22台，货款合计196 548元（含税，增值税税率为17%）。相关合同约定：签订合同后支付货款合计30 000元，货物发出后支付货款合计60 000元，发货日期为2017年12月13日。实际执行中，永佳公司于2017年12月13日向武华公司开具发票。截至2017年12月31日，永佳公司已经收取货款90 000元，并确认2017年度该项营业收入。注册会计师在审计中注意到，上述货物尚放在永佳公司仓库，永佳公司为此提供了武华公司2017年12月13日的传真一份，内容为："由于本公司原因，自贵公司购进的计算机暂存贵公司，货物的所有权即日起转移至本公司。"

对于销售给武华公司的计算机收入，注册会计师向武华公司发出询证函。函证其是否欠永佳公司购货款，并同时函证传真的真实性。该公司没有回函。因此，注册会计师认为这笔销售业务不能确认收入，建议作出如下调整：

借：主营业务收入　　167 990

　　应交税费——应交增值税（销项税额）　　28 558

　　贷：应收账款——武华公司　　196 548

业务4：销售给思达公司计算机60台，货款共计446 760元（含税，增值税税率为17%）；销售给武星公司计算机130台，货款共计967 980元。发货单、销售单、安装验收报告、销售合同经核对后无异常，截至2017年12月31日，未收到货款。2017年度，永佳公司确认上述两项为营业收入。注册会计师在对思达、武星公司的应收款项进行函证时，两家公司回函均表示已经退货。经检查，永佳公司已于2018年2月10日分别冲减了当月营业收入和相关营业成本。

注册会计师认为此项销售业务属于应该调节的资产负债表日后事项，建议调减2017年度营业收入：

借：主营业务收入　　1 209 180
　　应交税费——应交增值税（销项税额）　　205 560
　　贷：应收账款——思达公司　　446 760
　　　　　　　　——武星公司　　967 980

（4）审查收入确认和关联方交易，发现价格高估行为。审计人员在抽查销售明细账和销售发票的过程中还发现，永佳公司对关联方方科电器集团的销售额为26 780万元，占同期主营业务收入总额的26%。从发票所列的销售单价来看，同种产品的价格方科电器集团明显高于其他客户。若按对非关联方的加权平均价格对方科电器集团的销售重新加以计算，主营业务收入应为26 680万元，多记100万元。对于这部分多记金额，按照《企业会计准则第36号——关联方披露》的有关规定，永佳公司与方科电器集团的关联方交易应当在报表附注中予以详细披露，披露关联方关系的性质、交易类型及交易要素。

永佳公司为方科电器集团的母公司，此次交易类型为购买或销售商品，交易要素至少应当包括：

第一，交易的金额；

第二，未结算项目的金额、条款和条件，以及有关提供或取得担保的信息；

第三，未结算应收项目的坏账准备金额；

第四，定价政策。

永佳公司只有在提供确凿证据的情况下，才能披露此次关联方交易是公平交易。

（5）进行销售截止性测试，发现主营业务收入入账期间不恰当。为了确认永佳公司主营业务收入和应收账款的截止期是否正确，审计人员对2017年12月的最后4笔销售和2018年1月的前4笔销售的相关凭证进行了抽查，抽查记录见审计工作底稿，如表7-6所示。

表 7－6　　　　　　　　主营业务收入截止性测试表

<table>
<tr><td colspan="2">被审计单位名称</td><td colspan="4">财务报表期间</td><td colspan="3">工作底稿索引号</td></tr>
<tr><td colspan="2">永佳公司</td><td colspan="4">截至 2017 年 12 月 31 日</td><td colspan="3">D1 －2</td></tr>
<tr><td colspan="9">编制人及复核人员签字：</td></tr>
<tr><td colspan="5">编制人：李全</td><td colspan="4">日期：2018 年 1 月 26 日</td></tr>
<tr><td colspan="5">复核人：马安</td><td colspan="4">日期：2018 年 2 月 1 日</td></tr>
<tr><td colspan="5">项目质量控制复核人：齐君</td><td colspan="4">日期：2018 年 2 月 2 日</td></tr>
<tr><td rowspan="2">客户名称</td><td colspan="4">发票记录</td><td colspan="2">记账凭证</td><td>出库单</td><td rowspan="2">备注</td></tr>
<tr><td>编号</td><td>日期</td><td>数量（张）</td><td>金额（含税）（元）</td><td>日期</td><td>编号</td><td>日期</td></tr>
<tr><td>精密公司</td><td>1542</td><td>2017. 12. 20</td><td>35</td><td>23 400</td><td>2017. 12. 22</td><td>转字 125</td><td>2018. 01. 20</td><td>H，需调整</td></tr>
<tr><td>禅味公司</td><td>1543</td><td>2017. 12. 25</td><td>28</td><td>18 900</td><td>2017. 12. 26</td><td>银收字 56</td><td>2017. 12. 25</td><td>√，H</td></tr>
<tr><td>巨人公司</td><td>1544</td><td>2017. 12. 28</td><td>90</td><td>72 540</td><td>2017. 12. 29</td><td>转字 140</td><td>2018. 01. 14</td><td>H，需调整</td></tr>
<tr><td>羽田公司</td><td>1545</td><td>2017. 12. 31</td><td>68</td><td>48 300</td><td>2018. 01. 05</td><td>转字 18</td><td>2018. 01. 01</td><td>√，H</td></tr>
<tr><td>轻语公司</td><td>1546</td><td>2018. 01. 05</td><td>35</td><td>24 000</td><td>2018. 01. 07</td><td>转字 23</td><td>2018. 01. 05</td><td>发票和出库单均为红字，退货</td></tr>
<tr><td>…</td><td></td><td></td><td></td><td></td><td></td><td></td><td></td><td></td></tr>
<tr><td colspan="9">审计说明：对精密公司和巨人公司的销售，经与销售合同核对，具体供货日期为 2018 年 1 月份，但永佳公司将这两笔业务均记入了 2017 年度，入账期间提前，应调入 2018 年，调整主营业务收入的分录为（假设成本为 7 000 元）：
借：主营业务收入　　82 000
　应交税费——应交增值税（销项税额）　　13 940
　贷：应收账款——巨人公司　　72 540
　　　　　　——精密公司　　23 400
借：库存商品　　70 000
　贷：主营业务成本　　70 000
对轻语公司的退货在 1 月份的记录中作为资产负债表日后事项进行了处理，账务处理正确</td></tr>
</table>

注：√表示与发货核对相符，H 表示过入明细账和总账。

（三）案例分析

1. 审计人员要有足够的风险意识。

永佳公司作为上市公司，面临着二级市场的压力，容易出现虚报利润行为，审计人员对此应有足够的风险意识，不论业绩好的公司还是业绩不好的公司都有舞弊的动机。审计人员在进行公司风险分析时，应从公司的发展战略入手，结合公司所面临的内外部压力，确定审计的重点领域，查找可能存在的舞弊迹象。

2. 进行分析程序要关注多方面的信息。

审计人员对主营业务收入进行分析程序时，要关注多方面的信息。如本案例所述，审计人员进行分析程序时，要关注被审计单位整体财务状况的变化情况，如盈利能力、偿债能力等的变化情况；若被审计单位某一期间毛利率发生大幅波动，则应分析其可能性，分析时不仅要关注公司本身的数据，还应结合宏观环境进行分析；对主营业务收入和应收账款的同步增长应予以足够的关注，尤其是在收入与应收账款同步增长而销售费用呈现下降趋势时更应予以关注。

审计人员在审计时不应仅满足于凭证、合同之间的数据相符，还应考虑可能存在虚假销售记录和关联方交易问题。审计人员在进行分析程序时如果认为有必要，可以抽出某一核心产品的资料进行详细分析，与上年资料进行对比以发现变化，同时分析变化的原因，尤其对价格、数量和产品结构进行合理性分析；应审查价格变动趋势、价格审批控制、折扣与折让情况、关联方交易的特殊作价；对数量的审查应与成本的结转、本期存货的数量变化相联系，并结合企业的生产能力考核其可能性。

3. 从根源上审查会计造假。

会计造假不再仅仅停留在凭证和账簿之间，更为可怕的是在源头造假，虚假的购销合同是会计造假经常使用的手段，审计人员对此应有足够的警惕性。

4. 主营业务收入中的舞弊动机及手段。

被审计单位对主营业务收入的舞弊可能存在多种动机。本案例中的舞弊属于高估行为，在许多企业中还存在收入的隐瞒和转移行为，有时是出于逃税的目的，有时是为了以丰补歉。常用手法是取得货款后，双方协商暂不开票，或以非法票据顶替，会计仅借记“银行存款”，贷记“往来科目”（预收或应付），利用企业之间出租出借账户将货款转移到账外，进行资金的体外循环，造成公司资产的流失或滥用。

5. 对主营业务收入应进行截止性测试。

审计人员应对主营业务收入进行截止性测试，避免企业将不同会计期间的收入混同或调整，具体测试时既可以销售发票为线索，也可以发货单或销售明细账为线索，但3种不同的测试路线各有优势和缺点。

案例二 黑泽公司应收账款及坏账准备审计案例

（一）案例背景

华永会计师事务所自2004年开始接受黑泽股份有限公司（以下简称黑泽公司）董事会的委托，对黑泽公司进行年度会计报表审计。根据双方所签订的审计约定书，华永会计师事务所成立了以李明为项目组长，张芳、张迪、谢雨为组员的项目组，于2008年3月15日至4月6日对黑泽公司2007年度的会计报表进行了审计。本案例主要反映应收款项的审计过程及相关问题。

黑泽公司是由原黑泽集团内剥离出的部分优质资产组建而成的，于2003年在上海证券交易所上市，总股本为10 600万股，其中法人股为600万股，国家股为7 000万股，流通A股为3 000万股。黑泽公司主营各类大型重型机床、专用机械设备、食品机械等产品的开发、制造和销售。

（二）案例内容与审计过程

1. 审计目标。

（1）评价应收账款与坏账准备内部控制的健全性与有效性；

（2）确定应收账款与坏账准备会计处理的合法性与公允性。

2. 对应收款项环节进行风险评估和控制测试。

黑泽公司主营各类大型重型机床、专用机械设备、食品机械等产品的开发、制造和销售。公司所在的行业竞争并不是很激烈。公司由原来的国有企业改制组建而成，具有较强的国有背景，难免存在管理上的漏洞。项目组通过了解得知，公司曾经出现过应收款项被不法财务人员截留的情况。上年的审计资料显示，公司坏账准备的计提存在问题较多。黑泽公司作为由国有企业部分优质资产组建而成的公司，与母公司有非常多的经济往来，容易产生大股东占款的问题。

根据审计计划，张迪首先对应收款项进行了控制测试。张迪通过调查表法对黑泽公司应收款项的内部控制制度进行了调查了解，调查表如表7－7所示。张迪以文字的形式对调查结果进行了描述，并运用抽查凭证、实地观察、询问等方法对应收款项的内部控制进行了测试，在此基础上，对其进行了评价。

表7－7　销售与收款内部控制调查表

<table>
<tr><td colspan="2">被审计单位名称</td><td colspan="3">财务报表期间</td><td colspan="2">工作底稿索引号</td></tr>
<tr><td colspan="2">黑泽公司</td><td colspan="3">截至2007年12月31日</td><td colspan="2">G1－1</td></tr>
<tr><td colspan="7">编制人及复核人员签字：</td></tr>
<tr><td colspan="2">编制人：张迪</td><td colspan="5">日期：2008年3月16日</td></tr>
<tr><td colspan="2">复核人：李明</td><td colspan="5">日期：2008年3月21日</td></tr>
<tr><td colspan="2">项目质量控制复核人：郭通</td><td colspan="5">日期：2008年3月22日</td></tr>
<tr><td colspan="2" rowspan="2">调查问题</td><td colspan="4">调查结果</td><td rowspan="2">备注</td></tr>
<tr><td>是</td><td>否</td><td>较弱</td><td>不适用</td></tr>
<tr><td colspan="2">1. 是否在每次赊销前检查顾客的信用情况？</td><td>√</td><td></td><td></td><td></td><td></td></tr>
<tr><td colspan="2">2. 财务部门是否根据销售发票、装运凭证等由专门人员登记应收账款明细账？</td><td>√</td><td></td><td></td><td></td><td></td></tr>
</table>

续表

调查问题	调查结果				备注
	是	否	较弱	不适用	
3. 是否定期向顾客寄送对账单核对应收款项?			√		
4. 应收账款总账、明细账及款项的收回的登记是否由2人以上负责?	√				
5. 大股东的借款超过50万元是否经过董事会批准?		√			
6. 是否定期进行应收款项的账龄分析?	√				
7. 坏账准备的转销是否有专门的审批程序?			√		
8. 销售退回和折让是否经授权的销售人员批准?	√				

张迪根据从不同方面收回的应收款项内部控制调查情况，并结合内部控制调查表，进行了综合分析，认为黑泽公司应收款项内部控制有的方面是健全有效的，能较好地保证应收款项记录的正确，而有的方面还存在缺陷。归纳的结论如下：

(1) 从调查表中的调查结果可见，黑泽公司的应收款项内部控制的主要优势有：

第一，在赊销前能检查、核对顾客的信用情况，这一控制措施能保证将货物销售给信用水平较高的顾客，使应收款项的坏账发生比例较低；

第二，对应收款项明细账和总账的登记由专门人员负责，并对款项的收回由出纳人员负责，能保证不相容职责的分离，避免款项收回不入账、被贪污或挪用等事件的发生；

第三，销售退回和折让经授权的销售人员审批可以避免财务人员随意冲减应收款项的事情发生。

(2) 从调查表中的调查结果可见，黑泽公司的应收款项内部控制的主要缺陷有：

第一，对应收款项很少给债务人寄送对账单不能及时发现双方记账中可能存在的错误，同时也不能及时了解对方的财务状况，即使对方发生了清算事宜也无法了解，增加了应收款项的收回难度及发生坏账的可能性，尤其对双方往来比较频繁的客户，不及时对账容易产生纠纷；

第二，大股东借款不通过董事会批准容易发生大股东任意占用黑泽公司款项的情况，这会侵害中小股东的权益，一旦大股东欠款不能收回，将导致黑泽公司发生巨额坏账损失；

第三，坏账转销的审批手续执行得不是十分严格，增加了坏账转销的随意性，一旦发生坏账转销后款项又收回的情形，款项容易被贪污或挪用。

总体来说，黑泽公司应收款项的内部控制制度有一定的可靠性，可以适当依赖，但对内部控制的薄弱环节应加大审核力度。

综合上述情况，项目组认为，黑泽公司应收款项重大错报风险水平较高。

3. 对应收款项环节实施实质性程序。

有关黑泽公司未审核的应收款项及坏账准备的总账数据，如表7-8所示。

表7-8　　销售与收款内部控制调查表

<table>
<tr><td colspan="2">被审计单位名称</td><td colspan="2">财务报表期间</td><td>工作底稿索引号</td></tr>
<tr><td colspan="2">黑泽公司</td><td colspan="2">截至2007年12月31日</td><td>G1-2</td></tr>
<tr><td colspan="5">编制人及复核人员签字：</td></tr>
<tr><td colspan="3">编制人：张迪</td><td colspan="2">日期：2008年3月16日</td></tr>
<tr><td colspan="3">复核人：李明</td><td colspan="2">日期：2008年3月21日</td></tr>
<tr><td colspan="3">项目质量控制复核人：郭通</td><td colspan="2">日期：2008年3月22日</td></tr>
<tr><td>项目</td><td>期初余额</td><td>本期增加</td><td>本期减少</td><td>期末余额</td></tr>
<tr><td>应收账款</td><td>350</td><td>670</td><td>320</td><td>700</td></tr>
<tr><td>预付账款</td><td>320</td><td>200</td><td>300</td><td>220</td></tr>
<tr><td>其他应收款</td><td>280</td><td>230</td><td>200</td><td>310</td></tr>
<tr><td>坏账准备</td><td>120</td><td>200</td><td>181</td><td>139</td></tr>
<tr><td>本期主营业务收入</td><td colspan="4">1 575</td></tr>
</table>

注：坏账准备的提取方法为账龄分析法。

在对应收账款执行实质性程序时，审计人员应对应收账款进行分析程序，并对其加以归类、分层，确定函证对象和方式，同时结合对应收账款的凭证抽查及明细账的审核来发现应收账款核算中存在的问题。具体过程如下：

（1）通过对应收款项进行分析程序，发现应收账款异常波动。张迪发现，本期应收账款期末余额与期初余额相比有较大变化，本期期末余额为700万元，上期期末余额为350万元，增幅高达100%；应收账款的周转率本期为3次，上期为4次，本期期末应收账款占主营业务收入的比率高达44%。从以上分析可见，本期应收账款增幅过大，变化异常，必须予以特殊关注。

（2）通过对大额应收款项进行凭证抽查，并执行函证程序，发现应收账款和主营业务收入虚记。根据分析程序显示的结果，审计人员对大额应收账款进行了大范围的凭证抽查，发现其中合阳公司、伟名公司、中拓服装制造厂、精细饮料、齐业电子5家单位合计金额为175.5万元的应收账款余额有异常，主要表现是余额大小超出正常变化范围。审计人员发现，黑泽公司对这5家单位的销售无销售合同和顾客订单，同时未发现出库单，也无货运凭证，向对方函证后也未见回函，经多方查找后确认对这5家公司的应收账款和主营业务收入均为虚记。审计人员要求冲销多记的应收账款和主营业务收入。调整分录为：

借：主营业务收入 1 500 000

应交税费——应交增值税（销项税额） 255 000

贷：应收账款 1 755 000

（3）执行函证程序，发现在应收款项中隐含的其他问题。审计人员一方面对应收款项进行大规模的凭证抽查，另一方面设计了完备的函证方案，具体过程如下。

张迪根据黑泽公司应收款项明细账余额进行分类，并设计函证方式和确定函证对象，如表7－9所示。

表7－9　　应收款项明细账余额分类及函证方式和对象表

被审计单位名称	财务报表期间		工作底稿索引号	
黑泽公司	截至2007年12月31日		G1－3	
编制人及复核人员签字：				
编制人：张迪		日期：2008年3月16日		
复核人：李明		日期：2008年3月21日		
项目质量控制复核人：郭通		日期：2008年3月22日		
项目	余额	户数	函证方式	函证数量
应收账款	100万元以上	1	积极式函证	全部函证
	50万～100万元	2	积极式函证	全部函证
	10万～50万元	26	积极式函证	选取24户函证
	1万～10万元	20	消极式函证	选取10户函证
	1万元以下	8	消极式函证	选取3户函证
预付账款	100万元以上	1	积极式函证	全部函证
	50万～100万元	2	积极式函证	全部函证
	50万元以下	0		
其他应收款	50万元以上	2	积极式函证	全部函证
	10万～50万元	3	积极式函证	全部函证
	10万元以下	为内部备用金及职工欠款		

张迪根据上述分析结果发出询证函，为了确保及时回函，他将拟好的询证函通过传真方式发给对方，并要求对方以传真的形式尽快将函证结果返回，随后再补寄回函至会计师事务所。在预定的时间范围内，张迪发送积极式询证函35份，收到了其中30家的回函。对超过预定时间未回函的5家单位，张迪进行了第二次发函，其后收到了3家单位的回函，最后仍有亨达公司、林银公司2家单位未回函。在发送的消极式询证函中，张迪收到1户回

函，申明应收账款金额有误。

张迪对未回函的上述2家公司应收账款执行了替代程序。张迪详细审阅了应收账款明细账和银行存款日记账，并较大范围地抽查了有关的会计凭证，在对销售合同、销售订单、销售发票记账联及存根联、出库单、货运凭证和银行结算凭证进行认真核对后，经电话询问享达公司有关会计人员，证实亨达公司往来没有发现异常情况。而林银公司已进入破产清偿程序，对该公司的应收账款20万元，审计人员提醒黑泽公司及时进行了债权登记。在回函的30家单位中，其中25家的回函与被审计单位应收款项明细账上的余额完全相符，而另外5家的金额有出入。其中，对泛达公司的询证函及回函如下：

询证函

泛达公司：　　　　　　　　　　　　　　　　　　编号：0019

本公司聘请的华永会计师事务所正在对本公司财务报表进行审计，按照中国注册会计师审计准则的要求，应当询证本公司与贵公司的往来款项。下列数额出自本公司账簿记录，如与贵公司记录相符，请在本函下端“信息证明无误”处签章证明；如有不符，请在本函“信息不符”处列明不符金额章。回函请直接寄至华永会计师事务所。

回函地址：北京市海淀区翠微路＊号　　　　联系人：张迪

传真：(010) 682 *** 61　　　　　　　　邮编：100036

1. 本公司与贵公司的往来账项列示如下：

截止日期	贵公司欠	欠贵公司	备注
2007年12月31日	400 000	0	

2. 其他事项

本函仅为复核账目之用，并非催款结算。若款项在上述日期之后已经付清，仍请及时函复为盼。

黑泽股份有限公司

（公司印鉴）

2008年3月16日

结论：

1. 信息证明无误。

签章：

日期：

经办人：

2. ＊信息不符，请列明不符的详细情况：

本公司截至2007年12月31日应付黑泽股份公司的贷款为493 600元，具体构成如下：

日期	发票号	金额（元）
2007.7.5	25467	150 000
2007.9.3	47299	230 000
2007.11.5	54782	20 000
2007.12.28	62310	93 600

签章：泛达公司

日期：2008年3月17日

经办人：李敏

另外4家的函证结果如表7-10所示。

表7-10　应收款项回函不符情况统计表　单位：万元

被审计单位名称	财务报表期间		工作底稿索引号	
黑泽公司	截至2007年12月31日		G1-4	
编制人及复核人员签字：				
编制人：张迪			日期：2008年3月16日	
复核人：李明			日期：2008年3月21日	
项目质量控制复核人：郭通			日期：2008年3月22日	
所属账户	债务人名称	黑泽公司余额	对方回函金额	不符原因
应收账款	新光实业	55.00	19.90	其中2007年12月5日收到的货物有质量问题，新光实业已提出退货，货款共计35.10万元，货物已于12月10日退回黑泽公司
应收账款	鑫大实业	25.00	14.00	原因不明
预付账款	有色材料公司	58.00	0	对方回函说明已在2007年12月20日发货，并在2008年1月12日结清了余款
其他应收款	友联公司	150.00	0	与黑泽公司无未偿清债务，但在2个月前收到黑泽公司投入的货币资金150万元

结合上述5户的函证结果，张迪进一步核对了相关记录并询问了会计人员，对方回函所述基本属实。对上述内容，张迪提出以下调整建议：

第一，根据泛达公司返回的询证函，审计人员查找12月28日当天的发票和主营业务收入明细账、应收账款明细账后发现，对泛达公司93 600元的应收账款和销售账均发生了遗漏，对该笔业务应予以补记。假设被审计单位属于一般纳税人，增值税税率为17%，调整会计分录如下：

借：应收账款——泛达公司　　93 600

　　贷：主营业务收入　　80 000

　　　　应交税费——应交增值税（销项税额）　　136 000

假设漏记销售商品成本70 000元，则：

借：主营业务成本　　70 000

　　贷：库存商品　　70 000

第二，对新光实业的应收账款35.10万元，查对相关凭证后发现所退货物已于12月28日收到，但凭证29日才传到财务部门，由于忙于年终结账，财务部门没将该笔退货业务冲减2007年的主营业务收入和应收账款，次年1月做账时也没按《企业会计准则第29号——资产负债表日后事项》的规定冲减2007年的主营业务收入，而是直接冲销1月的收入。因该笔业务数额较大，已达到重要性水平，审计人员建议进行调整。

审计人员提出的调整分录为：

借：主营业务收入　　300 000

　　应交税费——应交增值税（销项税额）　　51 000

　　贷：应收账款——新光实业　　351 000

假设未冲减的销售商品成本为250 000元，则：

借：库存商品　　250 000

　　贷：主营业务成本　　250 000

第三，对鑫大实业有限责任公司应收账款11万元的差额，经核对后发现属于串户错误，张迪审查了相关应收账款明细账，并对串户进行了进一步函证，余额得到了证实。

第四，对有色材料公司的预付账款，审计人员经核对1月的购货凭征和银行的付款凭证，印证了有色材料公司的回函。

第五，对友联公司的其他应收款经与对方联系，取得了双方签署的投资协议书原件的复印件，与黑泽公司管理层沟通后，证实150万元的其他应收款确实为投资款，但投资时出于种种原因未进行信息披露，会计上也仅作为往来进行处理。对这一业务，审计人员建议进行调整，该项投资占对方实收资本总额的5%，并且未形成控制，应采用成本法进行核算，当年友联公司无现金分红，调整分录为：

借：长期股权投资　　1 500 000

　　贷：其他应收款——友联公司　　1 500 000

审计人员根据以上结果，形成应收款项函证情况汇总表，如表7-11所示，以支持对应收款项明细情况的确认。

表 7－11 **应收款项函证情况汇总表** 单位：万元

被审计单位名称	财务报表期间	工作底稿索引号
黑泽公司	截至 2007 年 12 月 31 日	G1－5
编制人及复核人员签字：		
编制人：张迪	日期：2008 年 3 月 16 日	
复核人：李明	日期：2008 年 3 月 21 日	
项目质量控制复核人：郭通	日期：2008 年 3 月 22 日	

函证单位	账面余额	收到回函		未收到回函，通过替代程序确认	未确认金额	备注
		直接确认	实施追加程序后确认			
JD 公司	340 000	340 000				
亨达公司	420 000			220 000		已于次年1月5日收到200 000元货款
鑫大实业	250 000		140 000			110 000元的差额为串户错误
泛达公司	400 000		493 600			93 600元为漏记错误
友联公司	1 500 000					账务处理错误
……						
合计	12 290 000	11 000 000	900 000	380 000	10 000	
说明：函证户数占总户数的47%，抽取样本进行函证的金额占应收款项总额的82%，可确认金额占样本总金额的99%。相关的调整分录见工作底稿 A4－3，底稿 A4－3 省略						

（4）对坏账准备的计提及转销进行审核。黑泽公司采用账龄分析法计提坏账准备，未经审核的坏账准备计提计算表如表 7－12 所示。

表 7－12 **应收款项函证情况汇总表** 单位：万元

被审计单位名称	财务报表期间	工作底稿索引号
黑泽公司	截至 2007 年 12 月 31 日	G1－5
编制人及复核人员签字：		
编制人：张迪	日期：2008 年 3 月 16 日	
复核人：李明	日期：2008 年 3 月 21 日	
项目质量控制复核人：郭通	日期：2008 年 3 月 22 日	

账户	账龄	应收金额	计提比例	计提金额	合计
应收账款	1 年以下	460	5%	23	56
	1～2 年	110	10%	11	
	2～3 年	80	15%	12	
	3 年以上	50	20%	10	

续表

账户	账龄	应收金额	计提比例	计提金额	合计
其他应收款	1年以下	210	5%	10.5	23
	1~2年	50	10%	5	
	2~3年	50	15%	7.5	

审计人员张迪对账龄分析表中涉及的部分明细账进行了抽查，发现表中应收账款中有一笔账龄为2~3年、余额为30万元的款项的实际账龄为3年以上；其他应收款中有一笔45万元的款项，对象为某一自然人股东，经调查该股东因欺诈罪已经被判入狱，已无任何还款能力。张迪还检查了预付账款、应收票据等账户，未发现有不能收回的迹象。

结合上述函证结果和对坏账准备的分析，张迪对坏账准备计提金额调整如下：

第一，应收林银公司20万元货款，对方已进入破产程序，估计能收回10万元；应提坏账准备10万元，在未审的账龄分析表中已将其列入3年以上，实际应再补提6万元（10-20×20%）。

第二，对泛达公司应收账款发现漏登93 600元，应按5%计提坏账准备，即4 680元（93 600×5%）。

第三，新光实业退货应冲减应收账款35 100元，同时也应冲减坏账准备，金额为17 550元（351 000×5%）。

第四，对友联公司150万元的投资款不应计提坏账准备，冲销的金额为7.5万元（150×5%）。

第五，账龄分类错误应补提的坏账准备为1.5万元（30×5%）。

第六，其他应收款中应收自然人股东的欠款应全额计提坏账准备为45万元，原已提的坏账准备为6.75万元，应补提38.25万元。

对黑泽公司坏账准备的合计调整金额为：

合计调整金额=60 000+4 680-17 550-75 000+15 000+382 500=369 630（元）

调整分录为：

借：资产减值损失　　　　369 630

　　贷：坏账准备　　　　　　369 630

此外，审计人员还对应收款项的转销进行了审核，抽查了坏账准备转销的凭证，发现有一笔坏账转销业务，金额为20万元，没有主管人员的审批和同意转销的文件，经进一步追查发现该笔应收账款的欠账时间为3年5个月，转销时间为2007年7月。经与欠款方联系，对方回复为11月归还了10万元，另外10万元待下年再还。但经查找黑泽公司11月银行存款日记账，审计人员没有找到还款记录，经多方调查发现，黑泽公司对该笔还款另外单独存放，未记入日记账中。黑泽公司在坏账转销环节的内控制度不严，给有关人员舞弊提供了可能。对此，调整分录为：

借：银行存款　　100 000

　　应收账款　　100 000

　　贷：坏账准备　　200 000

（三）案例分析

1. 审查应收账款的虚记问题。

对应收款项审计的重点是高估问题，审计人员应通过分析程序和凭证抽查发现应收账款的虚记。企业利润虚构的常用手法是多记收入，在会计入账平衡关系的制约下，与收入多记对应的必然是应收账款高估，应收账款多记还可使资产总额增加。这在操作上也较为简单，因为销售入账的原始凭证为自制凭证，它不像购货业务入账时的原始凭证来源于外部。因此，审计人员就应重点关注应收账款的高估问题。从本案例可见，应收账款的虚记审查可以通过对相关销售原始凭证的核对及函证来进行。

2. 认真落实函证程序。

为了确定应收款项是否存在，有效的方法是对债务人进行函证。我国的审计准则规定，应收款项的函证程序是必须执行的审计程序，否则审计人员不能签发无保留意见的审计报告。函证对象的选择和函证方式的确定要恰当。如本案例所示，函证对象应选择那些债权额较高的客户，而且应采用积极式函证，若不能收到回函必须使用有效的替代程序；对于为数较多的小额债务人可以适当减少函证数量，函证方式也可采用消极式，这样既能合理保证对应收款项的确认，也可适当兼顾审计效率。

3. 分析回函，发现问题。

审计人员对应收款项的回函必须进行认真分析，尤其对信息不符的回函应谨慎对待。有些公司为了隐瞒投资并截留投资收益，常将投资记入其他应收款账户，并借助企业之间存在的互相出租、出借账户来实现资金的体外循环。审计人员对回函中金额有出入的情况要分析可能的导致原因，若属于未达账项，应核对截止期前后的应收账款明细账和银行存款日记账；若属于双方记录错误，要追查相关的合同、发票存根和销售明细账等；若证实为漏记或多记，应提请被审计单位进行调整。

4. 采用账龄分析法时，应正确确定应收款项的账龄。

坏账准备的计提采用账龄分析法时，审计人员应密切关注账龄的确定是否正确。坏账准备的计提和转销都会影响企业当期的财务成果。对坏账准备采用账龄分析法计提时，有些公司为了掩饰应收款项的质量和少提坏账准备，会对账龄进行调整，因为在应收款项数额较大、客户较多且往来频繁的情况下，每笔应收款项的账龄很难区分，故审计人员在审计时应重点关注账龄较长的客户。审计人员分析有无随意调整账龄的情形时，可结合上期的资料，进行必要的分析程序。

三、相关法规和准则

（一）法规

1.《中华人民共和国会计法》；
2.《中华人民共和国审计法》；
3.《中华人民共和国民法典》；
4.《中华人民共和国发票管理办法》；
5.《中华人民共和国增值税暂行条例》。

（二）会计准则

《企业会计准则第 14 号——收入》。

（三）审计准则

1.《中国注册会计师审计准则第 1312 号——函证》；
2.《中国注册会计师审计准则第 1313 号——分析程序》。

本章小结

企业业务循环中销售与收款是极为重要的环节，销售收入是企业利润的主要来源，款项的及时、足额收回更是保证企业持续运营的关键。从审计的角度来看，对销售和收款的确认既影响到资产负债表中的流动资产额，也影响利润表中的主营业务收入和管理费用，最终会体现在企业的利润额中。目前我国许多公司存有利润虚报问题，在企业财务成果上做文章。因此对销售与收款的审计重点是发现其存在的虚记问题，通过对销售收入的分析性复核来发现疑点，通过凭证抽查和截止期测试来寻找销售虚记的证据；对应收款项执行函证程序，可以发现应收款项的高估和销售收入的虚记。

练习与思考

一、名词解释

1. 积极式函证方式
2. 消极式函证方式
3. 应收账款账龄
4. 销售的截止测试
5. 替代审计程序

二、思考题

1. 销售与收款循环主要有哪些业务活动？
2. 被审计单位销售交易中可能出现错报的环节有哪些？
3. 如何对主营业务收入实施分析程序？
4. 如何对主营业务收入实施实质性分析程序？
5. 主营业务收入的截止测试有哪三条审计路线？其目的分别是什么？
6. 应收账款函证结果与被审计单位会计记录不一致的主要原因有哪些？审计人员应相应实施哪些必要的审计程序？

三、案例题

1. 某集团公司应收款户载明：其总余额为 4 000 万元，明细账户有 500 个。注册会计师在实质性测试时，决定采用抽样审计并用函证法认定其真实性。

要求：分析注册会计师在实质性测试时，采用抽样和函证审计方法的理由。

2. 万民公司是一家国有大型企业。2002 年 12 月，公司总经理针对公司效益下滑、面临亏损的情况，电话请示正在外地出差的董事长。董事长指示把财务会计报告做的漂亮些。总经理将这项工作交给公司总会计师，要求按董事长意见办。总会计师按公司领导意图，对当年的财务会计报告进行了技术处理，虚拟了若干笔无交易的销售收入，从而使公司报表由亏变盈。经务实会计师事务所审计后，公司财务会计报告对外报出。

2003 年 4 月，在《会计法》执行情况检查中，当地省财政部门发现该公司存在重大会计造假行为。依据《会计法》及相关法律、法规、制度，拟对该公司董事长、总经理、总会计师等相关人员进行行政处罚，并分别下达了行政处罚告知书。万民公司相关人员接到行政处罚告知书后，均要求举行听证会。在听证会上，公司总会计师陈述如下：公司对外提出的财务会计报告时经过务实会计师事务所审计的，他们出具了无保留意见的审计报告。务实会计师事务所应当对本公司财务会计报告的真实性、完整性负责，承当由此带来的一切责任。

要求：根据上述材料，分析总会计师陈述理由的能否成立，为什么？

3. 注册会计师审计 ABC 公司 2020 年度利润表时，抽查了该公司 12 月的产品出入记录，并追查相关账簿记录，发现下列情况：

（1）4 日无偿赠送前锋工厂甲产品 800 件，未入账。

（2）8 日售给友联工厂乙产品 1 600 件，货款收到，未确认收入。

（3）12 日该公司将自产乙产品 100 件用于自行建造的职工文化活动中心，未作销售理。

（4）20 日该公司以其生产的两产品 400 台作为福利发放给公司职工，账中确认了“应职工薪酬”，但未作收入处理。

（5）28 日前峰工厂退回质量有问题的甲产品 400 件，产品已收到，账中未作处理。

经查，甲产品单位售价为 100 元，成本为 70 元；乙产品单位售价为 200 元，成本为 50 元。两产品售价为 1 000 元，成本为 900 元。各产品适用的增值税税率均为 13%。

要求：指出该公司上述业务中存在的问题；核实主营业务收入及成本。

4. 甲公司是 ABC 会计师事务所的常年审计客户。A 注册会计师负责审计甲公司 20×6 年度财务报表，A 注册会计师在审计工作底稿中记录了针对销售交易实施的实质性程序，部分内容摘录如下：

（1）根据销售合同约定，客户收到货物、验收合格并在发运凭证上签字确认后，甲公司取得收取货款的权利。A 注册会计师检查销售合同、销售单、销售发票后未见异常，确定对营业收入的发生认定获取了充分、适当的审计证据。

（2）A 注册会计师发现 20×6 年 12 月转字第 50 号记账凭证反映的销售额明显高于其他测试项目，财务经理解释系调整售价所致。A 注册会计师认为解释合理，将其记录于审计工作底稿中。

（3）为应对评估的高估营业收入的重大错报风险，A 注册会计师拟从发运凭证中选取样本，追查至销售发票存根和主营业务收入明细账。

（4）甲公司财务人员手工编制了应收账款账龄分析表。A 注册会计师就账龄结构变化较大的项目进行了询问并依据该账龄分析表对相关坏账准备的计提实施了重新计算程序，检查结果未发现异常。

（5）甲公司会计政策规定，对应收账款采用账龄分析法计提坏账准备。确定的坏账准备计提比例分别为：账龄 1 年以内（含 1 年，以下类推）的，按其余额的 5% 计提；账龄 1～2 年的，按其余额 10% 计提，账龄 2 年以上的按其余额的 40% 计提。甲公司 20×6 年 12 月 31 日应收账款账面余额为 43 万元，坏账准备余额为 5.35 万元。为了确定坏账准备的计提是否准确，A 注册会计师编制了应收账款账龄分析表（见表 7－13），并实施了重新计算程序，确定甲公司计提的坏账准备金额无误。

表 7－13　　应收账款账龄分析表　　金额单位：万元

客户名称	账龄		
	1 年以内	1～2 年	2 年以上
应收账款——a 公司	30	—	—
应收账款——b 公司	—	15	—
应收账款——c 公司	－9	—	7
小计	21	15	7

要求：

（1）针对上述第（1）至（5）项，假定各事项均为独立事项且不考虑其他条件，逐项指出 A 注册会计师的处理是否恰当。如不恰当，简要说明理由。

（2）如果 A 注册会计师认为甲公司存在通过虚假销售做高利润的舞弊风险，简要说明为应对该风险可能采取的一些非常规的审计程序。

第八章 货币资金业务循环审计

学习内容与目标

货币资金是企业重要的流动资产，企业的每一个业务循环都会与货币资金发生关系。货币资金具有较强的流动性，极易被贪污或挪用，因而固有风险较高。本章通过对库存现金收支与结存审计案例和银行存款收支与结存审计案例进行分析，掌握实质性程序中审计人员需要执行的库存现金的监盘程序、银行存款的函证程序等，同时，收集适当的审计证据来发现货币资金项目中存在的问题。

一、理论概述

（一）货币资金概述

1. 货币资金种类。

货币资金主要包括三大类：库存现金、银行存款和其他货币资金。

每一个企业都会持有一定数量的现金，用于企业日常的小额物资的采购或费用的支付等，同时也会收取一定数量的现金或不便于通过银行结算的现金收入。尽管每笔业务支付的金额有限，但其业务发生频繁，累计金额并不一定会小。

银行存款是企业存放于银行或其他金融机构的货币资金，用于现金结算以外的所有货币资金收支业务，它是企业对外结算的主要方式。

其他货币资金主要包括外埠存款、银行汇票存款、银行本票存款、信用卡存款、信用证保证金存款、存出投资款等。

2. 货币资金的主要业务活动。

（1）现金管理。

①出纳员每日对库存现金自行盘点，编制现金报表，计算当日现金收入、支出及结余额，并将结余额与实际库存额进行核对，如有差异及时查明原因。会计主管不定期检查现金日报表。

②每月末，会计主管指定出纳员以外的人员对现金进行盘点，编制库存现金盘点表，将盘点金额与现金日记账余额进行核对。对冲抵库存现金的借条、未提现支票、未做报销的原始票证，在库存现金盘点报告表中予以注明。会计主管复核库存现金盘点表，如果盘点金额与现金日记账余额存在差异，则需要查明原因并报经财务经理批准后进行财务处理。

（2）银行存款管理。

①银行账户管理；

②编制银行存款余额调节表；

③票据管理；

④印章管理；

⑤银行账户管理：企业的银行账户的开立、变更或注销须经财务经理审核，报总经理审批；

⑥编制银行存款余额调节表：每月末，会计主管指定出纳员以外的人员核对银行存款日记账和银行对账单，编制银行存款余额调节表，使银行存款账面余额与银行对账单调节相符。如果调节不符，则查明原因。会计主管复核银行存款余额调节表，对需要进行调整的调节项目及时进行处理。

（3）票据管理：财务部门设置银行票据登记簿，防止票据遗失或盗用。出纳员登记银行票据的购买、领用、背书转让及注销等事项。空白票据存放在保险柜中。每月末，会计主管指定出纳员以外的人员对空白票据、未办理收款和承兑的票据进行盘点，编制银行票据盘点表，并与银行票据登记簿进行核对。会计主管复核库存银行票据盘点表，如果存在差异，则需要查明原因。

（4）印章管理：企业的财务专用章由财务经理保管，办理相关业务中使用的个人名章由出纳员保管。

3. 相关凭证与会计记录。

货币资金的业务凭证较多，主要包括以下几种凭证：（1）现金收付款凭证；（2）银行收付款凭证；（3）库存现金盘点表；（4）银行存款余额调节表；（5）库存现金、银行存款及其日记账、总账；（6）其他相关账簿。

4. 货币资金常见的错误与舞弊种类。

（1）私存小金库；

（2）隐匿资金利息收入，逃避税收；

（3）虚开票据，非法套取现金；

（4）内外人员恶意串通，支付不实材料款等；

（5）产品销售不入账，贪污货款；

（6）关键环节存在内控缺陷，涉案人员挪用公款。

5. 货币资金的内部控制概述。

由于货币资金是流动性很强的资产，而且具有通用性，因此，任何一个企业对其所持有的货币资金都应建立良好的内部控制，以保证企业能够按照约定的时间和收款方式及时收回本属于企业的货币资金并对持有的货币资金进行妥善的记录和保管；对所有的货币资金支付业务都必须经过适当的授权，且这种支付符合企业的经济利益；保证企业拥有其正常经营所需的一定货币资金。

尽管不同的企业对货币资金的具体控制和管理方式不同，但总体来讲，一个良好的货币资金内部控制应该包括以下内容：

（1）适当的岗位分离。出纳人员与其他会计人员应该分离；货币资金收支业务应由多人办理。

（2）严格的授权审批。对资金的支付应按照业务的性质和金额的大小，书面授权于不同的人员，资金支付前，有关支付原始凭证必须经授权人员审批签字。审批人员只能在授权范围内进行审批，不得越权审批。

（3）规范的收支业务程序。对资金业务的支出程序，应严格规范，包括资金使用的申请、相关负责人的审批、会计人员的复核以及出纳人员的支付。

（4）账簿的记录。对货币资金应建立完整的账簿记录，包括库存现金日记账、银行存款日记账（或银行收支特种日记账）、库存现金总账、银行存款总账，并及时、完整地记录所有的货币资金收支业务。

（5）货币资金的日常保管。企业应按照国家《现金管理条例》和《支付结算办法》等有关规定，对货币资金进行保管，保证企业货币资金的安全、完整。

（6）货币资金的月末盘点。企业应建立货币资金的月末盘点制度。对库存现金，应定期在月末进行库存现金盘点（也可以在月中进行盘点），并编制库存现金盘点表，所有参加盘点的人员均应签字。对银行存款，应由银行出纳以外的人员每月月末定期编制银行存款余额调节表，以保证账实相符。

（7）票据与印章的管理。对与货币资金相关的票据和印章应建立适当的分离制度，管票据的不管印章，财务印章授权专人保管，并建立相应的用印程序。

（8）建立应收款项的催收制度。对企业的债权，应建立催收负责制，谁形成，谁按时收回。

（9）建立统一的货币资金收支体系。企业应明确任何部门不得在外私设账户，企业所有的货币资金收支业务必须经企业的财务会计部门统一办理，不得私设“小金库”，也不得随意坐支现金，更不得将企业的资金做体外循环。

（10）内部监督检查。企业内部审计部门应对货币资金业务进行监督检查，以保证有关货币资金的内部控制确实落到实处，对检查中发现的问题，应及时向有关负责人汇报，并提出改进的建议，使企业货币资金内部控制不断地改进、完善。

6. 货币资金的内部控制测试。

对企业货币资金的内部控制测试主要包括以下几个方面：

（1）了解企业货币资金内部控制。对企业货币资金内部控制的了解，可以通过内部控制问卷调查表的方式来进行，也可以采用流程图的方式来了解。具体采用何种方式，审计人员应根据实际情况进行选择。无论采用何种方式了解货币资金的内部控制，审计人员必须收集企业与货币资金相关的书面内部控制制度，并对有关部门和人员作必要的询问和观察，收集所需要的资料。如果审计人员以前年度对该企业进行过审计，审计人员可以借用以前年度的流程图或问卷调查表，但需要根据调查了解的情况对其进行修订，以供本年度使用。审计人员对货币资金内部控制了解的重点是货币资金内部控制的健全性和有效性。

（2）抽查收款凭证。审计人员抽取部分收款凭证，并就以下内容进行检查：

①收款凭证与进账单的日期、金额是否相符；

②收款凭证与现金缴款单的日期、金额是否相符；

③收款凭证与银行对账单记录是否相符；

④收款凭证所附原始凭证与应收账款明细账记录内容是否相符（赊销）；

⑤收款凭证与有关收入账户是否相符（现销）；

⑥收款凭证中实收金额与有关发票金额是否一致。通过审查，评价企业收款过程的内部控制是否得到一贯执行，是否有挪用货币资金的情况。

（3）抽查付款凭证。审计人员可以抽查一定数量付款凭证，检查货币资金付款控制的执行情况。检查的内容主要有以下几个方面：①付款凭证所附的原始凭证付款审批手续是否符合企业的规定；②付款凭证与相应的货币资金日记账记录金额是否一致；③付款凭证与银行对账单的记录是否一致；④付款凭证所附的原始凭证与应付账款明细记录是否相符（赊购）；⑤付款凭证所附的原始凭证与有关资产或费用类明细账的记录是否相符（现购）；⑥付款凭证中的实付金额与购货发票所列金额是否一致等。

（4）抽查一定期间的库存现金、银行存款日记账与总账核对。如果有多个日记账，应将日记账加总，然后与总账核对，确定过账是否无误，会计记录是否可靠。

（5）抽取一定期间的库存现金盘点表和银行存款余额调节表，检查是否每月月末按照规定进行盘点和编制银行存款余额调节表。为了检查银行存款余额调节表编制的正确性，审计人员可以将调节表中的有关数据与银行存款日记账和银行对账单进行核对，库存现金盘点表上的金额与日记账和总账核对。

（6）检查外币资金的折算方法是否符合有关规定，与企业现行的会计政策是否一致，与上期是否一致。

（7）评价货币资金内部控制。审计人员对货币资金进行控制测试以后，应就以下方面得出结论：①确定货币资金内部控制总体上是否健全和有效，审计人员对其可依赖的程度有多大；②确定货币资金收付业务中的薄弱环节或缺点，以及由此可能带来的审计风险；③确定哪些环节可以适当减少审计程序，哪些方面应增加审计程序，增加哪些审计程序等。

（二）库存现金审计

1. 库存现金的审计目标。

库存现金包括被审计单位持有的人民币现金或各种外币现金。由于现金资产的特殊性，它几乎是所有个人舞弊涉及的对象。由此，审计人员对现金的审计尤其重视。

库存现金的审计目标一般包括以下几个方面：

（1）确定被审计单位资产负债表中列示的库存现金在资产负债表日是否存在。

（2）确定被审计单位在报表编制期间发生的所有现金收支是否均已记录完毕，有无遗漏。

（3）确定库存现金余额是否正确。

（4）确定库存现金在财务报表上的列报与披露是否恰当。

2. 库存现金的内部控制。

被审计单位应结合自身经营业务性质及特点，制订符合自身需要的现金管理制度。现金内部控制一般都有书面的管理制度，尤其是现金支出制度。对于库存现金内部控制而言，一般应包括库存现金和备用金两个方面的内容。

（1）库存现金内部控制。

①专职出纳。被审计单位应设置专门人员负责管理库存现金的收支和库存现金日记账的记录，其他人员不得经手库存现金的收支业务，库存现金出纳人员也不得经手除库存现金收支与记录之外的其他与库存现金收支相关的业务和记录，如总分类账和明细分类账的登记。

②库存现金收支管理制度。被审计单位应以书面形式，明确库存现金收支程序，规定详细的库存现金开支范围。不符合收支程序的库存现金业务，不予办理，不属于库存现金收支范围的，应按照银行存款业务处理。严禁设置“小金库”。

③授权批准。对库存现金收支业务，尤其是库存现金支出业务，被审计单位应建立严格的授权审批制度。授权时，既要对库存现金使用额度进行限制，也要对库存现金使用用途进行限制，授权人员只能在授权范围内使用库存现金。

④盘点制度。被审计单位应制订库存现金盘点制度，对库存现金应定期或不定期盘点，以保证库存现金账面记录与实存库存现金一致。

⑤库存现金保管制度。库存现金应由库存现金出纳人员单独保管，平时放在保险柜，不得乱放；不得公款私存；不得白条抵库等。

⑥轮岗制度。对库存现金出纳人员，应定期轮换。

（2）备用金内部控制。

①备用金定额控制。被审计单位应以书面形式确定设置备用金部门的定额及其开支

范围。

②专人管理。对设置备用金的部门，应指定专人管理备用金，其他人员不得经手。

③报销与补充制度。明确规定备用金设置、报销、补充的程序。备用金应在规定的范围内使用，不得转作他用。报销时，须有授权人员的签字。备用金不足时，应及时补充。如果备用金不需要设置时，应及时上缴。

④定期盘点。被审计单位对内部有关部门管理的备用金，应由财务部门人员定期进行盘点，以保证账实相符。

3. 库存现金的内部控制测试。

（1）了解库存现金内部控制。对被审计单位库存现金（包括备用金）内部控制的了解可以采用多种方法，这主要取决于审计人员对库存现金内部控制的了解程度和以前年度审计所采用的方法。了解的内容主要包括：

①库存现金出纳与其他会计人员是否职责分离；

②库存现金收支业务是否按照规定的程序办理；

③库存现金管理制度是否完善，并得到一贯执行；

④是否存在重大的库存现金内部控制缺陷。

（2）抽查现金收款凭证。对现金收款凭证的检查，主要是测试现金收款控制的有效性。当被审计单位现销业务比较多时，对现金收款凭证的检查应该抽取不同期间的收款凭证。对现金收款凭证的检查内容主要包括：

①原始凭证（如销售发票、日销售汇总表、收款机销售记录等）是否齐全，其业务记录是否为被审计单位正常的经济业务；

②现金收款凭证与原始凭证的业务记录是否一致，金额是否相等；

③现金收款凭证与相关明细账、库存现金日记账记录是否一致；

④收款凭证上的经手人员的签章手续是否齐全。

（3）抽查现金付款凭证。审计人员抽查现金付款凭证，主要是为了验证被审计单位现金付款业务内部控制的有效性。由于现金支付的金额小，业务种类多，如果可能，审计人员应将支付业务进行分类，然后对每一类业务抽查一定数量的业务进行审查。尽管现金付款凭证由于经济业务的不同，原始凭证也多种多样，但审计的主要内容基本相同。审计人员审查现金付款凭证的主要内容包括：①检查原始凭证是否真实、内容是否完整、手续是否齐全；②检查原始凭证记录的经济内容是否符合被审计单位的利益，是否符合被审计单位的现金支付规定；③根据原始凭证记录的经济内容，检查是否经主管该业务授权的人员签字，有无越权行为；④检查现金付款凭证记录的内容与原始凭证是否一致，并与有关账簿相比较；⑤检查付款凭证及所附原始凭证上是否有“现金付讫”印章；⑥检查现金付款凭证上收款人的签章与有关原始凭证的记录是否一致；⑦检查现金付款凭证上的经办人员是否签章。

（4）核对库存现金日记账与总账。核对的目的是保证账账相符，账簿记录无差错。

（5）检查外币现金折算。被审计单位若持有外币现金，应检查其外币折算方法是否合理，前后期折算方法是否一致，并抽取一定的币种，检查特定时间的外币折算是否符合被审计单位的规定。

(6) 评价库存现金的内部控制。审计人员对库存现金内部控制实施控制测试以后，根据测试收集的证据，就可以对被审计单位的库存现金内部控制进行评价。审计人员主要对以下几个方面得出结论：①库存现金内部控制是否可靠，及其可以依赖的程度；②库存现金内部控制的弱点，及由此可能产生的风险；③实施库存现金实质性测试时，需要在哪些环节增加审计程序，或在哪些环节减少审计程序；④库存现金审计的重点领域。

(三) 银行存款审计

1. 银行存款的审计目标。

被审计单位应按照国家的有关规定，在注册当地银行开设银行账户。银行账户主要包括基本存款账户、一般存款账户、专项存款账户和临时存款账户。无论是哪种账户，存放在账户中的资金均归被审计单位所有。被审计单位除现金以外的一切收支业务，均需通过银行存款账户结算。

银行存款的审计目标主要包括以下五个方面：

(1) 确定资产负债表上列示的银行存款在资产负债表日是否存在。

(2) 确定当期所有已发生的银行收支业务是否均已记录。

(3) 确定记录的银行存款是否归被审计单位所拥有或控制。

(4) 确定银行存款余额是否正确。

(5) 确定银行存款在报表上的列示是否适当，披露是否充分。

2. 银行存款的内部控制。

任何一个单位，对银行存款的收支都应进行严格控制，以防止资金的无效使用和流失。尽管不同单位的管理方式和业务性质、经营规模有区别，但对银行存款的内部控制内容大致相同。其主要内容包括：

(1) 银行存款开户的控制。银行存款账户的开设必须严格按照中国人民银行有关《银行账户管理办法》的规定执行，不得随意开设账户。

(2) 专职人员管理。设置专职银行出纳员，负责银行存款日记账的记录以及银行结算凭证的收取，并不得兼任其他会计业务的处理及账簿的记录。

(3) 支付授权。所有的银行支付，都必须进行适当的授权，由不同的部门和人员对不同的业务发生的支付负责。如有必要，可以实行金额等级授权，即支付的金额越大，所需批准的部门或人员的级别越高。任何部门和人员不得越权审批支付。

(4) 收款的授权。明确规定谁形成债权，谁负责按期收回债权，以保证资金的及时回收。

(5) 职责分离。银行存款收支业务职责分离主要包括审批职务与执行职务分离、银行存款的执行职务与审查职务分离、银行存款的记录职务与经办职务分离、银行结算票据的管理职务与日记账的记录职务分离。这些职务的分离，可能是部门之间的，也可能是部门内不同人员之间的。例如，销售货款的催收，就是销售部门的职责，而收款和记录是会计部门的职责，对结算票据的收取并记录日记账是银行出纳的职责，对其他相应账户的记录和总账的记录则是其他会计人员的职责。

（6）原始凭证审核。审核原始凭证的内容是否完整、手续是否齐备、各种原始凭证之间是否一致（收付款单位名称、金额、经济业务内容等），审核无误后，编制银行收付款凭证，并记录银行存款日记账等。

（7）定期对账。定期将银行存款日记账与银行存款总账进行核对，以保证账账相符，账簿记录无误。

（8）定期编制银行存款余额调节表。银行存款余额调节表应由银行出纳员以外的会计人员于每月月底编制，将银行存款日记账与银行对账单之间的未达账项进行调节，使调节后的余额相符。

（9）印章的控制。财务专用章、银行结算预留印鉴应由不同的人员管理，并规定印章的使用程序和范围，防止一人办理全部付款程序。

（10）银行结算票据的管理。银行结算票据从购买、保管、领用均由专人管理，尽量做到票章分离。已使用的票据应保留好存根，作废的票据应保留，并加盖“作废”印章。

3. 银行存款的控制测试。

银行存款的控制测试主要包括以下内容：

（1）了解银行存款的内部控制。审计人员对被审计单位银行存款内部控制了解的内容主要包括：①是否设置专职银行出纳人员；②银行收支业务是否按照规定的业务程序和权限办理；③是否定期编制银行存款余额调节表；④银行存款日记账与总账是否定期核对；⑤收付款的审批、复核、记录、支付的职责分离情况。

（2）抽查银行收款凭证。审计人员应选择一定数量的银行收款凭证进行检查，确定被审计单位银行收款业务内部控制的有效性。抽查业务应以销售业务引起的银行收款业务为主，筹资业务引起的银行收款，由于发生次数少，金额大，内部和外部控制严格，且审计人员往往对每一笔业务都进行检查，一般不会太依赖内部控制。审计人员检查银行收款凭证的内容主要包括几个方面：①核对收款凭证与银行入账通知单等原始凭证的日期、金额是否相符；②银行存款日记账记录金额与记账凭证是否相符；③银行存款日记账与银行对账单是否一致；④收款凭证记录与应收账款明细账记录是否相符（包括付款人、付款日期、付款用途、金额等）；⑤核对实收金额与发票金额是否一致等。

（3）抽查银行付款凭证。审计人员为了检验银行付款业务内部控制的执行情况，应抽取一定数量的银行付款凭证进行检查。被审计单位银行付款凭证涉及被审计单位银行支付业务的各个方面，大致分为向外偿还筹资本金及利息（股息）、支付人工费用和支付各项与物资采购业务相关的费用等三个方面。审计人员审查的内容主要包括：①审查银行付款授权审批手续是否符合被审计单位的规定，包括支付申请、审批人、经办人等签字；②将付款凭证与银行存款日记账核对，确定银行存款日记账记录金额是否正确；③核对付款凭证与银行对账单，确定两者记录是否相符；④将付款凭证与对应的应付账款明细账记录核对，确定其名称、日期、金额是否相符；⑤现购时，核对付款凭证与购货发票金额是否一致等。

（4）银行存款日记账与总账核对。抽查一定期间的银行存款日记账与总账核对，确定审计期间银行存款日记账与银行存款总账账账相符，无记账汇总错误。

（5）抽查银行存款余额调节表。审计人员为了核实被审计单位是否定期编制银行存款余额调节表，应选取一定期间的银行存款余额调节表，检查其编制是否符合其内容。检查的内容包括：①通过检查银行存款日记账，并与已经编制的调节表核对，确定是否所有的银行存款账户都按照规定编制银行存款余额调节表；②抽取一定数量的调节表，与银行对账单和存款日记账核对，确定其编制是否正确；③检查编制人员是否签字，确定其是否为非银行出纳人员。

（6）检查外币折算。①审计人员应检查其外币折算政策，确定是否与上一年一致；②应选取一定时期的外币业务，根据国家公布的外汇牌价复核其外币折算，确定其外币折算是否正确；③选取一定时期的月末外币余额折算表，检查计算其折算的本位币金额是否正确；④确定外币折算差价的会计处理是否正确。

（7）检查银行结算票据和印章的保管。①审计人员应询问相关人员印章的管理，并查看印章的具体保管人员是否为指定人员；②检查票据的保管，包括票据保管地点是否安全、领用登记手续是否完整、已使用票据的存根和作废的票据是否完整等。

（8）评价银行存款的内部控制。实施上述程序之后，审计人员根据审计过程中收集的有关证据，并结合其他业务循环审计过程中获取的有关银行收支的内部控制证据，对银行存款的内部控制进行评价。评价的内容包括：①银行存款内部控制是否可靠及其可以依赖的程度；②银行存款内部控制的弱点及由此可能产生的风险；③实施银行存款实质性测试时，需要在哪些环节增加审计程序，或在哪些环节减少审计程序；④银行存款审计的重点领域。

二、案例资料

案例一　利华公司库存现金审计案例

（一）案例背景

2021年3月10日，佳永会计师事务所的李昂、刘亦飞等审计人员对利华公司2020年的财务决算报告进行了审计，并采用了相应的审计方法对该单位货币资金的真实性进行了审查。

（二）案例内容与审计过程

1. 审计目标。

（1）评价库存现金内部控制的健全性和有效性；

（2）确定现金会计处理的合法性与公允性。

2. 审计人员对库存现金项目实施控制测试。

根据审计计划的要求，李昂对库存现金进行了控制测试。审计人员通过运用调查表等方法对利华公司库存现金的内部控制进行了调查了解，调查表如表 8-1 所示。

表 8-1 **内部控制调查表** 单位：元

被审计单位名称	财务报表期间				工作底稿索引号
利华公司	截至 2020 年 12 月 31 日				C1-1
编制人及复核人员签字：					
编制人：李昂	日期：2021 年 3 月 10 日				
复核人：刘亦飞	日期：2021 年 3 月 11 日				
项目质量控制复核人：高禹	日期：2021 年 3 月 12 日				
调查问题	调查结果				备注
	是	否		不适用	
		较轻	较重		
1. 出纳和会计的职责是否适当地分离?		√			
2. 重大开支项目是否经过审核批准?	√				
3. 现金支出是否经过审核且用于审核用途?	√				
4. 现金支出凭证上是否有经办人签名盖章?	√				
5. 库存现金的收支是否按规定的程序和权限办理?	√				
6. 库存现金是否妥善保管?	√				
7. 库存现金是否定期盘点、核对?		√			
8. 库存现金日记账是否与总分类账核对?	√				
9. 核对现金日记账的收入金额是否正确?	√				
10. 核对收款凭证与应收账款明细账的有关记录是否相符?	√				
11. 核对实收金额与销货发票是否一致?	√				
12. 检查付款的授权批准手续是否符合规定?	√				
13. 核对现金日记账的付出金额是否正确?	√				
14. 核对付款凭证与应付账款明细账的记录是否一致?	√				
15. 核对实付金额与购货发票是否相符?	√				

在控制测试中，李昂发现利华公司银行存款的内部控制存在一定的漏洞，主要表现在以下几个方面：

（1）出纳和会计的职责未适当分离。利华公司出纳人员兼任了稽核、会计档案保管和收入、支出、费用、债权、债务账目的登记等工作，未遵守不相容岗位分离原则。

（2）未能对库存现金做到定期盘点和核对。

综上所述，项目组认为，利华公司在银行存款项目上的重大错报风险水平属于中等。

3. 对库存现金实施实质性程序。

李昂、刘亦飞等审计人员在审查货币资金项目包含的库存现金真实性时，实施了下列实质性程序：

（1）核对现金总账和现金日记账。审阅完成后，再将两者余额进行核对，发现2020年12月31日两者余额均为968.37元。2021年1月1日至3月10日的现金总账和现金日记账审核过程中没有发现明显错误，现金日记账的余额为13 568.37元。

（2）突击监盘库存现金。在审计人员的监督下，由该公司财务负责人参加，出纳员对3月10日的库存现金进行了清点，具体情况如下：

第一，保险柜实存现金2 768.37元。

第二，3月8日报销的1 500元的凭证尚未入账。

第三，会计王某借5 000元用于私人购房，没有领导批准。

第四，有3 000元是经公司副总经理李某批准，由经手人公司总经理办公室刘某写的借条。

第五，审计了解到利华公司库存现金银行准予的限额为5 000元。

库存现金情况表如表8－2所示。

表8－2　　库存现金情况表　　单位：元

<table>
<tr><td colspan="2">被审计单位名称</td><td colspan="2">财务报表期间</td><td>工作底稿索引号</td></tr>
<tr><td colspan="2">利华公司</td><td colspan="2">截至2020年12月31日</td><td>D1－1</td></tr>
<tr><td colspan="5">编制人及复核人员签字：</td></tr>
<tr><td colspan="2">编制人：李昂</td><td colspan="3">日期：2021年3月10日</td></tr>
<tr><td colspan="2">复核人：刘亦飞</td><td colspan="3">日期：2021年3月11日</td></tr>
<tr><td colspan="2">项目质量控制复核人：高禹</td><td colspan="3">日期：2021年3月12日</td></tr>
<tr><td colspan="3">项目</td><td colspan="2">金额</td></tr>
<tr><td colspan="3">库存现金实点金额</td><td colspan="2">2 768.37</td></tr>
<tr><td colspan="3">加：已付讫未入账的支出凭证</td><td colspan="2">1 500</td></tr>
<tr><td colspan="3">加：白条抵库数</td><td colspan="2">8 000</td></tr>
<tr><td colspan="3">库存现金实际占用额</td><td colspan="2">12 268.37</td></tr>
<tr><td colspan="3">库存现金账面结存数</td><td colspan="2">13 568.37</td></tr>
</table>

利华公司3月10日库存现金账实不符，相差1 300元（13 568.37－12 268.37）。且该公司存在着白条抵库5 000元，支出审批不严3 000元，超库存限额7 268.37元（12 268.37－5 000）等违反财务法规问题。为此，需要建立和健全现金内部控制制度和财务管理、会计核算制度。

（三）案例分析

1. 健全货币资金的内部控制制度。

一般来说，了解现金内部控制时，注册会计师应当注意检查库存现金内部控制制度的建立和执行情况，重点包括：（1）库存现金的收支是否按规定的程序和权限办理；（2）是否存在与被审计单位经营无关的款项收支情况；（3）出纳与会计的职责是否严格分离；（4）库存现金是否妥善保管，是否定期盘点、核对等。注册会计师在对库存现金的内部控制进行评价时，首先应确定库存现金内部控制可信赖的程度以及存在的薄弱环节和缺点，然后据以确定在库存现金实质性程序中对哪些环节可以适当减少审计程序，对哪些环节应增加审计程序并作重点检查，以减少审计风险。

2. 对挪用公款的检查。

对挪用公款的行为，审计人员可采取以下方法进行检查：一是实地盘点库存现金，并与会计账簿和库存现金日记账加以核对。如果发现有较大额度的盘亏或白条抵库行为，审计人员应该通过复查、核对与调查有关会计资料和相关人员，查证是否有挪用公款的行为。二是对经过审批而将借出公款挪作他用的行为，通过检查应收账款和其他应收款明细账的相关记录，查证是否存在挪用公款现象。如果发现有个人长期拖欠库存现金的行为，审计人员应进一步与会计凭证进行核对，从而证实是否存在挪用库存现金的问题；如还不能确定，审计人员应追踪库存现金的去向，向有关单位进行询证或函证核实，予以确认。

案例二　木纯科技库存现金审计案例

（一）案例背景

深圳君安会计师事务所自2005年开始接受衡阳木纯科技农业股份有限公司（以下简称木纯科技）董事会的委托，对木纯科技进行年度会计报表审计。2007年末双方续约继续由深圳君安会计师事务所进行年报审计，并签订了审计业务约定书。深圳君安会计师事务所派出以卢剑波为项目组长、以朱月凤等为组员的项目组，于2008年2月21日至3月19日对木纯科技2007年度的会计报表进行了审计。本案例主要反映库存现金的审计过程及相关问题。

木纯科技主要从事农业高科技产品开发、培育、销售、水泥生产。2000年11月，木纯科技与广州木纯庄发展有限公司进行了重大资产置换，媒体一片溢美之词，称公司发生彻底改变，已转变为一家以果树种植为主，养殖、三高农业开发、休闲度假经营业务并举发展的现代高科技农业企业，项目组长卢剑波曾多次参与企业的审计业务，经验较为丰富。其根据企业的特点，决定将库存现金作为审计重点，并将库存现金项目的重要性水平确定为500元。

（二）案例内容与审计过程

1. 审计目标。

（1）评价库存现金内部控制的健全性与有效性；

（2）确定现金会计处理的合法性与公允性。

2. 审计人员对库存现金项目进行风险评估和控制测试。

木纯科技属于农业高科技类上市公司，主营农业产品开发、零售业务。尽管现金流不是很大，但是现金属于被挪用风险较高的项目，良好的内部控制制度是保证资金安全的重要基础。深圳君安会计师事务所自1997年以来一直接手木纯科技的年报审计，从审计情况来看，木纯科技的内部管理制度健全，组织机构合理，审计部直接归审计委员会领导。但是木纯科技的会计人员素质不是很高，在会计处理上难免出现问题，木纯科技经过股权重组后有十几个控股公司，近几年项目组审计时在控股公司中屡次发现问题，必须加以重视，尤其是在库存现金的往来方面风险非常高。从木纯科技的库存现金业务流程来看，现金管理存在着一定漏洞。

卢剑波根据审计计划对库存现金进行了如下控制测试：

（1）了解公司现金内部控制。编制库存现金内部控制流程图是现金控制测试的重要步骤。朱月风通过木纯科技现金内部控制流程图来了解木纯科技的现金内部控制。卢剑波发现，木纯科技的出纳员同时负责登记应收账款明细账，很可能发生循环挪用货款的情况。为测试现金收款的内部控制，卢剑波按现金的收款凭证分类，选取适当的样本量，作了如下检查：

第一，核对现金日记账的收入金额是否正确；

第二，核对现金收款凭证与应收账款明细账的有关记录是否相符；

第三，核对实收金额与销货发票是否一致。

（2）通过以上3项检查，卢剑波发现木纯科技的现金收款内部控制性不强，很可能发生贪污舞弊或挪用等情况。为测试现金付款内部控制，在了解了现金支出控制流程图的前提下，朱月风按照现金付款凭证分类，选取一定的样本量，作了如下检查：

第一，检查付款的授权批准手续是否符合规定；

第二，核对现金日记账的付出金额是否正确；

第三，核对现金付款凭证与应付账款明细账的记录是否一致；

第四，核对实付金额与购货发票是否相符。

(3) 朱月风还抽取1个月的库存现金日记账与总账核对，结果发现库存现金日记账与总分类账不符。所以朱月风决定重点核对现金日记账与现金总账余额是否相符，朱月风还对上述现金控制流程进行了询问，走访了木纯科技的部分员工。在控制测试中，朱月风发现木纯科技的现金内部控制存在一定的漏洞，主要表现在以下方面：

第一，财务部稽核人员对收款台的现金盘点坚持得不够好，未能经常进行不定期盘点；

第二，对现金的支付尽管能坚持审批制度，但审批的职责权限划分不够明确，个别细的环节控制不够严格。

在完成上述程序之后，项目组认为，木纯科技在银行存款项目上的重大错报风险水平属于中等，确定库存现金内部控制可信赖的程度为中等。

3. 对库存现金实施实质性程序。

根据上述情况，审计人员朱月风对木纯科技的库存现金实施了相应的实质性程序。

(1) 核对现金日记账与现金总账。审计人员经过核对，未发现不相符的问题。

(2) 突击监盘库存现金。朱月风会同木纯科技的出纳和会计主管人员等对库存现金等进行了盘点，具体结果如下：

第一，保险柜现金的实存数为1 460元。

第二，有下列单据已收付款，但未入账：某职工报销差旅费，金额为1 830元，手续齐全，付款时间是2008年2月18日；某职工借条一张，未说明用途，无主管领导审批，金额为1 300元，付款日期为2007年12月25日。

第三，盘点前现金日记账的余额为4 590元；经核对2008年1月1日至2月23日的收款凭证、付款凭证和现金日记账，1月1日至2月23日收入现金金额为13 465元，支出现金金额为14 530元，正确无误。

第四，木纯科技经银行核定的库存现金限额为5 000元。

库存现金盘点核对表如表8-3所示。

表8-3　　库存现金盘点核对表　　单位：元

被审计单位名称	财务报表期间	工作底稿索引号
木纯科技	截至2007年12月31日	C2-1
编制人及复核人员签字：		
编制人：朱月风	日期：2008年2月23日	
复核人：卢剑波	日期：2008年2月23日	
项目质量控制复核人：张国强	日期：2008年2月23日	

续表

项目	行次	金额	现金盘点记录（略）
一、盘点日现金日记账账面余额	(1)	4 590	
盘点日未记账的收入金额	(2)	0	
盘点日未记账的付出金额	(3)	1 830	
盘点日账面应存金额	(4) = (1) + (2) - (3)	2 760	
二、盘点日库存现金实存金额	(5)	1 460	
白条抵库数	(6)	1 300	
盘点日实存现金金额	(7) = (5) + (6)	2 760	
三、盘点日应存与实存差额	(8) = (4) - (7)	0	
四、追溯至报表日账面结存金额			
报表日至盘点日支出总额	(9)	14 530	
报表日至盘点日收入总额	(10)	13 465	
追溯至报表日的实存金额	(11) = (7) + (9) - (10)	3 825	
五、报表日账面应存数	(12) = (4) + (9) - (10)	3 825	
六、报表日应存与实存差额	(13) = (12) - (11)	0	
审计说明及调整分录：经过对现金组织突击监盘，账实相符，可以认定报表中现金的数额。但该公司现金管理中存在白条抵库问题，应对上年借支的 1 300 元予以收回，或补办正规的借款手续，及时入账。因这笔借款未达到重要性水平，并不影响本期收益，故不予调整。			

(3) 抽查现金日记账发现现金及对应账户可能存在的问题。朱月风抽查某现金日记账付款凭证时发现，2007 年 6 月 60 号凭证是支付拆除 3 台燃油锅炉的劳务费，原始凭证是白条收据一张，收款人是个人，无正式发票，但有单位领导签字。这引起了朱月风的怀疑。付款凭证上的会计分录是：

借：营业外支出　　3 000

　　贷：库存现金　　3 000

从分录和摘要上来看该款应该是固定资产清理费，应记入“固定资产清理”账户，却记入了“营业外支出”账户，这里有蹊跷。朱月风决定追查相应的收款凭证和固定资产报废凭证。果然不出所料，朱月风在现金收款凭证中均未发现固定资产报废收入。同时，朱月风发现，在同一月份的转字 40 号凭证中摘要记载 3 台燃油锅炉报废，所附原始凭证是经审批的固定资产报废文件，会计分录是：

借：营业外支出　　150 000

　　累计折旧　　150 000

　　贷：固定资产　　300 000

很显然，从上述账户对应关系来看，报废固定资产应记入“固定资产清理”账户，而不是“营业外支出”账户；而且该报废固定资产并未到报废年限，原值30万元，折旧才提了15万元，应还有使用价值，但无任何清理收入是明显不合情理的。于是朱月风继续追查，发现固定资产收入由主管会计经财务经理授意，要求出纳存入“小金库”。其原因是公司消防检查不合格，相关部门不准许使用该类燃油锅炉，公司只好将其出售给私人，开3联收据，收款4万元存入账外“小金库”。对此，朱月风提出作审计调整，公司管理当局接受审计意见，同意调整。审计人员从“简单”的现金审计入手，查出了漏记收入、账外资金等问题。

对该项业务应作出如下调整：

第一，调整支付的固定资产拆除费用：

借：固定资产清理　　3 000

　　贷：营业外支出　　3 000

第二，调整固定资产报废结转分录：

借：固定资产清理　　150 000

　　贷：营业外支出　　150 000

第三，将固定资产的清理收入入账：

借：银行存款　　40 000

　　贷：固定资产清理　　40 000

第四，结清“固定资产清理”账户：

借：营业外支出　　113 000

　　贷：固定资产清理　　113 000

（4）核查大额现金收付的真实性。朱月风发现公司通过其他应付款隐藏销售收入。在审计过程中，朱月风发现该公司2007年6月9日记账凭证的会计处理是：

借：库存现金　　292 543.69

　　贷：其他应付款——A公司　　292 543.69

收据摘要为“借款”，这是否真的是借款？一般单位之间的借款额都是整数，怎么可能会有元角分？这是不合常规的。为此，审计人员向A公司函证确认此笔借款正是该公司的销售款。

对此，该公司应作如下审计调整（假设销售成本未漏转）：

借：其他应付款——A公司　　292 543.69

　　贷：主营业务收入　　250 037.34

　　　　应交税费——应交增值税　　42 506.35

朱月风还发现，该公司2007年8月6日26号记账凭证的会计处理是：

借：银行存款　　200 000

　　贷：应付账款——B公司　　200 000

银行进账单的摘要为“收款”，这笔业务也不符合常规，木纯科技收到B公司银行存款怎么反而欠B公司的钱？这也不可能是借款，因为公司银行存款充足，根本没有必要借款，再说企业间借款应该通过“其他应付款”科目而不是“应付账款”科目核算。公司销售部门提供的销售合同显示，这是一笔分期收款销售商品业务。按照我国税法的规定，分期收款销售商品以合同约定的收款日期为收入确认时间，公司应该确认收入却将其记入往来账目，迟迟不入账，形成一笔账外账。

对此，该公司应作如下审计调整（假设销售成本未漏转）：

借：应付账款——B公司 200 000

贷：主营业务收入 170 940.17

应交税费——应交增值税 29 059.83

（5）对现金进行截止性测试。审计人员选择2007年12月最后连续10个凭证号的记账凭证和2008年1月连续前10个凭证号的记账凭证，进行了现金截止性测试。审计人员在审计时发现，在2008年1月的前10个凭证号的记账凭证中有3个记账凭证中包含2007年12月开出的发票3份，合计不含税销售额240多万元。这就造成2007年少记收入240多万元，审计人员根据截止性测试结果建议企业调整2007年会计报表。

对此，该公司应作如下审计调整（假设销售成本未漏转）：

借：应付账款 2 808 000

贷：主营业务收入 2 400 000

应交税费——应交增值税 408 000

（6）审查记账凭证是否与现金日记账相符。审计人员朱月风发现现金日记账有多登记现象。该公司8月发放工资8 263元，其会计分录为：

借：应付工资 8 263

贷：库存现金 8 263

审计人员发现现金日记账记为28 263元，相差20 000元，盘点现金时发现并无现金盘盈，查明会计和出纳由一人担任，其贪污了这一差额。

（三）案例分析

审计人员应根据库存现金舞弊的不同形式，按照财经纪律和会计准则的规定，运用专门的检查方法和技巧将舞弊行为查证清楚，发现问题所在，并据以纠正舞弊行为。

1. 对贪污公款的检查。

根据贪污公款的各种行为表现，可以采取的检查方法主要有：一是审查各类收付款凭证，判断是否与实际情况有差别。如发现有疑点，审计人员应进一步进行核实，以查明是否有贪污公款的行为。二是审查有关费用凭证，判断其合法性与合理性。如果存在涂改原始凭证或报销凭证没有经过审批或者有关签字模糊不清的情况，审计人员应进一步与相关单位或负责人核对证实。如费用凭证与实际情况不相符，审计人员应进一步调查当事人，以查明是否有贪污公款行为。三是认真审查自制支出单据，查对审签程序是否符合规定。例如，审计人员将应付工资福利明细账与原始凭证的工资福利结算单进行核对，以查明是否有人利用自制凭证和虚拟工资福利进行贪污。四是企业有邮购商品的业务时，应与对方进行调查取证，以查明是否有利用邮购经济业务进行贪污的行为。

2. 对收取回扣的检查。

对虚拟折扣行为，审计人员应将销售合同与收款日期进行核对。如果发现有超出合同规定折扣额度的情况，审计人员应与购货方进行查实，以查明是否有收取回扣的行为及额度。对低价销售行为，审计人员应与销售制度的规定特别是销售定价的规定进行核对，并与同一时期其他客户的销售价格比较，同时调查市场上同类产品的销售价格，以查明是否有随意降低销售价格的行为。如存在疑点，审计人员应进一步核对有关会计资料，并与相关单位进行核实，查实有无收取回扣的行为和金额。对高价采购收取卖方回扣的行为，审计人员应查证是否有舍近求远的行为，并与市场同类商品或原材料价格进行比较。如果存在高价采购原材料的现象，审计人员应进一步核实和查证，以查明是否有收取回扣的行为和金额。

3. 对私设小金库的检查。

对隐匿收入存入“小金库”的，审计人员应将收入明细账与产成品或商品明细账进行核对。如果两者不吻合，审计人员应进一步查证，从而查明是否有将收入转入“小金库”的行为。审计人员应检查固定资产和周转材料的明细记录，尤其是报废财产物资的残值处理和罚没收入的明细账。如果单位财务账上没有相关记录或记录金额与实际相差较大，单位有可能将残值及罚没收入列入了“小金库”，审计人员需要进一步查实。同时，审计人员应查对对外投资的有关资料，查证单位是否将投资分利及收回投资款项及时足额记入会计账簿。如果存在疑点，审计人员应进一步向被投资方查证，以查证单位是否将资金存入了“小金库”。对虚列支出将资金转入“小金库”的行为，审计人员应查证有关会计资料。如果有“以领代报”或“以借代报”的记录，单位有可能将相应的资金存入了“小金库”。审计人员应进行职工工资名册与工资结算单的核对和工资结算单与考勤记录的核对，查证是否有“吃空额”和虚列津贴奖金等现象，并核查代扣、代发款项是否属实。如有疑点，审计人员应向单位职工个人询证，以查实虚列支出套取库存现金存入“小金库”的行为。审计人员可通过核查有关材料采购资料，分析采购行为是否存在舍近求远、价格虚高或不适销对路等状况。如果有此类现象存在，审计人员应进一步查证是否有收取对方回扣而将其所得款项存入“小金库”的行为。审计人员可通过审查其他应收款明细账，看是否有长期拖欠押金、保证金未收回现象。如存在，审计人员应当向对方求证，查证是否存在将已经收回的款项存入“小金库”的行为。

加强库存现金舞弊的检查，及时纠正舞弊行为，是保证资金安全运转、增强企业竞争力的重要途径。而最重要的是，各企业应采取有效措施，努力提高财务人员和相关工作人员的素质，使他们能够自觉地严格按照会计准则的规定和要求，认真加强会计核算，切实做好库存现金管理过程中每一个环节的各项工作，这才是纠正和杜绝库存现金舞弊行为的根本所在。

案例三 达丰公司银行存款审计案例

（一）案例背景

务实会计师事务所自2004年开始接受达丰股份有限公司（以下简称达丰公司）董事会的委托，对达丰公司进行年度会计报表审计。2007年末双方续约继续由务实会计师事务所进行年报审计，并签订了审计业务约定书。务实会计师事务所派出以杨福为项目组长，以李力、张同、刘为为组员的项目组，于2008年2月18日至3月16日，对达丰公司2007年度的会计报表进行了审计。本案例主要反映银行存款的审计过程及相关问题。

达丰公司是一家商业类上市公司，公司主营零售业务，同时兼营部分房地产开发业务，并与某网站合作开展网上售货业务。达丰公司对零售业务采用售价金额核算法，毛利率的计算结转采用分类毛利率法，定期对库存商品进行盘点，有一套相对严密的内部管理制度。达丰公司自上市后业绩一直较为平稳，股价波动不大。

项目组长杨福曾多次参与零售企业的审计业务，经验较为丰富，将银行存款项目的重要性水平确定为5 000元，并安排经验丰富的刘为负责银行存款的审计实施。

（二）案例内容与审计过程

1. 审计目标。

（1）评价银行存款内部控制的健全性与有效性；

（2）确定银行存款会计处理的合法性与公允性。

2. 对银行存款项目进行风险评估和控制测试。

达丰公司属于商业类上市公司，主营零售业务。良好的内部控制制度是保证银行存款安全的重要基础。务实会计师事务所近几年一直接手达丰公司的年报审计。从审计情况来看，达丰公司高管务实度较高，公司内部管理制度健全，组织机构合理，审计部直接归审计委员会领导，内部信息沟通渠道畅通，信息反馈及时。但该公司属于老的国有企业，会计人员素质一般，对新的会计准则的理解和执行有一定的难度，在会计处理上难免出现问题。达丰公司下设3个控股公司，有1家属于提供商业服务业务的公司，达丰公司与其在业务上有交叉，项目组上年审计时在控股公司中发现过问题，今年必须加以关注，尤其是在资金的往来方面风险较高。刘为根据审计计划对银行存款进行了控制测试。刘为首先通过发放调查表等方法对达丰公司银行存款内部控制进行了调查了解，调查表如表8－4所示；同时运用检查凭证法、实地考察法等对达丰公司的银行存款内部控制情况进行了测试，在此基础上，对其进行了评价。

表8－4　　　　内部控制调查表　　　　单位：元

<table>
<tr><td>被审计单位名称</td><td colspan="3">财务报表期间</td><td colspan="3">工作底稿索引号</td></tr>
<tr><td>达丰公司</td><td colspan="3">截至2007年12月31日</td><td colspan="3">C3－1</td></tr>
<tr><td colspan="7">编制人及复核人员签字：</td></tr>
<tr><td>编制人：刘为</td><td colspan="6">日期：2008年2月19日</td></tr>
<tr><td>复核人：杨福</td><td colspan="6">日期：2008年2月19日</td></tr>
<tr><td>项目质量控制复核人：刘国强</td><td colspan="6">日期：2008年2月19日</td></tr>
<tr><td rowspan="3">调查问题</td><td colspan="4">调查结果</td><td rowspan="3">备注</td></tr>
<tr><td rowspan="2">是</td><td colspan="2">否</td><td rowspan="2">不适用</td></tr>
<tr><td>较轻</td><td>较重</td></tr>
<tr><td>1. 银行存款收支业务授权与经办职务是否分离？</td><td></td><td>√</td><td></td><td></td><td></td></tr>
<tr><td>2. 银行存款票据的签发与印鉴的保管职务是否分离？</td><td>√</td><td></td><td></td><td></td><td></td></tr>
<tr><td>3. 银行存款日记账与总账的登记是否由不同的人员负责？</td><td>√</td><td></td><td></td><td></td><td></td></tr>
<tr><td>4. 独立人员是否定期编制银行存款调节表调节未达账项？</td><td>√</td><td></td><td></td><td></td><td></td></tr>
<tr><td>5. 银行票据的领用是否经过批准，并进行连续登记？</td><td></td><td>√</td><td></td><td></td><td></td></tr>
<tr><td>6. 银行存款的总账和日记账是否定期核对？</td><td>√</td><td></td><td></td><td></td><td></td></tr>
<tr><td>7. 现金和银行存款的支付是否坚持严格的审批制度？</td><td></td><td>√</td><td></td><td></td><td></td></tr>
</table>

在控制测试中，刘为发现达丰公司银行存款的内部控制存在一定的漏洞，主要表现在以下几个方面：

（1）通过查看支票登记本发现，登记领用的票据号码不连续，存在领用支票不登记的现象；

（2）对银行存款的支付基本能坚持审批制度，但在审批的职责权限划分上不够明确，从抽查的支付凭证来看，对相同业务的审批有时由财务经理签字，有时由业务经理签字，控制不够严格。

综合上述情况，项目组认为，达丰公司在银行存款项目上的项目上的重大错报风险水平属于中等。

3. 对银行存款实施实质性程序。

根据上述情况，审计人员对达丰公司的银行存款实施了相应的实质性程序。

（1）编制或获取被审计单位银行存款余额调节表，发现银行存款核算和管理中存在的问题。银行存款余额调节表的编制或取得，一方面可以证实被审计单位银行存款的余额；另一方面可以帮助审计人员根据银行提供的对账单，发现被审计单位核算中可能存在的问题。由于达丰公司每天送存销货款，购货业务也较为频繁，另外还有大量的代销业务，经常要与客户结算，银行往来业务较多。审计人员刘为取得了截至2007年12月31日的银行存款余额调节表，具体如表8－5所示。

表8－5　银行存款余额调节表　单位：元

银行存款日记账余额	967 500	银行对账单余额	768 520
加：银行已收企业未收数	0	加：企业已收银行未收数	236 800
减：银行已付企业未付数	86 000	减：企业已付银行未付数	123 820
调节后的余额	881 500	调节后的余额	881 500

银行存款余额调节表从平衡金额上看没问题，但刘为在进行日记账与对账单核对时发现，在对账单上有一笔收到预收款业务，2天后有一笔相同数额的现金支票开出，但银行存款日记账上没有登记，提取现金也未在现金日记账中登记，现金支票的票根不知去向，经核对其他月份也存在类似问题。审计人员判断该公司可能存在出租出借账号问题。从管理的角度看，该公司对支票的领用与登记控制不严，容易造成随意使用支票而不入账的问题。

审计人员刘为根据上述未达账项进一步核对了2008年1月1～15日的银行对账单，发现达丰公司在2007年12月26日已记增银行存款，并记入"主营业务收入"账户的未达账项，到2008年1月15日银行仍未收到该款，达丰公司登记的金额为234 000元。经与银行联系后得知，该支票为空头支票，早在年前已退回公司，经询问公司会计人员确有此事，但会计人员认为该业务不影响当期收益和资产额，过一段时间对方账上有资金后会马上付款，就没有进行调整。审计人员要求必须进行调整，尽管不影响收益，但对银行存款总额来说金额较大，并且影响企业的现金流量指标，若将其调入应收账款，还应按规定计提坏账准备，最终也会影响达丰公司的损益额。调整分录为：

借：应收账款——明达公司　　234 000

　贷：银行存款　　234 000

（2）对银行存款进行函证，证实银行存款是否存在，并发现可能存在的银行贷款。为了确认银行存款的存在性，除了编制银行余额调节表外，审计人员还应向银行发询证函。发函对象为企业所有开户银行。银行询证函的一般格式如下：

审计业务银行询证函

中国工商银行某办事处：　　编号：0012

本公司聘请的务实会计师事务所（特殊普通合伙）正在对本公司2007年度的财务报表进行审计，按照中国注册会计师审计准则的要求，应当询证本公司与贵行的存款、贷款往来，下列信息出自本公司账簿记录，如与贵行记录相符，请在本函下端"信息证明无误"处签字和签章；如有不符，请在本函"信息不符"处列明不符项目及具体内容，并签字和签章。

本公司谨授权贵行将回函直接寄至务实会计师事务所，地址及联系方式如下：

回函地址：北京市西城区金融街*号　收件人：***　电话：****

邮编：1000**

截至2007年12月31日，本公司与贵行相关的信息列示如下：

3. 银行存款。

账户名称	银行账号	币种	利率	余额	起止日期	是否被质押、用于担保或存在其他使用限制	备注
活期存款	*****	人民币	****	96.75万元	活期		
专用存款	*****	人民币	****	64万元	保证金		

除上述列示的银行存款外，本公司并无在贵行的其他存款。

4. 银行借款

借款人名称	币种	本息余额	借款日期	到期日期	利率	借款条件	抵（质）押品/担保人	备注
达丰公司	人民币	400万元	2007/9/1	2008/1/1	7%	抵押		
达丰公司	人民币	300万元	2007/5/1	2009/5/11	8%	抵押		

5. *******

为简化起见，询证函其他事项略。

结论：

• 信息证明无误。 （银行盖章） 年　月　日 经办人：	2. 信息不符，请列明不符项目的具体内容。 短期贷款除了表中所列金额外，该公司还在12月25日取得一笔贷款，期限为6个月，金额为100万元。 （银行盖章） 年　月　日 经办人：

刘为对每个开户行进行函证后，除了上述回函说明有未入账的贷款外，没发现其他不符事项。对未入账的100万元银行贷款，财务经理承认将其存入了子公司账户，暂由子公司使用，但双方未办理相关手续。对此审计人员要求被审单位提供相关文件，作为工作底稿。

（3）抽查大额银行存款支出，以发现疑点。刘为对达丰公司银行存款付款进行凭证抽查时发现有两笔业务较为特殊，其一为一组费用报销凭证，在银行存款日记账摘要栏写明均为修理费，具体内容为：2007年8月5日，银付字35#，摘要注明为“修理超市的制冷设备”，所附原始凭证为达丰劳动服务公司开具的发票。记账凭证内容为：

借：管理费用——修理费　　300 000

　　贷：银行存款　　300 000

2007年8月29日，银付字78#，摘要注明为“修理运输设备”，所附原始凭证也为达丰劳动服务公司开具的发票。记账凭证内容为：

借：销售费用——修理费　　150 000

　　贷：银行存款　　150 000

2007年9月18日，银付字37#，摘要注明也为“修理运输设备”，所附原始凭证也为达丰劳动服务公司开具的发票，金额为45万元。

对这3张修理费发票，刘为认为有些蹊跷，3张发票均出自达丰劳动服务公司，金额高达90万元。该公司为达丰公司的控股子公司，参加达丰公司报表的合并，这3笔业务属于关联方交易。对此刘为予以高度关注，经询问有关经手人员，得到的信息是，达丰公司8月、9月并没进行较大规模运输设备的修理。刘为为了确定这3笔支出的性质，调阅了达丰劳动服务公司的发票和记账凭证，核对后发现与这3张发票号对应的存根联和记账联金额分别为3万元、1.5万元和4.5万元，会计分录分别为：

借：银行存款　　300 000

　　贷：主营业务收入　　30 000

　　　　应付账款——达丰公司　　270 000

借：银行存款　　150 000

贷：主营业务收入　　　　　　　　　　　　　　　　　　15 000
　　应付账款——达丰公司　　　　　　　　　　　　　　135 000

借：银行存款　　　　　　　　　　　　　　　　450 000
　贷：主营业务收入　　　　　　　　　　　　　　　　　45 000
　　应付账款——达丰公司　　　　　　　　　　　　　　405 000

在达丰劳动服务公司的账上，该公司2007年9月、10月又将这3笔应付账款分别以开出现金支票的形式归还，将应付账款转平。从双方的处理来看，达丰劳动服务公司明显存在开“阴阳”发票的问题，并且达丰公司通过多记费用达到套取现金用于非法开支，并少交所得税的目的。在这项业务中，达丰公司共多记费用81万元，从而使当期利润少记81万元，并影响所得税和未分配利润。对81万元的款项，财务主管承认将其另外开立私人账户存放，没在正式的日记账中登记，到审计时已将其用于业务招待费开支共30万元，并有相关的发票。假定业务招待费均为2007年度发生的，并在规定的控制数额之内，不需要进行所得税调整，对上述业务的调整分录为：

借：银行存款　　　　　　　　　　　　　　　　510 000
　贷：销售费用　　　　　　　　　　　　　　　　　　510 000

此外，应将修理费调入业务招待费子目，具体不再列式。

审计人员进行银行存款大额支出凭证抽查时，发现另一笔有疑点的业务，为公司对外投资业务，凭证内容如下：

2007年12月5日，银付字34#，摘要为“支付投资款”，所附原始凭证为交割单和转账支票存根。会计分录为：

借：交易性金融资产　　　　　　　　　　　　　510 000
　　投资收益　　　　　　　　　　　　　　　　　54 000
　贷：银行存款　　　　　　　　　　　　　　　　　　564 000

审计人员经仔细核对交易清单及该股票的信息后发现，记入投资收益账户借方的54 000元为应收股利，会计人员承认为会计处理错误，因该项错误处理使当期收益少记54 000元，流动资产少记54 000元，且对重要性水平定得较低，应作出调整。调整分录为：

借：应收股利　　　　　　　　　　　　　　　　　54 000
　贷：投资收益　　　　　　　　　　　　　　　　　　54 000

（三）案例分析

1. 必须健全银行存款的内部控制制度。

银行存款的内部控制制度必须健全有效，并应得到一贯的坚持，这样才能避免舞弊的发生。银行存款极易出现舞弊问题，企业在内部控制制度中要充分体现不相容职务相分离的精神，并应坚持良好的审查和核对制度。当然，再好的内部控制制度也要由人来执行，若有关人员蓄意舞弊，再好的控制制度也会流于形式。

2. 对银行存款大额收支凭证的抽查应结合其他业务的处理进行分析。

审计人员在进行凭证抽查时，不能仅停留在账户对应关系、审批手续、金额相符等表面现象上，要深入分析业务内容和其合理性，对发现的疑点要紧追不放，这样才能将问题查清。如本案例中审计人员对固定资产出售收入的审查就很好地说明了这一问题。审计人员在分析时还应对相同的业务进行归类，分析其可能性，尤其对关联方的业务往来更应予以关注，以免企业之间利用关联关系进行串通舞弊。在审计的常规检查中，审计人员若不进行仔细分析，往往很难发现被审计单位固定资产处置收入不入账、多列费用、截留资金等问题，从而导致资金的体外循环。

3. 获取或编制银行存款余额调节表时，要注意未达账项。

审计人员在编制银行存款余额调节表时要注意未达账项，尤其要对长期未达账项进行分析，以发现可能存在的错报。为了验证未达账项的真实性，审计人员应向银行取得会计截止日后一段时间的对账单，对长期未达账项要提请被审计单位进行调整，必要时应验证有关的支持性凭证，对在途时间较长的银行存款应持怀疑态度，验证其真实性。

4. 运用银行存款函证程序，审查账外资金和贷款。

审计人员可利用银行存款的函证程序，发现企业可能存在的账外资金和贷款。银行存款函证程序是证实银行存款存在的重要证据。企业经常多头开户，即使有些账户较少发生业务，审计人员函证时也不能将其漏掉。有些账户年末存款余额即使为零，审计人员也应进行必要的函证。

三、相关法规和准则

（一）法规

1. 《中华人民共和国审计法》；
2. 《中华人民共和国会计法》；
3. 《人民币银行结算账户管理办法》；
4. 《内部会计控制规范——货币资金》；
5. 《中华人民共和国票据法》；
6. 《现金管理暂行条例》。

（二）会计准则

1. 《企业会计准则第 8 号——资产减值》；
2. 《企业会计准则第 36 号——关联方披露》。

（三）审计准则

1. 《中国注册会计师审计准则第 1312 号——函证》；
2. 《中国注册会计师审计准则第 1323 号——关联方》；
3. 《中国注册会计师审计准则第 1612 号——银行间函证程序》。

本章小结

货币资金审计综合性较强，本章案例重点介绍了库存现金和银行存款的审计程序和方法，对库存现金的监盘、银行存款的函证、银行存款余额调节表的获取或编制、相关收付凭证的抽查等。在这些程序的运用过程中，本章案例设计了一些可能的舞弊线索，并通过分析来发现可能存在的问题。本章重点和难点是查找账外货币资金，以及根据货币资金业务线索发现可能存在的其他舞弊问题。

练习与思考

一、名词解释

1. 库存现金内部控制
2. 库存现金监盘
3. 银行存款函证
4. 银行存款余额调节表
5. 小金库
6. 白条抵库

二、思考题

1. 对银行存款进行凭证抽查时应重点关注哪些方面？

2. 为什么要对银行存款进行函证？当企业银行存款余额为零时，审计人员是否还需要向其开户行函证？

3. 注册会计师应关注哪些方面来识别企业可能存在的现金舞弊？

三、案例题

1. 2015 年 1 月 10 日上午 8：00，江南市审计局派出的审计人员对永兴公司的库存现金进行突击盘点。经过盘点，实际的情况如下：

（1）现钞有100元币10张，50元币13张，10元币16张，5元币19张，2元币22张，1元币25张，5角币30张，2角币20张，1角币40张，硬币5角8分，总计1 997.58元。

（2）已收款尚未入账的收款凭证3张，计130元。

（3）已收款尚未入账的付款凭证5张，计520元，其中有马明借条一张，日期为2014年7月15日，金额200元，未经批准和说明用途。

（4）盘点的库存现金账面余额为1 890.20元，2015年1月1日至2015年1月10日收入现金4 560.16元，支出现金4 120元。2014年12月31日库存现金账面余额为1 060.04元。

要求：

（1）请说明上述资料是如何获得的。

（2）根据资料编制库存现金盘点表，计算盈亏，并推算2014年12月31日库存现金实存额。

（3）指明企业存在的问题，提出处理意见。

2. 在对华兴公司20×7年度财务报表进行审计时，M注册会计师负责审计货币资金项目。

华兴公司在总部和营业部均设有出纳部门。为顺利监盘库存现金，M注册会计师在监盘前一天通知华兴公司会计主管人员做好监盘准备。考虑到出纳日常工作安排，对总部和营业部库存现金的监盘时间分别定在上午十点和下午三点。

华兴公司20×7年2月4日账面库存现金余额为6 832元，2月5日发生的现金收支全部未登记入账，其中收入金额为5 580元、支出金额为2 000元。审计人员于2月5日下午5时对华兴公司库存现金进行监盘，发现：

（1）保险柜里现金盘点实有数5 108.70元（50张100元，2张50元，8张1元，1张5角，2张1角），另有单独包封的未领工资1 480元（10张100元，8张50，8张10元），没有包括在盘点实有数内。

（2）下列凭证已付款尚未制证入账。

①职工朱敏1月25日借差旅费643.3元，已经领导批准；

②职工王林1月10日借款600元，未经批准，也未说明用途。

（3）华兴公司下属门市部送来当天零售货款2 580元（25张100元，8张10元），附发票副本16张，未送存银行，不包括在盘点实有数内，也没有入账，放在出纳的办公桌抽屉里。

（4）银行核定库存现金限额5 000元。

要求：

（1）请指出华兴公司库存现金监盘工作是否存在不妥之处。

（2）请指出库存现金监盘应关注什么。

（3）如果20×7年1月1日至2月4日现金收入总额为165 200元、现金支出总额为165 500元，请根据盘点结果编制库存现金监盘表。

（4）请指出华兴公司现金存在哪些问题，针对存在的问题提出处理意见。

第九章
损益形成与利润分配业务循环审计

学习内容与目标

在利润表的审计中，损益形成是审计的重要内容之一。本章将重点研究损益形成环节的控制测试程序，损益形成核算中的主要会计舞弊形式、审核方法及其审计调整，损益形成审计工作所形成的主要审计工作底稿等。通过学习本章，学生可以了解损益形成业务中内部控制的关键控制点及其测试过程，明确该业务中存在的主要会计舞弊形式，掌握其审核程序与方法，以及审计调整的过程及结果。

公司在实现利润后，通常要回报股东进行利润分配，利润分配的审计是财务报表审计的重要内容之一。本章还将重点研究利润分配环节的控制测试程序，利润分配核算中的主要会计舞弊形式、审核方法及其审计调整，利润分配审计工作所形成的主要审计工作底稿等。通过学习本章，学生可以了解利润分配业务中内部控制的关键控制点及其测试过程，明确该业务中存在的主要会计舞弊形式，掌握其审核程序与方法及其审计调整的过程与结果。

一、理论概述

（一）损益形成审计相关概述

1. 利润的构成。

利润是指企业在一定会计期间的经营成果。利润包括收入减去费用后的净额、直接计入当期利润的利得和损失等。直接计入当期利润的利得和损失，是指应当计入当期损益、会导致所有者权益发生增减变动的、与所有者投入资本或者向所有者分配利润无关的利得或者损失。

根据《企业会计制度》的规定，利润包括营业利润、利润总额和净利润三个组成部分。这些利润指标都是采用一定的方法计算出来的，是有关的收入与其相关的费用进行比较的结果。值得注意的是：在计算各种利润指标的过程中涉及的主营业务收入、主营业务成本，特别是投资收益、补贴收入、营业外收入和营业外支出和所得税等是属于收入要素或费用要素的内容，不能将其看成是利润要素的内容。

2. 损益形成审计特定的审计目标。

审核会计期内已实现利润总额的真实性、合法性，揭示损益形成核算中的会计差错和弊端。

3. 损益形成审计的特殊性。

审查范围广、内容繁多，而且必须与收入、收益、费用和成本的审查相联系。

4. 损益形成环节可能存在的重大错报风险。

（1）收入或期间费用跨期入账。为了达到调节利润的目的，企业可能对收入或费用提前或延后入账。

（2）虚构收入入账或隐瞒收入。企业可能虚构销售交易从而虚构收入入账，也可能隐瞒某些收入从而达到隐瞒利润的目的。

（3）少结转成本。企业可能在确认产品销售收入、劳务收入等时，未将已销售产品、已提供劳务的成本等计入损益。

（4）虚列费用或虚减费用列支。为隐瞒或提高账面利润，企业可能采取虚列或虚减费用的形式，如虚列或虚减销售费用、管理费用等。

（5）财务费用核算不正确。财务费用的核算中可能存在计算不准确以及混淆资本化和费用化的问题。

（6）混淆营业外收入与营业收入。

（7）营业外支出的记录不符合要求。可能表现为混淆营业外支出和营业成本期间费用的界限，也可能表现为相关支出的核算依据不足、确认金额不正确等。

（8）资产减值损失的计提缺乏依据。这方面的风险表现为企业在是否计提资产减值损失以及计提比例的确定方面随意性较强，缺乏相应的可靠依据。

5. 损益形成的控制测试。

是否设置了与利润形成相关的内部控制制度并发挥作用；责任是否分工明确；是否能够按规定的程序和审批权限办理审批手续。对投资收益，是否设置了严格的登记制度，是否可以分清各项投资收益的界限。年末库存证券的盘点清单有没有与投资明细表进行核对。损益类项目的总账与明细账之间是否存在定期的核对制度。营业外收支是否存在不及时入账的问题。

6. 损益形成的实质性测试。

（1）分析性复核——利润总额分析表；

（2）审查利润总额各构成项目的明细账。

审核营业利润构成项目的明细账——是否虚构和隐瞒利润；审核投资收益明细账——记录是否完整、计算是否正确；会计报表上的披露是否恰当；审核营业外收支明细账——记录是否完整、计算是否正确；会计报表上的披露是否恰当。

（二）利润分配审计相关概述

1. 利润分配审计的审计目标。

核实本年实现的净利润是否按规定的顺序和标准进行分配。

2. 应税利润（应纳税所得额）的计算——税前调整事项。

（1）收入类调整项目。

①视同销售收入；

②接受捐赠收入；

③不符合税收规定的销售折扣和折让；

④未按权责发生制原则确认的收入；

⑤按权益法核算长期股权投资对初始投资成本调整确认收益；

⑥按权益法核算的长期股权投资持有期间的投资损益；

⑦特殊重组；

⑧一般重组；

⑨公允价值变动净收益；

⑩确认为递延收益的政府补助；

⑪境外应税所得；

⑫不允许扣除的境外投资损失；

⑬不征税收入；

⑭免税收入；

⑮减计收入；

⑯减、免税项目所得；

⑰抵扣应纳税所得额；

⑱其他。

（2）扣除类调整项目。

①视同销售成本；

②工资薪金支出；

③职工福利费支出；

④职工教育经费支出；

⑤工会经费支出；

⑥业务招待费支出；

⑦广告费和业务宣传费支出；

⑧捐赠支出；

⑨利息支出；

⑩住房公积金；

⑪罚金、罚款和被没收财物的损失；

⑫税收滞纳金；

⑬赞助支出；

⑭各类基本社会保障性缴款；

⑮补充养老保险、补充医疗保险；

⑯与未实现融资收益相关在当期确认的财务费用；

⑰与取得收入无关的支出；

⑱不征税收入用于支出所形成的费用；

⑲加计扣除；

⑳其他。

（3）资产类调整项目。

①财产损失；

②固定资产折旧；

③生产性生物资产折旧；

④长期待摊费用的摊销；

⑤无形资产摊销；

⑥投资转让、处置所得；

⑦油气勘探投资；

⑧油气开发投资；

⑨其他。

3. 利润分配的顺序。

利润分配的顺序根据《中华人民共和国公司法》等有关法规的规定，企业当年实现的净利润，一般应按照下列内容、顺序和金额进行分配。

（1）计算可供分配的利润。

将本年净利润（或亏损）与年初未分配利润（或亏损）合并，计算出可供分配的利润。如果可供分配的利润为负数（即亏损），则不能进行后续分配；如果可供分配利润为正数（即本年累计盈利），则进行后续分配。

（2）提取法定盈余公积金。

在不存在年初累计亏损的前提下，法定盈余公积金按照税后净利润的10%提取。法定盈余公积金已达注册资本的50%时可不再提取。提取的法定盈余公积金用于弥补以前年度亏损或转增资本金。但转增资本金后留存的法定盈余公积金不得低于注册资本的25%。

（3）提取任意盈余公积金。

任意盈余公积金计提标准由股东大会确定，如确因需要，经股东大会同意后，也可用于分配。

（4）向股东（投资者）支付股利（分配利润）。

企业以前年度未分配的利润，可以并入本年度分配。

公司股东会或董事会违反上述利润分配顺序，在抵补亏损和提取法定公积金之前向股东分配利润的，必须将违反规定发放的利润退还公司。

4. 利润分配可能存在的重大错报风险。

（1）不按规定分配利润，漏交所得税；

（2）违规用税前利润弥补亏损、漏交所得税；

（3）盈余公积的处理不合规定；

（4）未分配利润的处理不合规定。

5. 利润分配的控制测试。

利润分配方案的制定程序、利润的分配顺序是否符合规定；是否设置了利润分配总账、明细账并由专人编制利润分配表；财会部门能否对利润分配进行较严格的控制；总账、明细账之间及利润分配总账与其对应项目间是否存在定期核对制度。

6. 利润分配的实质性测试。

（1）税前分配利润问题的审查；

（2）不按规定确认应税利润的审查；

（3）利润分配项目不真实问题的审查。

二、案例资料

案例一　永固公司损益形成审计案例

（一）案例背景

金舟会计师事务所自2007年开始接受永固有限责任公司（以下简称永固公司）董事会的委托，对永固公司进行年度会计报表审计。根据双方所签订的审计业务约定书，以张洋为项目组长及以程华秋、鲁林、魏民为组员的项目组于2008年2月10日至3月10日对永固公司2007年度的会计报表进行了审计。本案例主要反映损益形成的审计过程及相关问题。永固公司主营业务为家用电器原料、设备的加工、制造、销售，以及电器百货的零售业务。2007年其主要财务数据和指标是：净利润3 398万元，总资产121 605万元，所有者权益55 522万元，净资产收益率6.12%，资产负债率54.34%。

（二）案例内容与审计过程

审计人员对永固公司的损益形成分别实施了风险评估与应对、控制测试和实质性程序。

1. 审计目标。

（1）评价损益形成内部控制的健全性与有效性；

（2）确定损益形成会计处理的合法性与公允性。

2. 对损益形成进行风险评估和控制测试。

永固公司主要经营家用电器原料、设备的加工、制造、销售，以及电器百货的零售业务。审计年度其主要财务数据和指标处于行业平均水平，并且本年利润总额与上年同期相比呈现明显增长趋势，显示其获利能力的稳定性较强，可能发生错报的领域包括营业利润、投资收益和营业外收支。审计项目组在考虑应对方案时，将主要审计人力和资源配置于可能发生重大错报风险的上述项目。

根据审计方案的安排，审计人员首先对损益形成的内部控制实施了控制测试。他们通过调查表、流程图等方法对内部控制进行了调查了解，以文字描述的形式对调查结果进行了描述，并运用检查凭证法、实地考察法等方法对损益形成的内部控制进行了测试，在此基础上，对永固公司的内部控制进行了评价。

在控制测试过程中，审计人员对有关损益形成内部控制的调查情况进行了综合分析。根据测试结果，他们认为关于损益形成的内部控制有的方面是健全有效的，而有的方面还存在着缺陷。概括结果如下：

（1）损益形成环节内部控制比较健全的方面。永固公司损益形成的记录由独立的专职人员负责，并设置了与损益形成有关的总账账户和明细分类账账户。总账账户中收益类账户根据汇总的收款凭单登记；损失类账户根据汇总的付款凭单登记。明细账分别根据各收付款记账凭证和原始单据登记。永固公司与营业利润有关的内部控制，如销售环节的内部控制制度、成本费用的内部控制制度、货币结算制度和利润核算制度等已经设置并发挥作用。永固公司发生营业外收支时，按规定的程序和审批权限办理审批手续，经手人和主管人员分别签章，公司营业外收支项目按企业会计准则的相关规定正确划分。

（2）损益形成环节内部控制存在的主要问题。永固公司对投资收益尚未设置严格的登记制度，难以分清各项投资收益的界限；年末库存证券的盘点清单没有与投资明细表中的投资种类、本年增减数额、年末余额和投资收益进行核对；永固公司损益类项目的总账与明细账之间缺乏定期的核对制度；经测试发现营业外收支存在不及时入账的问题，影响了利润总额中营业外收支项目核算的及时性和准确性。

根据控制测试的情况，审计人员决定对损益形成的各项目增加施行实质性程序的时间和范围，以获取更多的审计证据。

3. 对损益形成实施实质性程序。

针对认定层次重大错报风险的评估结果，可供选择的应对方案有实质性方案和综合性方案两种。出于成本效益的考虑，项目组选用综合性方案设计进一步的审计程序，即将测试控制运行的有效性与实质性程序结合使用。

（1）编制利润总额分析表进行初步分析与复核。审计人员程华秋从永固公司财务部获得了2006年度和2007年度的利润表，运用分析性复核方法，首先将2007年度利润表中利润总额各构成项目与对应的总账、明细账中本年累计发生额加以核对，同时将各明细账、本年发生额的合计数与利润表构成项目的总账各对应项目进行核对，证明相符；之后编制了审计工作底稿——利润总额分析表，如表9－1所示，将2007年度与2006年度的利润构成项目加以比较，分析差异的成因。

表9－1　　利润总额分析表　　单位：万元

被审计单位名称	财务报表期间		工作底稿索引号	
永固公司	截至2007年12月31日		F8－1	
编制人及复核人员签字：				
编制人：程华秋	日期：2008年2月10日			
复核人：张洋	日期：2008年2月10日			
项目质量控制复核人：刘国强	日期：2008年2月11日			
项目	本年数	上年数	与上年的差异	
			金额	百分比
一、营业收入	77 648	76 648	1 000	1.30%
减：营业成本	64 483	63 733	750	1.18%
营业税金及附加	999	995	4	0.40%
销售费用	2 600	2 600	0	0
管理费用	3 176	3 176	0	0
财务费用	2 132	2 132	0	0
资产减值损失	250	250	0	0
加：公允价值变动收益（损失以“－”号填列）	0	0	0	0
投资收益（损失以“－”号填列）	323	323	0	0
二、营业利润（亏损以“－”号填列）	4 331	4 085	246	6.02%
加：营业外收入	235	231	4	1.73%
减：营业外支出	35	37	－2	－5.41%
三、利润总额（亏损以“－”号填列）	4 531	4 279	252	5.89%
减：所得税费用	1 133	1 070	63	5.89%
四、净利润（净亏损以“－”号填列）	3 398	3 209	189	5.89%

程华秋将本年实际利润总额与上年数加以比较，审核永固公司利润总额的

增减变化趋势。永固公司本年实际利润总额 4 531 万元，比上年利润总额 4 279 万元有明显的增长，增加了 252 万元。张洋进一步分析了永固公司利润构成的变动情况，发现该公司的利润总额中营业利润增幅较大，其中非经常性业务的增幅高于经常性业务的增幅。营业利润的增长是在其他业务利润和主营业务利润增长的基础上实现的，是企业发展的根本。持续稳定的营业利润主要来源于经常性项目，而非经常性项目通常是偶发的，会降低企业的盈利质量，制约企业利润的持续增长。非经常性利润的增长表明永固公司在生产经营、利润的有效管理等方面仍存在着一定的问题。

（2）审查利润总额各构成项目的明细账。审计小组以利润总额的主要构成项目——营业利润、投资收益和营业外收支作为审核的重点，审阅构成 3 大项目的有关明细账户所记录的摘要、日期、金额等内容，核对其是否与相应的收入、收益、成本费用和支出等原始单据以及现金日记账、银行存款日记账的有关项目相符。审计人员运用审阅、复核、追踪、查询及函证等审查方法，检查永固公司年度内各损益形成明细账金额是否正常，有无利用损益形成账户进行营私舞弊的问题。

第一，对营业利润构成项目明细账的审核。审计人员程华秋在审查营业利润的主要构成项目——主营业务收入时，将主营业务收入的明细账与应收账款的明细账进行核对，发现在 12 月 29 日有一笔借方发生额为 117 000 元的应收冰峰公司明细账。审计人员认为这项记录金额较大并发生于月末不寻常，于是将明细记录与有关记账凭证转字 912#进行了核对。记账凭证中显示的会计分录是：

借：应收账款——冰峰公司　　117 000
　　贷：主营业务收入　　100 000
　　　　应交税费——应交增值税（销项税额）　　17 000

审计人员审阅这张记账凭证时发现它没有附任何原始凭证；进一步追查发票存根，没有发现相应的销售发票；查阅产成品仓库账，也没有发现提货记录。经向冰峰公司发函询证后，程华秋确定这笔销售业务是永固公司为完成 2007 年利润目标虚构的。审计人员建议永固公司作如下账务调整：

借：主营业务收入　　100 000
　　应交税费——应交增值税（销项税额）　　17 000
　　贷：应收账款——冰峰公司　　117 000

第二，投资收益明细账的审核。审计人员鲁林、魏民对永固公司的投资收益项目施行了审计。他们在审阅“持有至到期投资”和“交易性金融资产”明细账时，发现永固公司 2006 年 2 月有一笔 10 万元的长期债券投资业务。经核对投资合同，他们证实接受投资单位为风华公司，按债券合约规定每年 2 月 1 日发放一次债券利息，以转账方式支付。张洋审阅了“投资收益”明细账，发现2007年没有发生任何业务。于是张洋派魏民到风华公司查询，该公司证明2007年初曾付给永固公司11 500元的利息，并提供了证明材料。魏民进一步审阅了永固公司2007年的“应付账款”明细账，发现有“风华公司”明细账户，同时发现该户2月份贷方有一笔11 500元的业务，是根据银收字82#记账凭证登记的，该记账凭证填制于2007年2月2日。其账务处理如下：

借：银行存款　　11 500

　　贷：应付账款　　11 500

经核对原始凭证，他们查明该款确属风华公司转来的投资利息。在确凿的证据面前，永固公司经理和财务部长承认了隐瞒投资收益11 200元的事实，目的是留待以后效益不好时调节利润。审计小组对永固公司这起隐瞒投资收益的异常事项提出调整建议，调增利润13 200元，账务调整如下：

借：应付账款——永固公司　　11 500

　　贷：投资收益——风华公司　　11 500

此外，审计人员鲁林、魏民在审计投资收益明细账时，还发现永固公司于2007年6月16日从二级市场支付价款248万元购入金华公司发行的债券，另支付交易费用2万元。金华公司发行的债券6月1日已到付息日，但债券利息7万元尚未实际领取。这部分债券利息已包含于债券的买价之中。6月29日永固公司收到金华公司支付的债券利息7万元。对该笔短期债券投资业务，永固公司的账务处理如下：

6月16日从二级市场以248万元购入金华公司发行的债券：

借：交易性金融资产——成本　　2 500 000

　　贷：银行存款　　2 500 000

6月29日永固公司收到金华公司支付的债券利息：

借：银行存款　　70 000

　　贷：投资收益——金华公司　　70 000

对于上述情况，鲁林和魏民建议永固公司作如下账务调整：

借：投资收益——金华公司　　20 000

　　应收利息——金华公司　　70 000

　　贷：交易性金融资产——成本　　90 000

借：投资收益——金华公司　　70 000

　　贷：应收利息——金华公司　　70 000

第三，对营业外收支明细账的审阅。审计人员张洋对永固公司营业外收支的明细账进行了审计，发现了以下两个方面的问题：

一是永固公司2006年3月1日为绿鸟公司向银行借款100万元提供担保。至2007年9月1日，绿鸟公司因经营严重亏损，进行破产清算，无力偿还已到期的该笔银行借款。提供贷款的瑞方工商银行因此向法院起诉，要求永固公司承担连带偿还责任，支付借款本息 115 万元。2008 年 1 月 12 日，法院终审判决瑞方工商银行胜诉，由永固公司支付借款本息 115 万元，并于 2008 年 1 月 22 日执行完毕。永固公司在 2007 年度未对该诉讼案件作相应的会计处理。对查出的这一情况，张洋已向被审计单位的法律顾问发出询证函证实了相关情况，并建议作如下账务调整：

借：营业外支出——赔款支出　　1 150 000

　　贷：预计负债——未决诉讼　　1 150 000

二是 2007 年 12 月 31 日永固公司存货盘点负责人，在清查盘点库存原材料时，发现短缺 230 万元，当时作了借记"待处理财产损溢——待处理流动资产损溢"科目 230 万元、贷记"原材料"科目 230 万元的会计处理。审核员报经批准的短缺原因中属于非常损失部分为 150 万元、属于一般经营损失部分为 65 万元、属于原材料仓库管理员范明过失而应由其赔偿部分为 15 万元。经审计人员张洋审查后确认永固公司存货盘点负责人报经批准的短缺原因属实。但永固公司财务部门在 2007 年末未结转该笔待处理事项。对于永固公司的账务处理，审计人员张洋作出如下分析与调整：

首先，库存原材料短缺属于 2007 年度发生的事项，张洋建议永固公司区分不同原因调整 2007 年度相应的会计报表项目，作以下调整分录：

借：营业外支出——非常损失　　1 500 000

　　管理费用——物料消耗　　650 000

　　其他应收款——范明　　150 000

　　贷：待处理财产损溢——待处理流动资产损溢　　2 300 000

其次，永固公司应对 15 万元其他应收款余额按 5% 的比例计提坏账准备 7 500 元，会计分录为：

借：资产减值损失——坏账损失　　7 500

　　贷：坏账准备　　7 500

（3）调整与审定利润表中各构成项目的金额。审计项目组在审核利润总额各构成项目的同时，对各项目结转"本年利润"账户的情况加以审核，未发现异常事项。在上述审核的基础上，审计人员魏民编制了试算平衡表工作底稿——永固公司 2007 年度利润表，如表 9－2 所示，由张洋审核了该表。

表 9－2　　利润表（试算平衡表）　　单位：万元

被审计单位名称	财务报表期间	工作底稿索引号
永固公司	截至 2007 年 12 月 31 日	F8－2
编制人及复核人员签字：		

续表

编制人：程华秋	日期：2008年2月10日			
复核人：张洋	日期：2008年2月10日			
项目质量控制复核人：刘国强	日期：2008年2月11日			
项目	未审金额	调整金额		审定金额
		借方	贷方	
一、营业收入	77 648	10	0	77 638
减：营业成本	64 483	0	0	64 483
营业税金及附加	999	0	0	999
销售费用	2 600	0	0	2 600
管理费用	3 176	65	0	3 241
财务费用	2 132	0	0	2 132
资产减值损失	250	0.75	0	250.75
加：公允价值变动收益（损失以“-”号填列）	0	0	0	0
投资收益（损失以“-”号填列）	323	9	1.15	315.15
二、营业利润（亏损以“-”号填列）	4 331	84.75	1.15	4 247.40
加：营业外收入	235	0	0	235
减：营业外支出	35	265	0	300
三、利润总额（亏损以“-”号填列）	4 531	349.75	1.15	4 182.40
减：所得税费用	1 133	0	0	1 133 *
四、净利润（净亏损以“-”号填列）	3 398	353.25	1.32	3 046.07 *

注：*表示表中的所得税数额未考虑本案例中调整事项所影响的所得税数额；同理，净利润也未考虑此因素。

（三）案例分析

本案例研究了利润表审计中损益形成审计的程序、方法，反映了损益形成中存在的会计错误与舞弊及其审计调整过程与结果。通过学习本案例，学生可以明确以下问题。

1. 损益形成审计特定的审计目标。

损益形成的审计属于利润表审计的重要组成部分。其主要审计目标是审核会计期内已实现利润总额的真实性、合法性，揭示损益形成核算中的会计错误与舞弊。企业利润的形成取决于一定期间收入与费用的配比方式。根据我国企业会计准则的规定，利润总额的形成主要受3大项目影响，即营业利润、投资净收益和营业外收支净额。企业的利润总额通过“本年利润”账户核算，一般在期末将本期各项损益转入“本年利润”账户，进行配比，并计算本期所形成的利润或亏损。在本案例中，审计项目组结合损益形成环节的特点，通过审核与“本年利润”账户相关的各损益类账户，审查损益形成的真实性、合法性，以实现本次损益形成审计的目标。

2. 损益形成审计对损益形成的控制测试有其特定的程序和内容。

损益形成的控制测试是指根据企业内部控制及其审计的基本理论与方法，针对损益形成各构成项目的特点，分析企业内部控制的关键控制点，在此基础上研究被审计单位损益形成内部控制制度的调查、了解、测试与评价等程序与方法。

3. 损益形成的实质性程序与其他业务环节的实质性程序既有共性也有不同。

其共性表现为：损益形成审计也需要在进行内部控制测试的基础上确定实质性程序的范围和重点。其不同在于：审计人员一般要编制利润总额分析表，运用分析性复核方法将本年度损益形成各项目金额与上年度相应金额进行核对，分析差异的成因；审阅损益形成各明细账，查找漏记或错记损益形成项目的情况。这些程序与方法有其特定的运用过程。例如，在审阅损益形成明细账时，审计人员应从损益形成明细账中选择重点项目，审阅所记录的摘要、日期、金额等内容，核对其是否与发票、收据、盘盈盘亏报告等原始单据以及现金日记账、银行存款日记账的有关项目保持一致。

4. 损益形成审计的特殊性。

损益形成审计的特殊性主要表现为：审查范围广、内容繁多，而且必须与收入、收益、费用和成本的审查相联系。利润指标是一个反映企业综合性经营成果的指标，这一指标的数额真实、准确，取决于各损益构成项目的真实、准确。因此，审计人员在确认利润指标时，首先应审核各损益构成项目的数额。此外，利润组成中的支出项目属于收益性支出，审计人员在审查利润数额时，还要注意被审计单位是否存在混淆资本性支出与收益性支出界限的情况。

案例二　隆安股份利润分配审计案例

（一）案例背景

景鸣会计师事务所自2009年开始接受外商投资企业隆安股份有限公司（以下简称隆安公司）董事会的委托，对隆安公司进行年度利润表审计。根据双方所签订的审计业务约定书，以董平为项目组长及以胡润发、何明、吴晶为组员的项目组于2009年1月5日至1月29日对该公司2008年度的会计报表进行了审计。本案例主要反映利润分配环节的审计过程及相关问题。

隆安公司主营业务为制造、加工、销售化学药品、制剂、生化制品、医疗器械及技术服务。2008年其主要财务数据和指标（按新企业会计准则）为：净利润39 834 360元，每股收益0.1291元，净资产收益率5.12%，每股经营活动产生的现金流量净额0.4032元，总资产778 260 252元，股东权益（不含少数股东权益）522 512 067元，资产负债率30.21%，每股净资产2.13元。

（二）案例内容与审计过程

审计项目组对隆安公司的利润分配分别实施了风险评估与应对、控制测试和实质性程序。

1. 审计目标。

（1）评价利润分配内部控制的健全性与有效性；

（2）确定利润分配会计处理的合法性与公允性。

2. 对利润分配进行风险评估和控制测试。

隆安公司主营业务为制造、加工、销售化学药品、制剂、生化制品、医疗器械及技术服务。审计年度其主要财务数据和指标均低于行业平均水平，财务报表层次重大错报风险有可能分布于税前利润、应税利润和利润分配的构成项目之中。

根据审计方案安排，审计人员对利润分配施行了如下控制测试：通过调查表等方法对隆安公司的内部控制进行了调查了解、以文字表述的形式对调查结果进行了描述，并运用检查凭证、实地考察等方法对利润分配环节的内部控制进行了测试。在此基础上，项目组对隆安公司的内部控制是否健全有效作出了评价。

在控制测试过程中，审计人员对隆安公司有关利润分配内部控制的调查情况进行了综合分析，根据测试结果认为，隆安公司利润分配的内部控制一些方面是健全有效的，而某些方面还存在着缺陷。概括而言，审计测试结果如下。

（1）隆安公司利润分配环节内部控制比较健全的方面。隆安公司的所有者权益变动表由专职人员负责编制。按公司章程的规定，隆安公司由董事会制订利润分配方案，由股东大会审议批准董事会制订的利润分配方案。该公司是股份有限公司，一方面，按新企业会计准则规定健全了有关利润分配的总账和明细账的设置；另一方面，根据《企业财务通则》的要求，规定了利润分配的顺序。

（2）隆安公司利润分配环节内部控制存在的主要问题。隆安公司的财会部门对利润分配尚未健全集中管理、记录和审核控制制度，不能及时反映和监控公司利润，实现合理分配；公司没有定期将利润分配明细账与总账进行核对，这样有可能使两者账账不符；有关利润分配各总账账户余额与所有者权益变动表、利润表中对应项目之间缺乏定期的核对制度；公司存在不按利润分配的顺序进行分配的问题，影响了所有者权益变动表中会计信息的真实性。

根据控制测试的情况，审计人员决定在施行实质性程序时，对利润分配在较大范围内实施审核程序。审计人员不仅要对利润分配各明细账进行审阅，而且要通过表表、账表、账证以及证证等核对，运用专业判断给异常事项定性，并提出审计调整建议。

3. 对利润分配实施实质性程序。

基于成本效益原则，针对认定层次重大错报风险的评估结果，项目组选用综合性方案设计进一步的审计程序，实施了相应的实质性程序。利润分配环节的错误与舞弊集中体现为不按规定分配利润，漏交所得税。对此审计项目组重点审查了与利润分配相关的各明细分类账。审查时审计人员首先按企业会计准则规定对利润分配的各个具体项目，如法定盈余公积、任意盈余公积、应付现金股利或利润、转作股本的股利、盈余公积补亏和未分配利润等进行复算，然后将复算结果与其他相关账户如应交税费、所得税费用、应付股利、股本、资本公积和盈余公积等进行核对，如有差异再有针对性地进行分析，查明企业是否存在漏交税金以及虚减或虚增会计利润、应税利润和税后利润等情况。在利润分配的审查过程中，审计项目组以审核隆安公司违反规定税前分配利润、不按规定确认应税利润和利润分配项目不真实等问题作为切入点，对以下3项重点问题实施了实质性程序。

（1）对违反规定在税前分配利润的测试。隆安公司2008年度实现本年利润6 000万元（经损益形成审计确认正确），审计人员吴晶在审阅“利润分配”明细账时，发现利润分配的具体项目中提取法定盈余公积金465万元（4 650×10%），相关项目“应交税费——应交所得税”1 350万元（5 400×25%），“应付股利——羽丰公司”300万元（6 000×5%），“应付股利——其他股东”372万元（4 650×8%），“任意盈余公积金”697.5万元（4 680×15%），“利润分配——未分配利润”2 815.5万元。并且吴晶查明羽丰公司为隆安公司的优先股股东和控股子公司，隆安公司接受羽丰公司投资1 500万元，占股本的5%。隆安公司董事会审议通过的利润分配方案为：法定盈余公积金的提取比例为10%，按优先股股东羽丰公司的投资比例向其发放股利，按可供分配利润的8%向其他股东分配股利，并提取15%的任意盈余公积金，该公司适用的所得税税率为25%。吴晶对隆安公司利润分配各项目进行了初步测算，结果为：应交所得税费用1 500万元（6 000×25%），应提取法定盈余公积金420万元（4 200×10%），任意盈余公积金630万元（4 200×15%），“应付股利——羽丰公司”210万元（4 200×5%），“应付股利——其他股东”336万元（4 200×8%），“利润分配——未分配利润”2 904万元。为寻找与隆安公司对应项目存在差异的原因，吴晶进一步对该公司利润分配实际提取数进行了分析并审阅了相关凭证，发现该公司转字312#记账凭证所反映的业务内容有疑点。其账务处理分录如下：

借：利润分配——应付股利　　　　3 000 000

　　贷：应付股利——羽丰公司　　　　300 000

这笔分录的金额和“应付股利——羽丰公司”账户的内容表明，隆安公司向羽丰公司发放的股利不仅是直接按本年利润总额的5%计提的，而且是在抵扣所得税之前计列的。可以初步推定，隆安公司是以税前利润向羽丰公司发放投资利润。吴晶又对另一些数据进行了分析，发现应交所得税1 350万元是中泽公司按利润总额5 400万元计算得来的，虚减利润600万元，其中300万元恰是向羽丰公司违规支付的投资利润数额。这进一步证实了隆安公司通过税前向其控股子公司多分配投资利润，以转移母公司利润、漏交所得税的事实。按现行企业所得税法的规定，企业向投资者支付的股息、红利等权益性投资收益款项不得在税前扣除，只能在税后向投资者支付。对于为转移母公司利润，隆安公司税前分配投资利润、漏交所得税的问题，吴晶提出如下审计调整建议：

借：所得税费用　　750 000

　　贷：应交税费——应交所得税　　750 000

经上述审核，审计项目组已确认隆安公司2008年度虚减利润600万元的事实，但仍有300万元虚减利润数额尚未查明原因。审计人员胡润发以此为线索继续审查，在审阅“利润分配——未分配利润”明细账并进行账证核对时，发现12月5日有一笔借项金额300万元，找不到相应的记账凭证，摘要注明“弥补亏损”。胡润发追踪审查以前年度的利润分配情况，查明公司前5年用税前利润延续弥补亏损后，仍有挂账亏损300万元。2008年12月5日，公司第六次用税前利润弥补亏损，并且已在年末将以前年度亏损全部补完。胡润发推定隆安公司存在用税前利润弥补亏损、漏交所得税的问题。根据企业所得税法的规定，企业发生的年度亏损，准予向以后年度结转，用以后年度的所得弥补，但结转年限最长不得超过5年。也就是说，税法允许企业在5年内用所得税前利润延续弥补，延续5年未弥补的亏损，只能用交纳所得税后的利润弥补。而中泽公司的做法已经违背了上述规定，势必造成所得税的漏交。

胡润发对上述因违反规定而漏交的所得税费用，经复核后予以确认。中泽公司应调增利润总额300万元，补交所得税75万元（300×25%），并提出以下审计调整建议：

借：所得税费用　　750 000

　　贷：应交税费——应交所得税　　750 000

（2）对利润分配时不按规定确认应税利润的测试。所得税是国家直接参与企业利润分配的形式；是国家对企业利润进行调节的税种。正确核定企业的应税利润（应纳税所得额）是正确计提和交纳所得税的前提。一般而言，只要税前会计利润与应税利润之间存在差异，无论是永久性差异还是暂时性差异，企业在计算交纳所得税时，都应按照2008年1月1日施行的

《中华人民共和国企业所得税法》《中华人民共和国企业所得税法实施条例》和2007年1月1日起在上市公司范围内实行的《企业会计准则第18号——所得税》应用指南的有关规定和要求对税前会计利润进行调整，计算出应纳税所得额，然后再根据适用税率计算出应纳所得税额。项目组对所得税金额、税率、减免和上缴等进行了全面审查，发现隆安公司由于永久性差异未作调整而影响到当期应纳税所得额的确认存在着较大的问题。审计项目组的具体审查过程如下。

审计人员何明在审查应税利润（应纳税所得额）时，查明隆安公司2008年度的应税利润为5 400万元，与会计利润6 000万元相差的600万元，是违反规定税前分配利润的结果。经前述审计调整后，尽管应税利润与会计利润已保持一致，但何明认为隆安公司应税利润的确认仍存在着可疑之处。何明以税法的有关规定逐项衡量，发现隆安公司对本期应作调整的永久性差异事项没有作任何调整。这些事项是：隆安公司当年的营业收入2 500万元，账面列支业务招待费35万元；该公司因部分产品违规经营支付的罚款7万元，支付的滞纳金3万元；购买国库券的利息收入3万元；经核定本年度企业发生的业务宣传费和广告费合计400万元；该公司已记入当年损益的研究开发费120万元；本年度发生的公益性捐赠750万元，非公益性捐赠现金5万元；赞助支出6万元。为正确确认隆安公司的应税利润，何明依据企业所得税法的有关规定，对税前会计利润与应税利润之间存在的永久性差异，进行了分析和调整。调整公式如下：

应税利润(应纳税所得额)=利润总额±税前利润调整事项

经过分析与审核，何明认为上述事项按税法规定应调增应税利润的有以下几项：

第一，按税法规定，企业发生的与生产经营活动有关的业务招待费支出，按照发生额的60%扣除，但最高不得超过当年销售（营业）收入的5‰。按此规定，本年隆安公司准予扣除的业务招待费限额为12.5万元（2 500×5‰），而该公司账面列支业务招待费35万元，超限额列支22.5万元，对此该公司尚未调增应纳税所得额，漏交所得税。

第二，按税法规定，企业的罚金、罚款和被没收财物的损失以及各种税收的滞纳金等应在税后列支，而隆安公司的会计核算已在税前列入营业外支出，按规定在计算所得税时应调增应纳税所得额。由于隆安公司对罚款支出7万元、滞纳金3万元未作调整，可虚减纳税利润10万元，漏交所得税。

第三，按税法规定，企业发生的符合条件的广告费和业务宣传费支出，除国务院财政、税务主管部门另有规定外，不超过当年销售（营业）收入15%的部分，准予扣除。按这项规定，本年度中泽公司准予扣除的广告费和业务宣传费支出限额为375万元（2 500×15%）。经审核确认，由于隆安公司按400万元列支广告费和业务宣传费，超过限额25万元，并且该公司尚未调整应纳税所得额，致使本年本项目漏交所得税。

第四，按税法规定，非公益性捐赠在计算应纳税所得额时应作调增处理，隆安公司非公益性捐赠现金5万元，违反规定，虚减纳税利润5万元，漏交所得税。此外，按税法规定，企业发生的公益性捐赠支出，不超过年度利润总额12%的部分，准予扣除。税法定义的公益性捐赠，是指企业通过公益性社会团体或者县级以上人民政府及其部门，用于《中华人民共和国公益事业捐赠法》规定的公益事业的捐赠。其中，公益性社会团体是指同时符合以下条件的基金会、慈善组织等社会团体：依法登记，具有法人资格；以发展公益事业为宗旨，且不以营利为目的；全部资产及其增值为该法人所有；收益和营运结余主要用于符合该法人设立目的的事业；终止后的剩余财产不归属于任何个人或者营利组织：不经营与其设立目的无关的业务；有健全的财务会计准则：捐赠者不以任何形式参与社会团体财产的分配；国务院财政、税务主管部门会同国务院民政部门等登记管理部门规定的其他条件。经注册会计师审核，隆安公司的公益性捐赠虽符合上述条件，但将750万元全部记入营业外支出，而未加以调整的做法，虚减了应税利润，漏交了所得税。按规定，本年隆安公司准予扣除的公益性捐赠限额为720万元（6 000 × 12%），而该公司超限额30万元列支了公益性捐赠。

第五，税法定义的赞助支出，是指企业发生的与生产经营活动无关的各种非广告性质支出。按税法规定，在计算应纳税所得额时，赞助支出不得扣除。由于隆安公司在营业外支出中列支了赞助支出6万元，应调增应纳税所得额6万元，补交所得税。

按税法规定，隆安公司应调减应税利润的情况有以下几项：

第一，国库券利息收入。隆安公司按企业会计准则的规定，已将国库券利息收入作为投资收益记入了税前会计利润。但按税法规定，国库券利息收入可免交所得税，因此，隆安公司应调减纳税利润3万元。

第二，隆安公司本年已记入损益的研究开发费用120万元。按企业所得税法的规定，企业为开发新技术、新产品、新工艺发生的研究开发费用，未形成无形资产记入当期损益的，在按照规定据实扣除的基础上，可按照研究开发费用的50%加成扣除。按此规定，对隆安公司本年已记入损益的研究开发费用120万元，可加成扣除的金额为60万元（120 × 50%），由此，隆安公司可调减纳税利润60万元。

审计人员何明建议隆安公司对应税利润作调增处理。调整金额的计算过程如下：

调增应税利润 = 22.5 + 10 + 25 + 5 + 30 + 6 − 3 − 60 = 35.5（万元），同时，何明要求隆安公司根据调增的应税利润额补交所得税8.875万元（35.5 ×

25%），并建议其作如下审计调整账务处理：

借：所得税费用　　88 750

　　贷：应交税费——应交所得税　　88 750

（3）对利润分配项目不真实的测试。审计人员吴晶在审查隆安公司2008年度应付职工薪酬时，发现虽然隆安公司作为外商投资企业可以设置“职工奖励及福利基金”明细科目，但隆安公司从税后利润中提取的职工福利基金和职工奖励基金的增加数不正常。吴晶首先分析了影响“职工奖励及福利基金”明细账贷方发生额正确性的因素，认为可能有3个方面：

一是税后利润分配数额的计算可能有错误；二是没有按规定的比例进行分配；三是利润分配账户的数额可能是从其他方面转入的。若是前两项因素造成的不正确，审计人员只需对税后留利数额和分配比例进行审阅和复核；如果是第三种因素造成的结果，审核工作将变得非常复杂。于是，吴晶决定采用逆查法进行审计，即从“利润分配——提取的职工奖励及福利基金”项目开始逐步追溯到形成差错的根本原因。吴晶首先对照审阅了隆安公司与“应付职工薪酬——职工奖励及福利”增加相关的账务处理，其中2008年12月转字2101#、2102#记账凭证反映的账务处理分别如下；

借：其他应付款　　1 500 000

　　贷：利润分配——提取的职工奖励及福利基金　　1 500 000

借：利润分配——提取的职工奖励及福利基金　　1 500 000

　　贷：应付职工薪酬——职工奖励及福利　　1 500 000

对上述凭证反映的内容，吴晶经分析判断，隆安公司额外分配的150万元的职工奖励基金和福利基金是从“其他应付款”账户中转来的。然而吴晶审查其记账凭证附件时却无此笔转账的说明。为究其原委，吴晶进一步检查了“其他应付款”账户的明细账户“待决应付款”及其对应账户。吴晶查出，2006～2008年该账户的贷项有3笔记录，2008年有1笔借项记录。吴晶将其明细情况及对应账户的审核结果编入审计工作底稿，如表9－3所示。

表9－3　　其他应付款审计工作底稿　　单位：万元

被审计单位名称	财务报表期间	工作底稿索引号
隆安股份有限公司	截至2008年12月31日	F3－6
编制人及复核人员签字：		
编制人：胡润发	日期：2009年1月5日	
复核人：董平	日期：2009年1月5日	
项目质量控制复核人：刘国强	日期：2009年1月11日	

续表

被审核项目发生时间	借方	贷方	对应账户
2006. 09. 29		400 000	材料成本差异
2007. 10. 12		600 000	材料成本差异
2008. 11. 20		500 000	材料成本差异
2008. 12. 31	1 500 000		利润分配
合计	1 500 000	1 500 000	

从上述资料可以看出，贷方3笔款项的对应科目都是“材料成本差异”，吴晶初步推定隆安公司虚列“其他应付款”是为了藏匿材料的成本贷差。从2008年12月31日结转150万元到“利润分配——提取的职工奖励及福利基金”账户，可以看出隆安公司截留差异的目的是扩大公司福利和增发奖金。上述4笔记录均无原始凭证，也没有任何说明。至于为什么会有那么多的材料成本差异，它们是怎样形成的，吴晶决定彻查到底。吴晶开始审阅“材料成本差异”明细账和其相关记录，查明隆安公司按计划成本计价的只有一种原材料——原药，因此，“材料成本差异”实际上核算的是原药的进价和计划价之差。通过对近3年的账户和凭证的检查，吴晶找到了问题的根源。

近几年来原药的计划价高于实际价8%～10%，贷差较大，从2006年开始隆安公司就没有进行差异分摊，产品材料成本一直按计划价结转，3年虚增产品成本150万元，虚减公司利润150万元：于是在“材料成本差异”账户中贷差越积越多。吴晶运用监督盘存方法，到原材料仓库对原药进行了账实核对，发现直至审查日仍有20多万元2009年初领用的原药成本差异留在“材料成本差异”账户中，尚未及时记入当期损益。吴晶对2006年、2007年漏交所得税额33万元（100×33%），提出如下审计调整建议：

借：应付职工薪酬——职工奖励及福利　　1 000 000
　　贷：以前年度损益调整　　1 000 000
借：以前年度损益调整　　330 000
　　贷：应交税费——应交所得税　　330 000
借：以前年度损益调整　　670 000
　　贷：利润分配——未分配利润　　670 000

对于2008年的记录，隆安公司应作如下审计调整：

借：应付职工薪酬——职工奖励及福利　　500 000
　　贷：材料成本差异　　500 000
借：所得税费用　　125 000
　　贷：应交税费——应交所得税　　125 000

4. 调整并审定利润分配的构成项目。

经上述审计调整后，隆安公司2008年度实现的利润总额（会计利润）为6 000万元，应税利润为6 185.5万元；审计人员提请隆安公司结合上述审计调整分录，补交所得税。审计项目组已编制审计建议的调整分录。经审定，隆安公司的净利润为4 478.62万元（6 000 - 1 521.38），加上以前年度损益调整形成的“利润分配——未分配利润”67万元，可供分配的利润共计4 545.62万元。应提取法定盈余公积为454.56万元（4 545.62 × 10%），应提取任意盈余公积为681.84万元（4 545.62 × 15%），审计项目组建议首先用红字冲销原错误分录，之后编制如下审计调整分录：

借：盈余公积——法定盈余公积	4 545 600	
——任意盈余公积	6 818 400	
贷：利润分配——提取法定盈余公积		4 545 600
——提取任意盈余公积		6 818 400

应付羽丰公司的股利为227.28万元（4 545.62 × 5%），应付其他股东股利为363.65万元（4 545.62 × 8%），审计项目组建议用红字冲销原错误分录，并编制如下审计调整分录；

借：应付股利——羽丰公司	2 272 800	
贷：利润分配——应付股利		2 272 800
借：应付股利——银梦公司	3 636 500	
贷：利润分配——应付股利		3 636 500

（三）案例分析

本案例研究了与利润审计相关的利润分配审计的程序、方法，反映了利润分配中所存在的会计错误与舞弊及其审计调整过程与结果。通过学习本案例，学生可以明确以下问题。

1. 利润分配审计有其特定的审计目标。

利润分配是企业在净利润即税后利润的基础上按照一定的先后顺序进行的分配。利润分配审计的目标是通过对利润分配的顺序、去向以及利润分配的标准和比例的审查，确定公司利润分配的真实性、合规性和合法性。为实现利润分配的审计目标，审计人员首先要明确相关的衡量标准。按规定，公司制企业本年实现的净利润，应按下列顺序和标准分配。

（1）弥补以前年度亏损。企业发生的年度亏损可用下一年度的税前利润进行弥补，但只可延续5年；超过5年未弥补的亏损，只能在当期利润交纳所得税之后再进行弥补，即由税后利润补亏。

（2）提取法定公积金。《中华人民共和国公司法》规定，公司分配当年税后利润时，应当提取利润的10%列入公司法定公积金。公司法定公积金累计额为公司注册资本的50%以上的，可以不再提取。

(3) 按一定比例提取任意公积金。公司从税后利润中提取法定公积金后，经股东会或股东大会决议后，可以从税后利润中提取任意公积金。

(4) 向投资者分配利润。按《中华人民共和国公司法》的规定，公司弥补亏损和提取公积金后所余税后利润，有限责任公司股东按照实缴的出资比例分取红利，但全体股东约定不按出资比例分取红利的除外；股份有限公司按照股东持有的股份比例分配利润，但股份有限公司章程规定不按持股比例分配的除外。股东会、股东大会或者董事会违反前款规定，在公司弥补亏损和提取法定公积金之前向股东分配利润的，股东必须将违反规定分配的利润退还公司。公司持有的本公司股份不得分配利润。此外，《中华人民共和国公司法》还规定，在有限责任公司连续5年不向股东分配利润，而公司该5年连续盈利，并且符合本法规定的分配利润条件的情况下，对股东会该项决议投反对票的股东可以请求公司按照合理的价格收购其股权。自股东会会议决议通过之日起60日内，股东与公司不能达成股权收购协议的，股东可以自股东会会议决议通过之日起90日内向人民法院提起诉讼。

2. 利润分配的控制测试有其特定的程序和内容。

利润分配控制测试是指根据内部控制及其审计的基本理论与方法，针对公司利润分配应按照规定顺序和比例分配的业务特点，分析其内部控制的关键控制点，在此基础上研究被审计单位利润分配内部控制制度的调查、了解、测试与评价等程序与方法。

3. 利润分配的实质性程序与其他环节测试的共性与不同。

相同之处在于均需要在进行内部控制测试的基础上确定实质性程序的范围和重点。不同之处主要表现为：在利润分配实质性程序中审计人员经常运用审阅法、复核法、逆查法审核利润分配明细账以及有关的记帐凭证和原始凭证，确定所有者权益变动表中各构成项目是否真实存在；还需要函证外部投资者确定被审计单位投资收益的真实数额。在本次测试中，审计项目组以税前利润、应税利润和税后利润确认是否正确作为审核的切入点和测试的重点。

案例三 泓广实业利润分配审计案例

(一) 案例背景

九州会计师事务所自2012年就开始接受泓广实业股份有限公司（以下简称泓广公司）董事会委托，对泓广公司进行年度报表审计。根据双方签订的审计业务约定书，以王贤林为项目组长，以张华灵、陈虎、吉佳、周金龙为组员参加的审计项目组，于2015年2月10日至3月10日对泓广公司2014年度的会计报表进行审计。泓广公司主营家用电器和设备的加工、制造、销售及相应的技术研发和服务，到2014年末，未审的资产负债表显示的总资产18.2亿元，股东权益12.35亿元。

泓广公司相关的会计政策和税收政策规定为：所得税率为25%，盈余公积10%；业务招待费按照60%扣除并不得超过年度营业收入5‰，广告和业务宣传费不得超过当年营业收入15%，公益性捐赠不得超过年度利润总额的12%。

泓广公司利润表显示，当年实现的营业收入为12 000万元，利润总额为8 400万元。利润分配的具体项目为：全年提取所得税2 000万元，盈余公积600万元，应付股利4 400万元（其中控股子公司太久公司为420万元），未分配利润1 000万元。注册会计师对利润表的审计重要性评估水平为利润总额的5%。

（二）案例内容与审计过程

1. 审计目标。

（1）评价利润分配内部控制的健全性与有效性；

（2）确定利润分配会计处理的合法性与公允性。

2. 对利润分配进行风险评估和控制测试。

审计前，项目组长王贤林在实施审计前期的审计计划阶段，根据对泓光公司基本情况的初步了解，绘制了该企业的组织机构和公司治理结构，如图9－1所示。

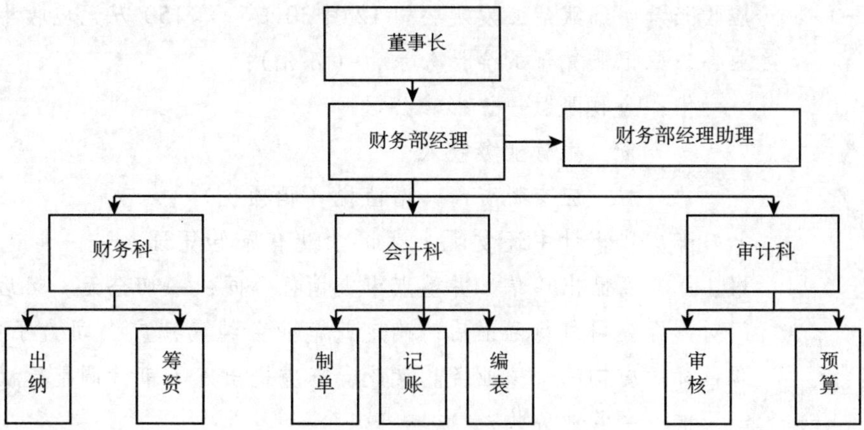

图9－1　泓广公司的组织机构和公司治理结构

显然，被审计单位公司治理和组织结构明显较差。按照公司章程，公司设置董事会、监事会，董事长对董事会负责，董事会和总经理、监事会对股东大会负责，总经理领导财务经理，监事会下设审计委员会，下设审计职能部。而在泓广公司现有组织结构下，财务舞弊会常见，而由于财务失败而导致审计失败的可能性也较大，审计风险较高。为此，审计应给予以足够多的关注。

另外，财务部下设会计科、财务科等科室，出纳和审核属于会计岗位，预算属于财务岗位，相应地还可以在财务科和会计科中，设置成本核算、税收会计、投资等会计岗位。

综上所述，可以发现泓光公司的审计风险较高，并在制订审计项目计划和以后进行控制性测试时都得到了验证。

在进行控制测试时，审计组员张华林发现泓广公司设置了财务经理助理一职，该职位专门控制空白支票，将填写完毕的支票在提交银行部门之前对这些支票进行审查。财务经理负责保管印签，另一名银行出纳会计负责控制支票填写。

张华林认为，该职位无任何意义，应当撤销。因为出纳和稽核，审批和执行只要有不同人担任、符合不相容职务分离要求就可。在本案例中，只要财务签章与填写支票并记录收支业务的出纳会计职务相分离就可，而无需财务经理助理做什么，该职位完全可以取消，因为它属于控制多余。

因此，内部控制不是越多越好，内部控制也要讲究成本效益原则。

3. 对利润分配实施实质性测试。

（1）审计组员陈虎通过分析性复核程序，发觉泓广公司 2014 年 12 月收入异常偏高，同时审查与此收入相关的凭证、账簿记录和函证应收账款，审查销售合同等方法，辨别 12 月收入异常奇高。进一步审查主营业务收入和应收账款明细账后，发现公司 12 月 30 日一笔 150 万元应收彬峰公司的销售业务，原记账凭证的会计分录为（万元）：

借：应收账款——彬峰公司　　175.5
　　贷：主营业务收入　　150
　　　　应交税费——增值税（销项税）　　25.5

陈虎在审计中还发现上述记录没有原始凭证，进一步追查销售发票存根、库存商品出库单，并重点审查销售合同，一切全无。然后，陈虎通过专门对彬峰公司进行函证后，确定此笔业务纯属泓广公司为了完成 2014 年利润目标而虚构的一项业务。就此，陈虎提出以下审计调整建议：

借：主营业务收入　　150
　　应交税费——增值税　　25.5
　　贷：应收账款　　175.5

（2）审计组员周金龙在审计时，发觉泓广公司当年还存在下列交易和事项：①在“管理费用”科目实际列支的业务招待费 140 万元；②在“营业外支出”科目中列支违反税收罚款和滞纳金10万元；③在“销售费用”科目中列支广告费和业务宣传费2 000万元；④在“营业外支出”科目中列支公益性捐赠支出60万元和非公益性捐赠赞助支出50万元；⑤在“投资收益”科目中增加了国库券利息收入80万元；⑥将已对外售出达半年的一项行政用设备仍计提折旧了16万元计入“管理费用”科目中，并将该项设备出售的收入30万元以待发奖金名义在邮政存储银行开户存入。

针对上述业务，并同时考虑了前述陈虎的审计结果，周金龙对泓光公司利润总额、应纳税税所得额、盈余公积三项财务指标重新进行了审定，重新审定的泓广公司2014年年度会计利润、应纳税所得额和应交所得税额、盈余公积如下：

会计利润 =8 400 - 150 + 16 + 30 = 8 296 万元

应纳税所得额 = 8 296 + (140 - 12 000 × 5‰) + 10 + (2 000 - 12 000 × 15%) + 50 - 80 = 8 556 万元。

应纳所得税 = 8 556 × 25% = 2 139 万元

补提盈余公积 = (8 296 - 2 139) × 10% = 615.7 万元

则：所得税少计 = 2 139 - 2 000 = 139 万元

盈余公积少计 = 615.7 - 600 = 15.7 万元

根据该重新审定的结果，周金龙对所得税费用和盈余公积的相关账务处理提出了如下审计调整建议：

借：所得税费用　　139

　　贷：应交税费　　139

借：利润分配——提取盈余公积　　15.7

　　贷：盈余公积　　15.7

(3) 审计组员吉佳在审计时，发现泓广公司的优先股股东——太久公司在公司的持股比为5%，泓广公司在税前分配给其优先股利420万元（8 400 × 5%），另在税前弥补2009年度的亏损80万元。吉佳发现该处理是不当的，因为利润分配需要按照程序进行，但该公司税前分配股利和用当年利润弥补5年之前的亏损，违反了公司法规、公司章程、财务会计制度、会计准则和财务通则等规定。因此，应当对该处理予以财务调整。并需要重新核定年末未分配利润。

吉佳做出的审计调整建议如下：

借：应付股利　　420

　　贷：利润分配——应付投资者股利　　420

借：所得税费用　　105（420 × 25%）

　　贷：应交税费　　105

重新核定的年末未分配利润为 8 296 - 2 139 - 615.7 - 105 - 4 400 =

1 036.3 万元。原先少计了 1 036.3 - 1 000 = 36.3 万元。

综上所述，结合注册会计师对利润表的审计重要性评估水平为利润总额的5%，可计算出注册会计师估计的重要性水平 = 8 400 × 5% = 420 万元。错误金额为 175.5 + 16 + 30 + 139 + 15.7 + 105 = 481.2 万元。显然，上述错报漏报汇总数已经超过了重要性这一程度，为此，注册会计师应提请被审计单位根据差异调整表进行报表项目的调整。而在泓广公司接受了调整意见后，注册会计师应出示无保留审计意见审计报告，因为经调整后重新编报的会计报表的重要性程度已经在注册会计师可容忍范围，审计风险较低，审计失败的可能性较小，被审计单位会计报表已经达到公允和合法。

（三）案例分析

1. 销售合同是销售业务循环的关键控制点。

对于销售业务循环，一个重要的控制环节就是销售合同，它是关键控制点。通过合同的存在性、真实性的审查可以发现虚构销售收入的许多问题，这是审计销售业务不可缺少的一个程序和方法。

2. 核查应税利润的真实性是审计的一项重要内容。

由于企业在确定应税利润时，要在利润总额即税前会计利润的基础上经过一系列的调整，主要是将计算会计利润时多扣除的不符合税法规定的费用项目予以调增，因此审计人员应注意审查不得扣除项目的列支是否正确。具体内容包括：资本性支出是否根据不同情况分别记入固定资产、在建工程和无形资产，有无直接记入有关成本、费用、其他业务支出、营业外支出，以导致应税所得额的降低；违法经营的罚款和罚没财物的损失以及各种税收的滞纳金罚金等，应在税后列支；超过广告费和业务宣传费支出限额部分，超过业务招待费比例限额部分，在计算所得税时均不得扣除；超过国家允许扣除规定的公益性捐赠以及非公益性捐赠，在计算应纳税所得额时不得扣除；各种赞助支出在会计核算中列为营业外支出，但在税法中只允许税后列支。以上事项如不作及时调整都将虚减应税利润，漏交所得税，导致税后利润分配的不真实，审计人员对此环节应重点审查。

三、案例相关法规和准则

（一）法规

1. 《中华人民共和国公司法》；
2. 《中华人民共和国会计法》；

3.《中华人民共和国审计法》；
4.《中华人民共和国所得税法》。

（二）会计准则

1.《企业会计准则第 14 号——收入》；
2.《企业会计准则第 18 号——所得税》。

（三）审计准则

1.《中国注册会计师审计准则第 1313 号——分析程序》；
2.《中国注册会计师审计准则第 1511 号——比较数据》；
3.《中国注册会计师审计准则第 2101 号——财务报表审阅》。

本章小结

本章由损益形成与利润分配审计案例构成。在损益形成的审计案例中，审查的核心指标利润总额既是体现企业损益形成结果的重要指标，也是反映企业综合性经营成果的指标。这一指标是否真实、准确，取决于各损益构成项目的真实性与准确性。这决定了损益形成审计与收入、收益、费用及成本审计的关联关系。利润分配是企业在净利润即税后利润的基础上按照一定的先后顺序进行的分配。本章利润分配审计案例通过对利润分配的顺序、构成项目来源的真实性以及利润分配的标准和比例的审查，揭示利润分配核算中的主要舞弊形式，确定公司利润分配的真实性、合法性。在本章案例中，审计人员对损益形成与分配的审计应以我国现行企业会计准则、企业所得税法及公司法的相关规定为依据，并结合利润表和利润分配项目实施，确定经审计调整后的最终结果。

练习与思考

一、名词解释

1. 损益形成的控制测试
2. 损益形成的实质性程序
3. 利润分配审计的审计目标
4. 利润分配顺序
5. 利润分配的控制测试
6. 利润分配的实质性程序

二、思考题

1. 作为项目组审计人员，你认为损益形成审计与哪些业务循环的审计相联系？

2. 损益形成环节的实质性程序与其他业务环节的实质性程序有哪些不同？

3. 进行利润分配审计时，应审查哪些内容？

4. 利润分配环节的内部控制会存在哪些问题？

5. 利润分配环节可能会发生哪些错误与舞弊？

三、案例题

1. 如果董平在审查隆安公司的所得税金额时，发现该公司采用的是20%的计税税率。隆安公司存在什么问题？违背了税法的哪项规定？董平应如何提出审计调整意见？

2. 假定2009年1月12日，隆安公司董事会根据2008年年初利润分配——未分配利润余额和2008年度审计后的净利润，审议通过如下分红派息预案：按2008年度审计后净利润的10%和5%分别提取法定盈余公积和法定公益金；以2008年12月31日总股本30 000万股（每股面值1元）为基数，每10股送3股、派现金0.50元；剩余"利润分配——未分配利润"滚存至下一年度；资本公积每10股转2股。对上述利润分配方案，审计人员应如何向隆安公司提出审计调整意见？

3. 金舟会计师事务所接受委托对永固公司2007年度会计报表进行审计。假定经项目的审计人员审查后发现下列情况：

（1）永固公司当年结转主营业务成本为61 683万元，而实际应结转61 122万元。

（2）永固公司外销商品一批，销售成本40万元，已于12月29日运出，此项商品系CIF付款条件的在途货物，会计部门对此已贷记销售收入45万元。

（3）永固公司于12月6日支付了13万元的2008年度广告费，均已记入当年的期间费用。

要求：

（1）分析永固公司上述业务中存在的问题。

（2）在表9-2所列的审计前金额的基础上进行调整，编制调整后的利润表，计算出新的审定金额。

4. 中鑫会计师事务所接受委托对利德公司2011年度财务报表进行审计。假定经项目组注册会计师审查后发现下列情况：

（1）利德公司存货中有账面价值50万元的A产品因市场上有替代产品出现而贬值严重，其可变现净值仅为20万元。利德公司未对此项存货计提减值损失。

（2）利德公司12月6日支付了9万元购入生产用设备一台，已记入12月的"管理费用"。

（3）公司本年度未经审计的利润总额为950万元，净利润为712.5万元，假定不存在其他纳税调整项目。

要求：分析利德公司上述情况中存在的问题，并代注册会计师核定利德公司的利润总额和净利润。

第十章 终结审计和审计报告

学习内容与目标

注册会计师在完成外勤工作阶段的工作回到会计师事务所后，便进入审计报告工作阶段。在审计报告阶段，注册会计师的工作主要包括：继续外勤阶段遗留工作，如接收回函、就外勤工作阶段的未决事项继续收集资料、整理工作底稿归档等；编制审计差异调整表和试算平衡表；取得被审计单位管理当局声明书；关注期后事项；综合考虑被审计单位的实际状况，评价审计风险，撰写审计总结，形成审计结论，完成审计报告及附注的编制审核工作；就审计结果和审计报告意见有关事项与被审计单位进行沟通。本章将重点研究公司年度报表审计中审计报告阶段的主要内容和重点审计程序。

通过学习本章内容，学生需要了解审计报告阶段的主要内容，明确该阶段的重点审计程序，掌握编制审计差异调整表和试算平衡表的方法，以及形成审计结论的过程及方法。

一、对特殊项目的考虑

（一）会计估计的审计

1. 会计估计的性质。

会计估计，是指在缺乏精确计量手段的情况下采用的某项金额的近似值。会计估计一般包括存在估计不确定性时以公允价值计量的金额，以及其他需要估计的金额。其中，涉及公允价值计量的会计估计简称公允价值会计估计。

经营活动由于具有内在不确定性，某些财务报表项目只能进行估计，因此会计估计通常是被审计单位在不确定情况下作出的，其准确程度取决于管理层对不确定的交易或事项的结果作出的主观判断。由于会计估计的主观性、复杂性和不确定性，管理层作出的会计估计发生重大错报的可能性较大，注册会计师应当根据了解被审计单位及其环境识别和评估重大错报风险的结果，确定会计估计的重大错报风险是否属于特别风险。

2. 风险评估程序和相关活动。

注册会计师了解被审计单位及其环境时，需要进行分析评估程序和相关活动，作为识别和评估会计估计重大错报风险的基础，需要了解以下事项：

（1）了解适用的财务报告编制基础的要求。

了解适用的财务报告编制基础的要求，将有助于注册会计师确定该编制基础是否规定了会计估计的确认条件或计量方法，明确某些允许或要求采用公允价值计量的条件，明确要求作出或允许作出的披露。

（2）了解管理层如何识别是否需要作出会计估计。

管理层编制财务报表时需要确定是否有必要对某项交易、事项和情况作出会计估计，以及确定是否已按照适用的财务报告编制基础确认、计量和披露所有必要的会计估计。

注册会计师一般要了解管理层是如何识别是否需要作出会计估计的。注册会计师主要通过询问管理层，就可以了解管理层如何识别需要作出会计估计的情形。询问的内容可以包括：

①被审计单位是否在从事可能需要作出会计估计的新型交易；

②需要作出会计估计的交易的条款是否已改变；

③由于适用的财务报告编制基础的要求或其他规定的变化，与会计估计相关的会计政策是否已经相应变化；

④可能要求管理层修改或作出新会计估计的外部监管变化或其他不受管理层控制的变化是否已经发生；

⑤是否已经发生可能需要作出新估计或修改现有估计的新情况或事项。

（3）了解管理层如何作出会计估计。

管理层作出会计估计的方法和依据包括：

①用以作出会计估计的方法，包括模型（如适用）；

②相关控制；

③管理层是否利用专家的工作；

④会计估计所依据的假设；

⑤用以作出会计估计的方法是否已经发生或应当发生不同于上期的变化，以及变化的原因；

⑥管理层是否评估以及如何评估估计不确定性的影响。

（4）考虑是否有迹象表明存在管理层偏向。

管理层偏向，是指管理层在编制和列报财务信息时缺乏中立性。由于某些财务报表项目需要进行估计，管理层有可能通过选择不符合最佳实务做法的会计估计或故意作出不恰当的会计估计对财务报表进行操纵。注册会计师通过综合考虑审计过程中获取的审计证据之后进行职业判断，考虑被审计单位是否存在管理层偏向。

表明可能存在与会计估计相关的管理层偏向迹象的例子：

①管理层主观地认为环境已经发生变化，并相应地改变会计估计或估计方法；或者环境已经发生变化，但管理层并未根据变化对会计估计或估计方法作出相应的改变；或者会计估计或估计方法频繁变更，但似乎并非由所处环境的变化所致。

②管理层选择或作出重大假设以产生有利于管理层目标的点估计。

③会计估计所依赖的假设存在内在的不一致，如对成本费用增长率的预期与收入增长率的预期显著不同。

④管理层的主观判断或采用的假设与市场、宏观环境、行业数据或历史信息不一致，从而显示管理层的主观判断或采用的假设带有明显偏向。

⑤以前年度财务报表确认和披露的重大会计估计与后期实际结果之间存在重大差异，并且各项差异的方向一致（例如，各项差异同为增加利润）或者差异的方向与管理层目标一致（例如，管理层当年度的目标是增加利润，或减少税负）。

⑥变更会计估计后被审计单位的财务成果或财务状况将发生显著的变化，如扭亏为盈、达到再融资要求等。

⑦选择带有乐观或悲观倾向的点估计。

⑧管理层试图通过对专家的选择以及对专家工作的干涉，从而影响专家对特定会计估计的工作结果，这也可能表明存在管理层偏向。

3. 识别和评估重大错报风险。

注册会计师应当根据职业判断确定识别出的具有高度估计不确定性的会计估计是否会导致特别风险。

（1）不确定性的估计。

与会计估计相关的估计不确定性的程度受下列因素的影响：

①会计估计对判断的依赖程度；

②会计估计对假设变化的敏感性；

③是否存在可以降低估计不确定性的经认可的计量技术（当然，作为输入数据的假设，其主观程度仍可导致估计不确定性）；

④预测期的长度和从过去事项得出的数据对预测未来事项的相关性；

⑤是否能够从外部来源获得可靠数据；

⑥会计估计依据可观察到的或不可观察到的输入数据的程度。

（2）具有高度估计不确定性的会计估计。

可能存在高度估计不确定性的会计估计的例子很多，例如：

①高度依赖判断的会计估计，如对未决诉讼的结果或未来现金流量的金额和时间安排的判断，而未决诉讼的结果或未来现金流量的金额和时间安排取决于多年后才能确定

结果的不确定事项；

②未采用经认可的计量技术计算的会计估计；

③注册会计师对上期财务报表中类似会计估计进行复核的结果表明最初会计估计与实际结果之间存在很大差异，在这种情况下管理层作出的会计估计；

④采用高度专业化的、由被审计单位自主开发的模型，或在缺乏可观察到的输入数据的情况下作出的公允价值会计估计。

4. 应对评估的重大错报风险。

基于评估的重大错报风险，注册会计师应当确定：管理层是否恰当运用与会计估计相关的适用的财务报告编制基础的规定；作出会计估计的方法是否恰当，并得到一贯运用，以及会计估计或作出会计估计的方法不同于上期的变化是否适合于具体情况。

注册会计师应当考虑会计估计的性质，并实施下列一项或多项程序评估会计估计的重大错报风险：

①确定截至审计报告日发生的事项是否提供有关会计估计的审计证据。

②测试管理层如何作出会计估计以及会计估计所依据的数据。在进行测试时，注册会计师应当评价采用的计量方法在具体情况下是否恰当，以及根据适用的财务报告编制基础确定的计量目标，管理层使用的假设是否合理。

③测试与管理层如何作出会计估计相关的控制的运行有效性，并实施恰当的实质性程序。

④作出注册会计师的点估计或区间估计，以评价管理层的点估计。

如果使用有别于管理层的假设或方法，注册会计师应当充分了解管理层的假设或方法，以确定注册会计师在作出点估计或区间估计时已考虑相关变量，并评价与管理层的点估计存在的任何重大差异；

如果认为使用区间估计是恰当的，注册会计师应当基于可获得的审计证据来缩小区间估计，直至该区间估计范围内的所有结果均可被视为合理。

5. 实施进一步实质性程序以应对特别风险。

对导致特别风险的会计估计，除实施准则规定的其他实质性程序外，注册会计师还应当：

（1）评价管理层如何考虑替代性的假设或结果，以及拒绝采纳的原因，或者在管理层没有考虑替代性的假设或结果的情况下，评价管理层在作出会计估计时如何处理估计不确定性；

（2）评价管理层使用的重大假设是否合理；

（3）当管理层实施特定措施的意图和能力与其使用的重大假设的合理性或对适用的财务报告编制基础的恰当应用相关时，评价这些意图和能力。

对导致特别风险的会计估计，注册会计师应当获取充分、适当的审计证据，以确定下列方面是否符合适用的财务报告编制基础的规定：管理层对会计估计在财务报表中予以确认或不予确认的决策；作出会计估计所选择的计量基础。

（二）关联方的审计

1. 关联方的含义。

一方控制、共同控制另一方或对另一方施加重大影响，以及两方或两方以上同受一方控制、共同控制或重大影响的，构成关联方。控制，是指有权决定一个企业的财务和经营政策，并能据此从该企业的经营活动中获取利益。共同控制，是指按照合同约定对某项经济活动所共有的控制，仅在与该项经济活动相关的重要财务和经营政策有参与决策的权力，但并不能够控制或者与其他方一起共同控制这些政策的制定。

许多关联方交易是在正常经营过程中发生的，与类似的非关联方交易相比，这些关联方交易可能并不具有更高的财务报表重大错报风险。但是，在某些情况下，关联方关系及其交易的性质可能导致关联方交易比非关联方交易具有更高的财务报表重大错报风险。例如，关联方可能通过广泛而复杂的关系和组织结构进行运作，相应增加关联方交易的复杂程度；信息系统可能无法有效识别或汇总被审计单位与关联方之间的交易和未结算项目的金额；关联方交易可能未按照正常的市场交易条款和条件进行。

2. 关联方审计的目标。

（1）无论适用的财务报告编制基础是否对关联方作出规定，注册会计师应该充分了解关联方关系及其交易，以便能够确认由此产生的、与识别和评估由于舞弊导致的重大错报风险相关的舞弊风险因素（如有）；根据获取的审计证据，就财务报表受到关联方关系及其交易的影响而言，确定财务报表是否实现公允反映。

（2）如果适用的财务报告编制基础对关联方作出规定，获取充分、适当的审计证据，确定关联方关系及其交易是否已按照适用的财务报告编制基础得到恰当识别、会计处理和披露。

但是由于审计的固有限制，即使注册会计师按照审计准则的规定恰当计划和实施了审计工作，也不可避免地存在财务报表中的某些重大错报未被发现的风险。就关联方而言，由于下列原因，审计的固有限制对注册会计师发现重大错报能力的潜在影响会加大：管理层可能未能识别出所有关联方关系及其交易，特别是在适用的财务报告编制基础没有对关联方作出规定时；关联方关系可能为管理层的串通舞弊、隐瞒或操纵行为提供更多机会。

3. 风险评估程序和相关活动。

注册会计师应当实施审计准则规定的风险评估程序和相关工作，以获取与识别关联方关系及其交易相关的重大错报风险的信息。项目组进行内部讨论时，应当特别考虑由于关联方关系及其交易导致的舞弊或错误使财务报表存在重大错报的可能性。

（1）了解被审计单位关联方和关联方交易。

①询问被审计单位管理层。

注册会计师应当向管理层询问下列事项：关联方的名称和特征，包括关联方自上期以来发生的变化；被审计单位和关联方之间关系的性质；被审计单位在本期是否与关联方发生交易，如发生交易的类型、定价政策和目的。

如果适用的财务报告编制基础对关联方作出了规定，管理层为了满足财务报告编制基础的要求，会记录、处理和汇总关联方交易，一般情况下，管理层持有关联方的详细清单以及自上期以来关联方发生变化情况的详细清单。在连续审计的情况下，通过向管理层询问，可以为注册会计师提供将其在以前审计中形成的有关关联方的工作记录与管理层提供的信息进行比较的基础。

如果适用的财务报告编制基础没有对关联方作出规定，被审计单位管理层可能就没有关联方和关联方变化的详细清单。在这种情况下，注册会计师对被审计单位关联方名称和特征的询问，可能构成其根据所实施风险评估程序和相关活动的一部分。注册会计师实施这些程序和活动旨在获得下列信息：被审计单位的所有权和治理结构；被审计单位正在实施和计划实施的投资的类型；被审计单位的组织结构和筹资方式。

通过在业务接受或保持过程中对管理层的询问，注册会计师也可以获取有关关联方名称和特征的某些信息。

②与关联方关系及其交易相关的控制。

如果管理层建立了下列与关联方关系及其交易相关的控制，注册会计师应当询问管理层和被审计单位内部其他人员，实施其他适当的风险评估程序，以获取对相关控制的了解：

第一，按照适用的财务报告编制基础，对关联方关系及其交易进行识别、会计处理和披露；

第二，授权和批准重大关联方交易和安排；

第三，授权和批准超出正常经营过程的重大交易和安排。

（2）检查记录或文件时保持警觉。

某些安排或其他信息可能显示管理层以前未识别或未向注册会计师披露的关联方关系或关联方交易，在审计过程中检查记录或文件时，注册会计师应当对这些安排或其他信息保持警觉。这里的安排是指被审计单位和一方或多方基于建立商业关系从事某种类型的交易或者提供指定的服务或财务支持等。某些安排可能显示存在管理层以前未识别或未向注册会计师披露的关联方关系或交易，例如，担保和被担保关系；按照超出正常经营过程的交易条款和条件进行交易。

①检查记录或文件。为确定是否存在管理层以前未识别或未向注册会计师披露的关联方关系或关联方交易，注册会计师应当对某些可能提供有关关联方关系及其交易信息的记录或文件进行检查。这些记录或文件可能是：银行和律师的询证函回函；股东会和治理层会议的纪要；提供给监管机构的信息；与关键管理层或治理层成员签订的合同和协议；内部审计人员的报告；被审计单位向证券监管机构报送的文件（如招股说明书）等。

②询问管理层。在实施上述审计程序时，如果识别出被审计单位超出正常经营过程

的重大交易，注册会计师应当向管理层询问这些交易的性质以及是否涉及关联方，如公司重组或收购等。

注册会计师针对超出正常经营过程的重大交易获取进一步的信息，将有助于评价是否存在舞弊风险因素，并能够在适用的财务报告编制基础对关联方作出规定的情况下识别重大错报风险。

4. 识别和评估重大错报风险。

注册会计师应当按照审计准则的规定，识别和评估关联方关系及其交易导致的重大错报风险，并确定这些风险是否为特别风险。在确定时，应当将识别出的、超出被审计单位正常经营过程的重大关联方交易导致的风险确定为特别风险。

如果在实施与关联方（包括与能够对被审计单位或管理层施加支配性影响的关联方）有关的风险评估程序和相关工作中识别出舞弊风险因素，如关联方否决管理层或治理层作出的重大经营决策、极少进行独立复核和批准涉及关联方（或与关联方关系密切的家庭成员）的交易等，注册会计师应当按照审计准则的规定，在识别和评估由于舞弊导致的重大错报风险时考虑这些信息。

关联方关系及其交易可能导致的重大错报风险：

①超出被审计单位正常经营过程的重大关联方交易导致的重大错报风险。

②存在具有支配性影响的关联方导致的重大错报风险。管理层由一个或少数几个人支配且缺乏补偿性控制是一项舞弊风险因素，而关联方借助对被审计单位财务和经营政策实施控制和重大影响的能力，通常能够对被审计单位或管理层施加支配性影响。

③管理层未能识别出或未向注册会计师披露的关联方关系或重大关联方交易导致的重大错报风险。

④管理层认定关联方交易按照等同于公平交易中通行条款执行而可能存在的重大错报风险。

⑤管理层未能按照适用的财务报告编制基础的规定对特定关联方交易进行恰当会计处理和披露导致的重大错报风险。

5. 针对与关联方关系及其交易相关的重大错报风险的应对措施。

注册会计师应当按照审计准则的规定，针对评估的与关联方关系及其交易相关的重大错报风险，设计和实施进一步审计程序，以获取充分、适当的审计证据。

如果识别出可能表明存在管理层以前未识别或未向注册会计师披露的关联方关系或关联方交易的安排或信息，注册会计师应当确定相关情况是否能够证实关联方关系或关联方交易的存在。

（1）识别出管理层以前未识别出或未向注册会计师披露的关联方关系或重大关联方交易。

如果识别出管理层以前未识别出或未向注册会计师披露的关联方关系或重大关联方交易，注册会计师应当：

①立即将相关信息向项目组其他成员通报。

②在适用的财务报告编制基础对关联方作出规定的情况下，要求管理层识别与新识别出的关联方之间发生的所有交易，以便注册会计师作出进一步评价；询问与关联方关系及其交易相关的控制为何未能识别或披露关联方关系或交易。

③对新识别出的关联方或重大关联方交易实施恰当的实质性审计程序。

④重新考虑可能存在管理层以前未识别出或未向注册会计师披露的其他关联方或重大关联方交易的风险，如有必要，实施追加的审计程序。

⑤如果管理层不披露关联方关系或交易看似是有意的，因而显示可能存在由于舞弊导致的重大错报风险，评价这一情况对审计的影响。

如果注册会计师确定相关情况能够证实关联方关系或关联方交易的存在，同时认为必要并且可行，注册会计师可以考虑实施的程序的例子包括：

①调查重大或非常规交易的交易对方的背景信息，如股权结构、经营范围、法人代表和注册地址。

②就交易对方与被审计单位的关系，询问直接参与交易的基层员工。

③对存有疑虑的重要客户或供应商进行实地观察或询问。

④向被审计单位的重要股东或关键管理人员进行询证。

⑤检查银行对账单和大额资金往来交易。

⑥利用专家的工作，如反舞弊专家。

需要说明的是，由于关联方之间很可能串通舞弊，注册会计师实施上述一项或多项审计程序，并不一定能够证实关联方关系或关联方交易的存在。

（2）识别出的超出正常经营过程的重大关联方交易。

识别出的超出正常经营过程的重大关联方交易，注册会计师应当：

①检查相关合同或协议（如有），注册会计师应当评价：交易的商业理由（或缺乏商业理由）是否表明被审计单位从事交易的目的可能是对财务信息作出虚假报告或隐瞒侵占资产的行为；交易条款是否与管理层的解释一致；关联方交易是否已按照适用的财务报告编制基础得到恰当会计处理和披露。

②获取交易已经恰当授权和批准的审计证据。

6. 评价识别出的关联方关系及其交易的会计处理和披露。

注册会计师应当评价下列内容以对财务报表形成审计意见：

（1）识别出的关联方关系及其交易是否已按照适用的财务报告编制基础得到恰当会计处理和披露。

（2）关联方关系及其交易是否导致财务报表未实现公允反映。

如果适用的财务报告编制基础对关联方作出规定，注册会计师应当向管理层和治理层（如适用）获取下列管理层声明：已经向注册会计师披露了全部已知的关联方名称和特征、关联方关系及其交易；已经按照适用的财务报告编制基础的规定，对关联方关系及其交易进行了恰当的会计处理和披露。

另外，除非治理层全部成员参与管理被审计单位，注册会计师应当与治理层沟通审计工作中发现的与关联方相关的重大事项。

（三）首次接受委托时对期初余额的审计

1. 期初余额审计的含义。

（1）期初余额。

期初余额，是指期初存在的账户余额。期初余额以上期期末余额为基础，反映了以前期间的交易和事项以及上期采用的会计政策的结果。期初余额也包括期初存在的需要披露的事项，如或有事项和承诺事项。

（2）期初余额审计。

期初余额审计，既包括注册会计师首次接受委托对被审计单位的财务报表进行审计时所涉及的如何审计财务报表期初余额问题，也包括注册会计师执行连续审计业务时所涉及的如何审计财务报表期初余额问题。对于后者注册会计师在当期审计中通常只需关注被审计单位经审计的上期期末余额是否已正确结转至本期，或在适当的情况下已作出重新表述，很少再实施其他专门的审计程序。因此，这里所指的期初余额审计主要针对首次接受委托对被审计单位的财务报表进行审计时所涉及的期初余额审计问题。

2. 期初余额审计的目标。

在执行首次审计业务时，注册会计师针对期初余额的目标是，获取充分、适当的审计证据以确定：期初余额是否含有对本期财务报表产生重大影响的错报；期初余额反映的恰当的会计政策是否在本期财务报表中得到一贯运用，或会计政策的变更是否已按照适用的财务报告编制基础作出恰当的会计处理和充分的列报与披露。

3. 期初余额审计的程序。

注册会计师应当阅读最近期间的财务报表和前任注册会计师出具的审计报告（如有），获取与期初余额相关的信息，包括披露。

注册会计师应当通过采取下列措施，获取充分、适当的审计证据，以确定期初余额是否包含对本期财务报表产生重大影响的错报：

（1）确定上期期末余额是否已正确结转至本期，或在适当的情况下已作出重新表述。

上期期末余额已正确结转至本期，主要是指：上期账户余额计算正确；上期总账余额与各明细账余额合计数或日记账余额合计数相等；上期各总账余额和相应的明细账余额或日记账余额已经分别恰当地过入本期的总账和相应的明细账或日记账。

当企业会计准则和相关会计制度的要求发生变化，或者上期期末余额存在重大的前期差错时，如果前期差错累积影响数能够确定，按规定应当采用追溯重述法进行更正，则上期期末余额不应直接结转至本期，而应当作出重新表述。

（2）确定期初余额是否反映对恰当会计政策的运用。

注册会计师应当分析被审计单位选择的会计政策是否适合本单位，能否符合相关财务报告编制基础的要求，能否提供准确的会计信息；如果被审计单位所选用的会计政策恰当，注册会计师应当审核该会计政策是否一贯执行，有无变更；如果会计政策发生变更，注册会计师应审核其变更理由是否充分，是否按规定予以变更，变更后的会计政策能否提供更可靠、更相关的会计信息。

（3）实施一项或多项审计程序。

这些程序包括：如果上期财务报表已经审计，查阅前任注册会计师的工作底稿，以获取有关期初余额的审计证据；评价本期实施的审计程序是否提供了有关期初余额的审计证据；实施其他专门的审计程序，以获取有关期初余额的审计证据。

①查阅前任注册会计师的工作底稿。

第一，查阅前任注册会计师工作底稿中的所有重要审计领域；

第二，考虑前任注册会计师是否已实施相应的审计程序评价资产负债表重要账户期初余额的合理性；

第三，复核前任注册会计师建议的调整分录和未更正错报汇总表，并评价其对当期审计的影响；

第四，注册会计师能否通过查阅前任注册会计师的审计工作底稿获取有关期初余额的充分、适当的审计证据，在很大程度上依赖于注册会计师对前任注册会计师的独立性和专业胜任能力的判断。如果认为前任注册会计师不具有独立性，或者不具有应有的专业胜任能力，则不应当通过查阅其审计工作底稿获取有关期初余额的充分、适当的审计证据。

②评价本期实施的审计程序是否提供了有关期初余额的审计证据。

③实施专门的其他审计程序。

4. 审计结论和审计报告。

在对期初余额实施审计程序后，注册会计师应当分析已获取的审计证据，区分不同情况形成对被审计单位期初余额的审计结论，在此基础上确定其对本期财务报表出具审计报告的影响。

（1）如果不能获取有关期初余额的充分、适当的审计证据，注册会计师应当对财务报表发表保留意见或无法表示意见。

（2）如果期初余额存在对本期财务报表产生重大影响的错报，且错报的影响未能得到恰当的会计处理或适当的列报与披露，注册会计师应当对财务报表发表保留意见或否定意见。

（3）如果按照适用的财务报告框架，与期初余额相关的会计政策未能在本期得到一贯运用，或者会计政策的变更未能得到恰当的会计处理或适当的列报与披露，注册会计师应当对财务报表发表保留意见或否定意见。

（4）如果前任注册会计师对上期财务报表发表了非无保留意见，并且导致发表非无保留意见的事项对本期财务报表仍然相关和重大，注册会计师应当对本期财务报表发表非无保留意见。

（四）持续经营假设的考虑

持续经营假设是指被审计单位在编制财务报表时，假定其经营活动在可预见的将来会继续下去，不拟也不必终止经营或破产清算，可以在正常的经营过程中变现资产、清偿债务。持续经营假设是会计确认和计量的四项基本假设之一，对财务报表的编制和审计关系重大。是否以持续经营假设为基础编制财务报表，将对会计确认、计量和列报产生很大影响。例如，对于固定资产，企业在持续经营假设基础上，以历史成本计价，并在预计使用年限内对该项资产计提折旧，通过此方式，可将资产的成本分摊到不同期间的费用中去，据以核算各个期间的损益，如果这一假设不再成立，该项资产应以清算价格计价。本节将主要以注册会计师审计时对持续经营的考虑进行阐述。

通用目的财务报表是在持续经营基础上编制的，除非管理层计划将被审计单位予以清算或终止经营，或者除此之外没有其他现实可行的选择。特殊目的财务报表可以根据需要按照（或不按照）以持续经营为基础的财务报告编制基础编制。

1. 管理层的责任和注册会计师的责任。

（1）管理层的责任。

某些适用的财务报告编制基础明确要求管理层对持续经营能力作出评估，并规定了与此相关的需要考虑的事项和作出的披露。相关法律法规也可能对管理层评估持续经营能力的责任和相关财务报表披露作出具体规定。

由于持续经营假设是编制财务报表的基本原则，因此，即使一些财务报告编制基础没有明确要求管理层对持续经营能力作出评估，管理层也需要在编制财务报表时评估持续经营能力。

管理层对持续经营能力的评估涉及在特定时点对事项或情况的未来结果作出判断，这些事项或情况的未来结果具有固有不确定性。下列因素与管理层的判断相关：

①某一事项或情况或其结果出现的时点距离管理层作出评估的时点越远，与事项或情况的结果相关的不确定性程度将越大。因此，明确要求管理层对持续经营能力作出评估的大多数财务报告编制基础可能规定了管理层应当考虑所有可获得信息的期间。

②被审计单位的规模和复杂程度、经营活动的性质和状况以及被审计单位受外部因素影响的程度，将影响对事项或情况的结果作出的判断。

③对未来的所有判断都以作出判断时可获得的信息为基础。管理层作出的判断在当时情况下可能是合理的，但之后发生的事项可能导致事项或情况的结果与作出的判断不一致。

（2）注册会计师的责任。

注册会计师的责任是，就管理层在编制和列报财务报表时运用持续经营假设的适当性获取充分、适当的审计证据，并就持续经营能力是否存在重大不确定性得出结论。

即使编制财务报表时采用的财务报告编制基础没有明确要求管理层对持续经营能力

作出专门评估，注册会计师的这种责任仍然存在。

2. 风险评估程序和相关活动。

注册会计师在按照规定实施风险评估程序时，应当考虑是否存在可能导致对被审计单位持续经营能力产生重大疑虑的事项或情况，并确定管理层是否已对被审计单位持续经营能力作出初步评估。

如果管理层已对持续经营能力作出初步评估，注册会计师应当与管理层进行讨论，并确定管理层是否已识别出单独或汇总起来可能导致对被审计单位持续经营能力产生重大疑虑的事项或情况；如果管理层已识别出这些事项或情况，注册会计师应当与其讨论应对计划；如果管理层未对持续经营能力作出初步评估，注册会计师应当与管理层讨论其拟运用持续经营假设的基础，询问管理层是否存在单独或汇总起来可能导致对被审计单位持续经营能力产生重大疑虑的事项或情况。

在计划审计工作和实施风险评估程序时，注册会计师应当考虑是否存在可能导致对持续经营能力产生重大疑虑的事项或情况及相关的经营风险，评价管理层对持续经营能力作出的评估，并考虑已识别的事项或情况对重大错报风险评估的影响。

被审计单位在财务、经营以及其他方面存在的某些事项或情况可能导致经营风险，这些事项或情况单独或连同其他事项或情况可能导致对持续经营假设产生重大疑虑。

3. 评价管理层对持续经营能力的评估。

管理层应当定期对其持续经营能力作出分析和判断，确定以持续经营假设为基础编制财务报表的适当性。管理层对被审计单位持续经营能力的评估，是注册会计师考虑管理层运用持续经营假设的一个关键部分。注册会计师应当评价管理层对持续经营能力作出的评估。

（1）管理层评估涵盖的期间。

在评价管理层对被审计单位持续经营能力作出的评估时，注册会计师的评价期间应当与管理层按照适用的财务报告编制基础或法律法规（如果法律法规要求的期间更长）的规定作出评估的涵盖期间相同。

大多数明确要求管理层作出评估的财务报告编制基础都详细规定了管理层需要在多长期间考虑所有可获得的信息。持续经营假设是指被审计单位在编制财务报表时，假定其经营活动在可预见的将来会继续下去，而可预见的将来通常是指财务报表日后十二个月。因此，管理层对持续经营能力的合理评估期间应是自财务报表日起的下一个会计期间。如果管理层评估持续经营能力涵盖的期间短于自财务报表日起的十二个月，注册会计师应当提请管理层将其至少延长至自财务报表日起的十二个月。

（2）管理层的评估、支持性分析和注册会计师的评价。

注册会计师没有责任纠正管理层缺乏分析的错误。在某些情况下，管理层缺乏详细分析以支持其评估，可能不妨碍注册会计师确定管理层运用持续经营假设是否适合具体情况。例如，如果被审计单位具有盈利经营的记录并很容易获得财务支持，管理层可能不需要进行详细分析就能作出评估。在这种情况下，如果其他审计程序足以使注册会计师认为管理层在编制财务报表时运用的持续经营假设适合具体情况，注册会计师可能无须实施详细的评价程序，就可以对管理层评估的适当性得出结论。

在其他情况下，注册会计师评价管理层对被审计单位持续经营能力所作的评估，可能包括评价管理层作出评估时遵循的程序、评估依据的假设、管理层的未来应对计划以及管理层的计划在当前情况下是否可行。

在评价管理层作出的评估时，注册会计师应当考虑管理层作出评估的过程、依据的假设以及应对计划。注册会计师应当考虑管理层作出的评估是否已考虑所有相关信息，其中包括注册会计师实施审计程序获取的信息。

管理层的评估所遵循的程序包括对可能导致对其持续经营能力产生重大疑虑的事项或情况的识别、对相关事项或情况结果的预测、对拟采取改善措施的考虑和计划以及最终的结论。在考虑管理层的评估程序时，注册会计师应当关注管理层是如何识别可能导致对其持续经营能力产生重大疑虑的事项或情况的，所识别的事项或情况是否完整，是否已对注册会计师在实施审计程序过程中发现的所有相关信息进行了充分考虑。

在考虑管理层作出的评估所依据的假设时，注册会计师应当考虑管理层对相关事项或情况结果的预测所依据的假设是否合理，并特别关注具有以下几类特征的假设：（1）对预测性信息具有重大影响的假设；（2）特别敏感的或容易发生变动的假设；（3）与历史趋势不一致的假设。注册会计师应当基于对被审计单位的了解，比较以前年度的预测与实际结果、本期的预测和截至目前的实际结果。如果发现某些因素的影响尚未反映在相关预测中，注册会计师应当与管理层讨论这些因素，必要时，要求管理层对相关预测所依据的假设作出修正。

4. 超出管理层评估期间的事项或情况。

如果被审计单位存在着已知的事项或情况，超出管理层评估期间发生的，可能会导致注册会计师对管理层编制财务报表时运用持续经营假设的适当性产生怀疑。这时，注册会计师应当对存在这些事项或情况的可能性保持警觉。一般情况下，只有持续经营事项的迹象达到重大时，注册会计师才需要考虑采取进一步措施。需要注意的是，注册会计师没有责任实施除了询问以外的其他任何审计程序，以识别超出管理层评估期间并可能导致对被审计单位持续经营能力产生重大疑虑的事项或情况。

5. 识别出事项或情况时实施追加的审计程序。

如果识别出可能导致对持续经营能力产生重大疑虑的事项或情况，注册会计师应当通过实施追加的审计程序（包括考虑缓解因素）获取充分、适当的审计证据，以确定是否存在重大不确定性。

这些程序应当包括：

（1）如果管理层尚未对被审计单位持续经营能力作出评估，提请其进行评估。

如果管理层没有对持续经营能力作出初步评估，注册会计师应当与管理层讨论运用持续经营假设的理由，询问是否存在导致对持续经营能力产生重大疑虑的事项或情况，并提请管理层对持续经营能力作出评估。

（2）评价管理层与经营能力评估相关的未来应对计划，这些计划的结果是否可能改善目前的状况，以及管理层的计划对于具体情况是否可行。

评价管理层未来应对计划。管理层的应对计划可能包括管理层变卖资产、对外借款、重组债务、削减或延缓开支或者获得新的资本。

（3）如果被审计单位已编制现金流量预测，且对预测的分析是评价管理层未来应对计划时考虑的事项或情况的未来结果的重要因素，评价用于编制预测的基础数据的可靠性，并确定预测所基于的假设是否具有充分的支持。

此外，注册会计师还可能：将最近若干期间的预测性财务信息与实际结果相比较；将本期预测性财务信息与截至目前的实际结果相比较。

如果管理层的假设包括第三方通过放弃贷款优先求偿权、承诺保持或提供补充资金或担保等方式向被审计单位提供持续的支持，且这种支持对于被审计单位的持续经营能力很重要，注册会计师可能需要考虑要求该第三方提供书面确认（包括条款和条件），并获得有关该第三方有能力提供这种支持的证据。

（4）考虑自管理层作出评估后是否存在其他可获得的事实或信息。

（5）要求管理层和治理层（如适用）提供有关未来应对计划及其可行性的书面声明。

如果合理预期不存在其他充分、适当的审计证据，注册会计师应当就对财务报表有重大影响的事项向管理层和治理层（如适用）获取书面声明。

由于管理层就持续经营能力而提出的应对计划和其他缓解措施通常基于假设基础之上，注册会计师在进行评价时，取得的审计证据多为说服性而非结论性的。因此，注册会计师应当向管理层获取有关应对计划的书面声明。

此外，尽管被审计单位当前可能是盈利的，但一些特殊的事项或情况可能导致被审计单位发生重大损失。为避免诸如诉讼事项可能发生的巨额赔偿支出，管理层将会考虑主动寻求破产保护。在这种情况下，获取管理层和治理层（如适用）声明是非常有必要的。注册会计师可以要求管理层和治理层（如适用）作出如下声明："在财务报表日起的十二个月内，管理层和治理层（如适用）没有申请破产保护的计划。"

6. 审计结论和报告。

注册会计师应当根据获取充分、适当的审计证据，运用职业判断，确定是否存在与事项或情况相关的重大不确定性（这些事项或情况单独或汇总起来可能导致对被审计单位持续经营能力产生重大疑虑）并考虑对审计意见的影响。

如果注册会计师根据职业判断认为，鉴于不确定性潜在影响的重要程度和发生的可能性，为了使财务报表实现公允反映，有必要适当披露该不确定性的性质和影响，则表明存在重大不确定性。

（1）被审计单位运用持续经营假设适当但存在重大不确定性。

如果认为运用持续经营假设适合具体情况，但存在重大不确定性，注册会计师应当确定：

①财务报表是否已充分描述可能导致对持续经营能力产生重大疑虑的主要事项或情况，以及管理层针对这些事项或情况的应对计划。

②财务报表是否已清楚披露可能导致对持续经营能力产生重大疑虑的事项或情况存在重大不确定性，并由此导致被审计单位可能无法在正常的经营过程中变现资产和清偿债务。

（2）运用持续经营假设不适当。

如果财务报表按照持续经营基础编制，而注册会计师运用职业判断认为管理层在编制财务报表时运用持续经营假设是不适当的，则无论财务报表中对管理层运用持续经营假设的不适当性是否作出披露，注册会计师均应发表否定意见。

如果在具体情况下运用持续经营假设是不适当的，但管理层被要求或自愿选择编制财务报表，则可以采用替代基础（如清算基础）编制财务报表。注册会计师可以对财务报表进行审计，前提是注册会计师确定替代基础在具体情况下是可接受的编制基础。如果财务报表对此作出了充分披露，注册会计师可以发表无保留意见，但也可能认为在审计报告中增加强调事项段是适当或必要的，以提醒财务报表使用者注意替代基础及其使用理由。

（3）严重拖延对财务报表的批准。

如果管理层或治理层在财务报表日后严重拖延对财务报表的批准，注册会计师应当询问拖延的原因。如果认为拖延可能涉及与持续经营评估相关的事项或情况，注册会计师有必要实施前述识别出可能导致对持续经营能力产生重大疑虑的事项或情况时追加的审计程序，并就存在的重大不确定性考虑对审计结论的影响。

二、终结审计程序

在完成对客户的了解、风险评估以及实质性测试等步骤之后，审计人员还需要进行最后的终结审计程序，以解决所有尚未全部解决的问题，并确保已全面恰当地考虑了所有获得的信息。在终结阶段，审计人员还要确保全部审计程序都遵循了有关的审计准则和法规，确保财务报表的完整性。终结审计程序主要包括：复核或有损失、复核期后事项、评价持续经营能力、获取管理当局声明书，以及对审计证据的最终评价和财务报表的编制等内容。

（一）复核或有损失

或有损失是指由某一特定的经济业务所造成的、将来可能会发生某种意外情况而需要由被审计单位负责承担的潜在损失。识别并评价可能影响财务报表的或有负债或损失是审计程序中一个非常关键的步骤。几乎所有的公司都会面临未来的潜在风险和损失，保险公司就是一个很极端的例子，它们专门与被保险人的未来风险和损失打交道，对这些风险和损失进行评估和计量，以已经发生和将来保险期限内估计发生的损失大小与保费收入的差额作为盈利的来源。此外，银行在发放贷款时，同样也会考虑将来贷款可能无法收回的风险和损失。而其他的企业则可能因为未来发生的法律诉讼、所得税争议、产品担保、为第三方担保和应收账款坏账等原因存在潜在的损失。根据会计准则和有关法规的规定，管理层应识别出需要披露的或有损失，并且有一套符合会计准则要求的方法来估计损失，企业的管理层应该负责对所有的或有损失进行公允的估计与披露。审计人员的责任则在于识别潜在的或有风险，评价它们发生的可能性以及解决的方法，决定恰当的会计处理方法，如果需要，还要评价估计的合理性。

根据会计准则，对待或有损失有三种处理方法：如果一项潜在损失是可能的，并且损失的数字可以合理估计出来，则该项损失作为应计项目在会计报表中予以反映。如果可能损失的金额无法合理估计，或者说损失仅仅有些可能，则只能在会计报表附注中反映。当潜在损失几乎没有时，则既不要在会计报表中列作应计项目，也不要在会计报表附注中反映。对于或有损失，审计人员的主要目标在于确认客户恰当地披露和记录了所有的或有损失。因此，审计人员最为关注的是完整性估价两个目标，识别和评价或有损失是审计的主要内容。常用的审计程序主要包括：询问管理人员是否存在或有损失；检查以前年度的工作底稿中存在的或有事项并追踪该事项在本年度的解决情况；复核有关法律文件，查找潜在的诉讼；检查董事会会议纪要中是否记录有关的采购承诺或针对公司的起诉以及其他对未来事项和协议的承诺；分析被审计期间发生的法律费用，检查正在进行的法律诉讼、未决索赔的相关发票；向所有为客户提供法律服务的律师索取律师声明书；对识别出的或有事项，根据有关审计准则复核其会计估计是否恰当。

发现未记录的或有事项是审计的关键，一旦确定了或有损失的存在，就需要对其会计处理进行评价。或有损失被错报的风险直接受到或有损失评估程序的复杂程度、所使用的数据的有效性和可靠性、所使用的假设的性质以及与或有损失有关的未来事项的不确定性等的影响。审计人员在对或有损失估价时必须充分考虑这些因素的影响。

在对或有事项的审计中，律师声明书是一个很重要的证据，审计人应当恰当地使用。一方面，由于律师声明书来自独立的第三方，因此，具有较高的可信性；另一方面，由于律师受到保密法则的约束，通常会很谨慎地描述或有事项，并且拒绝对诉讼可能产生的损失金额进行精确的估计。因此，对这类证据的分析比较困难。

对未来事项和协议的承诺也与或有损失密切相关。承诺的一个重要经济特征是不论利润或整个经济状况发生何等变化，企业均保证在将来某一时间履行一系列固定条件的协议。企业可能出于为己谋利的目的而同意承诺，而最后的结果却可能是得到的利益远远低于预期。因此，寻找未披露的承诺也是审计程序的一部分。审计人员在审查各项业务活动时也应注意查找是否存在有关的承诺。例如，在审查销售业务时，检查是否有销售承诺；在审查采购业务时，检查是否有采购承诺等等。

（二）复核期后事项

期后事项是指资产负债表日至审计报告日发生的，以及审计报告日至会计报表公布日发生的对会计报表产生影响的事项。期后事项很可能会改变审计人员对被审计单位会计报表公允性的意见，所以审计人员必须对期后事项予以充分关注，并作为实质性测试的重要内容。而且，检查期后发生的付款也是查找未记录的负债的方法之一。

审计人员对现场工作结束以前发生的期后事项必须进行评估。通常审计人员需要关注的期后事项包括以下两类：

1. 需要调整会计报表的期后事项。这类事项为资产负债表日已存在的情况提供了补充证据。如果这类期后事项的金额重大，应提请客户对年度会计报表及相关的账户余额进行调整。例如，资产负债表日存在的大额应收账款，在期后因债务人破产而无法收回。或者期末的一批固定资产，在期后处置时产生了巨大的损失，使收回的资产价值远低于账面价值。

2. 需要在会计报表中披露的期后事项。这类事项不直接影响资产负债表日的财务状况，不需要调整会计报表，但可能会影响对会计报表的正确理解。例如，资产负债表日后发生的收购兼并业务或偶然性的大笔损失。

对审计报告日至会计报表公布日发生的期后事项，审计人员应通过向管理层和相关人员询问等方法予以关注。被审计单位管理当局有责任及时向注册会计师告知可能影响已审会计报表的期后事项。如果审计人员知悉了这类事项，就有责任确定该事项是否会影响已审财务报表的可靠性或用户对报表的理解。如果确定有负面影响，审计人员就应对这类事项进行调查、确定其对财务报表的影响程度，要求客户管理层相应调整会计报表，或修正审计报告，并将有关变动通报给会计报表和审计报告的使用者。

期后事项复核的常用程序包括两类：一类是与年末账户余额实质性测试相结合的截止和估价测试，例如，复核期后的现金收入来确定应收账款的可收回性；另一类是期后事项的专门审查程序，包括向管理当局询问、向律师询问、检查资产负债表日后编制的内部报表和记录、检查资产负债表日后发布的会议纪要，以及获取管理当局声明书等。

（三）评价持续经营能力

评价客户的持续经营能力是审计人员的重要责任之一，也是审计准则的要求。审计人员应当以应有的职业谨慎、合理的专业判断，在编制审计计划、执行审计程序及评价审计结果时，充分考虑被审计单位编制会计报表所依据的持续经营假设的合理性。也就是说，审计人员必须充分考虑在资产负债表日后一年内或超过一年的一个营业周期内被审计单位是否能够持续经营。审计人员评价持续经营能力的步骤通常包括：（1）检查可能显示存在持续经营问题的各种迹象；（2）审核管理当局应对和转移未来风险的计划；（3）评价管理当局计划的合法性与可行性，评估公司可能会遭受的财务损失。

审计人员应充分关注被审计单位存在的持续经营假设不再合理的各种迹象。这些迹象存在于财务和经营等多个方面，例如，企业资不抵债；营运资金出现负数；无法偿还到期债务；无法偿还即将到期且难以展期的借款；过度依赖短期借款筹资；主要财务指标显示财务状况恶化；累计经营性亏损数额巨大；存在大额的逾期未付利润，无法继续履行借款合同中的有关条款；存在大量不良资产且长期未作处理；重要子公司无法持续经营且未进行处理；无法获得供应商的正常商业信用；难以获得开发必要新产品或进行必要投资所需的资金；关键管理人员离职且无人替代；主导产品不符合国家产业政策；失去主要市场、特许权或主要供应商，人力资源或重要原材料短缺；未达到预期经营目标；严重违反有关法律、法规或政策；存在数额巨大的或有损失；异常原因导致停工、停产；有关法规或国家政策的变化可能造成重大不利影响，营业期限即将到期且无意继续经营；投资者未履行协议、合同、章程规定的义务，并有可能造成重大不利影响；因自然灾害、战争等不可抗力因素遭受严重损失等等。

审计人员可以运用分析性程序来识别经营状况、获利能力，也可以通过与管理当局分析、讨论现金流量预测、盈利预测及其他预测、审查期后事项和债务契约履行情况、查阅董事会会议中有关财务困境的记录、询问有关法律顾问等程序来进行持续经营能力的审查。

如果被审计单位确实存在持续经营问题，审计人员应进一步了解管理当局是否制订应对计划来消除或缓解对持续经营假设的不利影响。可能的计划包括：处置资产、售后回租资产、取得担保借款、实施资产重组、获得新的投资、削减或延缓开支、获得重要原材料的替代品、开拓新的市场等。并不是所有的计划都能成功实施或达到预期效果。审计人员应该对以上计划作出评价。例如，处置不重要的资产可能是一个获取现金流的较好办法，但也是一个短期的解决办法，因为资产一旦处置，就不复存在，不能再利用，而且，还可能因为减少了生产设备而使未来的生产能力受到影响。削减和递延开支也要慎重考虑，如果未做认真评估而一味削减开支，很可能会对未来的经营活动造成负面影响，使企业无法利用有限的资源应对新的挑战和客户新的需求。获取新的投资和资产重组、财务重组即使是可行的，审计人员仍需评估企业是否能够支付由此产生的新的负债。

无论管理当局是否制订有关计划，如果审计人员认为企业存在着严重的持续经营问题，都应在审计报告中进行披露。

（四）获取管理当局声明书

在审计的终结阶段，审计人员必须向管理当局索取管理当局声明书，目的是要记录管理当局对一系列重大要求（如关联方的性质承诺与或有事项、资产价值评估等）的反应，确保管理当局对这些要求都已正确理解。对管理当局而言，也起到了提醒和强化其对财务报表中所有信息应负责任的作用。对审计人员而言，管理当局声明书是管理当局提供给审计大员的重要信息，也是审计人员获取的一项重要证据。它使审计人员能够充分有效地理解管理当局的责任，了解管理当局的未来打算或计划，但并不能替代审计人员实施必要的实质性测试。也就是说，该项证据的作用更多地在于其产生的心理上和精神上的影响。

管理当局声明书应包含标题、收件人、声明内容、签章和日期等基本要素。收件人应为接受委托的会计师事务所及签署审计报告的审计人员。声明内容应根据审计约定事项的具体情况由会计报表编制基础等确定。而且，通常应当由被审计单位及其会计机构负责人签字，如 CEO 和 CFO，并加盖被审计单位公章。日期通常应当与审计报告日一致。如果管理当局拒绝提供或签署管理当局声明书，审计人员应将其视为审计范围受到严重限制，并应根据情况修改审计意见或者解除与客户的业务约定。

管理当局声明书通常应该包括以下主要内容：提供给审计人员的会计记录、文件、董事会会议纪要和法定报告等是完整的；不存在与财务报表有关的未记录的错误或交易，管理当局确信所有未更正的差错都是不重要的；有关关联方交易、期后事项和或有事项的信息披露都是完整的；可能会发生的舞弊信息；可能会影响交易的估价和分类的管理当局计划；对资产的法定所有权和留置权；其他需要披露或确认的信息，如重大的估计、重大的风险和不确定事项、违法事项、未决诉讼、或有损失等等。

（五）对审计证据的最终评价与会计报表的调整

对审计证据的最终评价也是对审计工作的最终检查。评价的目的是要保证各种不同的审计证据都能得出关于重大的审计事项的相同的审计结论，并且未遗漏或忽略任何重大事项。这一阶段的工作也包括将整个审计过程中收集到的大量详细的审计证据进行汇总，以确保会计报表的完整与正确。这一阶段的主要工作包括以下几项内容：

1. 工作底稿和审计结论。由高级审计人员对审计工作底稿进行复核是重要的审计质量控制方法之一。在整个审计过程中，对工作底稿的复核至少有 3 个层次。在审计过程进行中，由项目经理对初级审计人员编制的工作底稿进行复核属于第一层复核，目的是评价已完成的审计工作、所获得的审计证据和工作底稿编制人员所形成的结论。在外勤工作结束时，由审计部门经理（或项目合伙人）对工作底稿进行的重点复核属于第二层复核，目的是对重要的审计事项进行把关。第三层复核，即最终复核则是在完成审计工作和签发审计报告之前由事务所合伙人（或主任会计师）对工作底稿进行的复核，是对整套审计工作底稿进行的原则性复核。通过合伙人（或主任会计师）的最终复核，既是对审计工作结果的质量进行最后的控制，也是对审计工作达到事务所工作标准的保证，还可以消除妨碍审计人员正确判断的偏见，作出符合事实的审计结论。当然，整个审计工作的质量也应由合伙人（或主任会计师）负责。如果在复核过程中发现工作底稿存在问题，审计人员可能需要执行补充的程序以收集证据解决问题。

2. 评价会计政策的选择和盈利质量。在审计过程中，审计人员还要收集有关客户使用的各项会计政策选择的信息，包括所使用的各项会计方法，如材料采购和成本结转、分配的方法，固定资产折旧以及各项准备的计提方法等。这些信息可以帮助审计人员确定会计报表中有关项目的披露是否恰当和正确。审计人员还可以通过对会计选择的整体分析，对客户的控制环境和管理层对会计报表的态度获得深入了解。

根据企业会计准则的要求，企业可以根据自己的生产经营情况选择相应的会计方法。例如，可以选择尽可能早地确认收入，而尽可能晚地确认费用，即所谓激进的会计政策；或者与之相反，尽可能早地确认费用，而尽可能晚地确认收入，即所谓保守的会计政策。只要企业采用的会计政策符合其生产经营的特征，就是合理的。但是会计方法的可选择性又确实为企业的管理层提供了利用会计政策来操纵盈利的，特别是当管理层遇到了外在（如外部经济环境）或内在（如考核激励标准）的压力时。因此，审计人员不仅应了解管理层对会计政策的选择，还有必要评估一下政策选择的意图。

对审计人员而言，审查管理当局盈利操纵方法具有一定的难度。因为，大多数情况下，这样的操纵手段都十分复杂，而且管理当局也会进行掩饰。常见的盈利操纵手段有：一次性计提大额费用或确认大额损失，为来年盈利铺平道路。也有人将其称为“洗大澡”。这种方法大多用于企业经营出现亏损之时，企业选择一次性确认全部损失或费用，为来年扭亏为盈做好准备；利用会计估计操纵应计费用。在经营状况好时，计提较多的费用；在经营状况不好时，则计提较少的费用；滥用重要性原则。管理当局对审计人员使用的重要性原则有充分的了解，因此，故意制造多个低于重要性水平的错误，使盈利水平达到他们的要求；修改收入确认标准，提前确认收入。

针对企业可能存在的盈利操纵行为，审计人员审查的有效方法就是对企业的盈利质量进行评估，判断企业未来的持续获利能力。例如，审计人员可以将企业的盈利水平与当期行业水平进行比较，或结合当期经济环境进行分析判断企业的盈利是否合理和可持续；分析有关盈利的披露是否透明和完整；检查管理当局对待不利消息的态度是掩饰还是充分披露等等。

3. 与管理当局进行沟通并调整已知错报。根据审计准则的要求，审计人员应当在遵守职业道德原则的前提下，与被审计单位管理当局进行必要的沟通，建立良好的工作关系，以提高审计效率和效果。在整个审计工作中，审计人员都应根据工作需要及时地与管理当局进行口头的或书面的沟通。在终结审计阶段，审计人员主要应针对发现的问题和差错与管理当局进行充分的沟通。需要沟通的事项通常包括：有关会计报表的分歧；重大审计调整事项；会计信息披露中存在的可能导致修改审计报告的重大问题；被审计单位所面临的可能危及其持续经营能力等的重大风险；审计意见的类型及审计报告的措辞；注册会计师拟提出的关于内部控制等方面的建议。

会计报表的编制责任在于管理当局，因此审计人员不能随意调整会计报表，只能建议管理当局进行调整。如果审计人员发现的差错金额重大而且属于客观问题，管理当局通常比较愿意调整。如果发现的差错不重要，或者属于主观判断范畴，则极有可能受到管理当局的抵制。这时，良好有效的沟通就显得非常重要。审计人员和管理当局有着显然不同的立场和观点，因此，在沟通过程中，审计人员应充分理解被审计单位管理当局的立场和观点，使双方的沟通能够获得积极的结果。如果管理当局最终仍然拒绝对已知的重大错报进行调整，审计人员应签署非标准意见的审计报告或者放弃该项审计业务。

4. 编制会计报表。编制会计报表是被审计单位管理当局的责任，在双方对审计调整事项的沟通达成一致意见之后，审计人员应建议客户调整会计报表。在此阶段，审计人员要做的工作就是核对报表数字的正确性，并检查所有需要披露的信息是否均已披露。这项工作同样需要有经验的审计人员进行最后的复核。

5. 最终的分析性复核。审计人员在编制审计报告之前还应当运用分析性复核对会计报表进行整体性复核，以分析性复核的结论印证实施其他审计程序所得出的结论，以确定是否需要追加审计程序。这项分析性复核也是对企业整体层面的分析和环节，分析以及实质性审计程序的补充。在整个审计过程中，分析性复核一直都是审计人员识别审计风险的重要方法。在终结审计阶段，审计人员应该能够利用分析性工具完整地解释会计报表的所有波动原因以及前期发现的所有问题。如果仍然存在不能解释或解决的问题，则很有可能是审计人员还未收集到能够形成审计结论的充分和必要的审计证据，表明审计人员还需要追加恰当的审计程序。

6. 最终的技术复核。为了保证审计质量，保证审计业务遵循了相关的审计准则，对于重要的项目如上市公司或非标审计意见的审计报告通常还需要另一位审计合伙人对全部的审计工作进行技术复核。负责最终技术复核的合伙人应在审计小组成员之外，负责对会计报表、相关的审计工作底稿和审计结论进行全面的审核，以确定所有的审计结论都有充分恰当的工作底稿的支持；公认会计准则得到了正确的运用，会计报表上的所有数据都审核无误；审计工作遵循了审计准则和事务所质量控制规范。当所有这些问题都得到肯定答复时，审计工作才算基本完成，审计人员才能够签署审计报告。

三、审计报告概述

审计工作的最终成果就是审计报告。审计报告是审计人员根据审计准则的要求，在实施了必要的审计程序后出具的用于对被审计单位会计报表发表意见的正式书面文件。审计报告是对审计工作和结果的全面总结，是审计人员向会计报表的外部使用者提供的主要文件。只有在审计业务中审计人员才会签署审计报告，因为审计报告表达的是审计人员的专业意见，是审计人员专业保证程度最高的文件，一旦签署公布，审计人员就必须对其承担相应的法律责任。审计人员一旦接受了审计业务，就必然要发表审计意见。撰写审计报告的前提是审计人员已经按照审计准则的要求执行了必要的审计程序，收集了有关被审计单位会计准则遵循情况的适当、可靠和有力的证据，并考虑了管理当局是否愿意调整会计报表中已发现的差错等情况。根据审计意见的类型，可以将审计报告分为无保留意见审计报告和非无保留意见审计报告；无保留意见审计报告又可分为标准无保留意见和非标准无保留意见审计报告；而非无保留意见审计报告又可以划分为保留意见、否定意见和无法表示意见的审计报告。不同的情况应该适用不同的审计报告。

（一）标准的无保留意见审计报告

在大多数的审计业务中，审计人员认为会计报表是按照公认会计准则的规定，在所有重大方面公允反映了被审计单位的财务状况、经营成果和现金流量，不存在应当调整或披露而被审计单位未予调整或披露的重要事项，且审计人员已按照独立审计准则计划和实施了审计工作，在审计过程中未受到限制，因此签署的就是标准的无保留意见审计报告，见表 10－1。

表 10－1　　标准的无保留意见审计报告范例

标题	审计报告
收件人	ABC 股份有限公司全体股东
引言段	我们审计了后附的 ABC 股份有限公司（以下简称 ABC 公司）财务报表，包括 20×1 年 12 月 31 日的资产负债表，20×1 年度的利润表、股东权益变动表和现金流量表以及财务报表附注。
管理层对财务报表的责任段	一、管理层对财务报表的责任 编制和公允列报财务报表是 ABC 公司管理层的责任，这种责任包括：（1）按照企业会计准则的规定编制财务报表，并使其实现公允反映；（2）设计、执行和维护必要的内部控制，以使财务报表不存在由于舞弊或错误导致的重大错报。
注册会计师的责任段	二、注册会计师的责任 我们的责任是在执行审计工作的基础上对财务报表发表审计意见。我们按照中国注册会计师审计准则的规定执行了审计工作。中国注册会计师审计准则要求我们遵守职业道德守则，计划和实施审计工作以对财务报表是否不存在重大错报获取合理保证。 审计工作涉及实施审计程序，以获取有关财务报表金额和披露的审计证据。选择的审计程序取决于注册会计师的判断，包括对由于舞弊或错误导致的财务报表重大错报风险的评估。在进行风险评估时，我们考虑与财务报表编制相关的内部控制，以设计恰当的审计程序，但目的并非对内部控制的有效性发表意见。审计工作还包括评价管理层选用会计政策的恰当性和作出会计估计的合理性，以及评价财务报表的总体列报。 我们相信，我们获取的审计证据是充分、适当的，为发表审计意见提供了基础。
意见段	三、审计意见 我们认为，ABC 公司财务报表在所有重大方面按照企业会计准则的规定编制，公允反映了 ABC 公司 20×1 年 12 月 31 日的财务状况以及 20×1 年度的经营成果和现金流量。
审计人员签字盖章	中国注册会计师：×××× （签名并盖章）（签名并盖章）
事务所名称及盖章	XYZ 会计师事务所（盖章） ××××年××月××日
报告日期	××××年××月××日

从表 10－1 的范例中可以看出，审计报告应当包括以下几个要素：标题，统一为“审计报告”；收件人：审计报告的收件人是按照业务约定书的要求致送审计报告的对象，一般是指审计业务的委托人。审计报告应当载明收件人的全称。引言段：引言段是对以下内容的说明，即，已审计会计报表的名称、日期或涵盖的期间。管理层对财务报表的责任段：明确管理层对财务报表的责任，即会计报表的编制是被审计单位管理当局的责任。注册会计师的责任段：明确审计师在实施审计工作的基础上对会计报表发表意见是审计人员的责任及对审计所做的工作进行描述。通常应说明：审计人员按照独立审计准则计划和实施审计工作，以合理确信会计报表是否不存在重大错报；审计工作包括在抽查的基础上检查支持会计报表金额和披露的证据，评价管理当局在编制会计报表时采用的会计政策和作出的重大会计估计，以及评价会计报表的整体反映；审计工作为审计人员发表意见提供了合理的基础。意见段：表述审计人员的审计意见。在意见中应当说明会计报表是否符合国家颁布的企业会计准则和相关会计制度的规定，在所有重大方面是否公允反映了被审计单位的财务状况、经营成果和现金流量；审计人员的签名及盖章：根据我国的规定，上市公司的审计报告应当由两名注册会计师签名并盖章；会计师事务所的名称、地址及盖章：审计报告应当载明会计师事务所的名称和地址，并加盖会计师事务所公章；报告日期：审计报告日期是指注册会计师完成审计工作的日期。审计报告日期不应早于被审计单位管理当局签署会计报表的日期。应注意的是，在审计意见段中一般以“我们认为”而不是“我们保证”的术语作为开头，这表明本段内容为审计人员提出的意见，但并不是对会计报表真实性和合法性的绝对保证。在意见段中，“在所有重大方面公允反映”术语的运用，表明审计人员并不能担保会计报表完全正确，只是说明会计报表遵守了公认的会计准则，且不存在重大的错报。当然，如果在审计过程中，审计人员认为不能签署标准无保留意见的审计报告，则应根据相应的情况签署其他类型的审计报告。这时，审计人员可以根据需要在审计报告的意见段之前或之后增加说明段。

（二）带强调段的无保留意见审计报告

在某些情况下，审计人员虽然认为应签署无保留意见审计报告，但又认为存在的一些重要事项需要特别强调，这时，审计人员就应签署带强调段的无保留意见审计报告。根据我国的审计准则，有两类情况需要强调，即，当存在可能导致对持续经营能力产生重大疑虑的事项或情况，且不影响已发表的意见时；或当存在可能对会计报表产生重大影响的不确定事项（持续经营问题除外），且不影响已发表的意见时。在这两种情况下，审计人员应在审计报告的意见段之后增加强调事项段对其予以强调，并在强调事项段中指明，该段内容仅用于提醒会计报表使用人关注，并不影响已发表的意见。除以上两种情形之外，审计人员不应在审计报告的意见段之后增加强调事项段或任何解释性段落，以免会计报表使用人产生误解。

带强调段的无保留意见审计报告与标准的无保留意见审计报告相比，就是在意见段之后多了一个强调事项段，对具体需要强调的事项进行说明，例如，“自××××年1月以来，ABC公司所持短期投资股票价格持续下跌，如果在3月15日转让，将导致700万元的投资损失。这一事项我们已经在审计过程中提ABC公司关注。”

（三）保留意见审计报告

如果审计人员认为会计报表就其整体而言是公允的，但还存在下列情形之一时，应当出具保留意见的审计报告：

1. 个别重要的会计政策的选用、会计估计的作出或会计报表的披露不符合国家颁布的企业会计准则和相关会计制度的规定，且被审计单位拒绝进行调整。

2. 因审计范围受到局部限制，无法获取充分、适当的审计证据。保留意见是指审计人员对会计报表的反映有所保留的审计意见。这些保留事项是针对其重要性或影响程度的判断而言的。如果影响特别严重或受限范围特别大，则审计人员应相应出具否定意见的审计报告或无法表示意见的审计报告。

审计人员在出具保留意见审计报告时，应于“意见段”之前另设“说明段”，清楚地说明所持保留意见的所有理由，并在可能情况下，指出其对会计报表的影响程度。在意见段中应使用“除……的影响外”等专业术语（见表10－2和表10－3）。

表10－2　　保留意见审计报告范例（个别重要事项未遵循公认会计准则）

标题	审计报告
收件人	ABC股份有限公司全体股东
引言段	我们审计了后附的ABC股份有限公司（以下简称ABC公司）财务报表，包括20×1年12月31日的资产负债装；20×1年度的利润表、股东权益变动表和现金流量表以及财务报表附注。
管理层对财务报表的责任段	一、管理层对财务报表的责任 编制和公允列报财务报表是ABC公司管理层的责任，这种责任包括：（1）按照企业会计准则的规定编制财务报表，并使其实现公允反映；（2）设计、执行和维护必要的内部控制，以使财务报表不存在由于舞弊或错误导致的重大错报。
注册会计师的责任段	二、注册会计师的责任 我们的责任是在执行审计工作的基础上对财务报表发表审计意见。我们按照中国注册会计师审计准则的规定执行了审计工作。中国注册会计师审计准则要求我们遵守职业道德守则，计划和实施审计工作以对财务报表是否不存在重大错报获取合理保证。 审计工作涉及实施审计程序，以获取有关财务报表金额和披露的审计证据。选择的审计程序取决于注册会计师的判断，包括对由于舞弊或错误导致的财务报表重大错报风险的评估。在进行风险评估时，我们考虑与财务报表编制相关的内部控制，以设计恰当的审计程序，但目的并非对内部控制的有效性发表意见。审计工作还包括评价管理层选用会计政策的恰当性和作出会计估计的合理性，以及评价财务报表的总体列报。 我们相信，我们获取的审计证据是充分、适当的，为发表审计意见提供了基础。

续表

标题	审计报告
说明段	三、导致保留意见的事项 我们在审计中发现ABC公司××××年12月预付的下年度财产保险费×××元全部作为当月费用处理。我们认为按照《企业会计准则》的规定该项费用应作为待摊费用处理，但ABC公司未接受我们的意见。该事项使ABC公司12月31日资产负债表的流动资产减少×××元，该年度损益表的利润总额减少××元，占利润总额的×%。
意见段	四、审计意见 我们认为，除了上述预付财产保险费的会计处理不合规产生的影响外，ABC公司财务报表在所有重大方面按照企业会计准则的规定编制，公允反映了ABC公司20×1年12月31日的财务状况以及20×1年度的经营成果和现金流量。
审计人员签字盖章	中国注册会计师：×××× （签名并盖章）（签名并盖章）
事务所名称及盖章	XYZ会计师事务所（盖章） ××××年××月××日
报告日期	××××年××月××日

表10－3　　保留意见审计报告范例（审计范围受到局部限制）

标题	审计报告
收件人	ABC股份有限公司全体股东
引言段	我们审计了后附的ABC股份有限公司（以下简称ABC公司）财务报表，包括20×1年12月31日的资产负债装；20×1年度的利润表、股东权益变动表和现金流量表以及财务报表附注。
管理层对财务报表的责任段	一、管理层对财务报表的责任 编制和公允列报财务报表是ABC公司管理层的责任，这种责任包括：（1）按照企业会计准则的规定编制财务报表，并使其实现公允反映；（2）设计、执行和维护必要的内部控制，以使财务报表不存在由于舞弊或错误导致的重大错报。
注册会计师的责任段	二、注册会计师的责任 我们的责任是在执行审计工作的基础上对财务报表发表审计意见。我们按照中国注册会计师审计准则的规定执行了审计工作。中国注册会计师审计准则要求我们遵守职业道德守则，计划和实施审计工作以对财务报表是否不存在重大错报获取合理保证。 审计工作涉及实施审计程序，以获取有关财务报表金额和披露的审计证据。选择的审计程序取决于注册会计师的判断，包括对由于舞弊或错误导致的财务报表重大错报风险的评估。在进行风险评估时，我们考虑与财务报表编制相关的内部控制，以设计恰当的审计程序，但目的并非对内部控制的有效性发表意见。审计工作还包括评价管理层选用会计政策的恰当性和作出会计估计的合理性，以及评价财务报表的总体列报。 我们相信，我们获取的审计证据是充分、适当的，为发表审计意见提供了基础。
说明段	三、导致保留意见的事项 ABC公司20×1年12月31日的应收账款余额×万元，占资产总额的×%。由于ABC公司未能提供债务人地址，我们无法实施函证以及其他审计程序，以获取充分、适当的审计证据。

续表

标题	审计报告
意见段	四、审计意见 我们认为，除了前段所述未能实施函证可能产生的影响外，ABC 公司财务报表在所有重大方面按照企业会计准则的规定编制，公允反映了 ABC 公司 20×1 年 12 月 31 日的财务状况以及 20×1 年度的经营成果和现金流量。
审计人员签字盖章	中国注册会计师：×××× （签名并盖章）（签名并盖章）
事务所名称及盖章	XYZ 会计师事务所（盖章） ××××年××月××日
报告日期	××××年××月××日

（四）否定意见的审计报告

如果审计人员认为会计报表不符合国家颁布的企业会计准则和相关会计制度的规定，未能从整体上公允反映被审计单位的财务状况、经营成果和现金流量，就应当出具否定意见的审计报告。

在审计人员出具的审计报告中，否定意见的审计报告比较少见。因为否定意见就意味着被审计单位的会计报表严重违背了公认会计准则，以致报表无法被接受，报表本身已失去价值。因此，无论是审计人员还是被审计单位都不希望发表此类意见的审计报告。在这种情况下，大多数的被审计单位都会积极地按照审计人员的要求进行调整，尽量避免产生如此严重的后果。从这个角度来看，审计人员签署否定意见审计报告的可能性也是促使被审计单位按照公认会计准则公允地编制会计报表的有力工具。

否定意见审计报告的说明段与保留意见审计报告类似，在意见段中则应当使用“由于上述问题造成的重大影响”“由于受到前段所述事项的重大影响”等专业术语，并指出会计报表“不能公允反映”的问题（见表 10－4）。

表 10－4　　否定意见审计报告范例

标题	审计报告
收件人	ABC 股份有限公司全体股东
引言段	我们审计了后附的 ABC 股份有限公司（以下简称 ABC 公司）财务报表，包括 20×1 年 12 月 31 日的资产负债表；20×1 年度的利润表、股东权益变动表和现金流量表以及财务报表附注。
管理层对财务报表的责任段	一、管理层对财务报表的责任 编制和公允列报财务报表是 ABC 公司管理层的责任，这种责任包括：（1）按照企业会计准则的规定编制财务报表，并使其实现公允反映；（2）设计、执行和维护必要的内部控制，以使财务报表不存在由于舞弊或错误导致的重大错报。

续表

标题	审计报告
注册会计师的责任段	二、注册会计师的责任 我们的责任是在执行审计工作的基础上对财务报表发表审计意见。我们按照中国注册会计师审计准则的规定执行了审计工作。中国注册会计师审计准则要求我们遵守职业道德守则，计划和实施审计工作以对财务报表是否不存在重大错报获取合理保证。 审计工作涉及实施审计程序，以获取有关财务报表金额和披露的审计证据。选择的审计程序取决于注册会计师的判断，包括对由于舞弊或错误导致的财务报表重大错报风险的评估。在进行风险评估时，我们考虑与财务报表编制相关的内部控制，以设计恰当的审计程序，但目的并非对内部控制的有效性发表意见。审计工作还包括评价管理层选用会计政策的恰当性和作出会计估计的合理性，以及评价财务报表的总体列报。 我们相信，我们获取的审计证据是充分、适当的，为发表审计意见提供了基础。
说明段	三、导致否定意见的事项 如财务报表附注×所述，ABC 公司的长期股权投资未按企业会计准则的规定采用权益法核算。如果按权益法核算，ABC 公司的长期投资账面价值将减少×万元，净利润将减少×万元，从而导致 ABC 公司由盈利×万元变为亏损×万元。
意见段	四、审计意见 我们认为，由于受到前段所述事项的重大影响，ABC 公司财务报表没有在所有重大方面按照企业会计准则的规定编制，未能公允反映 ABC 公司 20×1 年 12 月 31 日的财务状况以及 20×1 年度的经营成果和现金流量。
审计人员签字盖章	中国注册会计师：×××× （签名并盖章）（签名并盖章）
事务所名称及盖章	XYZ 会计师事务所（盖章） ××××年××月××日
报告日期	××××年××月××日

（五）无法表示意见的审计报告

审计报告的最后一种类型就是无法表示意见的审计报告。如果审计人员认为审计范围受到限制可能产生的影响非常重大和广泛，不能获取充分、适当的审计证据，以至于无法对会计报表发表意见，就应当出具无法表示意见的审计报告。

审计人员出具无法表示意见的审计报告并不等于审计人员拒绝接受委托或不愿发表意见，而是审计人员在实施了必要的审计程序之后发表的一种特殊的意见形式。如果审计人员已能确定应当出具保留意见或否定意见的审计报告，就不能以无法表示意见的审计报告来代替。无法表示意见的审计报告只能用于审计工作受到严重限制，导致审计人员未能对某些重大事项取得证据，因而无法判断可能存在的问题以及问题的性质和影响大小的情况之下。

当出具无法表示意见的审计报告时，审计人员应在引言段中以“我们接受委托，审计后附的……”表述来替代“我们审计了后附的……”的表述，同时也有管理层对财务报表的责任段和注册会计师的责任段，但注册会计师责任段的表述与其他报告形式不同，以表明注册会计师因审计工作受到严重限制而无法充分履行自己的职责，同时必须在导致无法表示意见段中表达清楚审计工作受到严重限制的情况，并在意见段中使用“由于上述审计范围受到限制可能产生的影响非常重大和广泛”“我们无法对上述会计报表发表意见”等专业术语（见表10－5）。

表10－5 无法表示意见的审计报告范例

标题	审计报告
收件人	ABC股份有限公司全体股东
引言段	我们接受委托，审计后附的ABC股份有限公司（以下简称ABC公司）财务报表，包括20×1年12月31日的资产负债表，20×1年的利润表，股东权益变动表和现金流量表以及财务报表附注。
管理层对财务报表的责任段	一、管理层对财务报表的责任 编制和公允列报财务报表是ABC公司管理层的责任，这种责任包括：（1）按照企业会计准则的规定编制财务报表，并使其实现公允反映；（2）设计、执行和维护必要的内部控制，以使财务报表不存在由于舞弊或错误导致的重大错报。
注册会计师的责任段	二、注册会计师的责任 我们的责任是在执行审计工作的基础上对财务报表发表审计意见。但由于“三、导致无法表示意见的事项”段中所述的事项，我们无法获取充分、适当的审计证据以为发表审计意见提供基础。
说明段	三、导致无法表示意见的事项 ABC公司未对20×1年12月31日在海外子公司的存货进行盘点，金额为×万元，占期末资产总额的30%。公司也未能提供必要的条件由我们亲赴现场实施存货监盘，我们也无法实施其他合适的替代审计程序，以对期末存货的数量和状况获取充分、适当的审计证据。
意见段	四、审计意见 由于上述审计范围受到限制可能产生的影响非常重大和广泛，我们无法对ABC公司财务报表发表意见。
审计人员签字盖章	中国注册会计师：×××× （签名并盖章）（签名并盖章）
事务所名称及盖章	XYZ会计师事务所（盖章） ××××年××月××日
报告日期	××××年××月××日

四、案例背景、内容、过程与分析

（一）案例背景

康泰会计师事务所自2005年开始接受迅捷股份有限公司（以下简称迅捷公司）董

事会的委托，对迅捷公司进行年度会计报表审计。根据双方所签订的审计业务约定书，以王栋为项目组长及以李晓璐、张恒、刘秋雨为组员的项目组，于2008年2月15日至3月6日对该公司2007年度的会计报表进行了审计。本案例主要反映审计报告阶段的审计过程及相关的问题。

迅捷公司是专门从事互联网应用及软件开发的高科技企业，主要服务于电子商务、网设计、程序软件开发、域名注册、全球虚拟主机及服务器租用、互联网增值服务及企业上网工程等领域。该公司在总经理下设有审计部，审计委员会和审计部在业务上是指导与被指导的关系。注册会计师的审计工作得到了该公司内部审计的协助。

由中国注册会计师协会负责制定、财政部批准发布的《中国注册会计师鉴证业务基本准则》《中国注册会计师审计准则第1501号——审计报告》《中国注册会计师审计准则第1502号——非标准审计报告》对审计人员编制和出具审计报告进行了规范。证监会也针对上市公司报表披露的格式和内容颁布了一系列规范文件，用于指导审计人员按规范格式出具审计报告。

（二）案例内容与过程

审计人员在审计报告阶段的一项重要内容就是编制审计差异调整分录表、试算平衡表和审计后会计报表。

1. 编制审计差异调整表。

审计人员在外勤工作阶段编制的审计调整分录汇总表，如表10－6所示。

表10－6　审计调整分录汇总表　单位：元

被审计单位名称	财务报表期间	工作底稿索引号
迅捷公司	截至2007年12月31日	C6－1
编制人及复核人员签字：		
编制人：李晓璐		日期：2008年2月16日
复核人：王栋		日期：2008年2月16日
项目质量控制复核人：安然		日期：2008年2月18日
项目一级科目	借方	贷方
以前年度滚调：		
1. 以前年度多记折旧滚动调整		
累计折旧	11 018 056.00	
年初未分配利润		11 018 056.00
2. 滚动调整以前年度盘盈资产补记折旧影响		
年初未分配的利润	2 083 518.81	
累计折旧		2 083 518.81
3. 上年末未提足电费调整		
年初未分配利润	160 400.50	
其他应付款		160 400.50

续表

项目一级科目	借方	贷方
4. 将坏账误记管理费调整		
坏账准备	92 387.52	
年初未分配利润		92 387.52
5. 滚动调整以前年度所得税的影响		
年初未分配利润	80 201.49	
应交税费		80 201.49
6. 调上年多提工资		
应付职工薪酬	532 929.39	
年初未分配利润		532 929.39
7. 上年存货跌价损失		
年初未分配利润	218 036.12	
存货跌价准备		218 036.12
8. 上年多记利息资本化金额		
年初未分配利润	217 509.33	
在建工程		101 952.16
在建工程		30 045.96
固定资产原价		85 511.21
9. 补提盈余公积		
年初未分配利润	113 420.32	
盈余公积——法定盈余公积		56 710.16
盈余公积——任意盈余公积		56 710.16
重分类分录：		
1. 对应收账款贷方余额重分类		
应收账款	1 572 911.24	
预收账款		1 572 911.24
2. 对其他应收款贷方余额重分类		
其他应收款	1 691 319.18	
其他应付款		1 691 319.18
3. 对预付账款借方余额重分类		
在建工程	102 514 238.00	
预付账款		102 514 238.00
4. 对应付账款借方余额重分类		
预付账款	13 290 230.00	
应付账款		13 290 230.00
5. 对应付账款借方余额重分类		
预付账款	11 524 368.85	
应付账款		11 524 368.85
6. 对其他应付款借方余额重分类		
预付账款	563 340.00	
其他应付款		563 340.00
7. 1 年内到期的长期负债		
长期借款	35 000 000.00	
长期应付款	20 000 000.00	
1 年内到期的长期负债		55 000 000.00
8. 抵消双方同时挂账项目		
预收账款	255 160.00	

续表

项目一级科目	借方	贷方
应收账款		255 160.00
9. 其他应收款重分类调整		
固定资产原价	213 400.00	
其他应收款		213 400.00
10. 其他应收款重分类调整		
预付账款	737 700.00	
其他应收款		737 700.00
调整分录:		
1. 补提坏账准备:		
资产减值准备	156 540.00	
坏账准备		156 540.00
2. 补提累计折旧		
主营业务成本	218 563.14	
累计折旧		218 563.14
3. 其他应收款——个人往来调整		
管理费用	233 853.14	
其他应收款		233 853.14
4. 管理费用误入发行费用		
管理费用	114 494.02	
其他应付款		114 494.02
5. 银行未达账项调整		
货币资金	2 168 600.00	
其他应付款		1 818 600.00
其他应付款		3 590 000.00
6. 6号机完工转固定资产		
固定资产原价	8 649 033.85	
在建工程		8 649 033.85
7. 9号机资本化利息调整		
应付利息	65 352.00	
在建工程		65 352.00
8. 6号机资本化利息调整		
应付利息	26 130.00	
固定资产原价		26 130.00
9. 调整8万吨在建工程资本化利息		
专项应付款	1 699 830.00	
应付利息	137 500.00	
在建工程		1 837 330.00
10. 汇兑损益调整		
货币资金	32 120.76	
货币资金	28 640.24	
短期借款	42 268.12	
短期借款	81 976.88	
财务费用		185 006.00
11. 调整无形资产入在建工程		
在建工程	4 670 258.47	
无形资产		4 670 258.47

续表

项目一级科目	借方	贷方
12. 调整存货跌价准备		
资产减值损失	57 700.00	
存货跌价准备		57 700.00
13. 调整其他货币资金		
其他应收款	2 000 000.00	
其他货币资金		2 000 000.00
14. 调整评估费用		
其他应付款	180 000.00	
管理费用		180 000.00
15. 预提2008年度审计费		
管理费用	480 000.00	
其他应付款		480 000.00
16. 冲回土地使用权的摊销		
累计摊销	95 279.53	
管理费用		95 279.53
17. 将已收到法定裁定书的破产企业坏账的核销		
坏账准备		
应收账款	183 366.45	
18. 补提折旧		183 366.45
主营业务成本		
主营业务成本	893 853.87	
累计折旧	63 799.24	
19. 根据影响损益相应调整的所得税		957 653.11
应交税费——所得税		
所得税	580 311.11	
20. 调整盈余公积		580 311.11
盈余公积		
提取法定盈余公积	235 641.48	
提取法定盈余公积		117 820.74
		117 820.74

2. 编制试算平衡表。

审计人员根据调整分录汇总表编制试算平衡表，如表10－7、表10－8和表10－9所示。

表10－7 **资产表** 单位：元

被审计单位名称	财务报表期间	工作底稿索引号
迅捷公司	截至2007年12月31日	C6－3
编制人及复核人员签字：		
编制人：李晓璐	日期：2008年2月26日	
复核人：王栋	日期：2008年2月26日	
项目质量控制复核人：安然	日期：2008年2月28日	

续表

项目	调整前	调整金额		调整后
		借方	贷方	
流动资产：				
货币资金	145 410 700.00	2 229 361.00	2 000 000.00	145 640 061.00
交易性金融资产	0	0	0	0
应收票据	20 277 000.00	0	0	20 277 000.00
应收股利	0	0	0	0
应收利息	0	0	0	0
应收账款	34 889 800.00	1 572 911.24	438 526.45	36 024 184.79
减：坏账准备	(2 796 610.00)	275 753.97	156 540.00	(2 677 396.03)
预付账款	109 290 400.00	26 115 638.85	102 514 238.00	32 891 800.85
其他应收款	1 099 339.00	3 691 319.18	1 184 953.77	3 605 695.41
存货	57 926 260.00	0	0	57 926 260.00
减：存货跌价准备	(218 030.00)	0	275 736.12	(493 766.12)
其他流动资产	0	0	0	0
流动资产合计	365 878 850.00	33 884 984.24	106 569 994.34	293 193 839.90
非流动资产：				
长期股权投资	34 300 280.00	0	0	34 300 280.00
固定资产原价	186 008 120.00	8 862 433.85	111 641.21	194 758 912.64
减：累计折旧	(60 388 310.00)	11 018 056.00	3 259 735.06	(52 629 989.06)
固定资产净值	125 619 810.00	19 880 489.85	3 371 376.27	142 128 923.58
固定资产减值准备	(340 350.00)	0	0	(340 350.00)
在建工程	100 178 800.00	107 184 496.50	10 683 713.97	196 679 582.53
固定资产清理		0	0	0
固定资产合计	2 254 558 260.00	127 160 265.85	14 055 090.24	338 563 435.61
无形资产	4 670 258.47		670 258.47	0
累计摊销		95 279.53	95 279.53	
非流动资产合计	264 428 798.47	127 160 265.88	18 725 348.71	372 863 715.61
资产总计	630 307 648.47	16 140 529.62	125 390 622.68	666 057 555.51

表 10－8　　**负债及所有者权益表**　　单位：元

被审计单位名称	财务报表期间	工作底稿索引号
迅捷公司	截至2007年12月31日	C6－5
编制人及复核人员签字：		
编制人：李晓璐	日期：2008年2月16日	
复核人：王栋	日期：2008年2月16日	
项目质量控制复核人：安然	日期：2008年2月18日	

续表

项目	调整前	调整金额		调整后
		借方	贷方	
流动负债				
短期借款	42 029 700. 00	124 245. 00	0	41 905 455. 00
应付票据	3 250 000. 00	0	0	3 250 000. 00
应付账款	1 524 750. 00	0	24 814 598. 85	26 339 348. 85
预收账款	0	255 160. 00	1 572 911. 24	1 317 511. 24
应付职工薪酬	0	532 929. 39	0	(532 929. 39)
应付职工薪酬	(3 432 100. 00)	0	0	(343 210. 00)
应交税费	1 421 800. 00	580 311. 11	80 201. 49	921 690. 38
其他应交款	41 300. 00	0	0	41 300. 00
其他应付款	39 692 700. 00	180 000. 00	5 178 153. 70	44 690 853. 70
应付利息	1 580 860. 00	228 982. 00		1 351 878. 00
1 年内到期的长期负债		0	55 000 000. 00	55 000 000. 00
流动负债合计	89 197 900. 00	35 000 000. 00	86 645 865. 28	173 942 137. 78
长期负债	0	0	0	0
长期借款	163 500 000. 00	2000 000. 00	0	128 500 000. 00
应付债券	0	0	0	0
长期应付款	20 000 000. 00	20 000 000. 00	0	0
专项应付款	16 872 200. 00	16 998 300. 00	0	15 172 370. 00
其他长期负债	0	0	0	0
长期负债合计	200 372 200. 00	56 699 830. 00	0	143 672 370. 00
负债合计	289 570 100. 00	58 601 457. 50	86 645 865. 28	31 7614 507. 78
股东权益				
股本	160 500 000. 00	0	0	160 500 000. 00
资本公积	132 838 410. 00	0	0	132 838 410. 00
盈余公积	9 929 560. 00	235 641. 48	113 420. 32	98 073 388. 84
未分配利润	37 469 578. 47	5 091 890. 61	12 919 611. 03	45 297 298. 89
股东权益合计	340 737 548. 47	5 327 532. 09	13 033 031. 35	348 443 047. 73
负债和股东权益合计	630 307 648. 47	63 928 989. 59	99 678 896. 63	666 057 555. 51

表 10-9　　利润及利润分配表　　单位：元

被审计单位名称	财务报表期间	工作底稿索引号
迅捷公司	截至 2007 年 12 月 31 日	C6-8
编制人及复核人员签字：		
编制人：李晓璐	日期：2008 年 2 月 16 日	
复核人：王栋	日期：2008 年 2 月 16 日	
项目质量控制复核人：安然	日期：2008 年 2 月 18 日	

续表

项目	调整前	调整金额		调整后
		借方	贷方	
一、营业收入	267 217 200.00	0	0	267 217 200.00
减：营业成本	227 772 200.00	1 176 216.25	0	228 948 416.25
营业税金及附加	9 718 980.00	0	0	971 980.00
销售费用	3 430 330.00	0	0	3 430 330.00
管理费用	13 329 400.00	1 828 347.79	2 775 279.53	13 882 468.26
财务费用	5 162 300.00	0	185 006.00	4 977 294.00
资产减值准备	0	214 240.00	0	214 240.00
加：公允价值变动损益	0	0	0	0
投资净收益	13 344 840.00	0	0	13 344 840.00
二、营业利润	2 989 583 000	22 188 004.04	4 600 285.53	28 137 311.49
加：营业外收入	16 500.00	0	0	16 500.00
减：营业外支出	34 000.00	0	0	34 000.00
其中：非流动资产处置净损失	0	0	0	0
三、利润总额	29 878 830.00	2 218 804.04	460 285.53	28 119 811.49
四、减：所得税	5 420 285.66	0	580 311.11	4 839 974.55
净利润	24 458 044.34	22 188 004.04	1 040 596.64	23 279 836.94
加：年初未分配利润	17 903 143.00	2 873 086.57	11 643 372.91	26 673 429.34
可供分配的利润	42 361 187.34	5 091 890.61	12 683 969.55	49 953 266.28
减：提取法定盈余公积	2 445 804.43	0	117 820.74	2 327 983.69
提取任意盈余公积	2 445 804.43	0	117 820.74	2 327 983.69
可供股东分配的利润	37 469 578.48	5 091 890.61	12 919 611.03	45 297 298.90
未分配利润	37 469 578.48	5 091 890.61	12 929 611.03	45 297 298.90

注：其他业务收入 1 366 800 元，其他业务成本 708 400 元。

3. 评价审计风险，撰写审计总结，形成审计结论。

对重要性和审计风险进行最终评价，是审计人员确定发表何种类型审计意见的必要手段和过程。审计人员在审计计划阶段已确定了审计风险的可接受水平。随着可能错报总和的增加，会计报表可能被严重错报的风险也会增加。如果审计人员得出结论，审计风险处在一个可接受水平，则其可以直接提出意见；如果审计人员认为审计风险不能接受，则其应该实施额外的实质性程序，或要求被审计单位作必要调整，以使重要错报的风险降低至可接受水平，并进而得出恰当的审计意见。此外，审计人员在确定发表何种类型审计意见时，对以下情况也应给予足够关注：

（1）报告期内公司发生的主要关联交易事项；

（2）报告期内公司各类业务合同是否正常进行，有无重大合同纠纷发生；

（3）报告期内公司有无重大诉讼、仲裁事项；

（4）报告期内公司董事及高级管理人员有无受到监管部门处罚；

（5）报告期内公司有无托管、承包其他公司或其他公司托管、承包租赁本公司资产事项；

（6）报告期内公司会计政策、会计估计变更情况以及对会计报表的影响程度等。

上述都是上市公司年报需要披露的内容，审计人员应有针对性地搜集被审计单位上述情况的证据，并充分考虑其对发表审计意见类型的影响。

具体到本案例，审计人员搜集到以下证据：

（1）迅捷公司本年度以协议价格从其控股股东处采购材料 1 600 000 元，销售给其控股股东货物 21 189 000 元，经审计确认以上关联交易事项属于正常的经营业务往来。

（2）截至 2007 年 12 月 31 日，迅捷公司原第一大股东某省华强实业集团公司累计迅捷公司往来款 1 178 000 元，其中有 1 004 100 元的债权该公司以相应资产提供了抵押保证；同时迅捷公司账面净值 30 491 800 元的房产亦被该集团公司用于借款抵押。由于受权责范围的限制，审计人员无法合理估计该往来及被抵押资产可能形成的损失及对上述会计报表的影响。

（3）迅捷公司对应收飞亚公司在资产、债务承接过程中于 2007 年 11 月 20 日重大资产出售所产生的其他应收款未计提坏账准备。若根据迅捷公司会计政策与会计估计，对 1 年以内的应收款项按 10% 的比率计提坏账准备，迅捷公司应计提坏账准备 156 540 元。

（4）期末存货原按实际成本计价，现改为按成本与可变现净值孰低计价，迅捷公司期末存货实际成本高于可变现净值，未计提存货跌价准备。审计人员已作了调整分录，建议被审计单位调整。

（5）迅捷公司会计政策变更已采用追溯调整法调整了 2007 年度会计报表相关项目的期初数或上年数，并调整了 2007 年年初留存收益。调整分录见调整分录汇总表。

（6）该年度迅捷公司在建工程资本化利息计算有误，已作了调整分录，建议被审计单位调整。

审计总结：针对被审计单位的实际情况，审计人员已搜集了充分的审计证据并已作了建议调整分录。审计人员还应就上述有关情况与被审计单位进行沟通。

4. 与被审计单位进行沟通。

与客户沟通，主要是与被审计单位管理当局沟通，是指审计人员就会计报表审计有关事项询问、告知被审计单位管理当局或与其进行商讨。与客户沟通，有利于明确双方的责任，建立良好的合作关系，保证审计质量与提高审计效果和效率。

审计人员与被审计单位的管理当局的沟通有口头和书面两种方式。在审计实施阶段，审计人员大多采用口头方式进行沟通，如向管理当局询问被审计单位的基本情况，与管理当局就审计中的有关问题进行讨论等。对于某些重要事宜，审计人员应当采用书面沟通方式。书面沟通文件统称为沟通函，包括管理建议书及其他各种致管理当局函等。

5. 签发审计报告。

审计人员应首先对会计报表进行总体性复核，分析其是否还可能存在其他异常情况，以确定是否追加实施额外的审计程序。然后，审计人员应对具体的审计工作底稿进行复核。这时的复核是指部门经理对经过项目经理复核（第一层次）过的审计工作底稿进行的第二层次复核，以及在此基础上由会计师事务所主任会计师进行的最终复核（第三层次），以便发现和解决有关问题。

针对本案例，与被审计单位协商的结果是，被审计单位接受审计人员的调整建议，但由于上述相关情况，注册会计师出具了保留意见审计报告。

审计报告

〔2008〕46 号

迅捷公司全体股东：

我们审计了后附的迅捷公司财务报表，包括 2007 年 12 月 31 日的资产负债表，2007 年度的利润表、股东权益变动表和现金流量表以及财务报表附注。

一、管理层对财务报表的责任

按照企业会计准则的规定编制财务报表是迅捷公司管理层的责任。这种责任包括：其一，设计、实施和维护与财务报表编制相关的内部控制，以使财务报表不存在由于舞弊和错误而导致的重大错报；其二，选择和运用恰当的会计政策；其三，作出合理的会计估计。

二、注册会计师的责任

我们的责任是在实施审计工作的基础上对财务报表发表审计意见。除本报告“三、导致保留意见的事项”所述事项外，我们按照中国注册会计师审计准则的规定执行了审计工作。中国注册会计师审计准则要求我们遵守职业道德规范，计划和实施审计工作以对财务报表是否不存在重大错报获取合理保证。

审计工作涉及实施审计程序，以获取有关财务报表金额和披露的审计证据。选择的审计程序取决于注册会计师的判断，包括对由于舞弊和错误导致的财务报表重大错报风险的评估。在进行风险评估时，我们考虑与财务报表编制相关的内部控制，以设计恰当的审计程序，但目的并非对内部控制的有效性发表意见。审计工作还包括评价管理层选用会计政策的恰当性和作出会计估计的合理性，以及评价财务报表的总体列报。我们相信，我们获取的审计证据是充分、适当的，为发表审计意见提供了基础。

三、导致保留意见的事项

经审计，我们发现，截至 2007 年 12 月 31 日，贵公司原第一大股东某省华强实业集团公司累计拖欠迅捷公司往来款 1 178 000 元，其中有 1 004 100 元的债权该集团公司以相应资产提供了抵押保证；同时贵公司账面净值 30 491 800 元的房产亦被该集团公司用于借款抵押。由于受权责范围的限制，我们无法合理估计该往来及被抵押资产可能形成的损失及对上述会计报表的影响。

四、审计意见

我们认为，除了前段所述事项产生的影响外，迅捷公司财务报表已经按照企业会计准则的规定编制，在所有重大方面公允地反映了迅捷公司 2007 年 12 月 31 日的财务状况以及 2007 年度的经营成果和现金流量。

康泰会计师事务所中国注册会计师：王栋（签名并盖章）

（签章）中国注册会计师：张恒（签名并盖章）

中国北京 2008 年 3 月 6 日

（三）案例分析

1. 关于编制审计报告的步骤。

审计人员编制审计报告应当以审计工作底稿为依据，并对照国家法律、法规、财务会计制度的规定和有关协议、合同、章程的要求。编制审计报告的步骤包括整理和分析审计工作底稿、调整客户会计报表、确定审计意见的类型和措辞、编制和出具审计报告等。首先，审计人员应根据委托审计的内容、范围和要求，对审计工作底稿进行整理和分析，全面总结审计工作。审计人员及其助理人员应整理好自己的工作底稿，回顾是否有遗漏环节，着重列举审计中发现的问题。项目负责人应对全部审计工作底稿进行综合分析，并对审计人员在审计过程中是否遵循了独立审计准则要求进行检查，对审计工作底稿作出综合结论形成书面意见。在此基础上，审计人员应向被审计单位通报审计情况、初步结论和应调整会计报表的事项，提请被审计单位加以调整。然后，审计人员根据被审计单位是否接受提出的审计调整和是否已作了调整等情况，确定审计意见的类型和措辞。如被审计单位会计报表已根据调整意见作了调整，除专门要求说明者外，审计报告不必将被审计单位已调整事项再作说明。如被审计单位不接受调整意见，审计人员应当根据需要调整事项的性质和重要程度，确定审计意见的类型和措辞。审计人员还应同时关注期后事项和未决事项，并判断其对审计意见类型的影响。

2. 关于编制和使用审计报告的要求。

为便于审计报告使用者根据审计意见了解和判断被审计单位的财务状况、经营成果和现金流量，发挥审计报告的作用，审计人员编制审计报告时应做到内容完整，反映客观、公正。近几年来上市公司的年报披露一直在根据需要进行调整、变动，体现了报告使用人的需要，而这一切取决于审计人员扎实的工作。只有审计报告所列的事实证据充分确凿，才能令报告使用人信服。

五、案例涉及相关法规和准则

（一）相关法律法规

《公司法》要求公司的财务审计报告在每一会计年度终了时编制（按照《会计法》

规定，会计年度自公历1月1日起至12月31日止)，并依法经会计师事务所审计，以确保财务会计报告的真实性、准确性和可信度。公司的财务会计报告还要依法制作，应按照《会计法》《公司法》《证券法》《企业财务会计报告条例》等法律、行政法规、行政规章的规定制作。按照《会计法》规定，财务会计报告应当由单位负责人和主管会计工作的负责人、会计机构负责人（会计主管人员）签名并盖章；设置总会计师的单位，还须由总会计师签名并盖章。单位负责人应当保证财务会计报告真实、完整。

另外，为确保会计师事务所依法客观、公正地从事审计行为，出具符合法定要求的审计报告，公司在聘用、解聘承办公司业务的会计师事务所时，依照公司章程的规定，由股东会、股东大会或者董事会决定。公司股东会所进行表决时，应当允许会计师事务所陈述意见。

公司向会计师事务所提供会计资料时必须提供真实、完整的会计资料。这是公司应主动履行的法定义务。确保会计资料的真实、完整是《会计法》的基本要求。按照《会计法》的规定，公司必要依法设置会计账簿，并保证其真实、完整。公司的法定代表人要对本单位的会计工作和会计资料的真实、完整性负责。公司的会计机构、会计人员要依法进行会计核算，实行会计监督。任何单位或者个人不得以任何方式授意、指使、强令会计机构、会计人员伪造变造会计凭证、会计账簿和其他会计资料，提供虚假财务会计报告。

任何单位或者个人不得对依法履行职责、抵制违反《会计法》规定行为的会计人员实行打击报复。会计凭证、会计账簿、财务会计报告和其他会计资料，必须符合国家统一的会计制度的规定。电子计算机进行会计核算的，其软件及其生成的会计凭证、会计账簿、财务会计报告和其他会计资料，也必须符合国家统一的会计制度的规定。

（二）法律法规对注册会计师审计的要求

1.《中华人民共和国注册会计师法》。

第十四条　注册会计师承办下列审计业务：

（一）审查企业会计报表，出具审计报告；

（二）验证企业资本，出具验资报告；

（三）办理企业合并、分立、清算事宜中的审计业务，出具有关的报告；

（四）法律、行政法规规定的其他审计业务。

注册会计师依法执行审计业务出具的报告，具有证明效力。

第二十一条　注册会计师执行审计业务，必须按照执业准则、规则确定的工作程序出具报告。

注册会计师执行审计业务出具报告时，不得有下列行为：

（一）明知委托人对重要事项的财务会计处理与国家有关规定相抵触，而不予指明；

（二）明知委托人的财务会计处理会直接损害报告使用人或者其他利害关系人的利

益，而予以隐瞒或者作不实的报告；

（三）明知委托人的财务会计处理会导致报告使用人或者其他利害关系人产生重大误解，而不予指明；

（四）明知委托人的会计报表的重要事项有其他不实的内容，而不予指明。对委托人有前款所列行为，注册会计师按照执业准则、规则应当知道的，适用前款规定。

2. 《企业财务会计报告条例》。

第五条　注册会计师、会计师事务所审计企业财务会计报告，应当依照有关法律、行政法规以及注册会计师执业规则的规定进行，并对所出具的审计报告负责。

（三）会计准则

1. 企业会计准则第 29 号——资产负债表日后事项；
2. 企业会计准则第 30 号——财务报表列报；
3. 企业会计准则第 31 号——现金流量表；
4. 企业会计准则第 32 号——中期财务报告；
5. 企业会计准则第 33 号——合并财务报表；
6. 企业会计准则第 35 号——分部报告；
7. 企业会计准则第 36 号——关联方披露；
8. 企业会计准则第 38 号——首次执行企业会计准则。

（四）审计准则

1. 中国注册会计师审计准则第 1504 号——在审计报告中沟通关键的审计事项；
2. 中国注册会计师审计准则第 1501 号——对财务报表形成审计意见和出具审计报告；
3. 中国注册会计师审计准则第 1502 号——在审计报告中发表非无保留意见；
4. 中国注册会计师审计准则第 1503 号——在审计报告中增加强调事项段和其他事项段；
5. 中国注册会计师审计准则第 1601 号——对特殊目的审计业务出具审计报告。

本章小结

本章介绍了审计报告阶段的典型案例，在审计报告阶段，审计人员的主要工作是对审计计划和任务的完成情况以及审计意见和审计结果，用书面形式向审计授权者或委托者以及其他有关部门报送总结性报告文件。审计报告是审计工作的最终产品，其形成有赖于审计人员在外勤审计工作中搜集充分、可靠与恰当的审计证据，形成完善的审计工作底稿，并于外勤工作结束后对其进行综合分析和整理。

对于审计报告，本章案例介绍了形成审计报告的重要审计程序。审计人员通过归集被审计单位在外勤工作阶段的审计调整分录和重分类分录，编制审计试算平衡表，评价审计风险，取得被审计单位管理当局声明书，最后出具审计报告。

审计过程的最后一步是对会计报表整体的合法性、公允性形成一个意见，并将这一结果与管理层进行沟通。在整个审计过程中，审计人员必须经常跳出详细测试的程序和结果，从而持续关注"整个会计报表是否被公允反映"。到审计过程的最后一步，审计人员已经积累了对于企业战略、风险、控制及控制绩效等方面的理解，而且也已经获得了有关会计报表认定的实质性测试证据。最终，这些证据必须被整合起来，以对会计报表形成一个整体评价。

练习与思考

一、名词解释

1. 审计报告
2. 无保留意见
3. 无法表示意见
4. 保留意见
5. 关联方交易
6. 期初余额审计
7. 差异调整表

二、思考题

1. 管理层操作利润的主要方法有哪些？这些操作方法对审计师的含义是什么？

2. 简述审计的最终成果的类型及各个类型交流的对象。

3. 注册会计师在什么情况下需要对期初余额进行审计？期初余额的审计结论对审计报告的影响是什么？

4. 如何评价管理层对持续经营能力做出的评估？

三、案例题

1. 北京天职国际会计师事务所注册会计师范冰、李伟已于 2008 年 3 月 5 完成华兴股份有限公司 2007 年度会计报表审计工作，现正草拟审计报告。按审计业务约定书的要求，审计报告应于 2008 年 3 月 15 日提交，在复核审计工作底稿时，范冰、李伟发现存在以下几种主要情况：

（1）审计工作底稿显示，2007 年度损益表重要性水平为 170 万元，2007 年 12 月 31 日的资产负债表重要性水平为 190 万元。

（2）2008 年 3 月 1 日，北京市高级人民法院最终裁定，2007 年 2 月，华兴股份公司被控告侵权，应赔偿华兴股份有限公司 250 万元。

（3）华兴股份公司 2007 年度计提坏账准备的比例由 2006 年度按应收账款年末余额的千分之三提高至千分之五。

（4）在2007年12月31日对华兴产品进行监盘时，发现数量短缺2 000件，A产品单位成本87元，但华兴股份有限公司未做调整。

（5）华兴股份有限公司2007年6月购置一台价值100万元的设备，已入账，当月由管理部门启用，但当年并未计提折旧。公司会计政策规定，该设备折旧年限为10年，残值率为10%，按直线法计提折旧。

（6）应收账款项目无法进行函证，也无法实施其他替代审计程序。

（7）华兴股份有限公司自2007年1月1日将所有机械设备折旧方法由平均年限法改为年数总和法，并已在会计报表附注14中说明。

（8）在某诉讼案中，华兴公司被起诉侵权，原告要求赔偿75万元。至2007年12月31日胜负仍难以预料。诉讼案和可能的影响均已列示在财务报表附注中。

要求：

1. 试简述范冰、李伟在2008年3月15日前对期后事项负有哪些责任，并针对上述第（2）种情况，应对华兴股份公司提出何种建议？

2. 请分别针对所述第（3）、（4）、（5）种情况，范冰、李伟应提出何种处理建议？若需提出调整建议，应列示调整分录。

3. 请分别针对（4）、（5）、（6）、（7）、（8）种情况，指出范冰、李伟应发表何种类型的审计意见，并说明理由。

4. 如果只考虑第（4）、（5）种情况，并假定华兴股份公司均未接受调整建议，范冰、李伟应发表何种类型的审计意见，并说明理由。

2. A公司未经审计的20××年会计报表中的部分会计资料如下表所示。

20××年会计报表中的部分资料

单位：万元

项目	金额
营业收入	360 000
营业成本	300 000
利润总额	5 400
净利润	3 618
资产总额	270 000
股东权益	132 000
其中：股本	80 000
资本公积	22 000
盈余公积	20 800
未分配利润	9 200

某会计师事务所接受委托对A公司20××年年报进行审计，审计人员刘强、江河作为外勤主管，确定A公司20××年会计报表层次的重要性水平为450万元，并且将报表层次的重要性水平分配至各会计报表项目，其中部分会计报表的重要性水平如下表所示。

会计报表的重要性水平　　单位：万元

会计报表项目	重要性水平
银行存款	12
应收账款	30
应收利息	8
坏账准备	0.50
在建工程	30
存货	100
其中：库存商品	40
固定资产	100
累计折旧	90
长期借款	20
股本	0
盈余公积	0
营业收入	100
营业成本	80
管理费用	20
财务费用	15
营业外支出	5

审计人员刘强、江河的外勤工作于20年2月20日完成。他们在审计过程中发现以下情况：

（1）2008年1月23日，A公司收到退回2007年销售的甲产品，并且收到税务部门开具的进货退回证明单。该产品原以10 000万元的售价（不含增值税额）销售，甲产品销售成本6 000万元，货款已结算。A公司调整了2008年的主营业务收入、主营业务成本和增值税销项税额。审计人员刘强、江河提出相应的审计调整建议，A公司拒绝接爱。

（2）A公司2007年1月购买乙材料4 800万元，由于采用乙材料生产的产品市场销售情况不佳，A公司乙材料积压。该材料截至2007年12月31日的可变现净值为4 658万元；A公司在2007年未计提存货跌价准备金。审计人员刘强、江河提出相应的审计调整建议A公司拒绝接受。

（3）2007年3月1日，A公司经批准从银行贷入9 600万元、2年期、到期还本付息的长期借款，年利率为6%，其中的8 000万元用于建造生产厂房（2007年12月31日尚未完工），1 600万元用于补充流动资金。A公司对长期借款作了相应会计处理，但未计提2001年的借款利息。审计人员刘强、江河提出相应的审计调整建议，A公司拒绝接受。

（4）2007年12月31日，A公司占资产总额40%的存货，放置于远郊仓库。由于风沙导致仓库倒塌，存货损失尚未清理完毕，不仅无法估计损失，也无法实施监盘程序。

要求：假定针对A公司存在的上述每一种情况，A公司拒绝接受调整建议，审计人员刘强、江河应当发表何种意见类型？请简要说明理由。若要撰写说明段，请代审计人员刘强、江河编制审计报告中的说明段。

3. A会计师事务所注册会计师王鑫、李民已于2011年3月10日完成对ABC股份有限公司2010年度付报表的外勤审计工作，现正草拟审计报告。按审计业务约定书的要求，审计报告应于2011年3

月25日提交，在复核审计工作底稿时，王鑫、李民发现存在以下几种情况：

（1）审计工作底稿显示，2010年度利润分配表重要性水平为850万元，2010年12月31日的资产负债表重要性水平为950万元。

（2）2011年3月5日，北京市高级人民法院最终裁定，2011年1月，ABC股份有限公司被控告侵权，应赔偿XYZ股份有限公司1 250万元。

（3）ABC股份有限公司2010年度计提坏账准备的比例由上年度按应收账款年未余额的3%提高至5%。

（4）在2010年12月31日对ABC股份有限公司A产品进行监盘时，发现数量短缺10 000件，A产品单位成本870元，但ABC股份有限公司未作调整。

（5）ABC股份有限公司2010年6月购置一台价值500万元的设备，已入账，当月由管理部门启用，但当年并未计提折旧。公司会计政策规定，该设备折旧年限为5年，残值率为10%，按直线法计提折旧。

第一，针对上述第（1）种情况，王鑫、李民应选择的重要性水平为多少？为什么？

第二，王鑫、李民在2011年3月25日前对期后事项审查负有哪些责任？针对上述第（2）种情况，应对ABC股份有限公司提出何种建议？

第三，针对上述第（3）（4）（5）种情况，王鑫、李民应提出何种处理建议？若需提出调整建议，应列示调整分录。

第十一章 财务信息披露审计

学习内容与目标

目前中国仅对上市公司的信息披露有较为完善的制度层面的规定，本章主要介绍中国上市公司财务信息披露现状、财务信息披露的法律法规，探寻财务信息披露审计的方法和相关的审计技术。通过学习本章，要求掌握财务信息披露相关概念，理解对中国上市公司财务信息披露现状的案例分析，掌握财务披露异常的几种形式。

一、财务信息披露概述

（一）财务信息披露相关概念

公司对外披露的信息：既包括发行前的披露，也包括上市后的持续信息公开，主要由招股说明书制度、定期报告制度和临时报告制度组成。信息披露文件主要包括招股说明书、募集说明书、上市公告书、定期报告和临时报告等。根据有关法规于规定时间编制并公布的反映公司业绩的报告称为定期报告。定期报告包括年度报告和中期报告。上市公司根据有关法规对某些可能给上市公司股票的市场价格产生较大影响的事件予以披露的报告称为临时报告。临时报告包括重大事件公告和公司收购公告。

财务信息：公司对外披露的信息通常被分为两个大类，即财务信息和非财务信息。财务信息是指那些完全符合可定义性、可计量性、可靠性、相关性的能够通过确认、计量、记录、报告程序进入财务报表的信息，以及附注中的解释说明和由财务报表扩展而来的信息。非财务信息是指与财务信息相对应的，不以货币为主要计量单位，与企业生产经营活动相关的，与利益相关人决策相关的信息。

财务信息披露：财务信息披露是指企业对外发布的有关其财务状况、经营绩效或发展前景的信息。信息披露是公司治理的决定性因素之一，而公司治理框架又直接影响着信息披露的要求、内容和质量。一般而言，信息披露受内部和外部两种制度制约。外部制度就是国家和有关机构对公司信息披露的各种规定；内部制度是公司治理对信息披露的各种制度要求，这些要求在信息披露的内容、时间、详细程度等各方面可能与信息披露的外部制度一致，也可能不完全一致。但无论如何公司的信息披露存在着边界。通常外部边界由信息披露的外部制度，即法律法规来决定；内部边界则由公司治理框架来决定。在许多国家，公司的信息披露不仅限于法律法规的要求，更有不少公司的大量信息是基于公司治理的目标而自愿披露的。因此公司治理信息披露具有内外两种制度约束及动力。

财务信息披露审计：是指对企业披露的财务信息的真实性、完整性、充分性进行审计，并在审计报告予以揭示和反映，充分揭示上市公司的风险。

（二）中国上市公司财务信息披露现状分析

从中国证监会网站2018年8月3日公布的《2018年上半年证监会行政处罚情况综述》来看，上市公司信息披露违法类案件处罚63起，占到全部行政处罚的40%，“信息披露违法”也是目前行政处罚中占比最高的违法类别，从公开披露的信息披露违法事件来看，我国财务信息披露的问题主要表现在以下几个方面。

1. 财务信息披露不真实。

目前我国上市公司会计信息不真实现象屡见不鲜，这不仅阻碍了证券市场的健康发展，也严重影响了投资者的信心。有的上市公司为了达到一定的目的，故意披露不真实的会计信息，如故意扭曲反映公司资产规模、偿债能力、盈利能力、产能利用率等相关的财务信息。上半年证监会行政处罚情况中提及的昆明机床、金亚科技均属于这种情况。

昆明机床2013～2015年年报虚假记载，虚增收入约4.83亿元，少计管理费用约2 960.86万元，多计成本约2.35亿元，少计存货约5.06亿元；金亚科技2014年虚增利润约8 049.55万元，虚增银行存款约2.18亿元，虚列预付工程款3.1亿元。

2. 财务信息披露不充分。

（1）上市公司对其自身偿债能力的相关问题的披露不足。

财务报告中对公司偿债能力的表达往往也是通过计算相关财务指标来实现。然而在实际衡量企业偿债能力的过程中，由于财务指标自身的局限，往往不能单纯地依靠相关财务指标的数值来衡量。

（2）对公司的资金投放以及获利情况等相关问题的披露不完全。

企业的获利能力与其资金的投放有着直接的联系，企业资金投放在一定程度上决定了其获利能力的大小。公司会计信息披露中这一信息却没有得到较好的反映，往往都是采用“一笔带过”的方式并将此类行为称作“对外投资”。这在一定程度上加大了股东以及债权人的投资所面临的风险。

（3）以保护商业秘密为借口对公司相关的财务信息加以隐瞒。

有的上市公司会将财务信息与商业秘密之间的界限故意模糊，并以此为借口将公司的部分应该披露的会计信息不予以披露，达到隐瞒公司真实财务状况的目的。公司的做法在一定的程度上与会计信息充分披露原则相背离，导致会计信息披露不充分，降低了会计信息的真实性。

3. 财务信息披露不完整。

如上半年证监会行政处罚情况中提及的华泽钴镍、万家文化、奥盖克、海龙精密、恒顺众昇、申科股份均属于这种情况。

华泽钴镍2013年至2015年上半年未在相关年报中披露关联方非经营性占用资金及相关的关联交易情况，2015年未披露为关联方融资及借款提供担保的情况；龙薇传媒试图以空壳公司高杠杆收购上市公司万家文化，所披露的信息存在虚假记载、误导性陈述及重大遗漏；万家文化股价出现大幅波动，损害投资者合法权益；上峰水泥、山西三维等隐瞒重大环境污染被处罚信息，依法受到处罚。此外，奥盖克、海龙精密、恒顺众昇、申科股份、永宇冲片等公司因未按规定披露相关关联交易、股份质押、实际控制人权益变动、对外担保事项或重大诉讼事项等信息。

4. 财务信息披露不及时。

投资者往往不能像公司经营者那般了解公司的真实的经营情况，加上公司的经营是动态的，随时都在变化，如果上市公司的财务信息无法及时披露，在一定程度上会影响投资者的判断，损害了投资者的利益。目前有的上市公司对相关财务报告的信息披露往往持拖延的态度，还有的上市公司以财务定期财务报告来代替临时财务报告，这使投资者没能及时地了解公司的经营情况，做出错误的投资决定，最终使投资者的利益受损。还有的上市公司在信息披露时只披露好的情况，对可能影响投资者投资决策的相关事项避而不谈，这在一定程度上也误导了投资者，影响了投资者的利益。

二、昆明机床案例资料与分析

（一）案例资料

沈机集团昆明机床股份有限公司是1939年成立的一家企业，主要从事卧式铣镗床、刨台卧式铣镗床、落地铣镗床、龙门镗铣床、坐标镗床、卧式加工中心、机床功能部件等产品的制造及销售。1993年，由昆明机床厂经中国国家经济体制改革委员会（体改生〔1993〕173号）批准，重组改制设立的股份有限公司。

经国务院证券委员会（证委发〔1993〕50 号）批准，昆机于 1993 年 12 月在香港联合交易所有限公司发行并上市 6 500 万股 H 股，每股面值人民币 1.00 元；并于 1994 年 1 月在上海证券交易所发行并上市 6 000 万股 A 股，每股面值人民币 1.00 元。

2017 年初，证监会云南局在督促昆明机床做好年报审计过程中发现昆明机床年报可能存在毛利率为负的情况，提醒审计机构注意，3 月 20 日审计机构发现公司存在存货不实、收入跨期等问题，当月 22 日调查组就进驻公司进行现场调查，发现公司 2013 年以来年报披露都存在重大违规行为。根据中国证监会行政处罚决定书（〔2018〕9 号）的行政处罚决定书，昆明机床 2013～2015 年通过跨期确认收入、虚计收入和虚增合同价格三种方式虚增收入 483 080 163.99 元；通过少计提辞退福利和高管薪酬的方式虚增利润 29 608 616.03 元；昆明机床通过设置账外产成品库房、虚构生产业务、虚假降低实际产品制造成本等方式，多计各期营业成本，少计各年度期末存货。

2012 年，受国际金融危机影响，制造业投资收紧，我国机床工具行业出现了企业盈利能力减弱的趋势。昆明机床经营经历最低谷时期，在面临外部整体经济疲软、市场竞争白热化、合同不足、库存增大的情况下，公司当年归属于上市公司股东的净利润亏损 7 322.02 万元，同比下滑 234.18%。在此情况下，如果在 2013 年公司继续亏损，则将面临“戴帽”的风险，也面临业绩考核压力。

通过上述造假手法，昆明机床 2013 年虚增利润 7 017.94 万元，虚增利润占公开披露的当期利润总额的 706.21%，昆明机床在 2013 年度报告中将亏损披露为盈利；2014 年虚增利润 5 082.72 万元，减少了公开披露的当期利润总额的亏损额，减少金额占公开披露利润总额的 29.47%；2015 年虚增利润 1.07 亿元，减少了公开披露的当期利润总额的亏损额，减少金额占公开披露利润总额的 48.82%。

昆明机床触及了净利润和净资产两项退市指标。公司 2014 年、2015 年以及 2016 年净利润均为负值。根据经审计的年报数据，2017 年昆明机床实现归属于上市公司股东的净利润 -3.50 亿元，2017 年末净资产为 -3 822.10 万元。昆明机床在连续三年亏损后，第四个会计年度有两项指标触及了终止上市的标准。

上交所 5 月 22 日宣布，根据上市委员会的审核意见，决定吉林吉恩镍业股份有限公司和昆明机床股票终止上市。这也是 2018 年 A 股市场首批退市的企业。至此，连续四年亏损，上市公司资不抵债，持续多年财务造假遭到证监会行政处罚，多名高管被处以市场禁入，昆明机床终于在 5 月 22 日被终止上市。

（二）案例分析

1. 了解被审计单位。

从昆明机床 2010～2013 年的纵向比较来看，自 2011 年起，业绩出现了断崖式的下降，2012 年更是出现了收入、毛利大幅锐减，2013 年在收入规模没有实现增长的前提下，毛利率却从 18.95% 增长至 21.24%，由此促成了昆明机床 2013 年实现微利，从报表上已经可以发现公司存在利润造假的动机，也存在造假的明显迹象。

从案例资料中的信息可以看出，如果不进行上述财务造假，则昆明机床在2013年报公布后将被实施退市风险警示，2014年将暂停上市，2015年将退市（见表11－1）。

表11－1 昆明机床2010～2015年经营状况 单位：万元

指标名称	2010年	2011年	2012年	2013年	2014年	2015年
营业收入	159 770.53	180 485.76	108 631.11	106 283.53	86 788.93	77 659.48
营业成本	116 255.70	136 837.61	88 045.34	83 711.70	70 286.30	65 988.15
毛利率	27.24%	24.18%	18.95%	21.24%	19.01%	15.03%
归属于母公司所有者的净利润	17 832.48	5 456.71	－7 322.02	744.02	－20 409.13	－19 638.52
其中：虚增利润				－7 017.94	－5 082.72	－10 709.45
真实的净利润	17 832.48	5 456.71	－7 322.02	－6 273.92	－25 491.85	－30 338.52

2. 了解被审计单位所处的环境。

2012年，受国际金融危机影响，制造业投资收紧，我国机床工具行业出现了企业盈利能力减弱的趋势，从WIND中获取的机床类上市公司各年的净利润增长情况与毛利率、净利率情况可以发现，机床类的对标企业自2012年起盈利能力逐年下滑，直到2017年才起底回升。然而，昆明机床2013年逆市增长，经营境况与行业趋势明显不一致，存在明显的造假迹象（见图11－1和图11－2）。

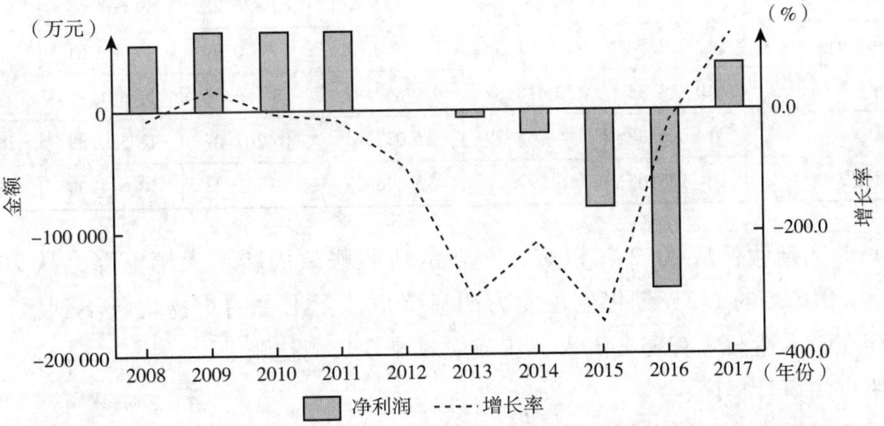

图11－1 机床类上市公司各年净利润增长情况（数据来源于WIND）

3. 评估重大风险领域及应对措施。

通过了解被审计单位及其环境，我们已经识别了企业存在利润造假动机，企业常见的造假手段包括虚增收入、少转成本、少计提减值、少确认费用，通过对昆明机床各期的相关指标分析后，我们可以发现，昆明机床在以下几个方面存在重大错报风险（见表11－2）：

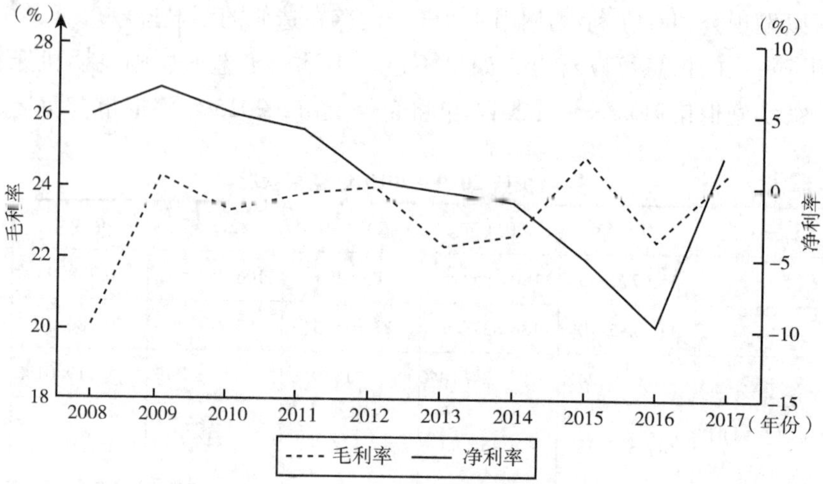

图 11-2 机床类上市公司各年毛利率、净利率情况（数据来源于 WIND）

表 11-2 昆明机床 2010～2015 年财务数据

指标名称	2010 年	2011 年	2012 年	2013 年	2014 年	2015 年
营业收入（万元）	159 770.53	180 485.76	108 631.11	106 283.53	86 788.93	77 659.48
应收票据	11 590.66	10 403.49	7 419.48	19 361.75	6 523.47	15 724.00
应收账款	24 982.88	28 494.55	29 688.52	42 164.97	57 306.73	50 205.58
应收账款周转率	4.37	4.78	2.86	2.16	1.38	1.20
营业成本（万元）	116 255.70	136 837.61	88 045.34	83 711.70	70 286.30	65 988.15
存货	75 277.60	98 367.94	101 192.78	83 820.28	89 667.58	91 420.91
存货周转率	1.54	1.58	0.88	0.90	0.81	0.73
销售费用	10 818.38	13 418.87	9 662.82	8 166.46	11 601.88	9 563.81
管理费用	14 096.88	16 965.29	16 037.45	16 267.07	18 520.89	15 696.32
资产减值损失	135.65	6 292.17	5 226.23	-235.33	3 634.94	6 713.90

（1）收入造假：从 2012 年以来，企业的应收账款周转率大幅下降，从 2011 年的 4.78 降至 2015 年的 1.2，销售创现能力明显降低，卖出去的货物均收不到钱，很有可能公司存在收入造假未有现金流入，造成应收账款长期挂账。

拟执行的审计程序：

对于新增客户、新增合同，检查相关合同、检查发运单与物流单、安装验收单，确认客户的真实性以及是否与企业存在关联关系，分析运费与收入的比例关系，以判断销售的真实性；

检查设备的生产计划，获取生产设备的生产过程资料、分析能耗情况判断生产过程的真实性，获取设备相关的物料清单测算其成本的合理性；

对于毛利率异于常理的合同重点关注，除了实施函证程序之外，必要时实施实地走访程序。

（2）存货高留低转：2013 年毛利率较 2012 年增长，与趋势明显不符，存在成本结转不完整或操控成本虚增利润的可能。

拟执行的审计程序：

执行基准日的盘点程序，见物就盘并关注完整性，锁定存货期末的数量；

对于库存的产成品，进行计价测试，判断是否存在成本倒挂的情形；

对于期后没有销售的产成品，抽查部分物料清单测算其成本，分析是否存在成本高留低转。

（3）减值计提不足：企业的存货周转率从正常年度的 1.8 下降至 2015 年的 0.73，存货规模远大于一年的销售成本，已经存在明显的减值迹象；销售规模骤减，产能利用率明显下降，需要进一步分析是否存在技术革新带来的业绩下降，需要考虑固定资产的减值；行业收款账期明显拉长，应收账款的坏账风险也进一步加大。但是昆明机床 2012 年、2015 年的资产减值损失与分析的趋势不匹配，存在明显的不合理。

拟执行的审计程序：

对应收账款中的前十大客户分别进行个别认定坏账测试，评价是否存在明显的减值迹象。对于存货执行跌价准备测试，对于期后销售的存货，测试是否存在毛利倒挂；

对产成品进行账龄分析，对于库龄超过 1 年的存货，进一步分析其产品型号，评估是否还有销售可能，并按照准则的相关规定合理估计其存在的跌价可能；

对于原材料，识别是通用件还是专用件，区分进行跌价测试；

对于固定资产，了解企业的工艺特点，了解行业的技术走向，评估是否存在设备减值。

（4）低估费用：企业业绩大幅下滑，必定会有大规模的裁员行为，需要关注裁员带来的辞退福利是否计提完整。

拟执行的审计程序：

获取公司全年的董事会决议，查阅企业的薪酬考评方案，对高管人员薪酬进行测算；

查阅公司的《员工内部退养管理办法》和各年内部退养的人员名单，对各年辞退费用进行测算。

三、登云股份案例资料与分析

怀集登云汽配股份有限公司（以下简称“登云股份”）是在怀集县汽车配件制造有限责任公司的基础上整体变更设立的股份有限公司，由张弢等 45 位自然人、深圳市同创伟业创业投资有限公司、深圳市南海成长创业投资合伙企业（有限合伙）、北京鼎晖时代创业投资有限公司、广州惟扬创业投资管理有限公司作为发起人，注册资本为人民币 6 000.00 万元。经深圳证券交易所《关于怀集登云汽配股份有限公司人民币普通股股票上市的通知》（深证上〔2014〕95 号）同意，本公司发行的人民币普通股股票在深圳证券交易所中小板上市，股票简称“登云股份”，股票代码“002715”；本次发行 2 300 万股股份于 2014 年 2 月 19 日起上市交易。

登云股份属汽车配件生产行业，经营范围主要包括：本企业生产科研所需原辅材料、设备配件及相关技术的进出口（国家法律、法规禁止的除外，国家法律、法规规定需要审批的在取得批准前不得经营），生产销售汽车零部件。登云股份的主要产品为汽车发动机进排气门。

（一）登云股份案例资料

登云股份于 2014 年 2 月 19 日在中小板上市，但上市首年就业绩大变脸，当年净利润暴跌 44.98%。证监会下发的《行政处罚决定书》显示，登云股份在 IPO 申请文件、2013 年年报、2014 年年报、2015 年一季报中均存在虚假记载、重大遗漏行为。证监会对登云股份等 26 名责任人、中介机构新时代证券及广东君信律师事务所（下称“君信所”）等，合计开出 4 144.92 万元罚单。

1. 中国证监会行政处罚决定书（〔2017〕23 号）对登云股份公司作出的处罚，处罚的内容如表 11 – 3 所示。

表 11 – 3　　登云股份违法违规情况

违法类别	违规内容	申报期	2013 年	2014 年
虚假记载	费用入账不及时	1 027. 10	292. 93	410. 45
虚假记载	提前确认收入减少利润	94. 96		
	报告期利润总额	12 255. 83	4 049. 76	2 219. 89
	占比	8. 38%	7. 23%	18. 49%
重大遗漏	关联方销售	3 170. 00	1 724. 27	1 555. 99
重大遗漏	违规借款	5 260. 00	2 300. 00	1 200. 00

登云股份首次公开发行股票并在中小板上市（IPO）申请文件存在虚假记载、重大遗漏。2010 年至 2013 年 6 月，登云股份存在 971 万三包索赔费等费用不入账的情形，未按规定披露关联方关系及关联交易，涉及广州富匡全、肇庆达美、山东富达美、山东旺特、APC 公司、Golden Engine 公司，申报期登云股份向六家关联公司的销售额约 3 170 万元人民币。

登云股份上市后披露的定期报告中存在虚假记载、重大遗漏。2013 年、2014 年登云股份存在部分三包索赔费不入账、票据贴现费用不入账等情形，其中三包索赔费未计入当年销售费用的分别为 5 020 406. 98 元、3 451 964. 74 元；贴现票据产生的利息未计提费用分别为 2 929 311. 2 元、652 500 元。在 2013 年、2014 年年报中，登云股份未披露与广州富匡全等六家公司的关联关系；未披露 2013 年登云股份向 Golden Engine 公司销售金额 2 652 716. 76 美元；未披露 2014 年登云股份向 Golden Engine 公司销售金额 2 393 828. 74 美元。

登云股份未建立完整的、合理的内部控制制度，未在所有重大方面保持与财务报告相关的、有效的内部控制，2013 年对外违规借款 2 300 万元，2014 年对外违规借款 1 200 万元。

2. 中国证监会行政处罚决定书（〔2017〕101 号）对登云股份公司的审计机构信永中和会计师事务所（特殊普通合伙）作出的处罚，处罚的内容如下：

信永中和会计师事务所（特殊普通合伙）（简称信永中和）作为怀集登云汽配股份有限公司（简称登云股份）首次公开发行股票并在中小板上市（IPO）、2013 年及 2014 年年度报告的审计服务机构，在为登云股份 IPO 及 2014 年年报提供审计服务过程中违反依法制定的业务规则，构成《证券法》第226 条第3 款所述“证券服务机构违反本法规定或者依法制定的业务规则”的行为；在为登云股份 2013 年年报提供审计服务过程中未勤勉尽责，对登云股份 2013 年年报出具的审计报告存在虚假记载，构成《证券法》第223 条所述“证券服务机构未勤勉尽责，所制作、出具的文件有虚假记载”的行为。证监会依据《证券法》第 226 条、第 223 条规定，决定责令信永中和改正，没收业务收入 32 万元，证监会没收违法所得 188 万元，并处以 220 万元罚款；对直接负责的主管人员郭晋龙、夏斌给予警告，并分别处以 5 万元罚款。

主要的违法事实包括信永中和在审计过程中未对三包索赔费用予以充分关注，未充分追查函证回函差异、执行函证替代程序不充分等，导致函证程序失效；未对登云股份与江苏申源特钢有限公司资金往来的性质持续保持应有的职业审慎，从而未能发现登云股份少确认贴现费用的情形；未对登云股份 2013 年 6 月的销售收入进行充分核查；在相关公司存在异常关联线索的情况下，未保持应有的职业审慎，未进行充分核查或者追加必要的审计程序。

（二）案例分析

1. 了解被审计单位。

从登云股份 2010 ~ 2013 年申报期的经营数据来看（见表 11 – 4），各期的毛利率、归母的净利润均在合理的区间波动，并未发现明显的异常，而从造假的金额占比来看申报期的造假占比为 8. 39%，因此，在申报期通过分析性程序不能有效地识别风险；从登云股份 2014 年的财务数据来看，公司由于在建的工程转固，但产能没有释放，因此在收入持平的情况下，毛利率大幅下滑，存在业绩造假的可能。

2. 了解被审计单位所处的环境。

自 2010 年以来，受消费升级的全面拉动，国产汽车蓬勃发展，2010 ~ 2014 年，行业没有明显的波动，登云股份的毛利率略高于行业平均，销售净利率大部分年度与行业持平，通过所处环境的分析，不能发现异常的情况（见图 11 – 3）。

表 11－4　　登云股份 2010～2014 年业绩数据

指标名称	2010 年	2011 年	2012 年	2013 年	2014 年
营业收入	27 220. 30	31 697. 11	30 571. 42	30 342. 68	29 606. 68
营业成本	17 004. 91	19 699. 31	19 179. 12	20 488. 70	21 256. 09
毛利率	37. 53%	37. 85%	37. 26%	32. 48%	28. 21%
归属于母公司所有者的净利润	3 407. 45	4 344. 24	3 945. 69	3 385. 20	1 862. 45
销售净利率	12. 52%	13. 71%	12. 91%	11. 16%	6. 29%

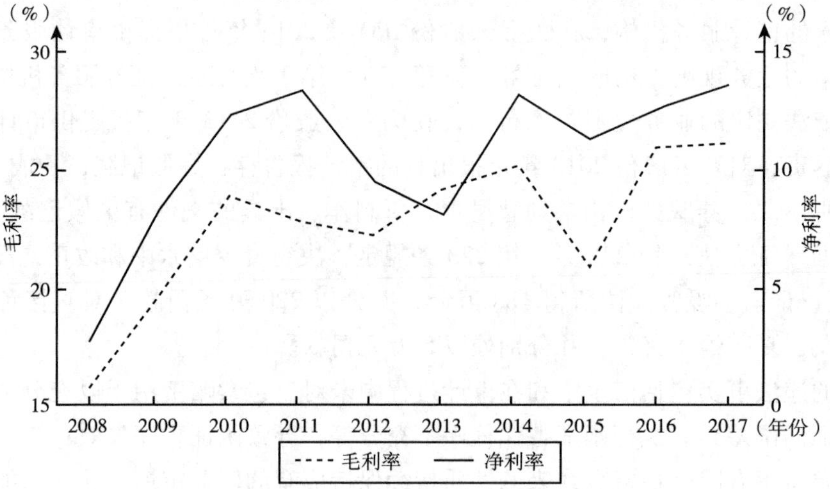

图 11－3　汽车行业毛利率与净利率折线图

3. 评估重大风险领域及应对措施。

通过了解被审计单位及其环境，我们未能识别企业存在明显的利润造假动机，那么需要从企业的业务特点着手，识别重要的审计领域，并制订相应的审计措施，以通过审计程序的执行，发现企业的造假问题（见表 11－5）。

表 11－5　　登云股份 2010～2014 年财务数据

指标名称	2010 年	2011 年	2012 年	2013 年	2014 年
营业收入（万元）	27 220. 30	31 697. 11	30 571. 42	30 342. 68	29 606. 68
应收票据	1 721. 97	2 554. 14	1 219. 37	1 125. 04	650. 79
应收账款	7 014. 10	8 330. 11	10 405. 01	11 596. 16	12 349. 37
应收账款周转率	3. 12	3. 23	2. 72	2. 49	2. 30
营业成本（万元）	17 004. 91	19 699. 31	19 179. 12	20 488. 70	21 256. 09
存货	9 095. 52	10 242. 27	10 764. 16	12 468. 87	14 783. 77
存货周转率	1. 87	2. 04	1. 83	1. 76	1. 56
销售费用	1 283. 48	1 621. 85	1 536. 89	1 320. 54	1 453. 28

续表

指标名称	2010 年	2011 年	2012 年	2013 年	2014 年
销售费用占收入比重	4.72%	5.12%	5.03%	4.35%	4.91%
管理费用	3 715.71	4 300.53	4 352.08	3 376.46	3 344.33
管理费用占收入比重	13.65%	13.57%	14.24%	11.13%	11.30%
财务费用	1 162.66	1 272.24	1 172.06	1 682.78	1 448.59

(1) 收入真实性与截止性：由于收入的固有风险，因此需要将收入真实性、截止性作为重大错报领域。

证监会对信永中和的处罚提到，信永中和未对登云股份 2013 年 6 月的销售收入进行充分的细节核查，抽凭的范围不恰当，抽查中也未能对异常情况保持合理的职业谨慎，上述行为违反了《中国注册会计师审计准则第 1301 号——审计证据》第九条、第十三条的规定。

同时，在审计过程中，信永中和在明知存在一些异常关联线索的情况下，未保持应有的职业审慎，未进行充分核查或者追加必要的审计程序，以致未能识别登云股份与广州富匡全、肇庆达美、山东富达美、山东旺特、APC 公司、Golden Engine 公司的关联关系，违反了《中国注册会计师审计准则第 1323 号——关联方》第十六条的规定。

针对拟执行的审计程序：

细节检查：根据企业的业务特点确定样本抽样方法，对抽查的样本检查出库单、装箱单、运单、验收单（或提货单、快递单、回单）、发票等相关证据，检查内容包括发票号码、装箱单、运单等单据是否齐全，装箱单、运单的型号数量与记账凭证是否一致，快递是否到达目的地，提货单是否齐全并已签字等；抽查范围的选择视企业业务的分散程度，确保实施审计程序收入占总体收入的比重达到一定比例。

截止性检查：境内业务获取资产负债表日前后十天的出库单与验收单；海外业务除检查出库单与验收单外，还需要分析出库到验收周期的合理性。

关联关系核查：对于公司前十大或前二十大客户（视客户集中度选择核查范围），需要通过工商信息查询，从股权关系、高管任职、办公电话和地址等信息，必要时实地走访，识别重要客户与公司是否存在关联关系。对已经识别出的高管投资、办公地址相同、办公人员及联系方式相同的情况下，需要进一步获取证据，如不能取得合理证据，应在审计报告中如实披露。

(2) 费用入账不及时：通过进一步分析我们可以发现，企业的销售费用、管理费用占比 2013 年出现明显的下降，存在低估风险，因此需要将销售费用、管理费用的完整性作为重点审计领域。

证监会对信永中和的处罚提到，2011 ~ 2013 年的三包索赔费用存在巨幅波动：2011 年较 2010 年大幅增长，2012 年后又呈逐年明显下降趋势，特别是 2013 年上半年三包索赔费用仅 3.4 万元。三包索赔费用客户的回函存在以下问题：潍柴动力备品资源有限公司回函盖章不符；广西玉柴机器股份有限公司、东风康明斯发动机有限公司函证回函存在差异；东风朝阳朝柴动力有限公司未回函。三包索赔费用未及时入账，导致登云股份 2013 年三包索赔费未计入当年销售费用 5 020 406. 98 元。信永中和的上述行为违反了《中国注册会计师审计准则第 1312 号——函证》第十九条、第二十一条和《中国注册会计师审计准则问题解答第 2 号——函证》第四条第（一）款第 5 项中的规定。

拟执行的审计程序：

充分关注三包索赔费用的波动情况，进行分析性程序，获取波动的合理理由。

对于应收款项实施函证，对询证函的发出和收回保持控制。编制函证结果汇总表，检查回函。调查不符事项，确定是否表明存在错报。对于未回函、回函盖章不符应当积极与被询者联系，如未得到回应，应实施替代审计程序，获取充分、适当的审计证据。

期后检查程序，关注期后的费用入账情况，检查费用是否存在跨期。

（3）少确认贴现费用：财务费用金额较大，且公司 2012 年起有息负债规模大幅增长，又涉及利息资本化与费用化的特殊处理，因此需要将利息支出的完整性、计价的准确性作为审计重点。

证监会对信永中和的处罚提到，按照合同约定，登云股份向江苏申源特钢有限公司以承兑汇票方式支付货款的金额不得超过总采购金额的 70%。2013 年 1 月至 6 月登云股份向申源特钢的采购金额为 3 258. 72 万元（含税），登云股份实际向申源特钢支付的承兑汇票为 3 926. 01 万元，超出合同约定可使用承兑汇票限额 1 644. 9 万元；2014 年登云股份向申源特钢的采购金额为 6 545. 59 万元（含税），登云股份实际向申源特钢支付的承兑汇票为 10 030. 06 万元，超出合同约定可使用承兑汇票限额 5 448. 15 万元。导致登云股份 2013 年贴现票据产生的利息未计提费用 2 929 311. 2 元。信永中和的上述行为违反了《中国注册会计师审计准则第 1101 号——注册会计师的总体目标和审计工作的基本要求》第二十八条的规定。

拟执行的审计程序：

检查采购付款情况，按供应商统计开出汇票汇总金额，与采购金额比较，分析是否存在超出采购额的开票行为。

保持应有的职业审慎，获取或编制应付票据明细表，检查应付票据备查簿，选取大额的应付票据检查其合同、发票和收货单等资料，核实交易、事项真实性，对应付票据进行函证，函证不符的应实施替代的检查程序，复核其采购合同、发票、验收单等是否真实性。

（三）案例分析审计应对总结

针对上市公司出现的信息披露风险，就审计人员的角度而言，其一，需要通过严格执行了解被审计单位及其环境的程序，有效地识别高风险客户、高风险领域；其二，强化审计人员风险意识的培养，合理地配备具备胜任能力的人员。本部分主要围绕应对措施制订相应的审计应对方案。

1. 财务信息披露违规动机的识别。

（1）获取上市资格、募得更多资金：公司管理层眼红于 IPO 的造富效应，期望能通过 IPO 进入资本市场。而根据我国《证券法》的规定，公司发行要求发行人财务状况良好，因此主板、中小板、创业板均有不同的门槛要求，因此，为了进入资本市场分一杯羹，公司以上市为目标，虚增收入、利润进行舞弊。与此同时，公司 IPO 募集资金数额由发行股数和发行价格决定。而发行价格在很大程度上取决于公司的市盈率，当公司市盈率越高，财务状况越好时，发行价格也越高。

（2）并购标的业绩对赌：并购重组存在“高估值、高承诺”的公司，与 IPO 企业造假动机雷同，因获取更高的估值，并购标的确定了较高的对赌业绩，否则将需要回购股权、现金对价等方式支付赔偿，因此并购标的存在对赌期业绩造假的强烈动机。

（3）上市公司保壳：作为经营业绩不佳的上市公司，为避免连续亏损而面临退市风险及业绩考核压力，通过虚增收入和利润，粉饰业务是常用造假手段；另外，通过滥用会计估计，进行报表的盈余管理，通过亏损年度大额计提减值等方式财务“洗澡”，避免连续三年亏损。

（4）大股东减持：发靓丽年报，接下来大股东减持的上市公司不在少数，尔康药业就存在大股东精准减持的质疑，尔康制药董事长帅放文则在年报发布一周后，减持 86 000 000 股，仅此一笔就占公司股份的约 4.16%，而在跌停前 4 天再次减持 1 671 000 股。可见，为配合大股东的减持套现，上市公司存在虚增业绩拉高股价的现实需求。

2. 财务信息披露异常表现形式的识别。

高风险客户财务信息披露归纳起来的异常可以分为五种形式：

一是经营境况与行业趋势不匹配。通常而言，上市公司的生产经营状况，与行业整体趋势应当发生同向变化。事后问询发现，部分公司的经营行为明显不符合行业变化趋势。例如，属于产能过剩行业的公司，在供给侧结构性改革的背景下，大量新增资本性支出，增加固定资产和在建工程投资；又如，个别公司产品销售情况出现大幅下降，但原材料采购却大幅增加等。

二是业务收入与现金流量不匹配。现金流量与业务收入的匹配程度，体现了上市公司的盈利质量。事后问询发现，一些公司收入和利润持续增长，但是经营活动产生的现金净流量却持续为负，应收账款增长较快，坏账产生的可能性也在增加。还有的公司，改变以往的销售政策，给予客户较长的回款期限，未来回款存在较大压力。

三是同一业务境内外业绩不匹配。近年来，结合中国“一带一路”的国家政策也被一些上市公司利用，伴随跨境并购的日益普遍，很多上市公司在境外设立了生产和销售基地。上市公司利用境外信息的不对称、监管手段的局限性，开始把造假的战场搬到了国外，如雅百特、尔康制药。

四是上市前后业绩趋势不匹配。上市后出现“业绩变脸”，一直是投资者十分关注的问题。一些新上市公司上市后却业绩大幅下滑，有的甚至出现转折性的变化。其中，虽然有宏观经济和行业发展等多重影响，但前期经营与信息披露是否存在问题仍然值得关注。例如，个别公司上市后首次披露的半年报，显示营业收入和净利润均呈现不同程度的下滑，但招股说明书显示其上市前三年的营业收入一直呈现上升的趋势，且与处于同地区同行业的上市公司业绩变化趋势不一致，应予以特别关注。

五是资金运用与经营活动不匹配。投资者在关注资金运用情况及资金运用效率的同时，也较为关注上市公司资金安全和资金运用风险。问询发现，有公司与控股股东期间发生大额非经营性资金往来，涉嫌大额期间非经营性资金占用；有公司营业收入为零，几乎无经营活动的情况下，出现大额预付款项，这些公司资金安全问题和资金运用风险凸显。

四、财务信息披露相关的法律、法规

（一）相关法律法规

信息披露需要遵守《公司法》《证券法》《会计法》等国家法律、法规的相关要求，同时证监会、财政部等部委颁布的类似首次公开发行、重大资产重组规范，上市公司、非上市公众公司、债券发行主体需要分别按照相关法律、法规的财务信息披露规范的要求，在财务报告中披露有关信息。具体与财务信息披露相关的法律法规如表 11－6 所示。

表 11－6 与财务信息披露相关的法律法规汇总

分类	名称	文号
国家法律	中华人民共和国公司法（2013 年修正）	主席令第 8 号
	中华人民共和国证券法（2014 修正）	主席令第 14 号
	中华人民共和国证券投资基金法	2012 年 12 月 28 日第十一届全国人民代表大会常务委员会第三十次会议修订
	中华人民共和国会计法（2017 年修正）	2017 年 11 月 4 日第十二届全国人民代表大会常务委员会第三十次会议《关于修改〈中华人民共和国会计法〉等十一部法律的决定》第二次修正
	中华人民共和国注册会计师法	2014 年 8 月 30 日第十二届全国人大常委会第十次会议修订
	企业财务会计报告条例	2000 年国务院令 287 号
	中华人民共和国审计法	
	中华人民共和国审计法实施条例	1997 年国务院令 231 号

续表

分类	名称	文号
部门规章	《企业会计准则》——基本准则	2006 年 2 月 15 日财政部令第 33 号
	《中国注册会计师审计准则》——鉴证业务基本准则	财会〔2006〕4 号
	上市公司证券发行管理办法	证监会令第 30 号
	首次公开发行股票并上市管理办法（2015 修正）	中国证券监督管理委员会令第 122 号
	首次公开发行股票并在创业板上市管理办法（2018 年修正）	中国证券监督管理委员会令第 142 号
	上市公司重大资产重组管理办法（2016 年修订）	中国证券监督管理委员会令第 127 号
	非上市公众公司监督管理办法	2013 年 12 月 26 日中国证券监督管理委员会《关于修改〈非上市公众公司监督管理办法〉的决定》修订
	证券投资基金信息披露管理办法	中国证券监督管理委员会令第 19 号
规范性文件	《企业会计准则》——39 项具体准则及其应用指南	财政部发文
	《中国注册会计师审计准则》——48 项具体准则	http：//www. cicpa. org. cn/
	公开发行证券的公司信息披露内容与格式准则第 1 号——招股说明书（2015 年修订）	证监会公告〔2015〕32 号
	公开发行证券的公司信息披露内容与格式准则第 2 号——年度报告的内容与格式	证监会公告〔2017〕17 号
	公开发行证券的公司信息披露内容与格式准则第 3 号——半年度报告的内容与格式	证监会公告〔2016〕32 号
	公开发行证券的公司信息披露内容与格式准则第 9 号——首次公开发行股票并上市申请文件	证监发行字〔2006〕6 号
	公开发行证券的公司信息披露内容与格式准则第 10 号——上市公司公开发行证券申请文件	证监发行字〔2006〕1 号
	公开发行证券的公司信息披露内容与格式准则第 11 号——上市公司公开发行证券募集说明书	证监发行字〔2006〕2 号
	公开发行证券的公司信息披露内容与格式准则第 15 号——权益变动报告书	证监会公告〔2014〕24 号
	公开发行证券的公司信息披露内容与格式准则第 16 号——上市公司收购报告书	证监会公告〔2014〕25 号
	公开发行证券的公司信息披露内容与格式准则第 17 号——要约收购报告书	证监会公告〔2014〕52 号
	公开发行证券的公司信息披露内容与格式准则第 18 号——被收购公司董事会报告书	证监公司字〔2006〕156 号
	公开发行证券的公司信息披露内容与格式准则第 19 号——豁免要约收购申请文件	证监公司字〔2006〕156 号
	公开发行证券的公司信息披露内容与格式准则第 23 号——公开发行公司债券募集说明书	证监会公告〔2015〕2 号

续表

分类	名称	文号
规范性文件	公开发行证券的公司信息披露内容与格式准则第24号——公开发行公司债券申请文件	证监会公告〔2015〕3号
	公开发行证券的公司信息披露内容与格式准则第25号——上市公司非公开发行股票预案和发行情况报告书	证监发行字〔2007〕303号
	公开发行证券的公司信息披露内容与格式准则第26号——上市公司重大资产重组	证监会公告〔2014〕53号
	公开发行证券的公司信息披露内容与格式准则第27号——发行保荐书和发行保荐工作报告	证监会公告〔2009〕4号
	公开发行证券的公司信息披露内容与格式准则第28号——创业板公司招股说明书	证监会公告〔2015〕33号
	公开发行证券的公司信息披露内容与格式准则第29号——首次公开发行股票并在创业板上市申请文件	证监会公告〔2014〕29号
	公开发行证券的公司信息披露内容与格式准则第31号——创业板上市公司半年度报告的内容与格式	证监会公告〔2013〕29号
	公开发行证券的公司信息披露内容与格式准则第32号——发行优先股申请文件	证监会公告〔2014〕12号
	公开发行证券的公司信息披露内容与格式准则第33号——发行优先股预案和发行情况报告书	证监会公告〔2014〕13号
	公开发行证券的公司信息披露内容与格式准则第34号——发行优先股募集说明书	证监会公告〔2014〕14号
	公开发行证券的公司信息披露内容与格式准则第35号——创业板上市公司公开发行证券募集说明书	证监会公告〔2014〕30号
	公开发行证券的公司信息披露内容与格式准则第36号——创业板上市公司非公开发行股票预案和发行情况报告书	证监会公告〔2014〕31号
	公开发行证券的公司信息披露内容与格式准则第37号——创业板上市公司发行证券申请文件	证监会公告〔2014〕32号
	公开发行证券的公司信息披露内容与格式准则第38号——公司债券年度报告的内容与格式	证监会公告〔2016〕3号
	关于公开发行公司债券的上市公司年度报告披露的补充规定	证监会公告〔2016〕3号
	公开发行证券的公司信息披露编报规则第3号——保险公司招股说明书内容与格式特别规定	证监发行字〔2006〕151号
	公开发行证券的公司信息披露编报规则第4号——保险公司信息披露特别规定	证监公司字〔2007〕139号
	公开发行证券的公司信息披露编报规则第5号——证券公司招股说明书内容与格式特别规定	证监发〔2000〕76号

续表

分类	名称	文号
规范性文件	公开发行证券的公司信息披露编报规则第9号——净资产收益率和每股收益的计算和披露	证监会公告〔2010〕2号
	公开发行证券的公司信息披露编报规则第10号——从事房地产开发业务的公司招股说明书内容与格式特别规定	证监发〔2001〕17号
	公开发行证券的公司信息披露编报规则第11号——从事房地产开发业务的公司财务报表附注特别规定	证监发〔2001〕17号
	公开发行证券的公司信息披露编报规则第12号——公开发行证券的法律意见书和律师工作报告	证监发〔2001〕37号
	公开发行证券的公司信息披露编报规则第13号——季度报告的内容与格式	证监会公告〔2016〕33号
	公开发行证券的公司信息披露编报规则第14号——非标准无保留审计意见及其涉及事项的处理	证监发〔2001〕157号
	公开发行证券的公司信息披露编报规则第15号——财务报告的一般规定	证监会公告〔2014〕54号
	公开发行证券的公司信息披露编报规则第17号——外商投资股份有限公司招股说明书内容与格式特别规定	证监发〔2002〕17号
	公开发行证券的公司信息披露编报规则第19号——财务信息的更正及相关披露	证监会计字〔2003〕16号
	公开发行证券的公司信息披露编报规则第20号——创业板上市公司季度报告的内容与格式	证监会公告〔2013〕21号
	公开发行证券的公司信息披露编报规则第21号——年度内部控制评价报告的一般规定	证监会公告〔2014〕1号
	公开发行证券的公司信息披露编报规则第26号——商业银行信息披露特别规定	证监会公告〔2014〕3号
	公开发行证券的公司信息披露解释性公告第1号——非经常性损益（2008年修订）	证监会公告〔2008〕43号
	公开发行证券的公司信息披露解释性公告第2号——财务报表附注中政府补助相关信息的披露	证监会公告〔2013〕38号
	公开发行证券的公司信息披露解释性公告第3号——财务报表附注中可供出售金融资产减值的披露	证监会公告〔2013〕38号
	公开发行证券的公司信息披露解释性公告第4号——财务报表附注中分步实现企业合并相关信息的披露	证监会公告〔2013〕48号
	公开发行证券的公司信息披露解释性公告第5号——财务报表附注中分步处置对子公司投资至丧失控制权相关信息的披露	证监会公告〔2013〕48号
	公开发行证券的公司信息披露规范问答第3号——弥补累计亏损的来源、程序及信息披露	证监会计字〔2006〕8号

续表

分类	名称	文号
规范性文件	公开发行证券的公司信息披露规范问答第 6 号——支付会计师事务所报酬及其披露	证监会计字〔2001〕67 号
	非上市公众公司信息披露内容与格式准则第 1 号——公开转让说明书	证监会公告〔2013〕50 号
	非上市公众公司信息披露内容与格式准则第 2 号——公开转让股票申请文件	证监会公告〔2013〕51 号
	非上市公众公司信息披露内容与格式准则第 3 号——定向发行说明书和发行情况报告书	证监会公告〔2013〕52 号
	非上市公众公司信息披露内容与格式准则第 4 号——定向发行申请文件	证监会公告〔2013〕53 号
	非上市公众公司信息披露内容与格式准则第 5 号——权益变动报告书、收购报告书和要约收购报告书	证监会公告〔2014〕34 号
	非上市公众公司信息披露内容与格式准则第 6 号——重大资产重组报告书	证监会公告〔2014〕35 号
	非上市公众公司信息披露内容与格式准则第 7 号——定向发行优先股说明书和发行情况报告书	证监会公告〔2014〕44 号
	非上市公众公司信息披露内容与格式准则第 8 号——定向发行优先股申请文件	证监会公告〔2014〕45 号
	关于证券公司信息公示有关事项的通知	证监机构字〔2006〕71 号
	证券公司年度报告内容与格式准则	证监会公告〔2013〕41 号
	证券投资基金信息披露内容与格式准则第 1 号——上市交易公告书的内容与格式	证监基金字〔2004〕72 号
	证券投资基金信息披露内容与格式准则第 2 号——年度报告的内容与格式	证监基金字〔2004〕72 号
	证券投资基金信息披露内容与格式准则第 3 号——半年度报告的内容与格式	证监基金字〔2004〕72 号
	证券投资基金信息披露内容与格式准则第 4 号——季度报告的内容与格式	证监基金字〔2004〕72 号
	证券投资基金信息披露内容与格式准则第 5 号——招募说明书的内容与格式	证监基金字〔2004〕119 号
	证券投资基金信息披露内容与格式准则第 6 号——基金合同的内容与格式	证监基金字〔2004〕139 号
	证券投资基金信息披露内容与格式准则第 7 号——托管协议的内容与格式	证监基金字〔2005〕203 号
	证券投资基金信息披露编报规则第 1 号——主要财务指标的计算与披露	证监基金字〔2003〕104 号

续表

分类	名称	文号
规范性文件	证券投资基金信息披露编报规则第 2 号——基金净值表现的编制与披露	证监基金字〔2003〕104 号
	证券投资基金信息披露编报规则第 3 号——会计报表附注的编制及披露	证监基金字〔2004〕72 号
	证券投资基金信息披露编报规则第 4 号——基金投资组合报告的编制及披露	证监基金字〔2004〕72 号
	证券投资基金信息披露编报规则第 5 号——货币市场基金信息披露特别规定	证监基金字〔2005〕42 号
	证券投资基金信息披露 XBRL 模板第 1 号——季度报告	证监会公告〔2008〕36 号
	证券投资基金信息披露 XBRL 模板第 2 号——净值公告	证监会公告〔2012〕5 号
	证券投资基金信息披露 XBRL 模板第 3 号——年度报告和半年度报告	证监会公告〔2010〕5 号
	证券投资基金信息披露 XBRL 模板第 4 号——基金合同生效公告及十一类临时公告（试行）	证监会公告〔2010〕32 号
	期货公司年度报告内容与格式准则	证监会公告〔2008〕8 号
	期货公司信息公示管理规定	证监会公告〔2009〕28 号

（二）法律法规对注册会计师审计的要求

1.《中华人民共和国注册会计师法》。

第十四条　注册会计师承办下列审计业务：

（一）审查企业会计报表，出具审计报告；

（二）验证企业资本，出具验资报告；

（三）办理企业合并、分立、清算事宜中的审计业务，出具有关的报告；

（四）法律、行政法规规定的其他审计业务。

注册会计师依法执行审计业务出具的报告，具有证明效力。

第二十条　注册会计师执行审计业务，遇有下列情形之一的，应当拒绝出具有关报告：

（一）委托人示意其作不实或者不当证明的；

（二）委托人故意不提供有关会计资料和文件的；

（三）因委托人有其他不合理要求，致使注册会计师出具的报告不能对财务会计的重要事项作出正确表述的。

第二十一条　注册会计师执行审计业务，必须按照执业准则、规则确定的工作程序出具报告。

注册会计师执行审计业务出具报告时，不得有下列行为：

（一）明知委托人对重要事项的财务会计处理与国家有关规定相抵触，而不予指明；

（二）明知委托人的财务会计处理会直接损害报告使用人或者其他利害关系人的利益，而予以隐瞒或者作不实的报告；

（三）明知委托人的财务会计处理会导致报告使用人或者其他利害关系人产生重大误解，而不予指明；

（四）明知委托人的会计报表的重要事项有其他不实的内容，而不予指明。

对委托人有前款所列行为，注册会计师按照执业准则、规则应当知道的，适用前款规定。

第二十二条　注册会计师不得有下列行为：

（一）在执行审计业务期间，在法律、行政法规规定不得买卖被审计单位的股票、债券或者不得购买被审计单位或者个人的其他财产的期限内，买卖被审计的单位的股票、债券或者购买被审计单位或者个人所拥有的其他财产；

（二）索取、收受委托合同约定以外的酬金或者其他财物，或者利用执行业务之便，谋取其他不正当的利益；

（三）接受委托催收债款；

（四）允许他人以本人名义执行业务；

（五）同时在两个或者两个以上的会计师事务所执行业务；

（六）对其能力进行广告宣传以招揽业务；

（七）违反法律、行政法规的其他行为。

2.《企业财务会计报告条例》。

第五条　注册会计师、会计师事务所审计企业财务会计报告，应当依照有关法律、行政法规以及注册会计师执业规则的规定进行，并对所出具的审计报告负责。

3.《首次公开发行股票并在创业板上市管理办法》。

第五十六条　注册会计师为上述盈利预测出具审核报告的过程中未勤勉尽责的，中国证监会将视情节轻重，对相关机构和责任人员采取监管谈话等监管措施，记入诚信档案并公布；情节严重的，给予警告等行政处罚。

4.《上市公司重大资产重组管理办法》。

第十七条　上市公司应当聘请独立财务顾问、律师事务所以及具有相关证券业务资格的会计师事务所等证券服务机构就重大资产重组出具意见。

独立财务顾问和律师事务所应当审慎核查重大资产重组是否构成关联交易，并依据核查确认的相关事实发表明确意见。重大资产重组涉及关联交易的，独立财务顾问应当就本次重组对上市公司非关联股东的影响发表明确意见。

资产交易定价以资产评估结果为依据的，上市公司应当聘请具有相关证券业务资格的资产评估机构出具资产评估报告。

证券服务机构在其出具的意见中采用其他证券服务机构或者人员的专业意见的，仍然应当进行尽职调查，审慎核查其采用的专业意见的内容，并对利用其他证券服务机构或者人员的专业意见所形成的结论负责。

5.《证券投资基金信息披露管理办法》。

第三十六条 为基金信息披露义务人公开披露的基金信息出具审计报告、法律意见书等文件的专业机构未勤勉尽责，致使所出具的文件含有虚假记载、误导性陈述或者有重大遗漏的，责令改正，给予警告，并处罚款。

6.《公开发行证券的公司信息披露内容与格式准则第1号》。

第一百二十四条 承担审计业务的会计师事务所应在招股说明书正文后声明：

“本所及签字注册会计师已阅读招股说明书及其摘要，确认招股说明书及其摘要与本所出具的审计报告、盈利预测审核报告（如有）、内部控制鉴证报告及经本所核验的非经常性损益明细表无矛盾之处。本所及签字注册会计师对发行人在招股说明书及其摘要中引用的审计报告、盈利预测审核报告（如有）、内部控制鉴证报告及经本所核验的非经常性损益明细表的内容无异议，确认招股说明书不致因上述内容而出现虚假记载、误导性陈述或重大遗漏，并对其真实性、准确性和完整性承担相应的法律责任。”

声明应由签字注册会计师及所在会计师事务所负责人签名，并由会计师事务所加盖公章。

7.《公开发行证券的公司信息披露内容与格式准则第11号》。

第三十八条 发行人应披露最近3年审计意见的类型；被出具带强调事项段的无保留意见的，还应披露审计报告正文以及董事会对相关事项的详细解释，并说明相关事项是否对公司有重大影响或影响是否已经消除，会计师事务所及注册会计师关于相关事项对发行人是否有重大影响或影响是否已经消除所发表的意见。

8.《公开发行证券的公司信息披露解释性公告第1号》。

注册会计师为公司招股说明书、定期报告、申请发行证券材料中的财务报告出具审计报告或审核报告时，应对非经常性损益项目、金额和附注说明予以充分关注，并对公司披露的非经常性损益及其说明的真实性、准确性、完整性及合理性进行核实。

本章小结

财务信息披露，是上市公司为保障投资者利益、接受社会公众监督而依照会计准则规定将其财务状况、经营等会计信息资料及其他非财务信息向证券管理部门和证券交易所报告，并向社会公示，以便投资者充分了解公司情况。因此财务信息披露的真实性、完整性、充分性、及时性，决定了财务信息披露的质量，也从而决定了投资者赖以决策的基础是否可靠、有效。

虽然近年来，各地证监局加大了事前问询、事中监督、事后追责的力度，各年开出的行政处罚连年攀升，但是受制于上市公司法人治理结构、中国现行监管体系的不完善、违法成本过低等共同影响，上市公司在违法成本过低、上市收益颇丰的选择下，这些违法行为屡禁不止，也给审计机构带来较大的风险，分析这些违法行为的表现形式，以求有针对性地找到应对措施，防范审计风险是本章重点。

练习与思考

一、名词解释

1. 财务信息披露审计
2. 减值计提不足
3. 截止性检查
4. 细节检查
5. 关联关系核查
6. 期后检查程序

二、思考题

1. 什么样的企业存在造假动机？
2. 审计人员可以什么样的方法识别风险？通过什么方法应对这些风险？
3. 延伸思考中国上市公司信息披露质量不高的根本性原因是什么？
4. 如何才能提高中国上市公司的信息披露质量？

三、案例题

1. 东方会计事务所注册会计师王豪、李民于2012年3月10日完成对大华股份有限公司2011年度会计报表的实地审计工作，现正草拟审计报告。

（1）大华公司2010年度会计报表的审计工作由光信会计师事务所完成，且于2011年2月25日出具了保留意见的审计报告，保留的原因系大华公司的一项未决诉讼对报表的影响无法判定，也未得到律师的任何消息。该诉讼直至2012年3月10日仍未宣判，而且律师拒绝提供有关信息。

（2）该公司2011年6月购入办公手机2部，共25 000元，公司全部列入2011年6月的管理费用（假定折旧年限为5年，使用平均年限法计提折旧）。

（3）公司2011年的存货发出由上年的先进先出法改为后进先出法，此变更未在2011会计报表附注中披露。

要求：

（1）针对上述三种情况，东方会计事务所注册会计师应分别做出何种审计意见？若需要进行调整，请列示调整分录（所得税率25%，盈余公积10%）。

（2）假定大华公司接受了注册会计师的全部调整和披露意见，请草拟该审计报告的意见段。

2. 雅百特通过虚构“跨境”交易，巴基斯坦木尔坦市城市公交工程项目，伪造项目工程进度单、人工成本计算单、材料成本等完整的书面证据链条，并安排材料出口伪造施工假象，通过关联公司进口实现物流闭环，利用隐性关联公司回款实现资金闭环，虚增工程收入20 182.50万元。

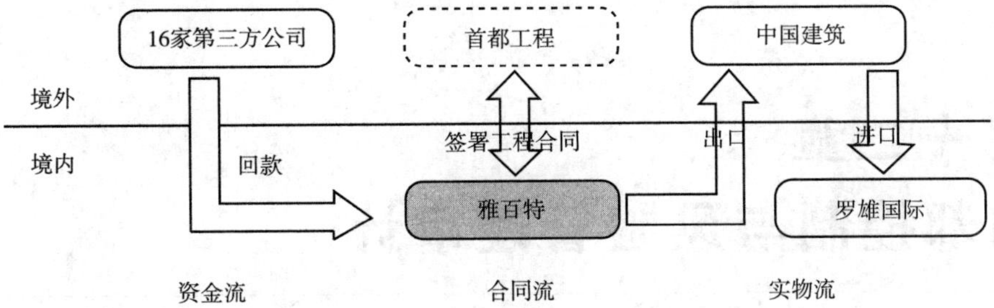

雅百特为借壳江苏中联电气股份有限公司，通过上述方面虚构2015年收入和利润，2015年虚增收入48 182.17万元，虚增利润23 226.34万元，虚增利润金额占当年披露利润总额的73.08%。

请结合雅百特的信息披露问题分析其财务造假手段，并给出相应的审计应对程序。

第十二章 内部控制与风险管理审计

学习内容与目标

本章围绕内部控制及风险管理的内涵展开，梳理了最新理论框架及相关审计准则，结合企业风险案例，阐述内部控制审计与风险管理审计的内容、程序和方法。介绍了目前风险管理理论的最新发展，同时比较风险管理审计和内部控制审计，对其功能进行定位。在学习本章的过程中，应理解内部控制系统的含义、内部控制系统的种类和内部控制系统的内容等基本理论、风险管理系统的含义及其理论发展目的是从审计人员的监督视角，正确理解内部控制审计与风险管理审计；了解对内部控制设计及运行的有效性、对风险管理过程的充分性和有效性进行内部审计的重点与难点；结合案例掌握实施内部控制审计与风险管理审计的要点；学习如何提出改进内部控制及风险管理的意见建议。

一、内部控制审计与风险管理基本概念

（一）内部控制定义

1932 年，英国管理专家罗斯（T. G. Ross）在《管理审计》（*The Management Audit*）一书中，首次探讨了管理审计科学。当前，管理审计已逐步成为企业内部审计的最高层次，其最终目标是防范企业管理风险，促进企业安全、健康发展。

我国企业内部控制和风险管理理论与实践，随着 2008 年、2010 年《企业内部控制基本规范》及配套指引的发布日趋完善。我国《内部审计准则》（2013）规定，内部审计是一种独立、客观的确认和咨询活动，它通过运用系统、规范的方法，审查和评价组

织的业务活动、内部控制和风险管理的适当性和有效性，以促进组织完善治理、增加价值和实现目标。

开展内部控制审计，是对内部控制从设计到运行的整个过程实施持续监控的有效手段。内部控制是风险管理的基础，开展风险管理审计，有助于两者更好地融合，帮助组织在更广泛的领域改善内部控制及风险管理。

我国《内部审计具体准则第2201号——内部控制审计》（2013）规定，“内部控制审计，是指内部审计机构对组织内部控制设计和运行的有效性进行的审查和评价活动”。为便于分析理解，本章将组织的范围限定为企业。

（二）内部控制内涵

1. 辨析内部审计机构及注册会计师实施的内部控制审计。

我国《企业内部控制审计指引》将注册会计师执行的内部控制审计定义为“会计师事务所接受委托，对特定基准日内部控制设计与运行的有效性进行审计”。注册会计师对财务报告内部控制的有效性发表审计意见，并对内部控制审计过程中注意到的非财务报告内部控制的重大缺陷，在内部控制审计报告中增加“非财务报告内部控制重大缺陷描述段”予以披露。

内部审计机构实施的内部控制审计，与注册会计师执行的内部控制审计的共同点在于，两者都是针对组织内部控制开展的审计活动；审计工作都要以内部控制设计和运行的实际情况为基础实施；都要围绕控制环境、风险评估、控制活动、信息与沟通、内部监督等内部控制要素来确定具体审查和评价的内容；都是为了提升组织内部控制在设计和运行上的有效性、促进组织内部控制目标的实现。其不同在于，内部审计机构实施的内部控制审计是内部监督行为，无强制性要求，遵循内部审计准则，不区分财务报告内部控制缺陷与非财务报告内部控制缺陷，不针对特定基准日，报告使用范围主要为组织内部。注册会计师执行的内部控制审计是外部监督，对上市公司而言内部控制审计具有强制性，遵循《企业内部控制审计指引》《中国注册会计师鉴证业务基本准则》和中国注册会计师审计准则等规范，对财务报告内部控制缺陷与非财务报告内部控制缺陷采用不同处理方式，每年进行一次，报告使用范围包括投资者、债权人和其他利益相关者。

本章讨论的内部控制审计，主要为内部审计机构实施的内部控制审计。审计过程及结果可供注册会计师在执行内部控制审计时利用。

2. 辨析内部审计机构实施的内部控制审计与内部控制评价。

正确理解内部控制审计的含义，还需要辨析其与内部控制评价的联系与区别。内部控制评价又称为内部控制自我评价。其联系在于，工作目标均是审查和评价组织内部控制的设计和运行的有效性；两者都是围绕控制环境、风险评估、控制活动、信息与沟通、内部监督等内部控制要素来确定具体审查和评价的内容，工作程序基本一致；如组织的董事会或类似权力机构授予内部审计机构和人员负责内部控制评价的实施，两者的工作主体也是一致的。其区别在于，责任主体不同。内部控制审计由内部审计机构和人员实施，内部控制评价的责任主体是董事会，董事会对内部控制评价报告的真实性承担最终责任。实施的强制性不同，外部监管机构对内部审计机构实施的内部控制审计无强制性要求，对上市公司实施内部控制评价有强制性要求。遵循的规则不同。内部审计机构实施的内部控制审计应遵循《中国内部审计准则》，实施内部控制评价应遵循《企业内部控制基本规范》《企业内部控制评价指引》。工作成果的体现不同。内部审计机构实施的内部控制审计的工作成果体现在内部控制审计报告中，该报告属于组织内部文件，通常由内部审计机构提交给组织的治理层或管理层；内部控制评价的工作成果体现在内部控制评价报告中，该报告需要报经董事会或类似权力机构批准后，对外披露或报送相关监管部门。

（三）风险管理审计的含义

2013 年修订的内部审计准则，将 2003 年版本的第 12 号准则《遵循性审计》、第 16 号准则《风险管理审计》、第 21 号准则《内部审计的控制自我评估法》与原第 5 号准则《内部控制审计》合并修订为《内部审计具体准则第 2201 号——内部控制审计》。尽管内部审计准则中没有给出风险管理审计的定义，基于风险管理与内部控制的联系，本章将风险管理审计定义为，内部审计机构对组织风险管理过程的充分性和有效性进行审查和评价。

1. 风险管理理论的最新发展。

通过比较以下两个定义，可以看出风险管理理论的发展变化。

第一个定义，是 COSO 委员会 2004 版风险管理框架中的定义："企业风险管理是企业的董事会、管理层和其他员工共同参与的一个过程，应用于企业的战略制定和企业的各个部门和各项经营活动，用于确认可能影响企业的潜在事项并在其风险偏好范围内管理风险，对企业目标的实现提供合理的保证"。

第二个定义，是 COSO 委员会 2017 版风险管理框架中的定义："企业风险管理是指组织在创造、维护和实现价值的过程中，进行风险管理所赖以依靠的，与战略和规划紧密结合的文化、能力和实践"。

第一个风险管理的定义与内部控制的定义十分相像，两个框架也高度相似。其不同在于，风险管理框架将内部控制体系包括的 5 个要素扩充到了 8 个要素，增加了目标设定、事项识别、风险应对三个新的要素。

2017 版风险管理框架对 2004 年框架的相关概念提供了更多的澄清，提出企业风险管理的新定义、新模型，更好地说明风险、战略和绩效三者之间的统一关系，提出全面风险管理涵盖比内部控制更多的内容，内部控制是全面风险管理的一部分。

与我国企业风险管理实践密切相关的，是国务院国有资产监督管理委员会 2006 年发布的《中央企业全面风险管理指引》，其对全面风险管理进行了定义："全面风险管理，指企业围绕总体经营目标，通过在企业管理的各个环节和经营过程中执行风险管理的基本流程，培育良好的风险管理文化，建立健全全面风险管理体系，包括风险管理策略、风险理财措施、风险管理的组织职能体系、风险管理信息系统和内部控制系统，从而为实现风险管理的总体目标提供合理保证的过程和方法。”该定义涵盖了经营目标、全面全过程、文化、具体的实践措施、合理保证等关键点，较之 COSO 委员会的定义，更便于企业理解和参照执行。

目前财政部发布的有关风险管理定义的最新文件，是 2018 年《管理会计基本指引——风险管理相关应用指引》，“企业风险管理，是指企业对风险进行有效评估、预警、应对，为企业风险管理目标的实现提供合理保证的过程和方法。企业风险管理并不能替代内部控制，企业应当建立健全内部控制制度，并作为风险管理的工作基础。”

2. 风险管理审计的功能定位。

从以上风险管理的定义中可以看出，较之内部控制，风险管理的高度更高、范围更广。因此，风险管理审计较之内部控制审计，既有相同之处，又有独特的功能定位。

其相同在于，两者都是管理审计的重要组成部分。审计的目的与职能，都是为了改善企业的业绩与管理，提出建设性、咨询性的意见建议；审计的对象，都是受托责任的履行情况；审计的标准，都与管理的科学性、可行性、效益性，以及制度订立及执行的合法性、完整性、合理性、协调性、有效性、经济性相关。

风险管理审计有别于内部控制审计之处主要在于审计内容。在战略管理层面，风险管理审计着重于对实现企业战略和经营目标有重大影响的风险进行识别、分析、评估与应对的情况进行核查，提出意见建议供最高管理当局参考。在管理控制层面，通过对内部控制系统的核查，既要评估内部控制本身有无缺陷，又要核查内部控制制度是否得到有效遵守，提醒相关部门的管理人员改进内部控制，防范和减少风险。在作业层面，风险管理审计应分别就各作业环节上可能发生的风险进行识别、分析、评估与应对的情况进行核查，提示流程操作人员提升风险管理过程的充分性和有效性。

不同企业面临的风险各不相同，无法一一列举。但风险管理的过程大体都可分为风险识别、分析评估、风险应对三个步骤。风险管理审计是对这三个步骤的监督，其功能定位可以明确为：评估风险识别的充分性、评价风险分析评估的恰当性、评估风险应对的有效性，并提出改进建议。

（四）内部控制审计与风险管理审计的程序与方法

我国《内部审计具体准则第 2201 号——内部控制审计》对内部控制审计的一般原则、内部审计的内容、内部审计的具体程序与方法、内部控制缺陷的认定、内部控制审计报告等做了清晰描述，本章不再赘述。

风险管理审计的程序与方法，与内部控制审计的程序与方法大致相同。具体程序与方法，以下将结合案例进行阐述。

二、内部控制审计与风险管理审计案例

本节结合 A 公司的风险案例，阐述对 A 公司进行内部控制审计与风险管理审计的实务操作。

（一）风险案例概述

1. 案例背景。

A 公司是一家国有贸易企业，由于国际原油价格大幅波动，2014 年下半年，A 公司在开展化工产品代理进口业务中，化工产品价格一路暴跌，该业务的委托方不能及时向 A 公司支付货款，导致 A 公司进口信用证到期不能偿付，出现资金链断裂，引发风险事项。

2. 案例内容。

A 公司的营业收入和进出口额原本并不大。2012 年，公司引进了一个大业务，该业务的实际控制人 B 老板在化工圈闯荡多年，小有名气。B 老板对 A 公司的 C 董事长说，我的业务量非常大，可以帮助 A 公司迅速提升收入和利润，并且不需要承担风险，风险全部由我来承担。只有一个条件，我的公司委托 A 公司代理进口的货物，A 公司取得提单后要立即把货物给我，保证金之外的货款会在 90 天进口信用证到期前，由我的公司付给 A 公司。

C 董事长经营代理进口业务多年，一直坚持委托方带款提货，不做放货业务。但在 B 老板描绘的巨额业务量，以及所声称的强大担保能力面前，C 董事长同意了放货请求。代理进口业务开始操作，每笔进口数量都在 2 000 吨左右，业务量由小到大。B 老板也遵守诺言，每提走一笔货物，都会给 A 公司出具一份担保函，并且货款均能在信用证到期前支付给 A 公司。A 公司的进口额迅速攀升，让受理开证业务的银行也十分惊喜，主动上门来，要求给 A 公司增加进口开证额度。

在双方建立起信任后，B 老板又向 C 董事长提出了新的请求。B 老板告诉 C 董事长，现在化工圈的贸易商都在做“纸货业务”，交易简便、快捷、成本低，赚钱很快。只是 B 老板的公司规模太小，能进这个圈子的客户都要有些实力。能不能委托 A 公司代理 B 老板的公司做这个业务，A 公司只负责在合同上盖章就行，“纸货业务”风险全部由 B 老板的公司承担，差价收付也通过 B 老板的公司办理，A 公司无须反映任何会计记录。虽然该业务不能给 A 公司带来任何进口额、收入和利润，只是对外签署了采购合同及销售合同，但有 B 老板承担全部风险的口头承诺，C 董事长竟然也答应了。

2014 年下半年，随着原油价格暴跌，B 老板经营的化工产品在劫难逃。在大部分贸易商对未来价格都看跌的情况下，B 老板根据经验判断很快会有反弹，因此在别人纷纷进行“卖出”操作时，B老板进行“买入”操作，签订了巨额的采购合同。每个交货到期月份的采购合同数量都大于销售合同数量，差额部分采购合同需要履行进口货物义务。A公司根据采购合同不断向银行申请开出进口信用证，当累积的巨额信用证陆续到期时，B老板的公司开始违约，不能支付货款给A公司。很快，A公司耗尽了自有资金，也无力偿还信用证到期款项，形成对银行违约，风险全面爆发。事后对信用证进行梳理时，发现B老板几个月前就已经开始违约了。

（二）A公司的风险识别

内部控制审计准则提出，内部控制审计应当以风险评估为基础，根据风险发生的可能性和对组织单个或者整体控制目标造成的影响程度，确定审计的范围和重点。

A公司风险案例表现出的结果是资金链断裂，深层次原因必定是内部控制存在重大缺陷，及风险管理缺失。对其进行内部控制审计与风险管理审计，首先需要进行风险识别与风险评估。

1. 了解行业及业务背景知识。

要识别内部控制中哪些环节出了问题，首先要了解A公司的行业特点及贸易模式。案例中提及A公司操作代理进口业务，因为委托方资金出了问题，不能及时向A公司付款，导致A公司进口信用证不能偿付，出现资金链断裂。

代理进口业务是外贸企业开展得较为普遍的一种贸易模式。相关主体包括国外供应商、外贸企业（代理方）、国内委托方。委托方请求外贸企业代理其进口业务，获取外贸企业进口环节的商务服务是目的之一，更主要目的是通过外贸企业来解决其自有资金不足的问题。委托方仅须向代理方支付一定比例的保证金，例如20%，即可由代理方对外开立100%的银行信用证，此外还通过进口押汇等融资工具，延迟付款时间。该业务是利用代理方的银行授信资源对委托方提供融资，委托方可因此缓解资金方面的压力。这种方式下代理方承担的风险、责任较大，代理费率相对固定，例如1%，具有风险大、收益小的特征。特别是在代理方放弃货权控制的情况下。

案例中提及A公司进口业务的支付方式是90天的进口信用证，这是被贸易企业普遍采用的一种贸易融资工具，一种银行授信资源。资信较好的贸易企业，可以较低成本从银行获取较为充沛的授信额度。在市场行情看涨时，贸易企业可利用银行授信额度，申请开出大量90天远期信用证，在货物进口变卖后先行回收货款，90天信用证到期后再付款给银行，这样的业务可以帮助贸易企业利用信用实现资金融通。然而，当市价急剧下跌时，贸易企业必须按照合同金额向银行兑付信用证款项，此时，购入的货物越多，因市价下跌导致的库存积压风险、资金流动性风险越大。

2. 列出风险清单。

既然A公司的问题出在资金链断裂，以资金控制为切入点有助于快速展开风险点的识别。资金流出对应采购控制，资金流入对应销售控制，资金的调度对应资金运营控制。

采购控制方面，案例中提及，在原油价格暴跌的行情下，B 老板进行“买入”操作，签订了巨额的采购合同，每个交货到期月份的采购合同数量都大于销售合同数量。这说明采购环节没有得到有效控制。

销售控制方面，案例中提及，B 老板的公司每提走一笔货物，都会给 A 公司出具一份担保函，货款在信用证到期前支付给 A 公司。这说明，提走货物在前，支付货款在后，属于赊销的销售政策。采用赊销政策，应评估买方信用，给予恰当的赊销额度。买方提供的担保，应能对赊销的风险起应对作用。显然，销售环节没有得到有效控制。

资金运营控制，案例中提及，当累积的巨额信用证陆续到期时，B 老板的公司开始违约，不能支付货款给 A 公司。很快，A 公司耗尽了自有资金，也无力偿还信用证到期款项，形成对银行违约。A 公司进口采购的支付方式为 90 天进口信用证，信用证一旦承兑，就形成了对银行的负债，到期日必须向银行付款。信用证承兑时，A 公司的财务部门能够掌握到期付款的日期。从承兑日到付款日之间的 90 天时间内，A 公司的财务部门没有平衡好现金流，收到的货款越来越少，即将到期的进口信用证越来越多，引发资金断流。

在梳理资金风险过程中，还可以向业务前后端拓展。案例中，A 公司的风险根源在于 B 老板的公司违约了，没有按照约定，在信用证到期日前向 A 公司付款。A 公司是如何防范对方违约风险的，是否在业务开展前，对 B 老板的公司进行过尽职调查？B 老板向 A 公司出具的担保函，有多大的担保效力，有无进行过评估？原油价格下跌的行情众人皆知，为何 B 老板还能委托 A 公司不断签订新的采购合同，合同的审批与签署是如何控制的？业务开展过程中，B 老板的公司从第一笔违约业务开始，到风险爆发，中间约有 6 个月时间，不断产生的新违约为何没有得到及时遏制？财务部门如果发现已有货款超期未能收回，为何后期 B 老板的公司仍然能先提走货物？发货环节是否存在控制，物流管理部门是否了解有大量被提走的货物 B 老板的公司没有按期付款？A 公司开出巨额信用证的债务有没有在报表中反映，如此异常的业务，为何没有被相关部门或领导人员察觉？

顺着资金失控的链条，已经梳理出采购控制、销售控制、营运资金管理、业务尽调、合同管理、担保管理、物流管理、会计系统控制、人员舞弊等多个风险点，可以据此列出风险清单，对每个风险点进行简单描述。

3. 检查制度制定及执行情况。

对风险的识别和梳理，是开展内部控制设计和运行有效性审查的重要基础。实际上，在对风险进行识别和梳理过程中，内控控制的缺陷已经显现或存疑，需要进一步收集因内部控制缺失导致风险的信息。检查 A 公司制度制定及执行情况，是识别内控缺陷的关键程序和方法。这里提到的制度，包括但不限于 A 公司的制度、表单、控制流程，以及公司章程、下发的文件、领导班子任命及分工、部门及人员岗位职责等。

与企业层面控制相关的制度检查，可从梳理公司组织架构、治理结构、内设机构着手，了解经营管理人员的分工及职责，尤其是关键岗位，包括履行与发生风险业务相关的决策审批、执行、监督人员的情况。

与业务层面控制相关的制度检查，可围绕合同审批及保管制度、印章保管及使用制度、采购及销售管理、财务管理制度、物流管理制度开展。

检查发现，A公司是国有企业集团的三级子企业，C董事长兼任A公司董事长及A公司母公司的总经理。A公司的主营业务以出口为主，除了C董事长外，其他班子成员的主要精力都在出口业务管理上，C董事长承担了从进口业务谈判、合同签订、日常管理决策的全流程，并有意识地不让其他班子成员插手管理。按照A公司的制度规定，财务部门及物流管理部门由A公司总经理分管，然而实际工作中，这两个部门的负责人直接向C董事长报告。C董事长主管的进口业务，从未提出要集体审议决策，对该业务的风险情况，没有按照制度规定进行事前评审。C董事长对外声称该进口业务是先收款后发货，实际上擅自同意接受B老板及其公司出具的担保书，将货物在收款之前交给B老板的公司，但从未取得B老板及其公司担保能力的证明。出现风险苗头后，财务部门也未对开出巨额进口信用证的情况、委托方付款出现逾期的情况进行报告。物流部门明知货款未收到便将大量货物交付给B老板的公司存在风险，但也未向C董事长之外的其他领导人员进行报告。A公司的母公司曾组织过专项审计，但触及A公司进口业务时，被C董事长推脱敷衍，审计监督没有发挥作用。

检查发现，A公司的印章管理，在制度设计上就存在弊端，没有实行集中统一管理，用于进口业务合同签章的合同专用章，在C董事长的授意下，交由一位业务经理保管，该经理看见C董事长的签字即盖章。盖过章的合同即交给业务人员，负责盖章的经理既不登记合同信息也不留存合同文本。采购合同及销售合同的签订，只要C董事长签字即可，履行合同的风险、签订合同的总量没有得到控制。A公司的财务业务一体化信息系统起不到流程控制的作用，合同签订后，等到即将办理收付款业务时，才由业务人员将相关信息录入系统，设定的财务部门确认收到货款才能通知物流部门发货的程序，只要有C董事长签字，就可以绕过系统设定的流程。A公司财务部门在信用证到期，发生收付款时才进行核算，信用证承兑时只做登记不入账，既不反映对银行的负债，也不反映对B老板公司的应收账款。进口采购的货物进入仓库后，随即被B老板的公司提走，A公司物流管理部门的出入库管理形同虚设，也没有履行实地盘点程序。

（三）内控缺陷认定

经过风险识别，A公司内部控制在制度设计及运行方面存在的主要问题已基本清晰。

控制环境方面，C董事长兼任A公司母公司总经理，在组织架构上埋下隐患，公司治理的作用没有发挥。C董事长独管进口业务，不让其他领导人员参与管理，没有履行相关集体审议程序，大权独揽，为其凌驾于制度之上创造了条件。

风险评估方面，A 公司的风险评估过程严重缺失。业务开展之前，没有进行尽职调查与评审；业务开展后，将贷款提货模式变更为放货模式，以及在原油价格暴跌时仍签订大量采购合同，没有评估 A 公司的风险承受能力与 B 老板的担保能力。

控制活动方面，主要的控制措施都没有发挥作用。不相容职务分离控制、授权审批控制没有执行，C 董事长自行决定业务模式，自己审批、自己签合同；会计系统控制没有执行到位，已承兑的信用证没有纳入核算，未在资产负债表上完整反映对银行的负债，以及对 B 老板公司的应收款项；财产保护控制没有执行到位，在 C 董事长授意下，未收款即放货的金额逐步失控，风险迅速累积。运营分析控制没有执行到位，业务快速增长的背后，蕴藏着放货业务的巨大风险，却长时间没有被发现和披露。绩效考评控制没有执行到位，风险爆发之前，该业务团队因收入及利润表现良好被奖励，而内控缺失的一面没有被纳入考评。

信息沟通方面，信息系统的流程没有被刚性执行，会计信息没有完整反映及上报，物流管理信息没有揭示放货业务的风险，各环节违反制度及无视风险的行为，没有人进行举报。甚至在向母公司上报信息时，提供了不实及虚假信息。

内部监督方面，监督机制与反舞弊机制缺失，应有的监督没有发挥作用。A 公司设置了一位审计专员，但工作职责仅为配合外部审计，自身没有开展任何与内审相关的工作。C 董事长是公司“一把手”，“一把手”管理的业务，其他班子成员很难对其进行监督。财务部门本应发挥财务监督作用，但财务负责人认为，他只负责资金管理，签了多少合同是业务部门的事，发出多少货物是物流部门的事，与财务部门无关。

至此，内部控制审计核心工作基本完成。为使内控缺陷认定工作有理有据，审计人员应取得足够的依据材料，并形成书面报告，针对内部控制缺陷提出改进建议，与被审计单位管理层进行沟通。

（四）风险管理审计要点

在对 A 公司进行风险识别的基础上，可根据风险管理流程，对 A 公司的风险管理工作进行梳理分析。

首先，审视 A 公司有无建立风险管理机制，包括明确履行风险管理职责的机构和岗位，相关的制度与流程。对于一个风险管理意识淡薄的公司，很可能没有建立过风险管理机制，但不能因此给出该公司没有开展风险管理工作的结论。即风险管理工作不规范，不代表没有，有可能该公司现有的制度流程中，实际已起到风险管理的作用。因此，还需要进一步梳理分析。

其次，审视 A 公司风险识别的充分性，包括有没有对内外部风险进行识别，以及识别的风险点是否全面。风险识别的充分性与全面性要求，A 公司应从战略层面到操作层面，尽其所能进行风险点的梳理与描述。战略层面考虑，与 B 老板合作开展代理进口业务，是否符合公司战略方向与经营目标。拓展一项新业务的风险点有哪些，公司是否了解该行业与产品，是否有专业的经营及管理人员，其能力能否驾驭新业务。B 老板的背景如何，在与 A 公司合作之前，是否已陷入经营困难或债务危机。B 老板的担保能力如何，公司能否取得其资金或资产实力的有效证明。B 老板的风险偏好如何，在经历市场行情巨大波动时的行为与反应，是否会进一步加大风险。B 老板控制的公司与其法律关系如何，如 B 老板仅为隐形的实际控制人，其控制的公司是否会逃避对 A 公司的债务，最终导致 A 公司对 B 老板的担保承诺没有约束力和控制力。A 公司的资源，包括资金、银行授信额度、管理幅度等是有限的，A 公司的净资产与风险承受能力也是有限的，与 B 老板合作的业务做多大合适。全面的风险识别，还包括对业务流程中关键控制点的识别，前面在内控控制的风险识别中有所涉及，不再赘述。

再次，审视 A 公司风险分析评估的恰当性。对于识别出的风险点，需要逐一分析风险发生的可能性和影响程度，恰当性体现在评估的依据是否充分，评估的方法是否科学合理。例如，C 董事长认为，对于 B 老板的实力，他是评估过的，理由是 B 老板专业能力强，在业界名气大，B 老板还声称自己在某地有价值十几亿元的房产。能力强、名气大，对于风险评估来说，是主观推断，无法证明其对降低风险的作用。房产是实力的有力证明，但 C 董事长既没有去实地考察过，也没有看到过房产证明，更没有要求 B 老板以部分房产办理抵押。这样的风险评估是不恰当的。而 B 老板的资信与实力，是风险发生的可能性很高、对业务的影响程度很大的一个风险点，应该得到充分重视、审慎评估。

最后，审视 A 公司风险应对的有效性。经营公司就是在经营风险，识别不出风险是最大的风险。当风险被充分识别、被恰当评估后，如能针对可能的风险采取措施加以防范，风险管理的结果必定是有效的，即使发生了风险也是可控的。例如，鉴于 A 公司的资源有限，B 老板的实力有限，A 公司在决定业务规模时，设定一个上限，这个上限充分考虑到了 B 老板出现违约的可能性，以及 A 公司的风险承受能力，设定上限就是风险应对的措施。再如，规定 B 老板的公司一旦出现第一笔违约，就暂停发货，后续的合同就必须暂停签订，也是一项有效的风险应对措施。

（五）改进内部控制与风险管理的建议

A 公司的内控缺陷以及风险管理的缺失，最终导致该公司进入破产重整程序，相关人员承担了法律后果。A 公司的个案，集中了内控及风险管理的多方面典型问题。审计人员在出具审计报告时，可从企业层面控制到业务层面控制，结合发现的问题加以提炼总结，提示风险发生的根本原因。

针对 A 公司与 B 老板合作开展的代理进口业务存在的高风险特征，可以区分融资行为、投机行为、代理行为等分析风险成因，提出改进管理的建议。

1. 违规开展放货业务，融资行为埋下资金断链风险。

委托方之所以要求贸易企业放货，根本原因大多是自身资金短缺或授信额度不够、信用不高、担保能力不强。C 董事长轻信 B 老板的实力和担保承诺，没有经过 A 公司规范的决策程序，擅自同意开展放货业务，且对开证总量没有额度控制。在行情持续下跌背景下，B 老板的经营亏损越滚越大，资金越绷越紧，拿到货物就意味着融到资金，放货业务一发不可收拾。因此，涉及融资业务的内部控制与风险管理，一定要采取更加严格的尽职调查与事前审批流程，防范因合作方选择不当，在业务的源头埋下风险隐患。

2. 放松对合同和货权的管控，舞弊行为造成合同和货权失控风险。

该案例暴露出贸易企业常见的管理误区，即重视资金管控，放松合同和货权管控。资金管控方面，再小的个人借款，审批人也不止一位；再小的款项超期未还，财务部门都会根据记录密切跟踪。而对于合同和货权，这类在资产负债表上没有反映的“表外业务”，管控力度明显不足。

合同管控方面，在一些公司，签订合同是业务部门的职责，财务部门不掌握合同签订情况，除非需要付款、开证，业务部门才会向财务部门提交合同。如果没有管理部门对合同的签订和履行情况进行跟踪，就容易出现 A 公司经历的风险。合同专用章由业务部门经理保管，根据总经理指示盖章。总经理想要隐瞒合同盖章情况，合同信息必须在信息系统中留痕的制度就可以不执行，合同风险由此产生。

货权管控方面，合同对应的货在哪里，数量多少，已发出货物收款情况，账实是否相符，需要集中企业内部仓储管理部门、财务部门、业务部门，以及外部仓储单位的各方信息。如将对货物的监管职责全权交给业务部门，无疑是把金库的大门虚掩着，随时会被别有用心的人利用，产生舞弊动机和行为。A 公司总经理长期隐瞒该业务违规放货的事实，让内部控制和监督失效。

合同管理与货权管控，是基础管理工作，应建议企业严格执行内部控制基本规范及应用指引的要求，将控制措施落实到位。

3. 违规开展投机业务风险极大。

首先，与传统贸易相比，投机业务具有杠杆放大效应，风险倍增。传统贸易业务规模，多少会受到资金和银行授信的限制；投机业务，特别是不加监管与约束的业务，有的仅需要支付 10% 的保证金，甚至不用保证金，即可开展 100% 的业务。其次，投机业务形式灵活多变，容易脱离财务管控。贸易业务发生风险，要么货物跌价了，要么应收款收不回了，看得见、摸得着，财务尽管是事后反映，也大体能说清楚风险情况。投机业务形式不断创新，有的业务模式复杂到只有业务员自己明白，管理者想要了解清楚都要花一番功夫。在财务监管方面，如果投机业务表面上被包装为正常的贸易，亏损不体现在贸易公司账面上，委托方自己的亏空再大，也会想方设法欺瞒，贸易企业的财务管控根本无法发挥作用。例如，A 公司参与的以美元计价的“纸货业务”，差价收付都在 B 老板的公司操作，A 公司始终无法获知以自己公司名义开展的投机业务到底赚了多少，亏了多少。失去监管的投机业务风险不可估量。因此，应建议贸易企业采取风险规避措施，尽量不触碰投机业务的高压线。

投机业务的特点，决定了业务开展之初，可能并不需要多少资金，业务开展中，如不涉及支付全额货款，需要的资金量也不大，不能像传统贸易那样，用占用资金的多少评判投机业务风险。许多业务人员理想中的优质业务，就是有收入、有利润、不垫资、周转快、金额大。投机业务摇身一变，恰好能满足这些要求。一些别有用心的委托方在请求贸易企业为其开展代理业务时，会粉饰自己的经营能力、资产实力和担保能力，掩盖业务的交易本质，去迎合贸易公司不垫资、无风险的要求。代理业务本身风险就比较大，代理开展投机业务风险更大。因此，需要建议企业擦亮双眼，积累经验，明辨业务模式背后的实质，一旦发现业务模式超出常规，或者业务逻辑缺乏合理性，要果断采取措施终止此类业务。

面对复杂多变的形势、不断创新的经济行为与业务模式，企业内部控制与风险管理面临的挑战不断加大。内部控制审计与风险管理审计在帮助企业经营者把脉管理、防范风险方面任重道远。

三、相关法规和准则

（一）法规

1.《合同法》；
2.《中华人民共和国注册会计师法》。

（二）审计准则

1.《内部审计具体准则第 2201 号——内部控制审计》；
2.《内部审计具体准则第 2204 号——对舞弊行为进行检查和报告》；
3.《中国注册会计师审计准则第 1211 号——了解被审计单位及其环境并评估重大错报风险》。

（三）内控规范性文件

1.《内部控制基本规范》及应用指引；
2.《内部控制评价指引》；
3.《内部控制审计指引》。

本章小结

风险管理审计其功能定位可以明确为，评估风险识别的充分性、评价风险分析评估的恰当性、评估风险应对的有效性，并提出改进建议。内部控制审计是通过对被审计单位的内部控制制度的审查、分析测试、评价，确定其可信程度，从而对内部控制是否有效作出鉴定的一种现代审计方法。开展内部控制审计，是对内部控制从设计到运行的整个过程实施持续监控的有效手段。内部控制是风险管理的基础，开展风险管理审计，有助于两者更好地融合，帮助组织在更广泛的领域改善内部控制及风险管理。内部控制审计与风险管理审计在企业经营过程中任重道远。

练习与思考

一、名词解释

1. 内部控制审计
2. 风险管理审计
3. 资金运营控制
4. 风险点
5. 内部控制
6. 风险识别
7. 资金运营控制

二、思考题

1. 内部审计机构实施的内部控制审计与注册会计师实施的内部控制审计的联系与区别。

2. 内部审计机构实施的内部控制审计与内部控制评价的联系与区别。

3. 以本章案例中的 A 公司为例，列示出 A 公司的风险清单，不少于 5 项风险，包括风险名称、风险描述及履行该项风险管理的部门。

4. 从上述风险清单中选出三个风险点，简述分析评估这些风险点时，需要查阅哪些制度，从哪些方面了解制度执行情况。

5. 为提升 A 公司的内部控制及风险管理效果，请你提出对改进 A 公司信息系统关键控制流程的建议。

三、案例题

1. 当慧公司为加强内部控制制度建设，聘请某会计师事务所对公司所属 B、C、D、E 四个全资子公司内部控制制度的健全性和有效性进行审计。审计中发现以下情况：

（1）关于 B 公司对外投资决策情况。B 公司一项投资发生于 2011 年 6 月，当时 B 公司董事长谭某经朋友介绍认识了自称是境外甲金融投资公司（以下简称甲公司）总经理的廖某，双方约定，由 B 公司向甲公司投入 1 000 万元用于投资，期限 1 年，收益率 20%。考虑到这项投资能给本公司带来巨额回报，为避免错失良机，谭某指令财务部先将 1 000 万元资金汇往甲公司，之后再向董事会补办报批手续、补签投资协议。财务部汇出资金后向对方核实是否收到汇款时却始终找不到廖某。后经查实，甲公司纯系子虚乌有。

（2）关于 C 公司对外担保管理情况。2011 年 3 月，C 公司为乙公司提供 100 万元贷款担保，公司风险管理部李某根据总经理指示办理此事。由于李某对担保业务不熟悉，C 公司也没有相应的管理制度，因此，李某仅凭感觉认为乙公司董事长是本公司总经理的亲属，不会出问题，于是办理了担保手续。此后，乙公司破产，C 公司承担连带责任。

（3）关于 D 公司工程项目管理情况。2010 年 5 月，D 公司开工建设职工活动中心，2011 年 6 月份完工。工程原定总投资 9 000 万元，决算金额为 11 000 万元。据查，该工程由 D 公司工会提出申请，由工会有关人员进行可行性研究，经 D 公司董事会审批同意并授权由工会主席谭汇具体负责工程项目的实施和对工程价款支付的审批。随后，谭汇私自决定将工程交由某个体施工队承建。在工程即将完时，施工队负责人向谭汇提出，职工活动中心应有配套健身设施，建议增建保龄球馆。谭汇认为这一建议可取，指示工会有关人员提出工程项目变更申请，经其签字批准后实施。在工程完工后，由工会有关人员办理了竣工验收手续，由财务部门将交付使用资产登记入账。职工活动中心交付使用后，发现包括保龄球道在内的多项工程设施存在严重质量问题。

（4）关于 E 公司重大设备采购控制情况。2011 年 5 月，E 公司决定从国外引进两台具有世界领先水平的生产设备。经某客户推荐和联系，E 公司指派一副总经理带队赴国外丙公司实地考察。考察期间，考察团仅观看了所要采购设备的图片和影视资料，未进行实地考察和技术测试。双方代表经过谈判，并经各自公司授权批准，签订了采购合同。6 月 15 日，E 公司按照合同约定一次性支付了设备款。8 月初，两台设备运抵 E 公司，并在启封、安装后立即投入生产。但在生产过程中，这两台设备多次出现故障。后经专家鉴定，这两台设备是国外淘汰多年的旧机器，丙公司仅仅更换了一些零部件、重新喷涂了油漆就将其出售给了 E 公司，其实际价值不及售价的十分之一。

要求：从内部控制角度，分析、判断并指出 B 公司、C 公司、D 公司、E 公司内部控制中存在哪些缺陷。

第十三章 经济责任审计

学习内容与目标

通过本章学习，了解经济责任审计产生的背景及其发展历程；掌握经济责任审计概念、对象、内容和意义；掌握经济责任的概念、范围、分类；熟悉经济责任审计方法、流程及依据；能够结合具体案例分析经济责任审计活动并理解其重要性。

一、经济责任审计理论概述

经济责任审计：指企事单位的法定代表人或经营承包人在任期内或承包期内应负的经济责任的履行情况所进行的审计。经济责任审计的主要目的是分清经济责任人任职期间在本部门、本单位经济活动中应当负有的责任，为组织人事部门、纪检监察机关和其他有关部门考核使用干部或者兑现承包合同等提供参考依据。

经济责任审计起源于受托经济责任制，是顺应我国特有的经济体制和政治体制改革的进程逐步发展起来的具有中国特色的审计监督制度，是现代审计制度在顺应我国经济发展并切合我国政治制度下的审计制度创新。

审计产生的客观条件之一就是财产所有权与经营管理权的分离，其主要目的就是保护财产的安全和完整，保证会计资料的真实和可靠，明确财产经营管理者的经营管理责任。因此，从根本上看，任何一种审计都是经济责任审计，也就是说，广义的经济责任审计包括一切审计。狭义的经济责任审计，则是特指我国在近些年来出现的旨在明确国家机关和国有企业事业单位领导人经营管理责任而进行的一种审计活动，这也就是我们通常所说的任期经济责任审计或者离任审计。下面主要是从狭义的角度对经济责任审计加以介绍。

（一）经济责任审计的起源与发展

1. 经济责任审计产生的历史背景。

中国共产党十一届三中全会后，政府对国有企业实行所有权和经营权分离，推行厂长（经理）负责制。在此原则之下，国有企业承包经营制、租赁制、股份制、资产经营责任制等多种经营形式不断涌现。在增加了企业活力的同时，企业经营者的权力也随之放大，出现了一些问题。例如，有的企业经营者（承包者）弄虚作假虚报政绩，有的挥霍公款铺张浪费，有的侵吞公款中饱私囊等。针对这些问题，1985 年，黑龙江省齐齐哈尔市、安徽省淮南市等地的审计机关从企业着手，开始探索经济责任审计，并取得了良好的成效。

2. 经济责任审计的发展历程。

自 20 世纪 80 年代起，历经 30 余年探索、发展与深化，经济责任审计已逐步走向法制化、规范化。其发展历程基本可分为四个阶段。

（1）起步阶段：1986～1998 年，主要实施国营企业厂长（经理）的承包兑现公证审计和离任审计。

1986 年 9 月，为适应我国国有企业深化改革的需要，中共中央、国务院颁布了《全民所有制工业企业厂长工作条例》，明确规定："厂长离任前，企业主管机关（或会同干部管理机关）可以提请审计机关对厂长进行经济责任审计评议"。同年 12 月，审计署制定下发了《关于开展厂长离任经济责任审计工作几个问题的通知》，对厂长（经理）离任审计的范围、内容、程序和要求等方面作了规定。

1988 年，国务院颁发的《全民所有制工业企业承包经营责任制暂行条例》中规定："实行承包经营制，由国家审计机关及其委托的其他审计组织对合同双方及企业经营者进行审计"。这两项规定的颁布实施，成为我国早期开展经济责任审计的重要依据，标志着经济责任审计由各地审计机关的自发探索到初步形成。

随着国有企业厂长（经理）离任经济责任审计工作的深入开展，黑龙江、山东、辽宁、安徽、浙江、四川等省、市、自治区先后颁布了地方性法规和政府规章，为经济责任审计工作的规范化、制度化、法制化奠定了基础。

1998 年 1 月，中纪委二次全会明确提出："国有企业、县（市）直属部门和事业单位，乡（镇）党委、政府的主要领导干部，要实行离任审计制度，未经审计的不得离任。有条件的地区可扩大实行这项制度的范围"。1998 年 2 月，中央五部委印发《关于转发〈关于菏泽地区实行领导干部离任审计制度的调查报告〉的通知》，要求全国各地、各部门学习、借鉴菏泽经验，积极稳妥、有步骤地推行党政机关、事业单位领导干部任期经济责任审计工作。党政领导干部和国有企业法定代表人经济责任审计工作在全国的推行，标志着经济责任审计作为一项制度在我国正式确立。

（2）发展阶段：1999～2006 年，主要实施县级以下领导干部和国有企业领导人员的经济责任审计。

1999 年 5 月，中共中央办公厅、国务院办公厅印发的《县级以下党政领导干部任期经济责任审计暂行规定》和《国有企业及国有控股企业领导人员任期经济责任审计暂行规定》，为开展经济责任审计提供了依据。

2000 年 6 月，中办、国办《关于转发中央纪委等部门〈关于认真贯彻落实中办〔1999〕20 号文件切实做好经济责任审计工作的意见〉的通知》（中办发〔2000〕16 号）、2001 年 1 月 20 日中央五部委《关于进一步做好经济责任审计工作的意见》（审办发〔2001〕7 号）、2003 年 3 月 5 日中央五部委经济责任审计工作联席会议办公室关于印发《关于进一步加强经济责任审计工作中有关部门协调与配合的意见》的通知（经审办字〔2003〕3 号）等文件，提出了加强领导、加强部门之间的配合、健全机构、落实经费、抓好部门管理的领导干部任期经济责任审计工作、扩大审计范围等意见，推进了经济责任审计工作的深入开展。

2004 年 9 月 19 日，中国共产党十六届四中全会通过的《中共中央关于加强党的执政能力建设的决定》提出了“建立健全领导干部个人重大事项报告制度、述职述廉制度、民主评议制度、谈话诫勉制度和经济责任审计制度，依法实行质询制、问责制、罢免制”的要求，为全面开展经济责任审计工作提供了依据。

2004 年 11 月 24 日，在一些省市探索开展地厅级党政领导干部经济责任审计工作基础上，中央五部委下发了《关于将党政领导干部经济责任审计范围扩大到地厅级的意见》（审经责发〔2004〕65 号），要求从 2005 年 1 月 1 日起，党政领导干部经济责任审计范围由县级以下扩大到地厅级，审计署于 2005 年也对省部级领导干部进行了经济责任审计试点，被审计领导干部的层次逐步提高。

成熟阶段：2006 ~ 2014 年，经济责任审计法律法规不断完善。

2006 年经济责任审计写入《中华人民共和国审计法》，2010 年中共中央办公厅、国务院办公厅印发实施《党政主要领导干部和国有企业领导人经济责任审计规定》，审计范围扩大到地方级、省部级。

2007 年 1 月 16 日，中央五部委联席会议办公室印发了《关于进一步加强内部管理领导干部经济责任审计工作指导意见的通知》（经审办〔2007〕2 号），对内部管理领导干部经济责任审计工作提出了明确要求。

2007 ~ 2010 年，中央五部委经济责任审计联席会议办公室连续印发了 4 个经济责任审计工作指导意见，提出经济责任审计要关注民生、关注发展等国家重大宏观经济政策贯彻落实情况，同时对加强和改进审计计划管理、严格界定审计内容、科学规范评价等提出了要求。

2010 年 10 月 12 日，中央办公厅和国务院办公厅印发了《党政主要领导干部和国有企业领导人员经济责任审计规定》（中办发〔2010〕32 号），以科学发展观为统领，对经济责任审计的对象、组织协调、审计内容、审计实施、审计评价、结果运用等方面作出了明确规定，对经济责任审计工作发展具有里程碑作用。

创新发展阶段：2014 年，中央七部委发布了《党政主要领导干部和国有企业领导人员经济责任审计规定实施细则》，进一步健全和完善经济责任审计制度，规范经济责任审计行为，并提出了党政同审的概念，强化了经济责任审计结果的运用等。

（二）经济责任审计的定义

对任期经济责任审计的定义，专家们的看法各不相同，主要有以下观点。

刘鹤章认为，任期经济责任审计的关键是通过财务收支审计，将企业存在的问题的责任落实到人，是财务收支审计结果的人格化。可以说，任期经济责任审计是具有中国特色的财务收支审计与效益审计相结合的有效形式。

刘国权认为，所谓经济责任审计，是对企业法定代表人及其所在企业的资产负债损益的经济、合法、效益性，以及有关经济活动应当负有的经济责任所进行的监督和评价活动。

中天恒会计师事务所认为，任期经济责任审计，是注册会计师依法接受委托，根据委托协议的规定，按照国家的有关规定和独立审计准则的要求，对被审计人任职期间所在单位的资产、负债、损益的真实性、合法性、效益性，以及被审计人个人履行经济责任、遵守财经纪律和廉洁自律情况所进行的监督、评价和鉴证活动。

各级文件制度规定：

中共中央办公厅、国务院办公厅《党政主要领导干部和国有企业领导人员经济责任审计规定》，经济责任是指领导干部在任职期间因其所任职务，依法对本地区、本部门（系统）、本单位的财政收支、财务收支以及有关经济活动应当履行的职责、义务。

《中央企业经济责任审计管理暂行办法》中企业经济责任审计，是指依据国家规定的程序、方法和要求，对企业负责人任职期间其所在企业资产、负债、权益和损益的真实性、合法性和效益性及重大经营决策等有关经济活动，以及执行国家有关法律法规情况进行的监督和评价的活动。

内部审计实务指南第 5 号：内部经济责任审计，是指企业内部审计机构对企业内部管理领导干部（以下简称企业内管干部）开展的经济责任审计。指南所称经济责任，是指企业内管干部在任职期间因其所任职务，依法对所在企业或部门（以下简称企业内管干部所在企业）的财务收支及有关经济活动应当履行的职责、义务。

（三）经济责任审计的主要职能

1. 基本含义：是任期经济责任审计的内在功能，即能够适应经济活动和社会发展的需要所具有的能力。

2. 一般职能。

（1）经济监督：是指监察和督促被审计单位的经济活动按预定轨道正常进行；

（2）经济鉴证：采用特定程序及方法对被审计人负责单位全部经济活动实施审计并作出书面证明的法律行为。

（3）经济评价：审计机关及人员通过对审计项目的分析与评价，以对评价对象作出结论的活动。

3. 辅助职能。

（1）预防职能：预防领导干部经济犯罪，保护干部；

（2）服务职能：为加强对领导干部监督管理服务。

（四）经济责任审计的意义

经济责任审计，对完善干部的管理监督制度，增强单位领导人员的责任感和自我约束意识，提高单位领导严格履行职责的自觉性，强化单位领导人员执行财经法纪，促进党风廉政建设，严肃财经法纪，维护正常的经济秩序都有着十分重要的意义。

1. 强化领导干部监督手段，提高干部监督力度。

（1）对所有离任领导干部进行审计；

（2）审计问题的层次较深，隐蔽性的经济问题也不会漏网；

（3）可以发现萌芽状态的经济问题；

（4）对领导干部的审计长期坚持，不间断进行。

2. 完善干部监督管理机制，实行部门职能互补。

（1）审计结果可作为干部提拔和处理的依据；

（2）审计结果可作为考查干部的历史资料分别存档。

3. 客观评价领导干部经济责任，促进形成竞争机制。

（1）是审计手段在干部监督管理领域中的科学运用；

（2）为决策提供真实的财务、会计和其他信息资料。

（五）经济责任审计对象、内容、形式及难点

1. 经济责任审计的对象。

党政主要领导干部经济责任审计的对象包括：

地方各级党委、政府、审判机关、检察机关的正职领导干部或者主持工作一年以上的副职领导干部。

中央和地方各级党政工作部门、事业单位和人民团体等单位的正职领导干部或者主持工作一年以上的副职领导干部；上级领导干部兼任部门、单位的正职领导干部，且不实际履行经济责任时，实际负责本部门、本单位常务工作的副职领导干部。

国有企业领导人员经济责任审计的对象包括：

国有和国有控股企业（含国有和国有控股金融企业）的法定代表人。

2. 经济责任审计的内容。

中共中央办公厅、国务院办公厅《党政主要领导干部和国有企业领导人员经济责任审计规定》，经济责任审计应当以促进领导干部推动本地区、本部门（系统）、本单位科学发展为目标，以领导干部守法、守纪、守规、尽责情况为重点，以领导干部任职期间本地区、本部门（系统）、本单位财政收支、财务收支以及有关经济活动的真实、合法和效益为基础，严格依法界定审计内容。

地方各级党委和政府主要领导干部经济责任审计的主要内容是：本地区财政收支的真实、合法和效益情况；国有资产的管理和使用情况；政府债务的举借、管理和使用情况；政府投资和以政府投资为主的重要项目的建设和管理情况；对直接分管部门预算执行和其他财政收支、财务收支以及有关经济活动的管理和监督情况。

党政工作部门、审判机关、检察机关、事业单位和人民团体等单位主要领导干部经济责任审计的主要内容是：本部门（系统）、本单位预算执行和其他财政收支、财务收支的真实、合法和效益情况；重要投资项目的建设和管理情况；重要经济事项管理制度的建立和执行情况；对下属单位财政收支、财务收支以及有关经济活动的管理和监督情况。

国有企业领导人员经济责任审计的主要内容是：本企业财务收支的真实、合法和效益情况；有关内部控制制度的建立和执行情况；履行国有资产出资人经济管理和监督职责情况。

根据《中央企业经济责任审计管理暂行办法》第十五条规定，企业负责人经济责任审计工作主要内容包括：企业负责人任职期间企业经营成果的真实性；企业负责人任职期间企业财务收支核算的合规性；企业负责人任职期间企业资产质量变动状况；企业负责人任职期间对企业有关经营活动和重大经营决策负有的经济责任；企业负责人任职期间企业执行国家有关法律法规情况；企业负责人任职期间企业经营绩效变动情况。

3. 经济责任审计的形式。

《中央企业经济责任审计管理暂行办法》第九条规定，国资委组织实施企业经济责任审计工作，主要采取以下 3 种形式：

按国家有关规定，委托国家有关审计机关具体实施审计工作；

根据出资人财务监督工作需要，聘请具有相应资质条件的社会审计组织承担审计工作任务；

根据实际工作需要，组织或者抽调企业内部审计机构人员实施有关审计工作。

4. 经济责任审计的依据。

（1）立项依据。

人民政府指令和领导干部任免机关的安排、要求或委托、委派。

（2）审计依据。

有关法律、法规、规章等。包括国家和地方政府的方针、政策、制度、标准和有关规定，以及组织内部的各项标准和规章制度等。

《中华人民共和国审计法》第二十五条：审计机关按照国家有关规定，对国家机关和依法属于审计机关审计监督对象的其他单位的主要负责人，在任职期间对本地区、本部门或者本单位的财政收支、财务收支以及有关经济活动应负经济责任的履行情况，进行审计监督。

《党政主要领导干部和国有企业领导人员经济责任审计规定》。

《中央企业经济责任审计管理暂行办法》。

《中央企业经济责任审计实施细则》。

5. 经济责任审计与财务收支审计的区别（见表 13－1）。

表 13－1　　经济责任审计与财务收支审计的区别

区别方面	财务收支审计	经济责任审计
审计对象	对事不对人，以单位（部门）有关财务收支及有关经济活动为审计评价对象	由人及事，对人也对事，在审查被审单位（部门）财务收支及有关经济活动情况的基础上，以单位（部门）的主要负责人为审计评价对象
审计目标	监督财务收支的真实、合法及效益性	以财务收支业务检查为切入点，结合“三重一大”决策以及内部控制管理等特定事项，检查、评价领导干部经济责任的履行情况，促进领导干部的全面履责
授权或委托	根据年度审计计划，依照自身职责权限，自主实施审计	根据干部管理和干部监督工作的需要，经联席会议研究并报党委常委会批准，在列入年度审计计划后，由组织部出具审计委托书，审计处组织实施，体现了党管干部的原则和部门联动的合作
审计范围	局限于单位（部门）财务收支的真实性、合法合规性和有效性	在全面评判被审计领导干部所在单位（部门）财务收支及有关经济活动行为的基础上，以领导干部经济责任职责范畴为主线，对领导干部任期内履职行为作出全方位的评价，并对发现的主要问题作出相应的责任界定
审计标准	对经济指标进行系统检查，评价被审计单位（部门）收支行为的真实性、合法合规性和有效性	重点关注领导干部履行事业发展责任、经济决策责任、经济管理责任、执行法律法规、经济政策责任和廉政建设责任的情况
审计方法	应用常规审计的查账、谈话、统计、比较等方法，侧重于对数据的分析和查账技巧	以财务收支审计为基础，以“三重一大”事项和内部控制管理为导向，运用询问、谈话、统计、调查等检查方法，从宏观层面上评价与鉴证领导干部的经济责任履行情况
结果用途	促进被审单位会计核算、财务管理、资金使用效益水平的提高，为被审计单位管理和决策提供参考依据	存入被审计领导干部的本人档案，作为干部考核、任免、奖惩的重要依据，促进领导干部廉政勤政、履职尽责，促进被审计人所在单位（部门）改善和优化管理，推进党风廉政建设

6. 经济责任审计的特点和难点。

(1) 特点。

专业性——审事议人;

特殊性——法定代表人、“一把手”;

综合性——包罗各种审计内容;

跨度性——任期长、单位多。

(2) 难点。

先离后审、审计方法限制、人力限制、人为压力。

(六) 经济责任审计原则、方法及流程

1. 经济责任审计的原则。

(1) 依法审计原则。

①审计法及其实施条例;

②两办两个暂行规定:中央办公厅:党政领导干部,国务院办公厅:国有企业及国有控股企业领导人员;

③2003 年 6 月《指导意见》和 2004 年 8 月《暂行办法》;

④其他有关法律、法规及规定。

(2) 客观公正原则。

①对被审计人员要客观地进行任期经济责任审计;

②证据要充分并且要真实;

③审计机构和人员要独立地实施审计;

④贯彻回避等相关制度。

(3) 重要性原则。

①要抓住重要问题实施任其责任审计;

②主要对重要问题的重点环节实施任期经济责任审计;

③合理确定重要问题,并分清主次关系。

(4) 谨慎性原则。

①审计评价要准确;

②分清任期经济责任的性质;

③要功过分明,慎重下审计结论。

(5) 实事求是原则。

①对存在问题不隐瞒、夸张、回避、遗漏;

②判断问题性质既要合法,又要考虑符合实际情况;

③充分考虑环境、目的、动机等重要因素。

2. 经济责任审计的方法。

（1）经济责任审计工作的基本思路。

①“摸家底”；

②“揭隐患”；

③“促发展”。

（2）企业经济责任审计方法的分类。

①根据经济责任审计方式方法特点分类。

审计调查方法；

审计取证方法；

审计评价方法。

②根据经济责任审计方法适应的审计目的分类。

一般目的的经济责任审计方法；

特殊目的的经济责任审计方法。

③根据经济责任审计方法在不同阶段的运用分类。

审计准备阶段采取的方法；

审计实施阶段采取的方法；

审计终结阶段采取的方法。

（3）具体方法。

方法一：用整体的眼光看问题——系统论的运用。

➢ 整体性——单位不分大小，用整体眼光看问题

➢ 结构性——事务皆可拆分

➢ 关联性——由总而分，由分至总，从单一的问题看整体

方法二：不要急于抱账本——谋定而后动。

➢ 单位所处的行业特点

➢ 单位所处的发展阶段

➢ 单位所处的架构级次

➢ 单位上级机构的监控力度

➢ 单位所采用的会计政策

➢ 单位财务数据接收其他审计的情况

方法三：不要一条路走到黑——准确的方向在于调整。

➢ 内部审计与外部审计——审计方法的调整

➢ 账务检查与业务分析——审计内容的调整

➢ 账簿记录与现场实况——审计方式的调整

➢ 扩大范围与缩小范围——审计范围的调整

3. 经济责任审计的流程。

根据从事经济责任审计工作的体会，我们认为经济责任审计应包括准备、实施、评

价和报告四个阶段，要突出经济责任审计的特点。

（1）经济责任审计准备。

经济责任审计准备，是指在审计机构年度审计项目计划业务经批准下达后，由审计业务部门在具体实施对单个经济责任审计项目的审计工作前所做的各项准备工作，如图13－1所示。

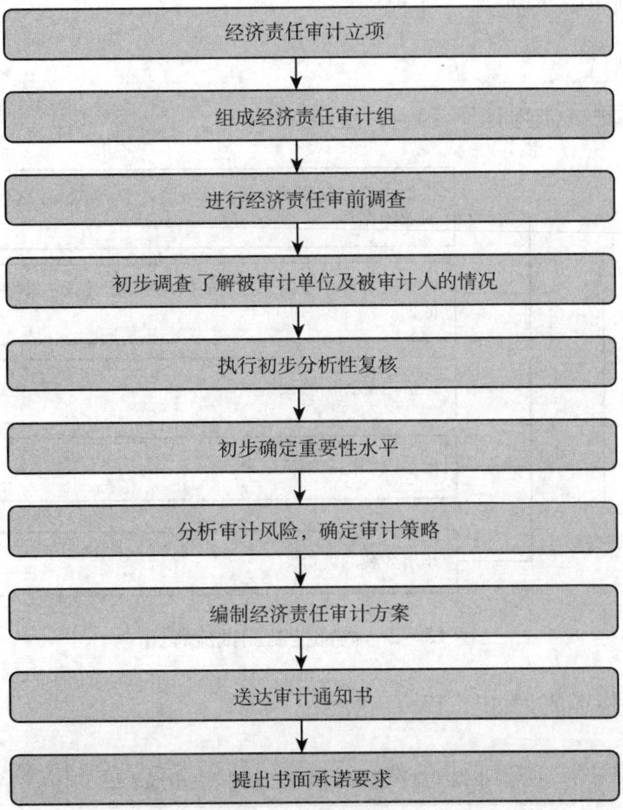

图13－1　经济责任审计准备

（2）经济责任审计实施。

经济责任审计实施是整个审计工作最重要、最根本的组成部分，它标志着经济责任审计工作的正式开始，所有审计人员都要按照自身分配的审计任务开始各自审计取证或审计资料的复核，审计人员工作的每一个取证或复核等都可能部分或全部影响审计评价工作，对审计工作质量和审计工作风险产生至关重要的影响，关乎整个审计报告质量的高低，做好此项工作责任重大。在具体实施过程中审计人员应对被审计企业的会计资料和填报的审计表格数据及领导干部述职报告和需要说明的重大事项等进行合理、必要的实质性测试，并确定所审计事项与企业领导人经济责任之间的关系，对被审计领导做出客观、公正的评价。

在此仅就通用流程说明如下：

进驻被审计单位，召开进点会

召开不同类型的座谈会

全面收集与经济责任审计有关的资料

认真剖析“述职报告”

结合内部控制审计实施符合性程序

实施实质性测试

实施内部控制测试流程如图 13－2 所示。

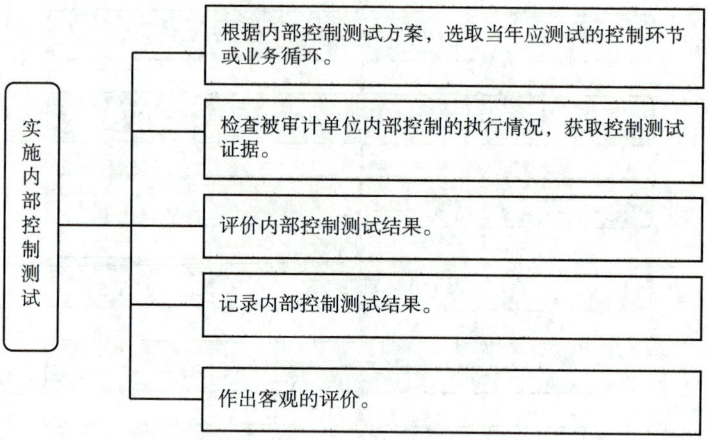

图 13－2　内部控制测试流程图

实质性测试的基本流程如图 13－3 所示。

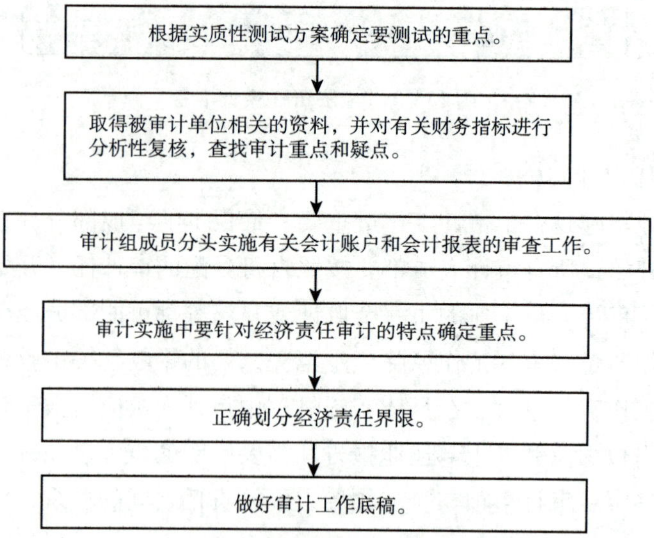

图 13－3　实质性测试基本流程图

(3) 经济责任审计评价。

经济责任审计评价是经济责任审计工作非常重要的环节，它既关系到审计工作的质量和风险，也是被审计人员和委托人十分关注的焦点。因此，审计机构必须针对经济责任审计的特点，在对审计事项进行核实的基础上，需要分清有关经济责任界限，对被审计单位领导人员经济责任作出正确、客观的评价。

我们一贯主张经济责任审计评价要贯穿经济责任审计工作的全过程，并采取独立的经济责任审计评价流程。我们设计的经济责任审计评价通用流程如图 13 -4 所示。

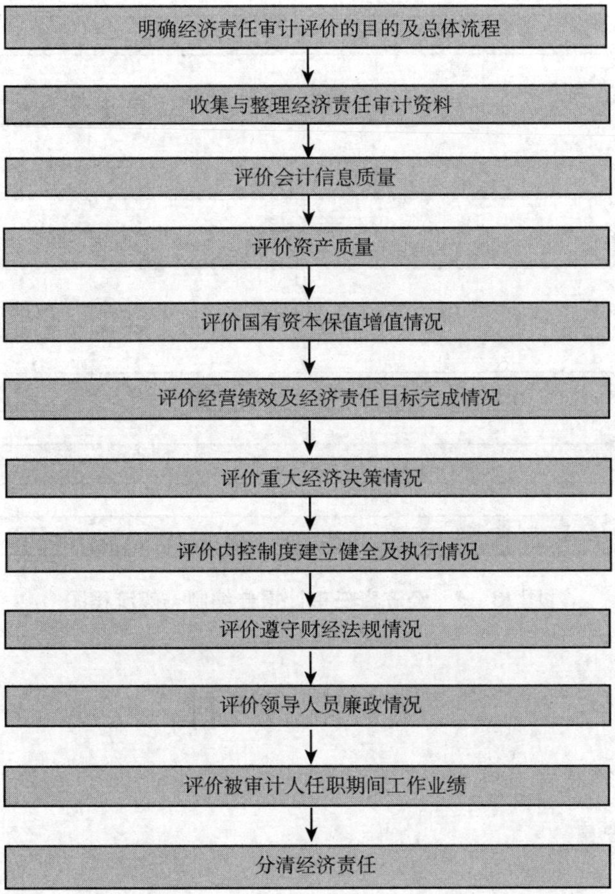

图 13 -4 经济责任审计评价通用流程图

(4) 经济责任审计报告。

经济责任审计报告与常规审计报告编制要求和流程是有所不同的，我们设计的经济责任审计报告编制一般流程如图 13 -5 所示。

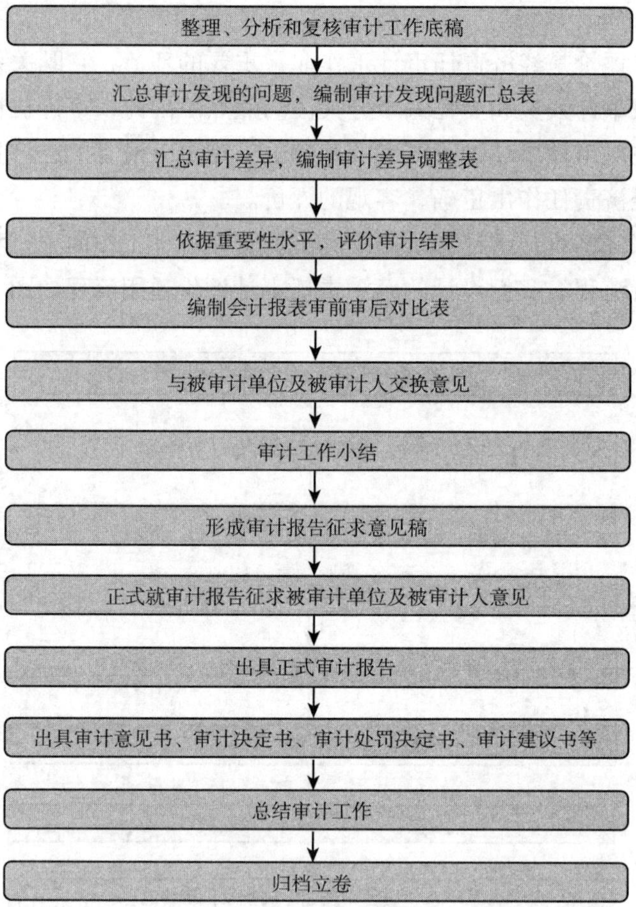

图 13-5 经济责任审计报告编制一般流程图

二、案例资料

（一）案例背景

1. A 县基本情况。

A 县有着 423 平方公里的县域面积，下辖 5 镇、2 乡、2 区以及 234 个行政村，拥有人口 30 万。2017 年，A 县生产总值为 193.2 亿元，同比增速为 7.6%；社会消费品实现 22.2 亿元的零售规模，与上年度相比增幅为 6.5%；工业增加值为 109.7 亿元，与上年度相比增幅为 12.6%；地方财政收入为 16.2 亿元，与上年度相比增幅为 48.4%；城乡、居民人均可支配收入与上年度相比的增幅分别为 5.3%、7.2%。

A 县共有党政机构 52 个，其中包括发改委、财政局、教科局等 23 个工作部门以及管理局、编办、园林局、招商局等 29 个其他市直部门。A 县共有乡镇 11 个，事业单位

253个。截至2017年底，A县行政编制总数1 149名，实有人数975名；另外，事业编制6 092名，实有人数5 540名。

2. 审计机构基本情况。

×市审计局在1983年9月设立，目前主要内设机构办公室、计划督查和内审指导监督科、财政审计科等19个职能部门，核定人员编制50人，下设12个管辖的县（市、区）审计机关。

×市审计局的核心职责是对相关法规与政策，借由向市政府相关部门提供审计结果的方式给出建议。其中，经济责任审计科的职责主要表现为，对本级直接领导的属于党政机关及直属国有、国有控股企业的领导干部，在其任期内的经济责任进行监督，并提出审计意见，A县领导干部进行经济责任审计包括在内。

3. 审计组基本情况。

×市审计局接受市委组织部的委托，由经济责任审计科组建审计组，对A县领导干部任届期间履行任期经济责任情况开展经济责任审计。经对A县经济体量做全面考量，以及分析此审计项目面临的时间限制，最终派出9人组成审计组。其中，组长1名，廉政督查1名，主审计官1名，另有其他6名审计员主要参与审计工作。

组长由经验丰富的×市审计局经济责任科科长担任。主审是由审计组组长选择最为专业的经责科业务骨干担任，毕业于审计专业，有丰富担任主审的经验，已经多次参与领导干部经济责任审计等类似级别的大中型审计项目。其他成员中1名为市局人员，其他成员皆为各县区抽调人员。

（二）案例内容与审计过程

1. 审计计划。

（1）审计调查。

为确保审计质量，明确审计重点和范围，×市审计局进行了审前调查。审计组采取座谈会、询问、查阅政策文件等各种形式，实地走访A县，调查其基本情况。通过此次调查，详细地了解了最近几年×市发展建设中重点投资方向，更有针对性地调查了A县内设机构设置、管理体制及内控制度制定、完善、落实等基本情况，A县领导干部的分管事项，查看了A县管辖区内各单位以往接受审计及巡查等相关记录，又结合了近几年内的政府工作报告等资料，重点关注、掌握了A县领导干部任职期间履职尽责、国家重大政策部署落实情况、重大项目、重点工程、重要资金管理以及个人履行党员义务、遵守党的纪律等方面所取得的成效和存在的不足，最后形成了调查汇总记录册，对存在重大疑问或值得关注的内容进行整理，明确调查确定的审计重点及内容。

审计组根据审计调查了解A县领导干部和管辖区有关情况，充分了解A县领导干部任职期间财政财务收支状况、遵守财经法规情况以及工作业绩和廉洁自律等方面的情况，评估存在重要问题的可能性，再参照审计工作方案，合理确定对A县领导干部经济责任审计的范围、重点、内容、方法以及时间，再结合实际分配审计资源，并明确出审计分工情况，合力解决审计问题，使审计方案做到详细、具体、全面，更好地为后续审计工作做出良好铺垫。

（2）制订审计实施方案。

审计实施方案是防范审计风险的重要依据。审计组按照×市审计局工作计划要求在进点审计后5个工作日内完成了审计实施方案的编制工作。结合审计调查后编制的调查汇总记录册，进行审计实施方案的编制，需要做到审计重点与内容清晰且具有可行性、审计范围明确、审计时间进度具体、人员分工合理，由承担审计项目的经济责任科主要负责人审核，报×市审计局局领导批准执行，并报法规科备案。实施审计过程中调整部分审计实施方案细节，及时报×市审计局领导批准，并告知经济责任审计科、计划督查和内审指导监督科。

（3）审计范围。

此次审计，审计组主要对A县领导干部在任期内，即2016年9月至2017年12月，履行经济责任的相关事项进行审计。并且一些重大经济事项追溯到以往相关年度，延伸到相关单位。

（4）审计进度及分工。

①审计进度。

审计工作开始于2018年6月28日，共分为三个阶段完成，如图13－6所示。

图13－6 审计进度

第一，审计计划阶段。6月21日前印发《审计通知书》，送达A县人民政府及A县领导干部。

第二，审计实施阶段（6月28日至8月30日）。6月29日至7月6日，收集资料，对被审计对象进行调研，并编制《审计实施方案》，明确审计重点；召开审计进点会，完成与有关人员谈话；采集有关财政电子数据，运用AO现场审计软件搭建平台；7月4日至7月25日对农委、发改局、水利局、财政局、国土局、环保局、林业局进行审计，根据工作需要延伸审计有关企事业单位和乡镇；7月26日至8月15对住建局、教育局、卫计局、交通局、经信局、人社局、民政局、县编办、招商局进行审计，根据具体的工作需要延伸审计有关企事业单位和乡镇。

第三，审计报告阶段（8月15日至8月30日）。整理汇总审计工作证据和底稿，起草小组审计报告。并将完成的报告汇报给分管领导。

②审计分工。

表 13－2　审计分工

审计组成员	工作内容
组长李××	负责审计组的全范围内的所有重要工作，参与对被审计单位有关人员的谈话，解决审计过程中遇到的困难，复核审计报告及工作底稿，对审计方向进行把控，以及全盘把握审计组工作情况，保障审计项目顺利实施和如期完成
廉政监督员陈××	负责监督在审计全程中，审计组成员有无接受被审计单位饭局邀约等相关廉政情况
主审申××	负责查阅会议记录、纪要，把握审计重点，确保审计工作质量。参与重点问题审计，按照审计程序的要求，印发审计通知书、编制实施方案、编制汇总审计底稿、起草审计文书等所有重要性工作环节
审计员王××	负责日常行政事务及简单的审计任务
其他审计人员	协助组长及主审进行审计

（5）审计工作要求。

①加强分析研究，突出审计重点。要在摸清被审计单位总体情况的基础上，围绕审计方案所确定的重点内容实施审计，充分利用以前年度国家审计机关预算执行、财政决算和专项资金审计成果，汲取经验，实现资源共享。收集整理党的十八大以来中央出台的各项法规制度，做好总结。并且要尤其注意存在的重点问题，针对重点问题，充分利用研究成果，再进一步梳理分析，提出建议。

②严格质量进度控制，保障审计质量。在《审计机关审计项目质量控制办法》的规范下，审计底稿编制更加有理有据，取证过程详细完整，定性准确，法律法规依据引用准确、得当。为了掌握工作进度，按时完成任务，审计组实行定期汇总分析制度，各审计小组和审计人员要科学安排，合理组织，提高工作效率，确保审计质量。

③严格遵守审计纪律，依法文明审计。审计过程中必须把纪律放至首位，做到依法审计、文明审计。在审计过程中，一旦审计人员发现存在违反纪律规定的情况，且情节恶劣、性质严重，审计人员就必须尽快向相关领导负责人汇报具体情况。如果审计人员存在主观故意瞒报、漏报、谎报的情况，或者以自己的主观判断为依据对实际情况随意处理，那么审计人员将接受相关调查和处罚。

（6）审计重点。

此次案例中，审计组结合 A 县的具体实情，在审计实施方案中，对审计重点进行了明确，具体有以下内容：一是贯彻落实重大经济决策部署及方针政策的情况。二是统筹推动区域经济社会发展情况，具体涵盖有目标完成情况等。三是财政财务管理情况。具体涵盖有资本经营管理、财政收支、资本监督情况；人员管理使用、机构设置情况；社会民生保障发展事项管理与实施情况；县政府有关部门财政财务收支及其他方面情况。四是廉洁从业及履行党风廉政建设职责及情况。五是过往审计查找出的不足与问题的整改情况。六是重大经济决策情况。

（7）审计通知。

在正式进点实施审计之前，审计组要进行审计通知书的拟订，由经济责任审计科主要负责人审核，报×市审计局局领导、局长审定后印发。审计通知书涉及的事项有：审计时间、审计对象、审计范围、对A县各机关单位及A县领导干部应履行的义务、审计所需资料目录、审计廉政纪律等。

2. 审计实施。

（1）审计进点会议与审计公示。

审计进点会议在正式实施审计工作之前，在会议上，主要安排与审计工作相关的事项，包括宣读审计通知书、A县领导干部针对本次审计内容进行述职、分管领导提出审计过程中的工作要求并获取了A县领导干部积极配合的承诺。

此外，对被审计领导干部，发放问卷就前者的经济责任的履行状况展开测评。测评事项、测评表与问卷统一由×市经济责任审计科编制，并经过审计组针对性调整后，由A县机关相关人员印发给参会人员（不含×市经济责任审计领导组成员单位、审计机关参会人员和A县领导干部）。最终民意测评表中测评事项仅包括重大经济决策、执行财经法纪情况和执行廉政纪律情况三项。审计组收回测评表，将结果作为确定审计重点的参考依据。此次收回29份有效情况问卷表，结果显示，A县领导干部在任期内，在三项方面均做到了优秀，获得优秀等次评价依次为93%、97%、100%。测评表如表13－3所示。审计组将汇总表编制审计工作底稿，存入审计项目档案。

表13－3　　领导干部（人员）经济责任履行情况民意测评表

被审计单位	责任人	测评事项	优秀	称职	基本称职	不称职
A县	A县领导干部	①重大经济决策				
		②执行财经法规情况				
		③执行廉政纪律情况				
填表说明： 填表人根据自己了解的情况，对领导干部（人员）作出客观评价。然后在自己认为适当的栏目下划“√”，不得同时填写两个栏目。						

审计组在审计进点后一日，在A县县委、县政府公共区域中较为明显的位置张贴审计公示，同时将双举报箱挂置一旁，并在官方媒体发布审计公示信息。

（2）实施现场审计。

审计组按照审计计划中编制完成的审计实施方案，针对确定的审计重点和内容实施现场审计。本章结合审计重点和方法，详细介绍A县现场审计实施的主要情况。

①贯彻执行重大经济方针政策及决策部署情况。

在对贯彻执行政策及决策部署情况进行审计时，审计组首先全方位查询了2016年9月至2017年12月A县领导干部任职期间内国家和省、市政府制定的重大经济发展政策和战略部署，收集整理了A县领导干部此期间出具的相关文件和制度，并将两者进行比对分析，对其一致性和及时性进行评价，以此检查政策落实的相关制度建立健全情况。其次通过控制测试审查政策落实相关的制度以及流程的规范程度，并查看县级党组会会议纪要、年度工作总结及工作计划等资料，对政策分工等落实部署情况进行大概了解，同时评价重大政策措施程序的规范性、合规性，如决策人是个人还是集体等。最后仔细查看具体执行部门的时间表、制定的阶段性目标以及相关实施方案中具体采取的措施等，结合财政资金流向单、政府预算等，评价政策落实的真实、有效及可操作性。

审计内容主要对中央、省、市制定的供给侧结构性改革、“放管服”改革、打好“三大攻坚战”等方针政策进行审计，扶贫工作由于本次审计期间有专项审计组审计并未审计。

第一，推动供给侧结构性改革情况。

审计组结合 SX 省于 2016～2018 年发布的关于供给侧结构性改革总体方案以及 × 市政府制定的具体供给侧结构性改革行动计划，检查了 A 县年度任务以及阶段性任务的制定及执行情况，评价 A 县政府对供给侧结构性改革任务的推动情况。

第二，产业结构与经济结构调整重大经济政策执行情况。

审计组通过收集 2016 年及 2017 年 A 县政府年度工作报告、A 县出台的有关经济发展文件、财政局财政收入报告等相关资料，检查产业结构调整决策方面新的经济增长点的培植情况、财政收入增长的质量以及县域经济可持续发展能力。

第三，“放管服”改革政策执行情况。

审计组通过查看 A 县政府工作报告，了解 A 县各部门及所属单位的构成情况和职能情况，并与相关政策要求对比，以 A 县推进政事分开、政企分开、政社分开的成果为要点，重点围绕廉洁高效、职能科学、人民满意、结构优化的服务型政府的建设进程展开评价。

通过抽查的方式，仔细查看各单位预算资金的安排和使用情况，从中判断 A 县负责审批的相关部门其下属事业单位、其他主管的社会组织和企业有无在违反规定的情况下开展与所处审批部门职能相关的中介服务，以及凭借权利自行制定中介机构的类似行为出现。除此之外，还要询问相关人员关于 A 县政府对本级行政审批中介服务事项清单制度的建立情况，查看其制度建立的会议纪要及制度文件，以及抽查部分中介结构及主管的社会组织的工资清单，检查政府机关工作人员违规在中介服务机构、社会组织兼职取酬等问题。

②统筹推动区域经济社会发展情况。

在审计统筹推动区域经济社会发展情况时，审计组通过查询 A 县 2016 年、2017 年的年度工作计划和工作总结，结合会议纪要、公告、反馈文件等资料，检查 A 县经济社会发展规划制定情况，通过与国家战略及规划等对比，评价其合规性。除此之外，重点是运用对比法，通过对 A 县领导干部任期内主要经济发展指标完成情况与省市党委政府目标责任制及县委政府确定的年度经济发展目标对比，评价其经济发展阶段性目标完成进度和效果，分析差距产生的原因。

③重大经济决策、执行和效果情况。

在审计重大经济决策、执行和效果情况时，审计组首先向 A 县政府办公室收集重大经济决策相关制度文件，包括县级党委政府工作规则、议事规则，重大经济决策的范围、权限和标准相关规定，决策失误纠错机制、责任倒查机制等，对制度的完善程度进行评价，并进行梳理，获得重大经济决策事项清单。其次，借助查阅会议纪要等方式，对重大经济决策的执行状况进行抽查，包括检查决策前有无可行性分析报告，针对未决事项进行咨询的专家意见书，决策人为个人还是集体，决策事项是否经过充分论证等，评价决策流程的合规性。最后，通过评价决策的收益率等审查重大经济决策执行效果。

在这一方面，经审计抽样，审计组并未发现重大问题。2016 年 9 月以来，A 县政府制定了《A 县人民政府重大行政决策集体决定制度》等决策制度，并且明确规定了“三重一大”等重大经济事项必须经过领导班子集体决策后通过，制度相对健全。2016 年 9 月至 2017 年 12 月，A 县政府做出重大经济决策 64 项，审计选取其中 32 项，占比 50%。抽查结果表明，A 县政府重大经济决策流程较为合规，符合相关政策制度的要求。

④财政财务审计。

第一，财政收支、国有资产及资本经营管理、执行、监督审计。

审计组通过查阅 A 县政府预决算编制情况、财务收支制度、控制测试，对有关财政收支、国有资产管理和其他财政性资金管理分配使用部门和单位进行审计，分析管理制度是否健全有效，揭示风险，准确界定经济责任。

一是审计组检查了税收征管等相关内部控制制度的建立情况。针对重要的征管环节设立控制点，通过对所设立的控制点逐个进行测试，并且也参考重要性水平抽样检查了各项税收征管的制度的执行情况，在审计重点的基础上，考虑到实际情况又延伸了几户年纳税额在 100 万元以上的重点纳税企业突击检查税收征管各个环节的具体执行情况，如按时足额申报税额情况，将重点税源企业实现税款与地税部门实际征收缴库数进行对比，分析是有税不征还是预征税款，甚至是借款缴税情况。通过以上方法对税收收入和非税收入征缴、管理等情况的审计，重点检查截留、拖欠、坐支上级收入，混淆入库级次，挖挤上级收入，随意调节收入入库进度、应征未征或随意减免缓财政收入等问题。

二是审计组通过抽查会计凭证后所附票据等财务资料，检查有无虚报支出，评价财政局资金分配的存在性；通过所附有关资金分配相关的政策文件规定与会计凭证等财务资料进行比较，检查资金分配过程中有无超预算、无预算分配资金、改变项目支出用途和超范围分配专项资金等问题，评价其合规性；通过查看并对比财政资金分配后具体使用情况，包括已使用资金及暂挂账资金的数量进行对比，并了解资金运用的用途，检查有无一方面财政资金投入不足、资金使用分散，另一方面资金大量积压、滞留影响资金使用效益等问题，评价资金分配的效益性。

另外，考虑到现今党和政府重点关注的问题，尤其是对于与经济发展或与民生息息相关的财政资金分配管理使用情况，如城市公共基础设施、国土资源等方面的经济任务，审计组还扩大样本数量，详细检查了财政局、相关主管部门及项目单位有无将上级专项转移支付资金滞留或挪用情况，并通过查看财政局文件中资金分配的项目目录、文件日期评价项目用途的一贯性及资金拨付的及时性。

三是审计组主要审查通过预留项目预算方式临时追加分配，影响预算分配效率和效果问题；县财政未严格执行通过预算外专户归集划解上级分成收入制度，滞留、侵占上级收入问题。县财政预算外专户集中的预算收入未按规定归集划转金库、在预算外专户分配使用问题；省市级专项资金转拨使用情况；对县财政预算内外往来账进行审计，主要审查通过收入挂账、违规退库方式隐瞒财政收入问题和虚列支出、违规出借、存放财政资金逃避预算监督、影响财政资金安全问题，评价年初县级预算财力批复部门完整性。

四是审计组抽查大型国有企业财务资料，查看会议纪要，获取其经营成果及运营情况，检查国有资本经营收益、出资人职责履行情况，尤其检查有无存在应交未交、应收未收、坐支国有资本经营收益等问题。

第二，政府投资项目建设审计。

审计组通过查看各单位与重大建设项目相关的合同、监理报告以及会议纪要，查看监理报告是否补写，评价招投标情况的真实性；通过将会议纪要日期与监理报告的开工日期及合同日期进行核对等手法，评价政府投资的重大建设项目有无违反审批程序以及招投标项目时间的准确性，另外还查看相关文件中划拨项目资金情况，评价配套资金到位情况及有无超出财力搞形象工程、资金闲置情况；通过查看监理报告及合同与约定，评价项目进度的效率。

第三，社会民生保障发展事项审计。

由于2017年保障性安居工程已作审计，扶贫工作专项审计组在审计。本次审计组主要是对“低保”“五保”以及社会保障资金进行抽查审计，检查配套、违规发放、应征未征等问题。

一是审计组检查了城市和农村低保专项资金，评价其存在性；并通过计算占比，与相关规定文件进行比对，评价其完整性及准确性。

二是审计组进行审计抽样，通过向民政部门收集其保障的困难群体的收入等基本情况，对其家庭财产、收入核实情况进行评价；通过检查低保补助标准，与民政部门提供的会计资料进行比对，查看民政部门提高城乡低保补助标准情况。

三是审计组查阅了A县社会保险征缴部门提供的资料，检查部分企业是否存在欠缴社会保险费，征缴部门是否足额征收。

第四，机构设置、人员编制管理使用合规性。

审计组查阅了国务院“约法三章”政策文件和其他与机构设置相关的批复文件检查了规定的执行现状及机构编制的管理现状，主要查看是否存在超编制超规格超职数配备人员、违规增加财政供养人员、规避公开招聘、私设机构、党政领导干部违规兼职等情况。

⑤履行党风廉政建设职责及廉洁从政合规性。

在审计履行党风廉政建设职责及廉洁从政情况时，审计组依据国务院发布的“约法三章”的规定，中央、省、市明确要求构建厉行节约制度体系的相关文件以及相关公务支出约束性文件，检查A县节约制度体系的相关文件有无相关公务支出标准，评价制度体系的存在性及可行性；抽查A县领导干部任期内政府及其组成部门有关财务管理、内部控制、执行和遵守关法律法规和财经纪律情况，通过大数据 AO 系统导出相关财务数据，仔细检查会计账簿等财务资料，统计“三公”经费、会议费、培训费等基本费用，计算以上费用的预算执行情况以及与上年度对比的变动率，检查是否存在财务管理混乱、铺张浪费、“三公”等问题，依据文件进行比对，评价其合规性。

⑥以前年度问题整改审计。

在对以往审计发现问题的整改情况进行审计时，审计组收集整理了 A 县领导干部任职期间内接受过的所有审计以及巡视情况的批示、公告等相关资料，梳理出一份近年来审计查出的问题的整改落实情况清单，查阅相关会议纪要查看 A 县政府督促落实整改情况的进度，评价其及时性、完整性，查看针对整改情况采取的措施。通过计算问题整改到位率，评价其对整改工作的重视程度，检查是否存在审计决定不落实不整改问题，尤其是长期滞留的整改问题。

3. 审计报告

（1）审计报告出具及报送过程。

如图 13－7 所示。

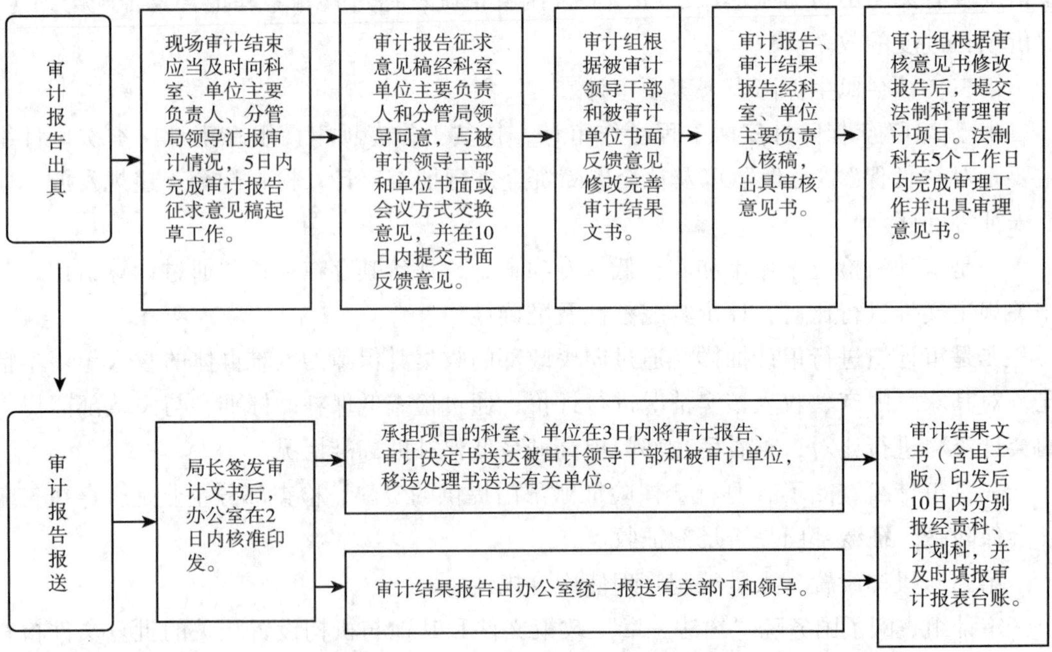

图 13－7　审计局审计报告出具及报送流程

（2）审计评价意见。

审计报告中审计评价意见非常笼统地概括了审计结果，说明 A 县领导干部 2016 年 9 月至 2017 年 12 月任职期间，认真履行工作责任，较好地推动全县经济发展。同时，审计也发现 A 县人民政府及其组成部门在目标任务考核、项目建设、国有资本经营管理、预算管理、财政收支等方面还存在一些问题，以及存在以前年度审计查出违规收费、无偿占用企业资金、向非预算单位拨款等问题整改不到位的情况，需要予以高度重视并在今后的工作中加以整改。

（3）审计建议。

加快产业结构调整。调整经济结构，推进传统产业的转型升级，在创新上对企业进行赋能，助力新兴产业实现规模的扩大，调整资源型经济结构，逐渐改变“一煤独大”的结构性矛盾。

加强债务资金管控。随着债务规模的逐渐增大，A 县政府应以债务规模的控制为主要矛盾，控制债务风险，改善债务管理能力。积极采取明确债务管理责任人、重新核对债务项目余额、采取多种方式化解债务等措施，切实提高财政的实际承担能力。

提高财政预算管理水平。按照人大审批方案中关于预算编制相关流程化管理的要求严格执行，预算调整依法执行。加紧推进预算编制的全面覆盖。加强对预算的限制因素，对扰乱财经纪律的现象更加严肃处理。为保障政府性债务的使用规范性和防控风险能力，要重点关注政府性债务的管理制度、风险预警机制、总量控制审批、项目管理、防范风险的措施等方面。

优化财政支出结构。坚持财政管理创新，实现财政管理科学、规范、精细的总体要求。强化预算支出定员定额控制以及专项资金绩效考核。尽可能让财政政策更多地发挥出自身的调控功能，在农业、教育、科技等领域加大投入，促进社会保障与民生改善。

（4）审计发现的主要问题及整改。

①贯彻执行重大方针政策及决策部署方面。

在这一方面审计发现的主要问题是 A 县的经济发展仍然以煤炭行业为主，产业结构较为不合理。2017 年，A 县财政总收入完成 380 000 万元，全县煤炭行业税收 299 000 万元，占财政总收入近 80%，如图 13 – 8 所示。

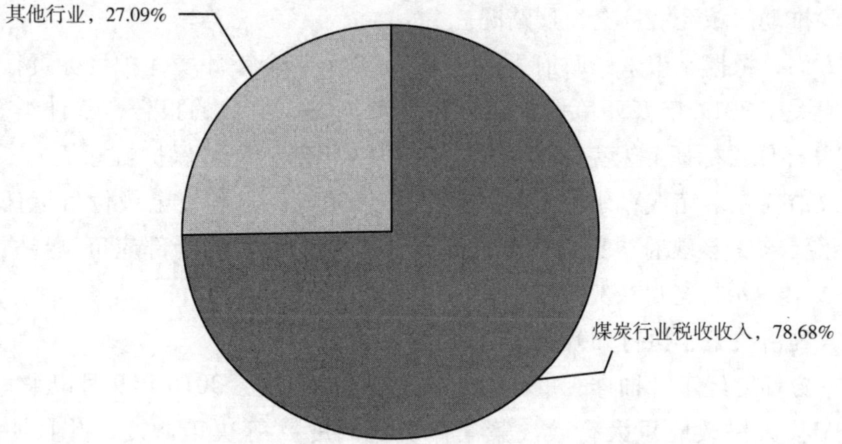

图 13 – 8　2017 年 A 县财政总收入分布情况

在全范围内，共有38家规模以上工业企业，全年累计实现109.7亿元的工业增加值，其中煤炭产业占据27家，增加值为99.3亿元，占规定企业总增加值的90.52%，如图13－9所示。

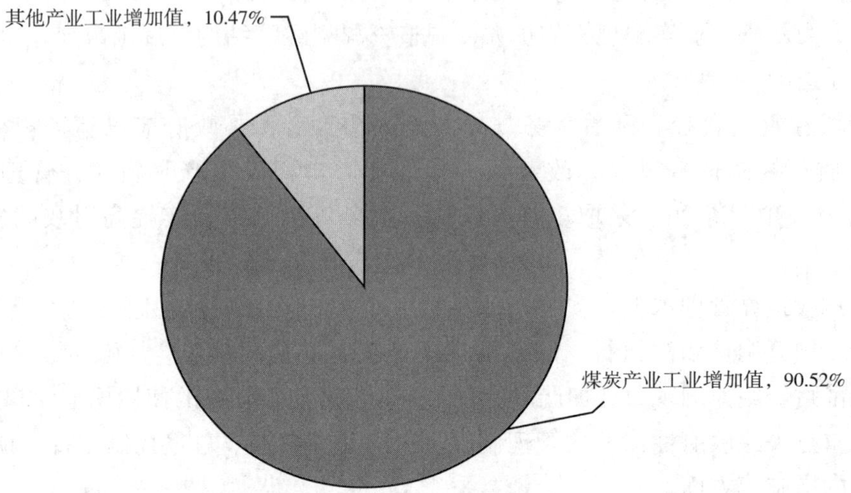

图13－9 2017年A县全年总增加值产业分布情况

在《SX省国民经济和社会发展第十三个五年规划纲要》相关要求下，审计组提出审计意见：A县人民政府应当着力提升传统产业科技含量与附加值，加强深化供给侧结构性改革力度，奋力开拓经济增长新刺激点，稳定落实产业结构化调整，并根据“两办规定”第三十六条认定A县领导干部负主管责任。A县解释道：“一煤独大”是A县经济特色，近年来A县设立科技园等，目的就是吸引非煤产业，逐步调整A县经济产业结构，尽管目前成效不太明显，但这项工作一直在推进中，转型不可能一时见效，需要一个较长的过程。

②统筹推动区域经济社会发展情况。

这一方面，根据×市人民政府下达A县《2017年全市环境保护目标责任状》和A县人民政府关于2017年度环境保护目标责任考核完成情况的报告，审计组发现11项2017年有关环保目标任务未完成情况。包括2017年部分环境保护目标任务未完成；棚户区住房改造任务未完成；水资源费征收任务未完成；水利资金拨付目标任务未完成等。审计组要求A县政府认真分析查找原因，认为A县领导干部应负领导责任。针对这一方面A县表示将会尽快完成任务。

③重大经济决策、执行和效果情况。

在这一方面，经审计抽样，审计组并未发现重大问题。2016年9月以来，A县政府制定了《A县人民政府重大行政决策集体决定制度》等决策制度，并且明确规定了“三重一大”等重大经济事项必须经过领导班子集体决策后通过，制度相对健全。2016年9月至2017年12月，A县政府做出重大经济决策64项，审计选取其中32项，占比

50%。抽查结果表明，A 县政府重大经济决策流程较为合规，符合相关政策制度的要求。

④财政财务管理情况。

这一方面审计组查出了诸多问题，其中主要有两方面问题最为突出。

一方面是财政收支管理、执行、监督方面存在的问题：第一，A 县财政在 2017 年度未遵循预算法进行国有资产经营收支预算的编制，而是将出资参股企业上缴的 80 万元国有股息、股权收入在一般公共预算收入中反映。依《预算法》作出的需遵循收支平衡原则进行国有资本经营预算编制的规定，审计组责令 A 县人民政府改正，严格执行预算法规定，如实进行国有资本经营预算的编制。针对这一方面整改报告中解释为，2015 年修订的《中华人民共和国预算法》要求应编制 4 本预算，因为省市一直下达收入任务，A 县为保证收入任务的才时完成，一直未单独编制国有资本经营预算。第二，年初预算编制不细，调整次数过多。2017 年 3 月，A 县第 N 届人民代表大会第二次会议上审议 2017 年县级预算管理资金支出为 100 000 万元，其中财政代编预算 10 000 万元。由于预算编制不到位，A 县在预算执行过程中采取随报随批随调整的办法追加支出，当年涉及各类、款、项科目调剂 40 000 万元。按照法律文件《关于进一步做好预算执行工作的指导意见》对预算细化作出的具体规定，审计组责令 A 县人民政府应该在短时间内加强预算管理，提高预算的执行率，并根据“两办规定”第三十六条，认定 A 县领导干部对上述 2 项问题负主管责任。A 县将原因解释为年初由于有关政策、事项已经县政府或上级有关部门确定但具体的实施方案、预算金额却不确定，在编制预算时不能列部门预算，产生财政部门代编现象和编制不细现象，由于执行中项目的变更和县委县政府出台新举措导致调整现象产生。他们强调财政部门近几年正逐年减少代编预算规模，提高预算的到位率，不断推进预算到位率的提升，并在具体项目中对预算进行切实细化。

另一方面为国有资产、资本经营管理方面存在的问题：第一，应缴未缴国有资本经营收益 5 700 万元。2017 年，A 县 LD 资产经营有限公司从参股的池里煤矿等单位中收到国有股利 4 400 万元，从 LD 农村商业银行股份有限公司收到不良资产包返还资金 500 万元，收到用以前年度国有股利收入借款 800 万元，未上缴国库，共计 5 700 万元。第二，应收未收国有股利 6 100 万元。2017 年 A 县 LD 资产经营有限公司参股的池里煤矿等 17 单位应收国有股利 11 300 万元，退还以前年度多收国有股利 600 万元，实收 4 700 万元。2017 年年初应收国有股利 170 万元，年底累计欠收国有股利 6 100 万元。

依《预算法实施条例》第三十五条的相关规定，审计组责令 A 县人民政府督促 LD 资产经营有限公司将未入库的财政收入及时入库，纳入预算管理，同时追缴欠收的国有股利，确保财政收入能够足额入库。A 县整改报告表示，2018 年实际上缴财政国库金额 4 300 万元。剩余国有收益 1 400 万元根据公司财务状况力争在 10 月底上缴国库。2018 年实收以前年度欠收国有股利 5 700 万元。剩余欠收国有股利 400 万元争取在 6 月底收回。

坐支国有股权收益3 800万元。2017年A县人民政府第28次常务会议议定LD资产经营有限公司用账面资金归还LD农商行贷款3 800万元。2017年8月、9月A县LD资产经营有限公司将应上交的国有股利归还上述贷款，共计3 800万元。依《国家金库条例》第十四条有关预算收入需要全部缴入国库，不得坐支的规定，审计组责令A县人民政府督促LD资产经营有限公司改正，严格按照收支两条线规定执行，真实反映国有资本经营收益收支情况。并根据“两办规定”第三十七条认为A县领导干部对上述3个问题应负领导责任。LD资产经营有限公司已于2019年3月5日上缴坐支收益款3 800万元，现已整改完成。

⑤党风廉政建设方面整改情况。

经审计发现，有2项存在履行党风廉政建设职责及廉洁从政方面的问题。一是接待管理不规范。2017年A县县委县政府接待中心支出接待费用90万元，接待单位712个，其中668个单位无接待公函，支出费用70万元。二是公务车运行未执行“三定”规定。2016~2017年A县机关事务管理中心公务车在非定点单位维修、加油、购买保险，共计支出60万元。

参照法律文件《党政机关厉行节约反对浪费条例》第二十条的相关规定以及《党政机关公务用车管理办法》第二十条的相关规定，审计组责令A县政府督促机关事务管理中心改正，严格按照公务用车管理制度执行，杜绝此类问题发生，并根据“两办规定”第三十七条认定A县领导干部应负领导责任。A县机关事务管理中心从2018年5月接管公务接待工作以后，按照文件精神认真审核，加强公务接待费用资料的审核工作。严格执行规定，按照车辆管理办法，采用定点维修、定点加油、定点购买保险等一系列管理制度加强管理。

⑥审计发现以前年度问题方面整改情况。

以前年度问题的整改方面，经过审计组调查，发现有7处以前年度审计查出但未进行整改落实的问题。其包括应收未收违法占地罚款200万元；XH镇违规收费1 000万元；M城镇财政所无偿占用企业资金200万元；向非预算单位拨款400万元；国库集中支付管理中存在不规范；没有实施编制国有资本经营预算；没有按照规定启动中期财政规划管理工作。

依《审计法实施条例》第五十四条，对被审计单位对审计决定不予执行的行为，应责令审计单位限期执行，审计组责令A县人民政府有关单位改正，并根据“两办规定”第三十七条，认为A县领导干部对上述问题负领导责任。

针对应收未收违法占地罚款200万元，整改报告中提出应收未收违法占地罚款200万元，共涉及违法占地11宗，截至目前已追缴10万元，拆除7宗（罚款20万元，鉴于违法状态已消失，不予追缴，还有4宗未缴清，共计170万元）。目前，已全部下达催缴罚款通知书，正在依法追缴；对拒不缴纳罚款的，区政府将组织相关乡镇政府联合综合执法局、公安局、财政局、国资委、国土局等相关部门予以拆除或没收。针对XH镇违规收费1 000万元的问题以及M城镇财政所无偿占用企业资金200万元的问题，整改报告中提出，分别为相关合同签订条约以及在企业改制后政府所占9%股份中企业应该上缴的部分，不承认其存在问题。针对向非预算单位拨款400万元等其他问题，整改报告表示，该款项是根据县委、县政府会议要求以及实际工作需要拨付，今后县财政部门将严格按照相关法律法规规范收支行为，强化预算约束，避免此类问题再次发生。其他问题也有类似说辞，表明此次原因后，表示以后将严格相关制度，避免发生此类问题。

三、案例分析

本案例通过对A县领导干部经济责任审计进行研究，分析了目前×市审计局对县级领导干部经济责任审计的经验借鉴和问题，并对问题产生的原因加以解析。通过学习本案例，学生可以明确以下问题。

1. A县领导干部经济责任审计中值得借鉴之处。

（1）工作流程有章可循。

当前我国在审计法律方面还不够完备，虽然我国已经出台了不少的相关法律，如《中华人民共和国审计法》等，正是因为有了一定的法律制度作为支撑，使各地可以根据这些法律制度来进行经济责任审计工作。然而，由于当前法律不够完备，许多方面并没有在法律中制定出来，导致在实际工作中地方审计部门经常会遇到一些问题，他们无法获得有效的法律指导。

市所在省份审计厅2017年出台《S省审计厅经济责任审计业务流程（试行）》，且×市审计局在此基础上，已经结合当地审计情况，颁布了试行版的《×市审计局经济责任审计业务流程》。该文件内容全面，具体详细地规定了县区政府领导干部经济责任审计项目及其他部门和单位审计项目的业务流程，业务范围包括审计计划管理、审计计划实施、审前准备、审计进点会议、审计公示、现场审计、审计结果文书、审计文书报送等审计业务实施的全过程；详细程度较高，在各审计的各个流程中，精确地提出了执行业务人员、分管业务人员、时间及大致内容，以及审计通知书、审计访谈记录、民意调查表、最终的述职报告等文件的参考格式，确保审计局在开展审计工作的过程中，均有法可依、有章可循。另外，还绘制×市审计局经济责任审计业务流程图，使审计业务流程清晰条理，一目了然。

（2）推行规范的审计结果报告范本。

市审计局就以下要求，推行了规范的审计结果报告范本，统一了经济责任审计项目报告形式和内容，更有利于审计工作高效进行。首先，明确审计工作的重点，并对其开展详尽描述，对该问题中相应的领导干部应当承担的责任与权限进行明确；其次，审计单位最终出具的审计报告必须具有相应针对性和可实践性，报告内容必须能够满足当前的工作需求；此外，审计成果的展示和反应应当采用多种形式，审计过程中发现的问题，在未定论前均不能纳入最后的报告，需要开展进一步的正式确认的工作，当发现某些问题与相应领导干部的责任范围无关时，或者发现某些能够反映重大问题，但却与最初的审计目标关联较小时，审计人员可以在最终的审计结果中通过设置相应报告板块列明重要情况或者在最终的审计结果中附上专项报告来把这些重要问题表露出来，从而得到审计人员和相关部门合理的关注。规范的审计结果报告范本应以方便无审计专业基础的群众阅读并及时获悉相关审计情况为目标，在全面了解整个审计项目的前提下，对重点审计内容和非重点审计内容做到明确分类并有选择性的，有重要性区分的呈现在审计结果报告上，从而使审计报告的阅读者能够快速准确地获知重点信息，有效掌握审计项目基本情况，如此可避免各类审计信息无主次，同等重要的罗列在审计报告上，反而对审计报告的读者造成干扰和误导。

表 13－4　　审计结果报告范本主要内容

审计报告 主要包括以下八个部分： 引言：内容有审计依据、对象、范围、时间等内容。 一、基本情况：主要包括被审计领导干部所在单位情况、×××同志任职有关情况、审计实施情况（包括审计程序、内容、重点）。 二、审计评价。 三、履行经济责任获得的业绩。 四、审计得出的问题、对责任的认定以及处罚建议。 五、以前年度未整改的问题。 六、其他需要反映的情况。 七、审计建议。

2. A 县领导干部经济责任审计存在的主要问题

（1）审计内容较为单一。

由于经济责任审计源于财政财务收支，因为这部分内容是传统的重点审计内容，审计的标准、指标、方法已经相对成熟和固化，评价起来也相对容易。而在《经济责任审计规定》及配套的细则颁布后，×市审计局在审计时对责任人贯彻国家的政策、促进单位发展的状况、执行重要政策以及在重大经济决策方面的执行内容，对国有资产的保值增值、重要资源的管理情况、监督管理责任落实情况、廉洁从政所涉及的责任评价。虽然审计实践中已在逐步探索从查账向查责转变，但在×市经济责任审计实践中可以发现，财政财务收支审计仍然占据主要地位。本次 A 县领导干部经济责任审计中，审计过程仍主要专注于财政财务收支，审计内容较单一。据了解，×市审计局 2019 年已经审计了多达 25 个项目，在审计过程中，执行审计程序时均更关注财务收支方面，发现重要的问题也一般是财务收支层面。图 13－10 可以看出，经济责任审计问题中财政财务收支问题数量遥遥领先，其他种类的审计问题虽然存在，但多数只有个别，且其中一些是在审计过程中偶然发现。审计人员由于自身专业的原因，更关注财政方面的收支情况，因此从这些内容中跳出来，执行更多审计程序于其他方面是需要改进的。

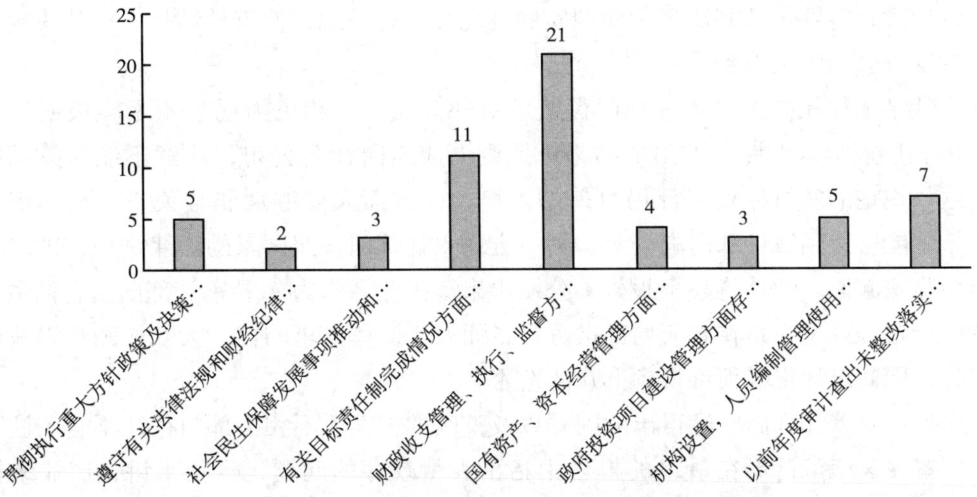

图 13－10　A 县领导干部经济责任审计中各问题数量

（2）审计评价比较模糊。

×市审计局在针对 A 县领导干部的任期经济责任审计存在一些明显问题：评价不够科学、评价对象较不准确、综合评价缺乏指标支撑等，这导致审计工作的成效受到影响，不利于审计质量提升。

首先，审计报告中对 A 县领导干部经济责任审计评价总共仅有 299 个字，且内容较为笼统空洞。前半部分主要讲述 A 县领导干部在一系列国家、省市的政策精神下较好地推动了区域经济发展，后半部分简要提到了审计后发现的问题类型，包括政策贯彻、重大决策、经济发展等方面。其次，从最终的审计评价中能够得出，该审计的侧重点仍是对 A 县政府本身，而对 A 县领导干部的评价较为不足；除此之外，对实施过程的内容仅仅做了较为笼统模糊的评价，缺乏明确的评价体系、确切的评价指标，对一些当时未能及时查清的未做评价，这虽然降低审计自身的风险，却造成了评价较不完整、客观的现象。另外，最终提出审计评价意见时，审计人员只是以一种较为直接的方式客观地将审计过程中发现的部分违反相关规定的行为进行了罗列和陈述，但是对一些十分重要的、利害性重大的审计问题进行了回避，最终审计评价意见呈现出来的相比而言较为次要的问题，由相关审计依据得出审计评价的这一过程欠缺力度，显得不够全面，科学合理性可以进一步加强。

因此，从审计评价的全文看，只是从部分细节出发，但试图全面评价问题；且在量化指标方面明显缺失，没有用到具体的数据，定性评价仍然是主要的方面；审计评价中陈述较为模糊，使审计报告缺乏足够质量，对使用者来说，难以较为清晰明了审计评价的主要内容，在一定程度上也造成了审计成果难以被应用。

（3）审计结果运用不够充分。

①审计结果无法借鉴。

审计部门在审计完成后，应当将审计结果向大众公开，其中还应当包括相应的证据，以使大众能够了解并监督。而现实的情况却不容乐观，使审计结果、审计决定只能被极少部分公职人员看到。

审计结论往往会被以各种理由保密，对外公布少，约束力明显不足。根据《审计法》的相应规定，审计所做出的结果，原则上应当向社会公布，注意不能泄露国家秘密。这一规定的实行导致审计局目前的困境，一方面人民群众非常关心官员的审计结果，希望能够得到审计部门的公示；另一方面审计部门按照国家的法律法规，需要将保密事项隐藏起来，索性将整个报告不公示出来。因此，作为A县审计部门，它们最终形成的审计报告，也只是在政府内部被分享，而对于法律要求的社会大众，则难以获得这一报告，因此审计报告很难得到群众的监督。

另外，对审计部门已经得出的问题以及整改的方案，不相关部门往往不会关注，也不会借鉴。×市审计局在最终的报告中指出大量现存的问题，概括来讲，产业结构畸形、接待管理不规范、公务车运行违反“三定”规定、未编制国有资本经营收支预算、往来款项清理不到位等行为，但实际上仅有A县政府机关、财政部门和组织部门可以获得信息，而这些评价涉及的部门是多方面的，责任部门难以看到审计的评价结果，整改就没有办法落实，这样一来，相当于只是指出被审计单位的问题，不能使其他部门引起警惕，影响了审计效果的延伸发挥。

②审计结果流于形式。

经济责任审计的审计结果流于形式，并未对领导干部任免晋升情况产生应有的影响。从现有情况来看，经济责任审计形式主义比较严重，审计报告往往都是在干部上任后才执行，这样就很难体现其作用，虽然本章针对A县领导干部经济责任进行的审计项目是在该领导干部履行领导干部岗位职责的任职期间进行的，但此次经济责任审计的结果是否将纳入A县领导干部今后晋升任免情况的考查之中并且在A县领导干部今后的人事调动中将以何种比例发挥何种程度的影响也没有得到明确，本章查阅梳理相关的制度资料时也没有发现对经济责任审计结果的充分利用和经济责任审计结果与领导干部人事调动相关情况之间的勾稽关系。本次对A县领导干部经济责任审计的过程中，发现以前年度审计查出未整改落实的问题合计金额高达2 118.64万元，且本次审计发现了诸多财政财务收支问题、贯彻执行重大方针政策及决策部署情况方面存在的问题等其他问题，需要整改款项接近1亿元。除此之外，还存在一些有关侵占国有资产等情节较为严重的问题，但对领导干部均没有直接影响，不难看出经济责任审计的效果难以发挥。

另外，有些审计意见只流于形式，并未实际得到整改。许多整改问题不仅在整改报告中说辞较为含糊，而且在进行后续跟踪审计整改情况后得知，实际情况是大多数问题并未进行整改。例如，报告中提到“剩余国有收益1 491.22万元根据公司财务状况力争在10月底上缴国库”“剩余欠收国有股利442.24万元争取在6月底收回”。“力争”“争取”给后续整改不完成提供了很大空间。还有一些问题如公务车运行未执行“三定”规定支出61.08万元的问题整改、接待管理不规范的问题整改等，都难以解释原因，并表明以后将严格遵守相关制度告终，并没有明确表示是否已经完成整改。除此之外，整改报告针对向非预算单位拨款 370.24 万元问题表示，该款项是根据县委、县政府会议要求以及实际工作需要拨付，今后避免此类问题发生，将此类问题推卸给县委、县政府，并未明确整改情况。

另外还有一些审计人员认为较为重大的问题移交税务局、纪检委等其他机关单位，但由于审计机关仅仅有建议权和非常有限的处理处罚权，问题后续并未得到整改。审计工作人员针对被审计单位的领导干部发现的问题，提出部门需要整改的措施，但由于现任领导干部不是责任人，执行意愿不足，很多也不会进行整改，这导致审计部门的作用弱化。

3. A 县领导干部经济责任审计问题成因分析。

(1) 审计力量不足。

财政财务收支审计方法流程稳定，大多数审计人员更为熟悉，审计过程较难跳出财政财务收支审计，主要原因在于审计力量不足，审计人员大多没有时间精力、能力去审计除财政财务收支方面以外的问题，原因具体表现为审计任务与人员之间数量的不匹配、审计人员自身能力较滞后、高效新颖的审计方法较缺乏。

①审计任务重，人员较少。

经济责任审计涉及的项目很多，工作量较大，而派出的审计人员往往不够，导致审计人员压力大甚至筋疲力尽，审计质量难以提高。特别是在最近几年，国家对审计提出了更高的要求，这对审计人员来说压力更大，更加难以承受。

从本次对 A 县领导干部经济责任审计项目来看，审计小组共 9 人，其中 1 人任组长、1 名主要审核员、1 名廉政监督员和 6 名成员，整个审计工作的时长约两个月。该审计项目仅在两个月内就完成了大部分工作，而且投入的人力较少，说明当前审计局人员力量不足。

从×市审计局整体来看，×市审计部门有 50 人的编制，而专门负责经济责任审计职责的人员只有 6 名。而 2019 年中，按照上级部门的要求，经济责任审计有 20 多项任务，虽说是经济责任审计科统筹组织，有权分给其他科室，可以抽调人员，但工作任务量与实际审计工作人员量还是严重不匹配，这是致使审计质量差的一大原因。

近年来，随着审计重要性被日益突出出来，各级政府对审计工作也提出了更多要求，许多任务是领导层临时决定的，由于和组织部的沟通不畅，组织部门往往出于政治目的，没有分析审计机关能否承受任务的强度，每年需要审计的项目数不断增加，特别是在政府换届的年份，由于领导干部的交替，项目更是难以控制，再加上不定期的临时项目，对于审计人员是很大的挑战，而在具体的项目中，审计人员原则上不能少于 8 人，而且往往持续 2 个月，加上审计工作所需的前期准备和信息收集及后期报告出具等工作，一个项目的完全高质量完成至少需要 4 个月。审计要求与审计资源不匹配，导致审计质量较低。

除此以外，近年审计机关在人员构成上变化较大，经验丰富的审计工作者退居二线，刚来到审计岗位的年轻人在经验方面存在差距，同时人员配备不齐，任务过多，对审计工作造成较大困扰。虽然目前审计单位仍然招收大量的新公务员，但却仍然不能满足当前审计工作的相关要求，很多时候工作人员通过大量的加班，审计任务也难以完成，这就导致经济责任审计的质量下降。

②审计人员能力滞后。

×市审计局中人员能力良莠不齐，部分人员不具备相应的工作能力。政府在安排工作人员时比较随意，不是通过严格的专业考试确定，甚至有直接外聘或抽调其它部门人员的情况。本次对A县领导干部经济责任审计项目中有1名审计人员，原为纪检组成员，被任命为县区审计组组长，被×市审计局抽调进行审计，但从专业知识来说存在较大问题，对自己所要履行的职责仅有浅层次理解，甚至只是为了完成上级交代的任务，专业方面存在问题，审计质量自然无法保障。除此之外，×市审计局的审计工作者信息技术知识不足。目前部分员工由于缺少学习，对信息技术没有涉猎，审计时仍遵循老办法，不能较好地运用于大范围资金审查。这说明相关审计人员应当对新知识和技术进行及时学习，特别是关于经济责任的理论知识。目前信息技术发展很快，不少审计对象早就实现了会计电算化，管理系统已经趋于数字化，这就导致传统审计模式面对许多新情况无法适应，因此审计单位应当及时引进和学习科学审计方法。

在×市审计局，仍然有相当一部分审计人员对于计算机操作不够了解，不能熟练地使用互联网进行办公，大多仍然只能去对纸质账目进行查看，此次审计项目中，只有1名人员在计算机知识方面有较强的理解，每次遇到软件问题、数据导入导出问题、数据整理等相关问题，只能每次寻求这位审计人员的帮助，这对审计效率产生不利影响。目前×市县级审计部门中，具有中级计算机资格的人员十分稀少，能做好编程的审计人员几乎没有。因此建成一只具有信息化能力的审计队伍十分紧迫，应当尽快落实。×市审计部门的人员不能满足需要，未来招聘时要考虑相关的计算机能力。

另外，审计队伍在知识储备方面明显不足，多数人只学过会计学的知识，审计工作开展不能满足工作需要。审计人员往往是高校的财会专业学生，其它专业的学生则很少，在开展一些专业性较强的审计活动时，单一的人才队伍不能满足审计业务的需求，不少审计需要多方面的技术人才，否则在一些事实认定时就不够准确，最终结论难免存在误差，存在风险。

③审计方法不足。

一是方法为原始查账法，不能按照审计内容的改变而改变。财务审计仍然是工作重点，审计工作的重点大多集中于财政财务收支的真实性和合法性，原始查账法是最主要的手段，对各种类型的账目加以审核，以此为出发点，发现可能存在的线索再不断深入调查，很少会采用对比分析的手法，往往只是重视表面问题，对领导干部的决策等相关问题则没有深入分析，对于重大经济决策没有一套分析方法。二是手段被限制得较为明显。由于法律当中规定的手段不多，在经济责任审计中，虽然审计人员希望把问题查好，如当地单位是否廉洁从政，审计机关能够获取的资料来源只有纪委部门；发现可能存在经济问题时，却没有公权力机关的侦查手段，仅能按照审计对象过去的账务来进行分析，以找出可能存在的问题，但这样无异于大海捞针，很多时候账务问题被掩盖得很好。而在发现可能存在违规现象时，如利益输送的问题，但采取的手段有限，往往会被审计对象设法掩盖，导致无功而返。审计机关的能力具有局限性，现有的手段也被严格限制，在获取证据方面存在缺陷，如果强力机关不能配合他们，就难以找到问题的根源，也就不能提高项目质量。

（2）缺乏明确的评价体系。

我国经济责任审计历史较短，关于这方面的理论不能满足审计实践的推进。虽然一些学者和行业中的从业人士，专门针对地方政府的领导干部经济责任审计设计了部分评价指标，也有一些模型可供参考，这些建议也有一定的价值。但目前来看，我国还没有明确的评价体系。从原因来看，主要可分为宏观因素和微观因素。

①宏观层面。首先，行政首长对当地的管理全面负责，领导干部所具有的权力十分广泛，没有明确的职责划分，而审计职能则并不是全面的，因此针对经济责任开展的审计评价不能做到全面性。其次，评价指标受到国家政策的直接影响，而在不同的区域，领导干部往往会肩负不同的目标，因此在指标评价方面不应一致。

②微观层面。目前经济责任审计的覆盖面广，又因为其较强的作用，政府对其重视程度较高。近年来，不同层级的审计机关都面临复杂的审计项目。很多时候审计人员都是在疲于奔命，导致审计指标评价难以建立起来。

目前，作为×市来说，对县级领导干部所开展的经济责任审计也没有明确的指标。由于缺少科学的评价体系，评价过程就会存在一些明显漏洞，在审计评价指标的确定上，也容易出现随意性，对领导干部的经济责任界定虽然已经在《规定》有所体现，但从目前看只对操作原则加以明确，却没有充分展开，实际操作时仍然需要业务人员按照过去的经验来操作，因此往往是自由裁量决定评价结果。这样一来，通过经验去判断，这样的评价不会是客观的，审计评价也就难以保证公正，其严肃性也会受到人民的质疑。

（3）结果运用机制不完善。

①审计结果公开程度不足。

开展经济责任审计主要是为了帮助人民实现对政府官员的监管，因此作为人民群众，应当以各种形式广泛参与进来。而目前的经济责任审计没有做到这一点，这也是造成上述情况的根本原因。从现行法律或法规能够得出，对经济责任审计在信息公开方面的问题，没有明确的说法，至少没有强制性规定。从中央政策来说只是重视经济责任审计的作用，对审计结果中披露出来的违反相关规定的官员要根据相应的法律法规追究相关政府工作人员的有关责任，对审计结果披露出来的重要情况和重要事项要求相关政府工作人员进行严肃的整治并作出相应调整变化。而在新的社会发展阶段，应当树立新理念，坚持创新思维，大胆地思索建立审计结果公开机制。而从目前看，审计公开仍然有很多路要走。

我国当前的政务运行体系中，对干部开展经济责任审计是必然的，但是在公开审计结果时则没有引起重视，因此，在审计结果通报时，往往会局限于较小的范围，特别是对于审计立项，最终形成只是在少部分单位，出于保密的理由，群众甚至不相干部门都没有知悉权。从审计部门角度分析，公开审计结果也是一柄“双刃剑”，虽然可以使自身的社会影响力得到提升，但同时也意味着自己的工作成为人民监督的对象，这样一来，审计部门开展工作时所背负的风险和责任都会不断增加，这也对审计信息的公开程度和效率产生了制约。

②缺乏部门间协同合作机制。

由于审计部门具有独立性，往往单独开展工作，与其他部门的协同配合很少，缺乏将审计结果向相关部门进行报送及必要的沟通协调，组织部门目前并未将审计结果与相关晋升机制挂钩，审计意见并未作为强有力的指标被纳入干部制度中。现行干部制度更多地关注其领导期间内带给地区经济的发展情况，对于管辖地区内的领导干部是否实现廉洁从政不甚关注，最终出具的审计结果也不会影响领导干部的晋升，导致审计流程最终成为形式主义。

另外，历年来经济责任审计中×市审计机关审计工作基本为独立进行。在审计项目安排阶段，由于缺少其它关键部门的配合，各单位往往只是独立开展工作，职能部门各自为政，因此×市被审计对象往往都是离职后才能确定，这种滞后导致审计意义下降。特别是在项目的安排上，没有与组织部门进行商榷，在整体规划上没有与其他部门开展有效配合，经济责任审计联席会议制度形同虚设，工作中往往是审计部门自己决定审计对象，这也是审计质量不高以及审计结果难以运用的主要因素。在审计中，除审计部门以外的其它部门参与度很低，也没有参与意愿，组织部门只是提出需要被审计的对象后就不再管后面的事情，部门间没有协调，最后完全成为审计部门的事情。组织部门形成委托书后，只需要等审计结果出来。而作为×市审计局，在结果出来后直接递交被审单位，而不会在结果出来以前与被审单位探讨，也没有征求意见的环节，有些移送的问题直接由移送单位决定，处理中移送单位也不会对进一步的情况询问审计局，征求意见进行沟通，因此对于审计整改的推动情况，审计局执行力较弱。

四、案例涉及相关法规和准则

（一）法规

1.《中华人民共和国预算法》。

第三十五条　地方各级预算按照量入为出、收支平衡的原则编制，除本法另有规定外，不列赤字。

经国务院批准的省、自治区、直辖市的预算中必需的建设投资的部分资金，可以在国务院确定的限额内，通过发行地方政府债券举借债务的方式筹措。举借债务的规模，由国务院报全国人民代表大会或者全国人民代表大会常务委员会批准。省、自治区、直辖市依照国务院下达的限额举借的债务，列入本级预算调整方案，报本级人民代表大会常务委员会批准。举借的债务应当有偿还计划和稳定的偿还资金来源，只能用于公益性资本支出，不得用于经常性支出。

除前款规定外，地方政府及其所属部门不得以任何方式举借债务。

除法律另有规定外，地方政府及其所属部门不得为任何单位和个人的债务以任何方式提供担保。

国务院建立地方政府债务风险评估和预警机制、应急处置机制以及责任追究制度。国务院财政部门对地方政府债务实施监督。

2.《关于进一步做好预算执行工作的指导意见》。

近年来，各地、各部门积极采取措施，切实加强预算管理，取得了一定成效，但预算执行仍然存在一些问题。为规范预算执行工作，发挥其财政政策在扩内需、保增长、调结构、惠民生等方面的积极作用，增强预算执行的时效性和均衡性，提高财政资金使用效益，现就进一步做好预算执行工作提出“关于进一步做好预算执行工作的指导意见”。

3.《党政主要领导干部和国有企事业单位主要领导人员经济责任审计规定》。

第三十六条　经济责任审计项目结束后，审计委员会办公室、审计机关应当组织召开会议，向被审计领导干部及其所在单位领导班子成员等有关人员反馈审计结果和相关情况。联席会议有关成员单位根据工作需要可以派人参加。

第三十七条　被审计领导干部对审计委员会办公室、审计机关出具的经济责任审计报告有异议的，可以自收到审计报告之日起30日内向同级审计委员会办公室申诉。审计委员会办公室应当组成复查工作小组，并要求原审计组人员等回避，自收到申诉之日起90日内提出复查意见，报审计委员会批准后作出复查决定。复查决定为最终决定。

4.《中华人民共和国预算法实施条例》。

中央政府性基金预算收入编制内容包括本级政府性基金各项目收入、上一年度结余、地方上解收入。

中央政府性基金预算支出编制内容包括本级政府性基金各项目支出、对地方的转移支付、调出资金。

5.《中华人民共和国国家金库条例》。

第十四条　国家的一切预算收入，应按照规定全部缴入国库，任何单位不得截留、坐支或自行保管。

6.《党政机关厉行节约反对浪费条例》。

第二十条　党政机关应当建立公务接待审批控制制度，对无公函的公务活动不予接待，严禁将非公务活动纳入接待范围。

7.《党政机关公务用车管理办法》。

第二十条　党政机关应当建立健全公务用车使用管理制度，严格执行，加强监督，降低运行成本。严格公务用车使用时间、事由、地点、里程、油耗、费用等信息登记和公示制度。严格执行回单位或者其他指定地点停放制度，节假日期间除工作需要外应当封存停驶。实行公务用车保险、维修、加油政府集中采购和定点保险、定点维修、定点加油制度，健全公务用车油耗、运行费用单车核算和年度绩效评价制度。

8.《审计法实施条例》。

第五十四条　被审计单位应当将审计决定执行情况书面报告审计机关。审计机关应当检查审计决定的执行情况。

被审计单位不执行审计决定的，审计机关应当责令限期执行；逾期仍不执行的，审计机关可以申请人民法院强制执行，建议有关主管机关、单位对直接负责的主管人员和其他直接责任人员给予处分。

（二）审计准则

《中华人民共和国国家审计准则》略。

本章小结

本章介绍了经济责任审计的相关理论知识，并举例对A县领导干部经济责任审计进行研究，基于此案例分析了目前×市审计局对县级领导干部经济责任审计的经验借鉴和问题，并对问题产生的原因加以解析。此案例中的经济责任审计优点为：工作流程有章可循、推行了规范的审计结果报告范本。但同样也存在审计质量差、审计评价过于模糊、审计结果运用不充分，包括审计结果无法借鉴和审计结果流于形式等问题。

在此，针对以上问题提出的建议有：第一，要建立健全经济责任审计保障机制，促进审计效率提高，包括对审计过程的科学性加以设计，强化审计的专业性；注重审计队伍的高层次建设；建立审计与各部门网络体系。第二，要建立健全经济责任审计评价体系，可以分等级定性评价和按指标定量评价。第三，要建立健全审计结果运用机制，包括建立健全审计结果公告机制、加强审计结果与干部晋升关联、建立健全各部门协作机制。

练习与思考

一、名词解释

1. 经济鉴证
2. 经济责任审计
3. 经济责任审计评价体系
4. 财政收支审计

5. 经济监督
6. 届中审计

二、思考题

1. 你认为应该怎样加强经济责任审计全面保障？
2. 对于建立经济责任审计评价体系你认为可以通过什么方法？
3. 如何建立健全审计结果运用机制？
4. 本章案例涉及到的经济责任审计的经验借鉴和问题有哪些？
5. 通过本章案例的分析，你认为经济责任审计的工作流程如何设计？

第十四章 管理咨询

学习内容与目标

通过本章学习，掌握咨询与管理咨询的定义、内涵和特点；掌握管理咨询的主要内容以及四个阶段；熟练掌握调查研究、智囊技术、预测方法及经典分析模型等管理咨询具体方法的原理及技巧；了解如何对企业进行财务状况调查分析。

一、管理咨询理论概述

（一）管理咨询的概念

1. 咨询的含义。

随着社会的发展，人类实践的经验积累越来越多，作为对实践经验的规律性总结的知识也就越来越丰富。人的精力的有限性决定，就个体而言，不可能对每一领域的知识都精通；同时，受个人先天条件和后天经验与知识积累乃至思维、性格等的影响，每个人的智慧、能力是有差别的。这就决定，尽管人们在做事情时都有追求尽善尽美的心理，但受个人水平的限制而无法“尽善尽美”，于是就有了向更高水平的人请教、询问的需求，从而促使“咨询”活动的产生。一个成熟而成功的人乃至由人组成的群体，通常是能够理智而客观地意识到自身能力的局限性，从而向智者请求指点的，在现在社会，没有任何一个人或组织能够什么都精通，再聪明的人也有未知的领域和无法达到的思维空间和境界。当社会发展到一定阶段，向别人请教促成了一些人作为专门的职业来从事时，咨询就从个人行为扩展为群体的有组织、有目的的行为，进而作为社会分工的结果，形成一种产业——咨询业。

咨询（consult），从字面上理解，是与别人商量、求问、征求意见（建议）的意思。较为严格意义上的咨询，是指具有专门知识和技能的自然人或法人接受其他个人或组织的委托，提供专门的知识、智能帮助的行为。

由上述定义可见，咨询的实现，须有如图 14－1 所示的四个基本要素。

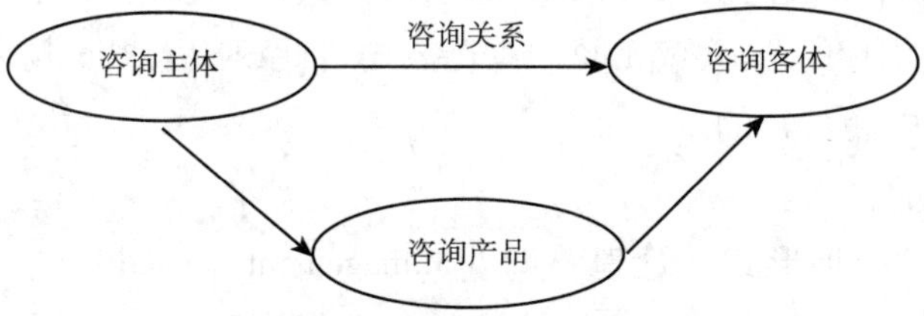

图 14－1　咨询的基本要素

首先是咨询客体，即咨询的服务对象或咨询的委托者，可以是某一个人或某一个组织。咨询的委托者因在某方面缺乏足够的自信和技能时，就会产生向他人请教的需求。需要说明的是，咨询委托人未必就一定比被请教者水平低，当其虽有水平但无自信、为求稳健或“不方便说话”时，也可能提出咨询的要求。这时，咨询表现为社会上人际关系的一个层面。其次是咨询的主体，即咨询受托者，也可以是一个人或一个组织。通常，咨询的主体是在社会中享有较高的智慧、知识信誉的人或其他群体，或经合法程序建立的机构。咨询提供的内容若被委托者视为较好或正确时，则被听从和采纳，否则只是提供参考。咨询主体的最主要特征应是具有专门的知识或技能，具有为他人提供咨询的能力。再次是咨询关系。咨询主体与客体之间除了具有表象上的委托与受托、服务与被服务关系外，还存在着复杂的人际关系、工作关系及变革的内因与外因关系。咨询关系处理得是否得当，直接关系到咨询目标的实现程度，因而咨询关系管理是开展咨询工作的一个非常重要的方面。最后是咨询产品，即咨询主体为客体提供的专门知识和技能的帮助，这种帮助表现为委托者不懂的专门知识或技能，或经精心策划设计的一个完整的实施方案。

下面的例子就是一个著名的咨询案例：

1950 年初，朝鲜战争已到了剑拔弩张、一触即发的地步。战争爆发前 8 天，美国对华政策研究室接到一个秘密情报：兰德公司集中人力，投下大笔资金研究了一个课题：“美国如果出兵朝鲜，中国的态度将是如何？”第一个研究成果已经出来了。兰德公司通过秘密渠道打算把这个结论卖给美国，据说只有一句话的研究结论，却索要 500 万美元（相当于当时一架最先进的战斗机的价格）。

用 500 万美元买一句话？美国人认为这简直是发疯，他们一笑置之，当作无稽之谈。

几年后，美国在朝鲜战场一再惨败，美国国会开始辩论“究竟出兵朝鲜是否真有必要”的问题，才有人想起兰德公司的研究成果。此时虽已事过境迁，但在野党为了在国会上的辩论言之有理，仍以 280 万美元的代价买下了兰德公司这项过了时的研究成果。

成果的内容只有一句话："中国将出兵朝鲜"，但附有长达328页的附录分析资料，详尽地分析了中国的国情，有丰富的历史材料和有关数据，并有充足的论据证明中国绝不会坐视朝鲜危急而不救，且断定一旦中国出兵，美国将以不光彩的姿态主动退出这场战争。

当记者问从朝鲜战场回来的美军总司令麦克阿瑟将军对兰德公司的研究成果有什么看法时，他感慨地说："我们最大的失策是，舍得几百亿美元和数十万美国军人的生命，却吝啬一架战斗机的代价。"默默无闻的兰德公司自此声望大振，扬名四海。

2. 管理咨询的内涵与目的。

（1）管理咨询的含义。

作为现代咨询的一种形式，管理咨询（Management Consulting）在现代社会得到了飞速的发展，发挥了巨大的作用。它被认为是一种"头脑产业"，帮助管理人员发现和分析问题，出谋划策，摆脱困境，成为管理者的"外脑"。

那么，什么是管理咨询？至今仍未达成统一的共识。英国管理咨询研究所认为，管理咨询是"由独立的、合格的人或多数人在鉴别与调查关于政策、机构、程序和方法中所提供的一项服务工作，他们提出采取适当的行动的建议，并协助执行这些建议"。

日本著名经济学家占部都美在其《经营学辞典》中，给管理咨询下的定义是"指调查企业的实际经济状态，诊断经营方面的问题，提出具体的改善建议，或者在此基础上对改善的建议的落实给予指导"。

中国企业联合会给管理咨询下的定义是："管理咨询是由咨询专家根据客户的需求，运用科学的方法，通过深入调查、分析，找出客户管理中存在的问题及其产生的原因，有针对性地提出科学的、切实可行的解决方案，并指导方案的实施，以提高客户绩效的智力服务过程。"

综上所述，管理咨询是指具有专门知识和技能的自然人或法人接受委托，围绕经营管理的各个方（层）面提供知识、智能、策划等高智力服务的行为。其基本原理如图14－2所示。

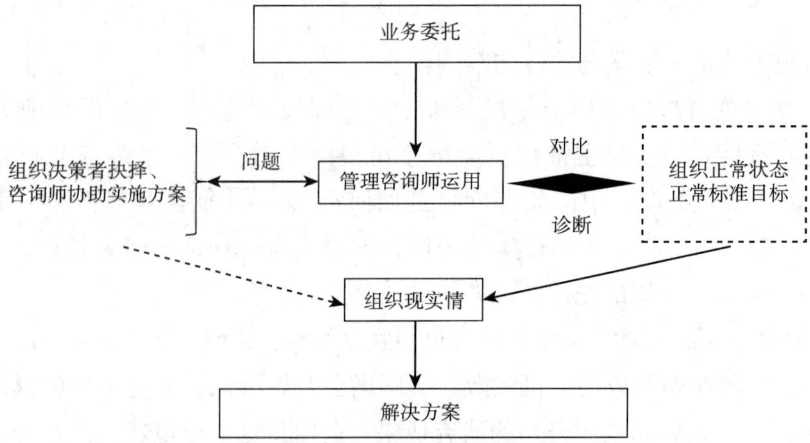

图14－2 管理咨询的基本原理

对这一定义要特别说明以下几点：

①管理咨询的客体或服务对象是一个组织，并且通常是建立在组织自愿的基础上，帮助其寻找与解决存在的问题，提出改进的建议。

②管理咨询的内容围绕经营管理展开。也就是说，管理咨询的服务领域是经营管理，从而区别于其他领域的咨询。

③管理咨询是一种高智力服务活动。它不同于管理者直接运用自己的知识、智慧来管理、运作一个组织，而是弥补管理者自身能力的不足或基于社会分工的需要，为其提供“外脑”帮助和指点，间接实现管理的效能。

（2）管理咨询的性质。

管理咨询是以咨询者专门的知识、丰富的经验、创造性的思维为基础的。它所提供的服务属于智力、策划性的无形产品，因而可以从以下几个方面来深入把握管理咨询的本质：

①管理咨询提供的是一种智能化的无形产品。不论是对委托者提出管理问题的解答，还是针对委托者整体组织管理方案的诊断、策划与制定，都是通过声音、文字等形式表达的服务，从而有别于其他的服务业。

②管理咨询在本质上是一项参谋性的服务工作。咨询师不能代替管理当局直接作出决策，因此，咨询师并不对自己的建议的一切后果直接负责，咨询师的职责是提出高质量的咨询方案，并以此来提高自己的社会声誉。因此，高明的咨询师总是个多向思维的分析师，会设计出种种方案并指明利弊以供管理当局自行选择。

③管理咨询活动不能直接产生价值。管理咨询主要是一种意识与观念的启发、创新，尽管观念的力量是无穷的，但必须将它付诸实施才能最终产生价值。

（3）管理咨询的目的。

组织管理失败的根源性原因在于管理者对组织资源的整合能力欠缺和整合方式不当。企业为了生存、发展，必须有效地配置与利用资源，实现资本的保值与增值目标。由于管理者所处的环境较为固定，精力和思维能力有限，因此在经过一段时期的管理工作以后，往往就缺乏创新，从而会使企业陷入困境。此时，由于管理咨询机构组织有关方面的专家，从“局外”独立、理智地对组织管理存在的问题进行诊断分析，进而提出改善经营管理的建议，就克服了管理者知识与智力的不足，发挥出管理咨询不可替代的作用。简言之，管理咨询的目的在于协助管理当局对组织管理进行变革、创新，从而实现对资源的有效整合，以此提高组织的整体效率。

3. 管理咨询的特点。

管理咨询区别于其他活动的显著特点，在于它是一种高知识、高智能含量的受托服务业务。具体来说，可概括为以下几点：

（1）知识性。管理咨询师作为具有专业特长的专家，其首要的特征是拥有和掌握专门的知识，他依靠转让知识向委托人服务。因此，管理咨询业是典型的知识密集型产业，以提供知识产品为服务内容。

（2）科学性。管理咨询不能主观臆断，感情用事，必须本着科学的态度，运用科学的方法来调查、分析与研究问题，总结与发现事物运行的内在规律。因此，咨询的过程要有科学依据，咨询的效果要经得起实践的检验。同时，管理咨询的过程也是宣传科学管理理论与方法的过程。

（3）创造性。管理咨询工作通常要经过周密的思考、高谋略的策划才能完成，从而要超越前人，打破常规和现状，要体现管理创新，以创造性思维来谋求切实可行的改革方案。

（4）独立性。独立性是指管理咨询如果作为一种正式工作来开展，在机构和人员、经济利益、咨询师的思想意识等各方面，都要保证其客观公正，不受任何一方的影响和干涉，以独立的立场、科学的态度进行咨询，否则就会使咨询失去客观性，进而失去其实际意义。

（5）协作性。管理咨询的协作性特点表现为两个方面：一是即使是咨询专家，也往往不可能独立作战，必须组织各方面的专家协同工作；二是咨询专家必须与委托方密切配合，由委托方如实反映情况，会同委托方共同分析和探索解决问题的思路，设计解决问题的方法，同时由委托方依咨询方案去实施。

（6）有偿性。当管理咨询作为一种产业来运作时，就要使知识由“无价”转为“有价”，实行有偿服务。但咨询业“产品”的无形而不可比的特点，使其定价有相当的难度。咨询的价格通常要考虑咨询机构的信誉、咨询方案的未来收益情况等因素，由咨询双方协商确定。

（7）自愿性。管理咨询必须由委托人愿意委托、受托人愿意（能够）提供咨询服务为前提，每一项咨询合同的签订，都是双方双向选择的结果。

4. 管理咨询的形式。

管理咨询师向客户提供咨询服务的形式主要有项目式、代理式、顾问式和兼职式四种。

（1）项目式，指管理咨询师以承接项目的方式，与客户签订项目协议，协议明确规定双方在咨询项目进程中的责权利关系，一旦项目结束、费用结清，双方的服务与被服务的关系就解除了。在实践中，项目式还可细分为独立进行与合作进行两种模式。独立进行是指从调查开始到方案提出的整个过程都由咨询师负责，客户只负责提供必要的信息和做必要的配合。合作进行是指客户不仅仅负责提供咨询活动所必备的条件，而且还以合作者的身份参与到咨询活动中来。由咨询方独立进行的项目，优点是最大限度地保持了咨询师的独立性和公正性，也不用对咨询方案的实施承担责任。由咨询师与客户合作进行的项目，优点是有利于提高实施方案的可接受程度和可行性，有利于发现和培养客户的管理人才；缺点是易受客户影响，甚至受客户内部部门权利之争的影响。

（2）代理式，指管理咨询师接受客户委托，替客户完成管理咨询师所擅长的业务。例如，办理工商注册登记，办理税务，代理记账，为客户寻找合作伙伴等。

（3）顾问式，指管理咨询师以顾问身份参与客户的管理过程，尤其是为客户决策层提供参考意见或决策依据。比起项目式和代理式，管理咨询师以顾问身份向客户提供咨询服务，其咨询内容和职责不是很清晰。在顾问式下，管理咨询师的服务界限一般按时间确定，短则 1 年，长则数年甚至更长。

(4) 兼职式，指管理咨询师以兼任客户内部某一管理职务的方式为客户提供服务。在此方式下，咨询师不仅要为客户提出解决问题的方案，而且要参与方案的实施，直接为客户解决问题。在此方式下，管理咨询师的服务时间分为定期与不定期两种。

(二) 管理咨询的功能

管理咨询作为一种管理辅助活动，有它内在的功能。尽管人们目前对它的功能尚未达成统一的共识，但从管理咨询所起的作用来看，它有以下几种功能。

1. 传道解惑功能。

所谓传道，即传授、宣讲经营管理的道理、真谛，启发管理者形成管理思想的创新，培训有关人员，开发人的智慧。所谓解惑，即解答咨询要求的疑问，指点迷津，使其弄明白与管理相关的未知问题。

传道解惑是管理咨询的基础性工作。任何高明的管理者都不可能事事明白、样样精通。利用咨询专家的知识特长，可弥补管理者的知识不足，节省管理者自己弄清楚问题的时间，间接提高管理的效率。

2. 诊断评价功能。

诊断是管理咨询进入实质性工作的第二个环节。要做好解决实际问题的咨询工作，就必须了解情况，查明真相，判断问题所在，正如医生要对症下药，必须先经过切脉、化验、检查等一系列的诊断工作一样，诊断是管理咨询的重要手段。评价是在诊断的基础上，对管理及其相关方面的好坏、优劣等做出总结性结论。

诊断评价的目的是发现问题、分析原因、把握现状。由于管理者属于局内人，有时会"当局者迷"，因而对所在组织的问题往往熟视无睹，习惯于原有状况而缺乏管理创新，这时管理咨询专家深入现场，给企业等组织"把脉看病"，会使其保持"健康"的运行状态。

3. 分析预测功能。

分析是运用经济分析并结合心理行为分析等方法找出一般状况、要素构成等的本质属性、彼此之间的关系以及深层的原因。

预测则是在分析的基础上，按事物发展的内在规律，结合现在和将来影响因素，对未来发展趋势做出预先估测，从而为管理指明方向。分析预测是方案策划的前提和基础，是管理咨询工作的重要环节和方法。

4. 策划设计功能。

这是管理咨询中最具智慧性的内容。策划是面向未来管理事项及其环境，运用智谋、策略做出谋划、运筹，制定出管理创新方案。

设计是为了规范未来的行为，依据一定的程序和方法，将未来事项程序化、规范化的过程，如会计与财务制度设计等。

5. 参谋指导功能。

参谋是指管理咨询师提出各种合理化、科学化建议，分析各种利弊，以供管理者选择、权衡，这种参谋功能充当了管理者的“外脑”。指导职能与参谋智能联系在一起，相比之下，指导更具有主动性、建设性，它是对管理者进行指点、引导的职能。

（三）管理咨询的内容

管理咨询的业务范围和具体内容，随着管理实践和理论的发展而变化。下面我们从两个角度来把握管理咨询的内容。

1. 按资源要素划分的管理咨询内容。

管理咨询内容直接涉及管理的全部领域，间接涉及所有层面。按照一个组织中生产经营活动要素（人、财、物）和“资源要素流”（人流、财流和物流），可把管理咨询的内容划分为四部分：人力资源管理咨询、财务管理咨询、物流管理咨询以及统帅前三部分的战略管理咨询。

（1）战略管理咨询。

战略管理既是一个高于一般管理的特殊领域，又与一般管理密不可分。从企业组织来说，企业战略是引导企业在未来风险环境中健康、顺利发展的行动纲领和指南，它涉及整个组织整体健康、长远生存和发展的综合方面。因此，战略管理咨询是一种最综合、最复杂、最具智慧的管理咨询。

①战略管理咨询涉及的领域（范围）。对企业战略范畴的认识在理论研究和实践探索中经历了一个发展过程。开始人们认为企业战略只涉及投资决策，后来人们的认识逐渐深化，将企业战略问题研究进一步向企业宗旨、组织目标、组织文化、长远的经营规划、资源的配置及企业组织结构设计等方面延伸，并形成一定的体系。

从战略管理的领域看，战略管理体系包括投资（经营领域）战略、资源优化配置战略和组织与行为管理战略三个部分。瑞典 STAR 管理咨询公司将资源配置作为一个企业的基本功能，把投资（经营领域）理解为经营产品与市场的耦合，把企业文化看成比组织结构更深刻的组织适应能力的基石，从而构建出如图 14 - 3 所示的战略管理体系。该战略体系要求产品、市场、组织与文化相互协调，整合为一个有机整体。

从战略管理的内容看，企业战略管理体系由企业宗旨和战略方案两部分组成。企业宗旨是企业在一定经营哲学（即企业处理各种内外关系的基本指导思想）的指导下为自己确定的使命。它决定了企业的性质、所从事的事业和在社会中所起的作用。战略方案则是在企业宗旨的指导下确定的在较长时期内的总体行动规划，包括战略目标、战略方针、战略重点、战略阶段、战略经营领域布局与职能配合战略等。

②战略管理咨询的思路。战略管理咨询是一项复杂的系统工程，其任务是就战略制

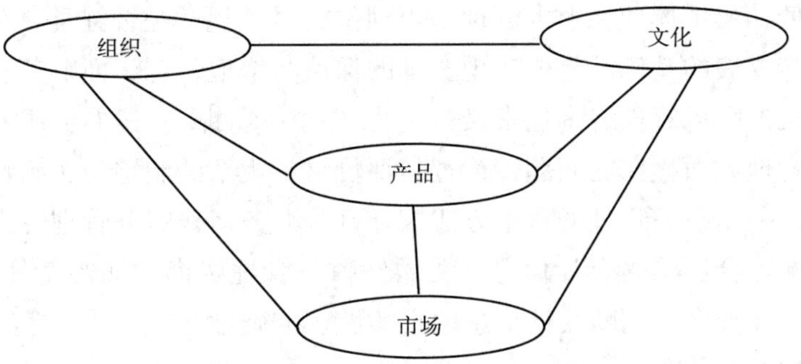

图 14－3　战略管理体系

定、战略方案、战略实施、战略效果等关键性问题，提出设想（或改善）方案，指导方案实施，以便从根本上保证一个组织的生存与发展。战略管理咨询的基本思路可以按如下程序作出判断与设计：是否有战略管理思想（意识）→战略制定→战略实施与指导→战略效果评价。

在这个因果链中，战略管理的思想是最初的“因”，战略效果是最终的“果”。战略咨询工作既可按照求因导果的逻辑推理进行，也可从结果入手，逐层以“果”的好坏推断“因”的优劣。前者适用于未进行过战略管理的单位，后者则适用于已进行过战略管理的单位。

（2）人力资源管理咨询。

人力资源管理咨询涉及组织资源管理最根本、最深层的方面，从而也是貌似容易实则最难做好的工作。过去人们在管理中并不重视这方面，以为只要把人招聘进来、安排一下工作、管理好档案、发发工资就可以了。这种简单的人事管理工作，严重阻碍了一个组织的活力与发展。当人们逐渐认识到一个组织中人的因素的重要性以后，“人事管理”就发展为“人力资源管理”，成为经营管理的一个核心问题。人力资源管理的主要内容也是人力资源管理咨询的主要领域，包括人力资源的取得或替代、人力资源的配置与使用、人力资源的开发与教育、人力资源的报酬与奖惩、人力资源的考核与评价等。应该说，财流、物流都是由人流引起并决定的，做好了人力资源的管理，也就具备了做好财流、物流管理的前提条件。

人力资源管理咨询的任务主要是分析判断客户人力资源管理中存在的问题，设计人力资源优化配置、高效运作的机制，协助客户搞好人力资源的开发教育，指导其健全有关人力资源管理的制度。在人力资源管理咨询过程中，由于涉及人的问题，因此更应持慎重的态度，既要做好全面调查，广泛听取各方面的意见，又要防止意见对立法取舍或简单折中。既要克服种种阻力，为实现客户长远目标和整体利益而进行必要的改革，又要尊重现行的人力资源政策、制度和人力资源安排。

（3）财务管理咨询。

财务管理涉及的是经济活动的价值方面，是管理的基础。一个组织的管理是否有效管理水平的高低，集中体现在财务管理是否到位、财务规章是否健全。在市场经济条件下，企业生存与发展的基础就是要实现资本的保值与增值目标，而财务管理就是实现这目标的有效工具。财务管理咨询通常又被称为“财务诊断”，其主要任务是分析发现企业等组织财务管理方面存在的问题，检查与评价财务规章的制定与实施情况，指导客户做好财务分析，利用财务管理的科学方法摘好日常财务运作财务管理咨询必然要涉及作为经济活动状况综合反映的会计信息。要做好财务管理咨询，就要充分利用会计资料，必要时要利用审计程序，判断会计信息的真实性、准确性。

（4）物流管理咨询。

对于一个企业来说，物质要素经过供、产、销等环节，适时匹配，依次更替，形成有规律的物质流动体系。这一体系的科学与否直接决定着企业的运行效率和最终经营效果，而物流管理则是决定这一体系科学性的重要环节。现代物流管理突破了传统的物资保管的狭窄范畴和偏重实物管理的局限性，而是以系统论、控制论、价值工程、渠道管理、供应链管理及运筹学等新的管理理论与方法，结合计算机技术，将物质要素的投入、转换、产出有机地协调起来，实现高效的循环物流管理咨询的主要任务是分析判断物流是否顺畅，物流管理存在哪些问题，并提出相应的改善方案。物流管理咨询首先涉及各种物质要素的技术特性及流转特点。不同行业的物质要素性质、功能及流转特点等各不相同，咨询师首先就需要了解物质要素的技术方面；否则，无法提出有价值的物流管理建议。其次，还要结合生产管理、营销管理、人力资源管理、财务管理等，做好软管理方案的设计。

2. 按具体业务划分的管理咨询内容。

按目前管理咨询公司、会计事务所等从事的与财务和会计专业相关的管理咨询业务范围，管理咨询的内容主要包括以下几个方面。

（1）项目可行性研究。

在确定一个项目进行投资建设之前，必须从各方面对该项目的可行性进行充分的论证，这是减少决策的盲目性、避免重大损失的战略性问题。所谓可行性研究，就是在项目正式投资决策之前，对与项目有关的社会、经济、技术和管理等各方面情况进行深入的调查研究，对各种可能的方案进行认真的技术经济分析，比较论证投资项目的技术先进性和适用性、经济合理性和有利性、项目管理的可能性和有效性，从而为最终决策提供科学依据。

作为管理咨询业务的项目可行性研究，就是咨询师接受客户委托，在实质性开展项目可行性研究工作的基础上，提交一份完整的可行性研究报告。

（2）会计与财务制度设计。

任何企业都有自己的特殊性，不仅具体业务上有所差异，内部管理的要求也各不相同。这就要求建立与之相适应的会计制度和财务制度，以对生产经营行为的价值方面进行规范约束。当一个国家通过会计准则来规范会计信息披露行为时，就特别要求企业将这种原则性规定具体化为会计核算处理程序和方法；当一个国家通过行业会计制度来规范会计行为时，由于企业业务的特殊性以及行业会计制度有多种会计政策可供选择，也需要企业制订自己的会计制度。此外，作为企业理财自主权的具体体现，企业内部必须对如筹资、投资、成本、费用、利润分配等活动引起的资金运动的组织和财务关系的处理做出规定，这便是财务制度。

会计制度设计就是依据有关的理论、法规和准则，并结合企业的实际情况，运用文字、图表等形式对企业自用的会计制度进行系统规划、具体拟订的过程。所谓财务制度设计，则指运用财务管理的理论与方法，依据相关法规并结合企业内部管理的要求，运用文字、图表等形式对企业自用的财务制度进行系统规划、具体拟订的过程。

以上两项工作，可由企业自己来完成，也可委托给专业管理咨询公司或会计师事务所来完成。

（3）资产评估。

由于资产的供求关系变化及货币本身的价值变动，使资产原有价值会随时间、地点供求关系的不同而不同，因此产生了对交易资产进行价值评定的要求。所谓资产评估，就是为正确体现资产的价值，保护资产交易相关者的合法权益，遵循法定或公允的标准和程序，运用科学、合理的方法，对被评估资产在一定时点的价值进行评定和估算的活动。这项工作需要由具有注册资产评估师执业资格的评估师来完成，这种业务也自然成为专业管理咨询公司和会计师事务所的业务对象之一。

（4）企业财务诊断与管理改进建议。

企业财务诊断是企业诊断的一种，与企业诊断是对企业的所有方面进行调查、剖析判断相对应，企业财务诊断是由财务、会计专家深入企业经营现场，利用系统和创新的专业知识、经验和科学方法，对企业财务状况、资金运动情况、财务关系的协调情况等，进行深入的调查、分析、诊断，把握企业财务管理的水平、特点，断定财务管理中存在的问题，在此基础上，提出改进财务管理的对策建议，帮助企业改善经营管理。由于财务管理是企业管理的中心，因此，财务管理诊断不仅仅是财务本身的诊断，更是企业全部经营管理的诊断。

（5）公司组建与证券发行上市。

组建和经营企业通常是企业家创业的主要途径，然而企业的组建是一项复杂、繁琐的工作，不仅涉及注册资本和启动资金的筹集，还涉及国家的相关法律、法规和政策，如《公司法》《证券法》《合同法》《证券交易法》等。涉及专业领域多、工作量大、专业性强，对专业知识和经验的要求高，通常是企业发起人自身所无法单独完成的，此时就需要借助于咨询公司专业人士的力量来辅助完成企业的组建工作。

随着市场经济体制的逐步深入和完善，按照建立现代企业制度的要求，越来越多的国有、集体等企业开始实行股份制改造；条件成熟的企业还将向社会募集资金、发行股票并上市交易。这些工作涉及国家的相关法规以及财务、会计问题，专业性比较强，也需要专业人员帮助企业办理改制、上市的手续，负责企业改制的有关文件的制作，进行产权界定与股权设置等工作，指导股票的发行与上市。

（6）税务代理与税务咨询。

税务代理是管理咨询人员接受委托，代为纳税人办理税收事宜的一项业务，包括：代理税务登记、变更税务登记和注销税务登记；代理发票领购手续、代理纳税申报、代理交纳税款和申请退税；制作涉税文书以及其他税收事项。这是由于国家的税收法规比较复杂，让精通税法的人进行税务代理，不仅可以帮助企业处理好税务问题，依法纳税，而且可以使国家税收法规切实贯彻执行。

税务咨询则是由具有税收专门知识、精通税法的人员向客户提供有关税收方面的有偿智能服务，如如何办理税务登记、如何计算交纳某一税种、进行税收筹划等。

（7）其他管理咨询业务。

除以上主要管理咨询业务外，管理咨询还包括代理记账、人员培训、代理工商登记与年检、拟订合同与章程、担任会计（财务）顾问等。

（四）管理咨询的基本程序

管理咨询的基本程序，是指开展管理咨询活动所必须经历的若干工作环节及其相互关系，包括工作阶段划分、工作内容安排及工作方法选择三个方面。明确管理咨询基本程序，对于成功开展咨询工作而言意义重大。一般而言，管理咨询项目的开展过程可以划分为四个阶段，即接洽咨询阶段、预备咨询阶段、正式咨询阶段和方案实施阶段。

1. 接洽咨询阶段。

接洽咨询是管理咨询的第一阶段。该阶段的目标和任务是通过洽谈协商，明确主客体双方合作的意向和条件。该阶段具体包括初步接洽、研究回复和深入商谈三个工作环节。

（1）初步接洽。这是咨询主客体之间的初次接触，可能是客户慕名而来，可能是第三方介绍，也可能是咨询组织登门自荐。只要客户的态度是积极的，咨询组织就要重视，并尽早安排正式会晤。正式会晤一般在咨询组织与客户的主要决策人员之间进行，时间为半天至一天。咨询组织应派一位有丰富知识和经验的高级咨询顾问前往，以便在短暂的接触中了解、把握客户的要求和意图，介绍咨询工作，树立自身形象，衡量受理能力，判断受理条件。为了正确理解客户的要求，咨询顾问可以要求客户介绍企业的发展过程、提供企业的经济状况资料、陪同参观工厂等。

（2）研究回复。为了作出正确的判断，咨询顾问除了与客户直接接触外，还需要进行一些间接调查。需要注意的是，无论是否有合作意向，咨询组织都要给客户以正式答复。有合作意向时要向客户提出双方合作的初步方案供客户考虑。

（3）深入商谈。经过初步接洽，如果客户也有合作意愿，双方需要就咨询组织提供的初步工作方案进行商讨。当客户所处的行业是咨询组织不熟悉的行业，或客户的问题还不明确时，一般需要通过快速全面的预备调查来确定具体的咨询课题。预备调查的准备工作和合作方式是深入商谈的重点。如果双方能达成一致意见，咨询工作就进入下一个阶段；否则，双方的接触到此结束。

2. 预备咨询阶段。

这一阶段的目标和任务是通过快速全面的调查，明确客户的关键问题，咨询主客体双方共同确定咨询课题，并签订咨询协议。该阶段具体包括预备调查、确定课题和签订协议三个工作环节。

（1）预备调查。这是为了确定咨询课题而进行的一次短期的综合性调查。双方需要做好相应准备并在调查中积极配合。咨询组织要组建咨询调查组，选派咨询组长、提出预备调查计划以及所需资料清单；客户企业要提供调查条件、调查资料、派出参与调查的联络人员，做好向咨询组织系统介绍企业情况的准备。咨询调查组进厂伊始，客户组织负责人就要向全厂中层以上干部介绍咨询调查组的成员及咨询工作目的、意义及大致安排；随后，咨询调查组全体参观客户企业，形成直观的第一印象，并开始调查工作。首先是听取企业主要领导和主要部门负责人介绍企业的情况及存在的问题。在此基础上，咨询调查组应进一步对客户企业的各种基本关系进行分析，如各种产品和市场在经济活动中的地位及相互关系，人、财、物资源在研制、生产、销售等机能之间的分配比例及平衡状况，主要经营目标和结果之间的关系，投入与产出、效率与效益之间的关系，各种经济、技术、社会、政治因素与企业管理的关系，以及环境特征与内部实力的关系等。通过上述分析，对客户存在的问题达成一致的初步看法。

（2）确定课题。咨询调查组对客户存在的关键问题进行分类、排序，达成对咨询课题的统一认识，然后与客户企业领导交换意见，统一看法。课题一经确定，双方还要共同选择咨询方式。在此基础上，咨询调查组要向客户企业提供一份咨询项目建议书，把预备调查的基本结论以书面形式肯定下来，并对承接正式咨询任务和确定咨询课题提出相应建议。

（3）签订协议。咨询主客体双方以咨询项目建议书为基础深入商谈，在达成一致意见后，形成管理咨询协议书，并正式签订协议（咨询合同）。咨询调查组随即拟订出咨询课题详细进程计划，由咨询组长审核平衡，并与客户企业领导商量后确定。

咨询协议书应明确规定主客体双方的权利和义务，具体包括以下内容：

①咨询报酬金额、形式以及报酬支付的方式和期限；

②咨询费用的项目、金额以及双方负担的比例和方式；

③咨询任务完成后，咨询主体有义务继续与客户保持联系，定期回访，以巩固咨询；

④规定咨询合同中止的必要条件，以及任何一方提出中止的提前期及方式；

⑤咨询文件、报告中的建议、预测都必须是真实可靠的，是以材料和事实为根据的为了保证咨询工作获得成功，客户必须提供有效的合作；

⑥咨询组织及其成员，必须根据客户的要求，在一定时期内，保守客户的经营秘密。咨询课题进度计划的制定有利于咨询工作的顺利开展，其具体内容主要包括工作方式、工作的起点与进度、处理问题和提出建议的顺序、提交咨询方案的时间与方式、实施咨询方案的时间与方式、咨询调查组的规模和人员组成，以及客户企业参与咨询的人

员组成和参与方式等。

3. 正式咨询阶段。

这一阶段的目标和任务是通过深入调查分析，判断各课题领域内的问题及原因，提出系统可行的改善方案，并为方案的实施作必要的思想和组织准备。该阶段具体包括深入调查研究、分析诊断问题、拟订改善方案和提交咨询报告四个工作环节。

(1) 深入调查研究。

在预备调查的基础上，咨询人员通过查阅与客户企业经营管理活动相关的各种文件记录、与有关人员交谈和观察等形式，围绕咨询课题展开深入调查，以查明问题的细节和各因素之间的关系。各课题的咨询人员要分步确定调查目标，制订调查方案，界定调查范围，经咨询组长审核并协调各课题组工作关系后执行。咨询组长负责指导各课题组的调查工作，控制调查进度等。

(2) 分析诊断问题。

在深入调查的基础上，咨询人员要对产生问题的原因做进一步分析，同时也要分析解决问题的可能性与条件，为制订改善方案做好准备。首先重点分析与企业机能有关的各问题，然后再深入分析与管理职能或运行机制有关的原因。分析工作要遵循企业的内在联系，以利于确定问题之所在及其真正原因。

(3) 拟订改善方案。

在弄清问题实质及基础上，咨询人员要制订解决问题的备选方案，对方案的可行性和实效性进行评价，并且要尊重客户企业的意见，从客户利益出发对方案进行必要的补充和修改，提供若干更完善的可行方案，供企业决策。

(4) 提交咨询报告。

提交咨询报告是正式咨询阶段的最后一个环节。咨询人员要把调查分析的成果及改善方案编写成文字简练、图示清晰的咨询报告并予以公布和发表。

咨询报告分总报告和各课题报告（分报告）。总报告的主要内容包括：①客户概况及咨询课题；②咨询的目标、方针、计划和组织实施过程；③咨询报告的总体思路、各课题方案之间的关系；④各总体方案预期的效果及实施中应注意的问题。各课题报告的主要内容包括：①课题的问题分析；②课题的原因分析；③课题的咨询改善方案及其预期效果；④课题的改善方案在落实过程中与相关部门的关系及应注意的问题等。

咨询报告的正式发表通常采取报告会的形式，参加人员要经咨询主客体双方协商确定。咨询报告会既是咨询报告的发表会，也是咨询主体向客户决策者、职工代表介绍和推荐咨询方案的宣传会，而且还是实施方案的动员会。因此，开好咨询报告会，对咨询主客体双方都十分重要。如果改善方案被客户企业决策者采纳，咨询报告得到最终承认，则本阶段的工作结束；如果客户企业还希望咨询人员继续协助实施方案，咨询工作将延续到方案实施阶段。

4. 方案实施阶段。

方案实施阶段是咨询工作的最后阶段。该阶段的目的和任务是帮助客户企业实施改善方案使咨询工作产生实效。该阶段具体包括编写实施手册、制订实施计划、人员培训和咨询工作总结四个工作环节在这一阶段，咨询人员应继续留在企业中，帮助客户企业实施咨询改善方案，推动企业管理变革，主要应做好以下几方面工作：

（1）编写指导手册，对客户负责实施咨询方案的人员提供指导。

（2）帮助客户企业拟订切实可行的咨询方案实施计划，使改善方案落到实处。同时，还要对计划的实施进行严格的指导和监督，及时对计划作出必要的修改与调整，及时解决计划实施过程中产生的新问题。

（3）通过多种方式培训客户人员，保证方案实施。一旦客户具备了独立实施方案的能力，咨询人员将适时退出企业。

（4）在撤离客户企业时，咨询人员要撰写一份咨询总结报告。该报告应包括两个方面内容：一是对整个咨询工作的总结；二是对咨询效果的评价。这对客户企业及咨询组织今后的工作都是十分必要的。

（五）管理咨询方法

在管理咨询的实践中，为了取得更好的咨询绩效，咨询人员需要在不同的咨询阶段，针对不同的问题，采用不同的具体咨询方法。本节介绍几种常用的管理咨询具体方法。

1. 调查研究。

调查研究是指咨询过程中各种资料、数据的搜集工作。资料、数据的调查搜集是咨询工作的基础，只有在取得完备、正确的资料和数据的前提下，才能保证咨询工作不误入歧途。

（1）调查研究的方法。

管理咨询实践中的项目调研方法按调查对象的不同，可划分为以下两类。

①实地调查法。所谓实地调查法，是指咨询顾问深入客户企业，直接从相关部门和人员那里获取企业信息的调研方法。这是咨询实践中应用最为普遍，也是最重要的项目调查方法。实地调查法收集的是第一手资料，真实性比较强。常用的实地调查法主要有：

其一，访谈法，即咨询人员通过与客户企业的相关人员进行面对面的交谈、沟通来了解企业现状或寻求问题产生的原因。

其二，观察法，即咨询人员深入客户企业现场，观察各关联部门和车间的运行实况，通过对经营过程的直观感受，来了解企业的真实情况。观察法可以填补访谈法的信息空白。

其三，问卷法，即通过发放和回收调查问卷的方法来收集企业信息。这种方法比较适合于敏感问题或影响范围比较广的共性问题的调查。问卷调查一般采用无记名的方式填写。

其四，小组座谈法，即召集问题（或任务）相关部门和人员召开座谈会，通过面对面的沟通、交流乃至争论，明确问题之所在，或探讨解决问题的出路。

②资料调查法。

所谓资料调查法，是指咨询顾问不是直接取证于客户企业，而是通过搜集、整理和分析外围资料的方法，简要地了解企业情况的项目调研方法。资料调查法所获得的通常是二手资料，与实地调查法相比，资料真实性、可靠性方面可能会有所欠缺。

资料调查法的信息来源通常有统计年鉴、行业协会公告、上市公司报告、报纸杂志、专业信息资料机构和互联网信息等。此外，还可以从客户企业的商业伙伴、金融伙伴那里搜集到所需要的信息。

一般而言，在管理咨询时间中，二手资料与一手资料的搜集通常是相互混合在一起交叉进行、相互印证和补充的。在通过访谈等方式搜集一手资料之前，先要通过部分二手资料对客户及其所在行业情况有一个大致了解，此时二手资料显得尤为重要。

（2）调查研究应注意的问题。

①调动客户企业的积极性，争取其密切配合，主动提供有关资料。在课题研究期间，咨询人员应通过适当的引导，促使客户企业提供咨询所需要的各种资料、数据，同时，也为咨询人员作现场调查、测试、分析等工作提供方便。只有这样，才能提高咨询质量，提出适合并有益于企业发展的改善方案。

②咨询机构应当积累大量资料、数据。一个高效、称职的咨询机构，应当把积累资料、数据作为重要的基础性工作来抓。这些资料包括政府的统计资料（即第一统计资料）、根据不同目的搜集的资料（亦称业务资料）、根据以上两种资料加工形成的资料（即二次统计资料），以及公开发行的报纸、杂志、书籍、各类定期刊物等一般资料。此外，不定期的内部刊物、各类研究报告、企业的年报及各专业系统内部的统计汇总资料、年度计划、规划设想等，也是咨询机构应掌握的重要资料，这些资料要靠日常搜集，日积月累，通过各种公共的或私人的渠道获得。在建立图书情报系统外，咨询机构还应建立一定规模的数据库，把大量的信息贮存起来，需要时随时调用。这将大大提高咨询工作的绩效。

③咨询机构对客户企业提供的资料、数据应严加保密。咨询人员要遵守职业道德对其所了解的有关企业内部的经营方针、技术开发方向、新的工艺流程等信息，绝不随意外泄，以免影响企业的生存和发展。

2. 智囊技术。

所谓智囊技术，是指通过发挥众人的集体智慧来解决问题的方法，这类方法的具体形式有多种，这里主要介绍管理咨询工作中经常使用的头脑风暴法、德尔斐法、缺点列举法和希望列举法四种具体方法。

（1）头脑风暴法。

头脑风暴法又叫“脑力激荡法”“头脑出击法”，由美国广告大师 A. F. 奥斯本于 1938 年创立。头脑风暴法是一种集思广益的方法，它运用集体智慧，激发每个人对问题进行创造性思考，这一过程中每个人的思绪波涛翻滚，如暴风雨袭来，故而得名。

头脑风暴法是一种会议形式，会议在非常融洽的气氛中进行，与会人员无拘无束、自由奔放地思考问题，对某个问题发表意见，提出大量方案，同时也对别人的异议和方案提出建议和补充，相互启发、相互撞击、相互切磋、相互影响，最终形成科学合理的最佳方案。运用头脑风暴法有利于开发和运用集体智慧，形成新思想、新观念、新方案和新成果。

头脑风暴法的运用程序包括会前准备、会议进行和会后整理三个阶段。

①会前准备。头脑风暴会议主持人要做好事先准备，对会议要讨论的主题明确定义；对可能产生的方案要心中有数；对与会人员要做好选择和安排，与会人员应来自各方面、各专业，一般以 6 ~ 10 人为宜。此外，还需要准备好适当的会场以及相应的记录条件（如录音设施）。

②会议进行。头脑风暴会进行期间，主持人一般不发表意见，主要是引导与会者谈出自己对某项提议的看法，提出相应的方案。提方案时，不要谈既有的方法，而要根据议题，去考虑用什么方法手段可以表现出充分的信心，并随时给予启发、引导和鼓励。

③会议整理。头脑风暴会结束后，会议主持人对与会者提出的方案从技术上到经济上进行评价、归纳和整理，形成一系列备选方案，并进行方案筛选、评估和排序。

（2）德尔斐法。

德尔斐是古希腊城市名称，因有太阳神阿波罗神殿而闻名。德尔斐法在 20 世纪 40 年代初创始于美国兰德公司，其基本过程是：课题主持人将所要分析或解决的问题和必要的背景材料，以信函的方式邮寄给有关的专家，请有关专家对提出的问题进行分析、研究或设计。这些专家在彼此不相互影响的情况下，填写意见表并寄回。主持人把专家的意见进行综合整理，然后将不同的观点匿名以书信的形式再寄给专家，再次征询专家意见，专家可以根据反馈信息修正或继续坚持自己以前的观点。这样反复进行多次，最后得出比较一致的结论。

（3）缺点列举法。

缺点列举法，也称为“两阶段会议法”，即第一段会议首先是找缺点，提问题；然后召开第二段会议，寻找解决问题的方法。

缺点列举法的目的在于消除缺点，然而，现实世界中并非所有列举出来的问题都能克服，即限于科学技术和组织管理水平或其他种种因素，许多明显的缺点仍难以解决。思考范围狭窄、可行性相对较弱，是缺点列举法的主要局限性。

（4）希望列举法。

希望列举法也是采用“两阶段会议”的形式，它首先根据方案设计目标列出希望，以“ 如果能怎样该多好”为中心展开议题，拓展人们的思路，将期望甚至有点幻想一起列出，然后再来研究可行性。这种方法较之缺点列举法更有积极性，因为希望列举法接近理想内容，思考范围广，可行性较强。

3. 模型方法。

模型是由那些与对象问题相关的要素构成的，并且通过这些要素之间的相互关系，抽象地对现实系统加以描述。简言之，模型是实际系统的替代物，是实际系统理想化的抽象和简化表示。因此，模型必须反映实际，又要高于实际。如果模型搞得太复杂或与实际情况一样，那就很难控制和运用，而且也失去了利用模型的意义。

正是因为模型是在保持现实系统“本质”的基础上对显示系统的简化和抽象，便于分析和调整，因此模型法成为企业管理咨询工作中一类有效的咨询方法。模型法既可以用于对企业整体或局部系统运行内在机理的分析、问题点及其根源的发现，也可以用于系统改善方案的优化、设计工作，同时也可以实现企业对未来进行状态及结果的有效预测。

（1）模型的种类。

常见的模型主要有以下几种：

①形象模型。形象模型是把显示物体的尺寸加以改变（放大或缩小），看起来与实际的东西基本相似的模型。它包括物理模型和图像模型。前者是由明确、具体的材料构成，如飞机模型、汽车模型、建筑模型、作战沙盘等；后者测试客体的图像，如建筑透视图、照片等。

②抽象模型。抽象模型是用图表、图形、符号等描述客观事物的特征及内在联系所建立的模型，包括以下四类：

第一，图示模型。用图表、图形等对系统的描述，如施工图纸、地图、网络图等。

第二，模拟模型。用便于控制的一组条件来代表现实事物的特征，通过模仿性的实验来了解实体规律的模型，如机械系统的电缆模拟、飞机风洞实验、计算机随机模拟等。

第三，数学模型。用字母、数字及其他数学符号建立起来的等式或不等式来描述客体的模型。

第四，概念模型。在缺乏资料时，根据构想的资料建立的模型，即通过经验、知识和模型直觉形成的模型。

上述几种不同形式的模型之间，有如图 14－4 所示的利弊关系。

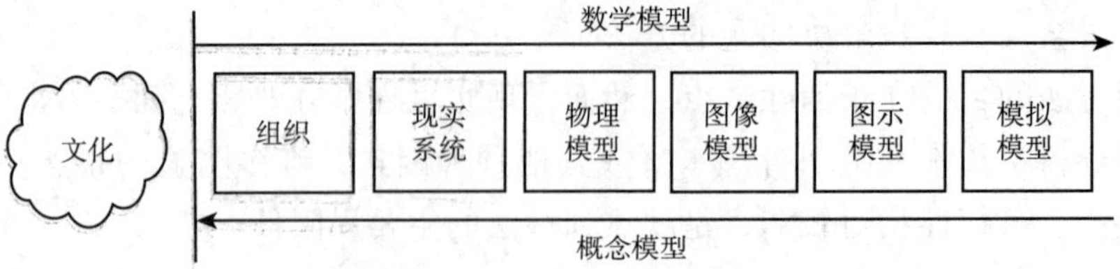

图 14－4　各类模型利弊比较

（2）模型的构建。

构造模型是一种艺术，是一种创造性的劳动。要在咨询中恰当使用模型法解决问题，关键在于对系统模型构造的合理性。

①模型构建的过程。

在咨询实践中，可按如下步骤构建系统模型：

第一，明确构造模型的目的和要求，即弄清要为怎样的对象建立模型，需要怎样的模型，以使模型满足实际需要，不致产生太大偏差。

第二，对系统进行周密调查，去粗取精，去伪存真，找出主要因素，确定主要变量。

第三，弄清各种关系，确定系统的约束状态。

第四，确定模型的结构，提出有关的约定和事项。

第五，估计模型中的参数，用数学手段描述系统中的因果关系和约束状态。

第六，对模型进行实验研究。

第七，根据实验结果，对模型作必要的修改。

②建立系统模型的分析方法。

在系统模型建立过程中，常用的分析方法有如下几种：

第一，直接分析法。当问题比较简单或比较明显时，按问题的性质和范围直接作出模型。

第二，模拟法。有些模型的结构性质虽已清楚，但对其数量描述及求解却很困难。如果有另一种系统的结构性质与之相同，构造出的模型也类似，处理时却简单得多，这时用后一种模型来模拟前一种模型，进行试验和求解，即为模拟法。

第三，数据分析法。有些系统结构性质不很清楚，但可以通过描述系统功能的数据分析，来搞清楚系统的结构模型。这些数据可以是已知的，也可以是能够按需要搜集而来的。

第四，试验分析法。当现有数据分析不能确定个别因素（变量）对系统工作的指标的影响时，有时有必要在系统上作局部试验，以搞清哪些是本质的变量及其对指标的影响。

第五，想定法。有些系统结构并不很清楚，又没有很多的现存数据可以利用，也不允许在系统上做试验，这时可人为地（但是科学地）设想一些情况，再按前述方法来构造出一些模型，推出一些结果，然后根据这些结果加以讨论，分析其是否可行。如果不行再重新想定，或者在以后的过程中不断修改。

4. 预测技术。

预测，即是对未来事件或现有事件的未来后果作出的估计。预测技术是指将未来事件或者说可能性空间缩小到一定程度，以利于人类活动的各种手段和方法。预测技术种类繁多，它们不仅在实际运用中有效、可靠，而且在逻辑上也比较严密，处理和实施的方法也比较完善。这里主要介绍以下几种最常用的预测方法：

(1) 回归分析法。

回归分析也称为相关分析，通过假说、估计参数、检验验证这一过程来探索变量之间的数量关系。也就是说，回归分析只能指出变量之间互相依存的统计数量关系，但不能说明这种关系的机制。而要说明其机制，必须依靠定性分析。定性分析有助于回归方程的假设，而回归分析的结果反过来又有助于检查、修正定性分析。因此，回归分析作为一种预测方法，应与其他方法，特别是定性分析紧密结合起来使用。

（2）时间序列分析法。

所谓时间序列，就是把统计资料按发生时间的先后进行排列所得到的一连串数据。若把时间也看做一个变量，那么，事物随时间而变化的形式实际上就是两个变量之间的数字关系。从这个意义上讲，时间序列分析是回归分析的另一种形式。但它又不同于回归分析，它不是研究事物之间互相依存的数量关系，而是研究预测目标与时间过程之间的演变关系，它是一种定时的预测技术。它不能预测事物发展的突变，一般也难以预测事物发展趋势的转变。

（3）直观预测法。

这是一种古老的预测方法，即通过深入实际，对事物的现状进行直接、有效的观察，取得必要的一手材料，经分析、判断后作出预测。尽管预测数字化具有很多优点，但人脑是任何计算机无法替代的，直观预测法至今仍有着强大的生命力。直观预测法主要有专家评估法，头脑风暴法等。在不同的场合，直观预测法与其他预测方法结合使用，具有重大的意义。

（六）经典管理分析工具

在管理咨询实践中，在分析和解决具体管理问题时，还可以使用经典的管理分析工具、分析模型作为咨询工具。这些经典工具广泛应用于环境分析、行业分析和企业内部分析活动中。这里介绍几种代表性的分析模型。

1. SWOT 分析模型。

SWOT 分析被大量地用于战略分析过程中，但是它同时也是一个有效地进行战略制定的工具。SWOT 分析是将企业外部环境的机会（O）与威胁（T）、内部环境的优势（S）与劣势（W）同时列在一张十字形图表中加以对照。优势和劣势是对企业内部能力的总结和评价，而机会和威胁是对企业外部竞争环境的综合和概括。这样可以一目了然地看出企业的环境情况，又可以从内外部环境条件的相互联系中做出更深入的分析评价。SWOT 分析模型可以帮助咨询师分清企业所面临的主要问题和次要问题，制订与企业内部能力（优势和弱点）和外部环境（机遇和威胁）相适应的战略。如表 14－1 所示，SWOT 分析提供了四种战略。

表 14－1　四种战略模式

	内部优势（S）	内部劣势（W）
外部机会（O）	SO 战略（增长型战略） 依靠内部优势 利用外部机会	WO 战略（扭转型战略） 利用外部机会 克服内部劣势
外部威胁（T）	ST 战略（多种经营战略） 利用内部优势 回避外部威胁	WT 战略（防御型战略） 减少内部劣势 回避外部威胁

2. 波特五力模型。

五种竞争力模型是由哈佛商学院教授迈克尔·波特提出来的。他指出，在任何行业中，竞争的规则都包含在来自购买者、供应商、新进入者、竞争对手和替代品的五种竞争力量内，如图 14－5 所示。

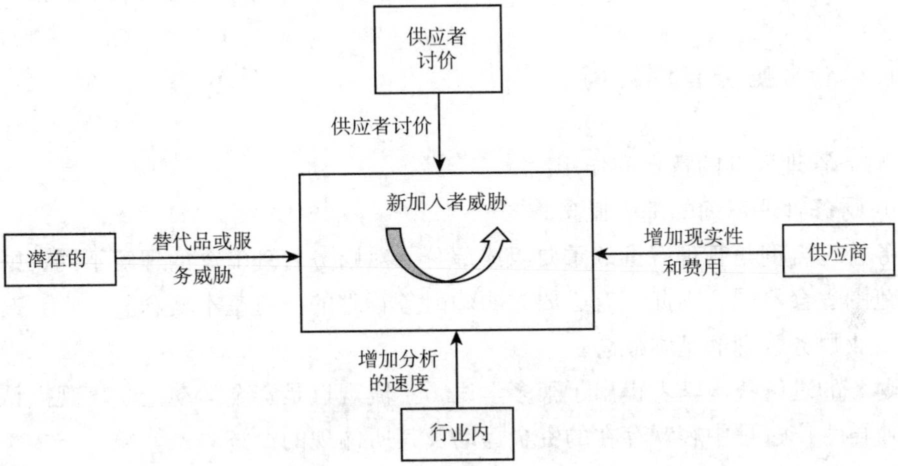

图 14－5　波特五力模型

以上五种竞争力量对比关系会因为行业的不同而不同，在同一行业内也会随时间的演变而发生变化，它们的合力将决定行业内各个企业的盈利能力和水平。通过对这五种竞争力量的分析，可以全方位地对行业形态和形势进行全面、深入的剖析。对于帮助企业明确优势与劣势、确定市场定位而言具有重要意义。因而，该模型也自然成为管理咨询中应用最为广泛的分析工具之一。

3. 波士顿矩阵模型。

波士顿矩阵，是由美国波士顿咨询公司创立的。它是一种根据市场份额、盈利水平以及成长潜力分析企业业务活动的方法。该分析模型根据有关业务或产品的行业增长率和客户相对市场份额标准，将客户企业全部的经营业务定位在 4 个区域中，分别为：

（1）第一区域："高增长—强竞争地位"的"明星"业务。

（2）第二区域："高增长—低竞争地位"的"问题"业务。

（3）第三区域："低增长—强竞争地位"的"金牛"业务。

（4）第四区域："低增长—弱竞争地位"的"瘦狗"业务。

企业的业务投资组合必须合理，否则应加以及时调整。波士顿矩阵模型则可以帮助企业分析自己的投资业务组合是否合理。如果一个公司没有"金牛"业务，说明它的发展缺乏现金来源；如果没有"明星"业务，说明在未来的发展中缺乏希望；如果存在"瘦狗"业务，则应该及时地退出，以减少对资源的占用和浪费；如果存在"问题"业务，则应该给予资源倾斜，使其尽快转化为"明星"业务。

在管理咨询活动中，除了上述三个常用的经典管理分析工具以外，还有很多实用的分析工具，如用于企业环境分析的“PEST 分析模型”，用于行业分析的“行业生命周期模型”“行业价值链模型”，用于企业分析的“7S 模型”“企业内部价值链分析模型”以及“杜邦体系模型”和“综合雷达图分析模型”等，这些分析工具均可用于特定管理问题的咨询，这里不再一一介绍，感兴趣的读者可以查阅相关的管理学书籍。

（七）企业财务管理咨询

1. 财务管理咨询的特点和作用。

（1）财务管理咨询的基本概念。

财务管理咨询是管理咨询的重要组成部分，对财务管理概念的理解不同，财务管理咨询的范围也会不同，因此，有必要先明确财务管理的一些基本概念。

①企业财务管理的基本概念。

对财务的理解我国学者提出了很多学说，主流观点是资金运动论。该观点认为，财务是企业再生产过程中客观存在的资金运动及其所体现的经济关系。

企业置身市场关系之中，现金是企业资金运动的开始形态，又是企业资金每次循环的终结形态。

财务管理是企业管理的一种重要组成部分，是组织财务活动、处理财务关系的一项经济管理工作。财务活动主要包括筹资活动、投资活动、企业经营所引起的营运资本管理活动以及企业利润分配所引起的财务活动。

②企业财务管理咨询的基本概念。

财务管理咨询是企业管理咨询的一个重要方面，是从狭义的角度来说的。事实上，企业不仅在日常经营管理中需要财务顾问的建议，而且在企业改制、重组、并购、投资、项目实施、税收筹划、利率和汇率安排、资产剥离、企业的扩张、收缩、出售、破产和清算等方面都需要财务的意见。从发展趋势看，财务咨询的独立性越来越强，覆盖面会越来越大。

（2）财务管理咨询的作用。

财务管理咨询的作用主要表现在以下几个方面：

①提升企业价值。

②培养财务人才。

③提高社会资源配置效率。

2. 财务管理咨询的内容。

（1）财务管理活动。

财务管理活动主要包括以下几个方面。

①财务治理活动。财务治理的核心就是明确划分股东会、董事会、监事会和经理人员各自在财务处理上的责任和权限，确保财务制度的有效运行。

②融资管理活动。筹集必要的资金是维持和扩大生产经营、调整资本结构、实施负债经营等的需要。融资管理包括融资渠道和融资方式的选择与确定等。

③财务控制管理活动。股东把资金投到企业，开展销售、生产、采购和研发生产经营活动。从资源实质上看，以资源和资金为核心，企业还有一个价值循环链，包括企业战略、业务规划、经营规划、预算管理、绩效评价直到薪酬激励，周而复始，推动着企业价值创造能力不断提高，上述这些环节都存在着财务控制管理活动，以保证投资者的利益和企业价值最大化。

④营运资本管理活动。营运资本包含企业的流动资产总额，营运资本管理内容包括：第一，现金管理，即提高收现效率；第二，有价证券管理；第三，应收账款管理，包括应收账款的信用管理、安全性管理、利用效率管理等；第四，存货管理，要在存货持有的效益和相关的成本之间做出权衡。

⑤投资管理活动。投资活动是企业生产经营活动的延续。投资包括项目投资、金融投资和并购重组等。

⑥利润管理活动。利润管理是企业财务管理活动的重点。其内容包括盈余管理、税收筹划和股利管理等。

⑦会计管理活动。会计管理是财务管理行动的基础，会计管理活动的内容包括会计信息报告系统、会计控制机制和会计组织管理。

（2）财务管理咨询的内容。

财务管理咨询的内容就是财务管理活动的内容，即财务管理咨询人员根据企业所处环境不同，以不同方式提供财务管理咨询，解决企业财务管理活动过程中存在的问题，帮助企业通过财务管理提升企业价值。从财务管理咨询产品开发的角度来看，企业财务管理咨询的内容大致分为以下几个方面。

①财务管理系统。财务管理系统包括财务管理子系统建设、企业集团财务管理、财务体制优化设计、内部控制制度设计、内部审计、会计信息系统优化及财务管理流程再造等内容。

②融资管理。融资管理包括企业上市融资设计及辅导、企业融资渠道设计及代理、现金流量管理及运营资本管理等内容。

③投资管理。投资管理包括投资规划、委托理财设计及代理、并购重组设计及辅导等内容。

④财务控制管理，财务控制管理包括成本管理、全面预算管理、资源管理、企业资源计划（Enterprise Resource Planning，ERP）实施辅导、价格管理等内容。

⑤利润管理。利润管理包括盈余管理、税收筹划、股利政策设计等内容。

⑥综合管理。综合管理包括财务管理战略、财务风险管理、企业业绩评价等内容。

3. 财务管理咨询常用分析方法。

（1）一般分析方法。

分析方法有很多种，但归纳起来主要有以下几类（见图 14－6）。

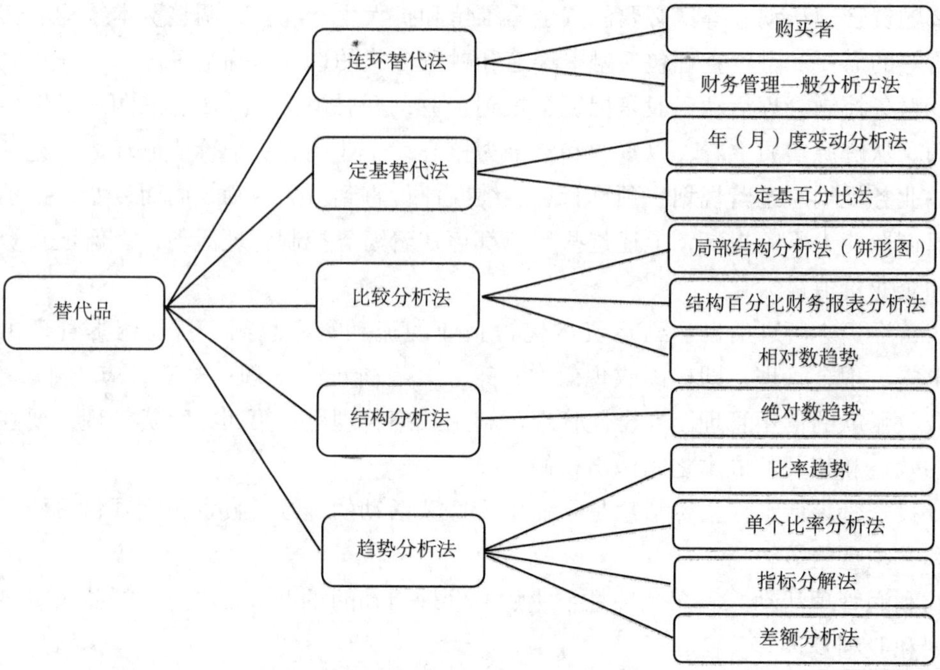

图 14－6　一般分析方法

①比较分析法。

比较分析法是指为了说明预算同实际之间的数量关系与数量差异，为进一步地分析指明方向的一种方法。这种比较可以是公司内部的比较，如公司内部基于预算的相比，预算与上年的相比；也可以是不同公司之间的比较等。

②结构分析法。

结构分析法是在统计分组的基础上，计算各组成部分所占比重，进而分析某一总体现象的内部结构特征、总体的性质、总体内部结构依时间推移而表现出的变化规律性的统计方法。

③趋势分析法。

趋势分析法又称水平分析法，是通过对比两期或连续数期预算管理过程中相同目标，确定其增减变动的方向、数额和幅度，来说明企业财务状况和经营成果的变动趋势的一种方法。用于进行趋势分析的数据可以是绝对值，也可以是比率或百分比数据。采用这种方法，可以分析引起变化的主要原因、变动的性质，并预测企业的未来发展前景。

④比率分析法。

比率分析法是把彼此存在关联的项目加以对比，计算出比率，据以确定经济活动变动程度的分析方法。比率是相对数，采用这种方法，能够把某些条件下的不可比指标变为可以比较的指标，以利于进行分析。

⑤因素分析法。

因素分析法又称为因素替换法，或连环替代法，它是用来确定几个相互关联的因素对分析对象影响程度的一种分析方法。采用这种分析方法的前提是当有若干个因素对分析对象发生影响时，若分析其中某一个因素则假定其他各因素都不变化，从而确定需要分析的这个因素单独发生变化所产生的影响。

(2) 综合分析方法。

利用财务比率分析企业的财务状况和经营业绩，是从某一特定的角度对企业的某一方面进行分析，它不足以全面评价企业的总体财务状况和经营业绩。为了弥补这一不足，可将有关指标按其内在联系或代表面组合起来，进行综合分析。企业财务综合分析的方法不少，这里着重介绍杜邦分析法、综合系数分析法和企业绩效评价法。

①杜邦分析法。

杜邦分析法是利用各主要财务比率之间的内在联系，建立起以净资产收益率为总纲的财务指标体系及其分析模型，来综合地分析、评价企业财务状况和经营业绩的方法。由于这种财务比率分析综合模型是由美国杜邦公司最先设计和使用的，故名杜邦分析法或杜邦分析模型（The Du Pont System）。

净资产收益率是杜邦分析模型的龙头指标，它可以分解为资产净利率乘以所有者权益乘数（权益资产率）；资产净利率分解为销售净利率与资产周转率的乘积，权益资产率分解为总资产与所有者权益的比率；销售净利率分解为净利润与销售收入的比率，资产周转率分解为销售收入与资产总额的比率，资产总额分解为各项具体资产之和，所有者权益分为各个具体权益项目之和等。杜邦分析模型如图 14－7 所示。

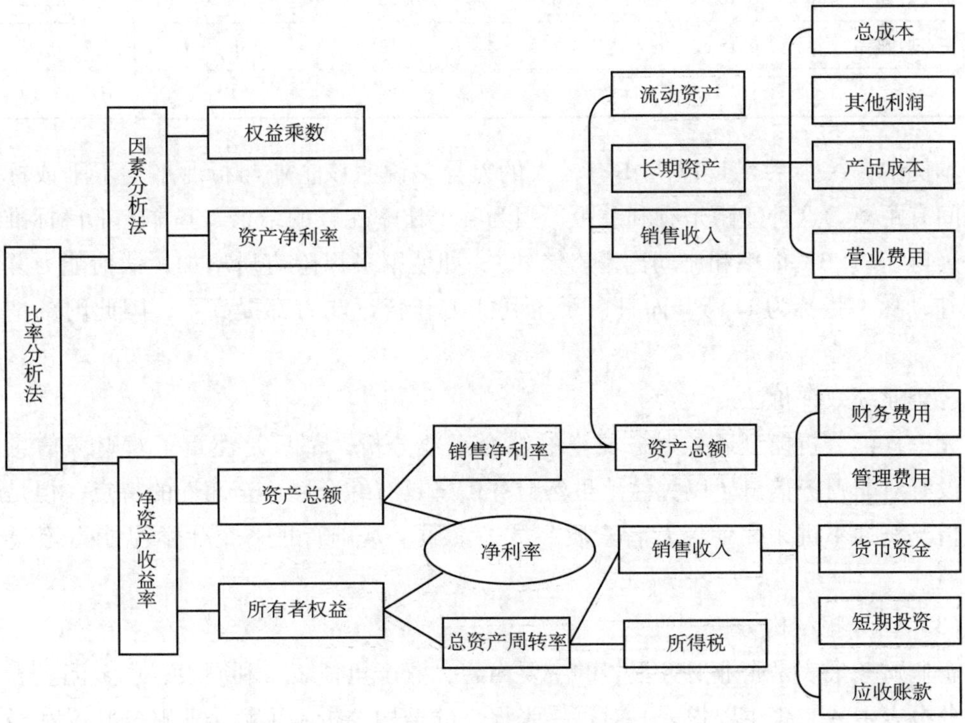

图 14－7 杜邦分析模型

②综合系数分析法。

综合系数分析法是以标准财务比率为依据，通过实际比率与标准比率的对比，来综合评价企业财务状况的方法。其要点是：根据选定若干能够反映各方面情况的财务比率，按其重要程度，给定一个权重（重要性系数），总和为1；将实际财务比率与标准财务比率进行比较，计算出每项指标的关系比值，根据关系比值与重要性系数的乘积得出综合系数，汇总综合系数并用于判断企业的财务状况。表14－2是财务比率综合系数分析法运用举例。

表14－2　　财务比率综合系数分析表

数量 (1)	重要性系数 (2)	标准值 (3)	实际值 (4)	关系比率 (5)＝(4)/(3)	综合系数 (6)＝(4)/(3)
流动比率	0.15	2	1.8	0.9	0.14
速动比率	0.10	1	1.1	1.10	0.11
资产负债率	0.10	0.4	0.5	1.25	0.13
应收账款周转率	0.05	6	7	1.17	0.06
存货周转率	0.10	4	5	1.25	0.13
总资产周转率	0.15	1.5	2	1.33	0.20
销售净利率	0.10	0.18	0.2	1.11	0.11
总资产收益率	0.10	0.05	0.06	1.20	0.12
净资产收益率	0.15	0.15	0.17	1.13	0.17
合计	1				1.17

本例中，综合系数1.17与1有较大的差异，说明该企业与行业平均水平或标准比率之间有距离。这种差距是有利差距，因为各个比率比较的结果，基本上都比标准比率要好（除了资产负债率和流动比率略差外），即使财务风险有所增加，偿债能力并未下降（速动比率指标为1.1），而且由于盈利能力和营运能力都提高了，因此财务情况是好的。

③企业绩效评价法。

无论杜邦分析模型还是财务比率的综合系数分析，都只是注重了对财务信息的利用，没有对非财务信息予以关注。虽然财务信息具有综合性、全面性的特点，但是仍然有些情况概括不进来，如经营者素质、员工素质、基础管理、企业学习能力等（见表14－3）。

（3）财务报结构分析。

企业财务报表是企业财务报告的主要内容，资产负债表、利润表、现金流量表是企业财务报表中的三张主要报表。对这三张报表的结构分析是了解企业财务状况和经营成果的基本方式。

表 14 - 3 企业绩效评价指标体系

<table>
<tr><th colspan="2">评议内容（权数）</th><th>基本评议指标（权数）</th><th>修正评议指标（指数）</th></tr>
<tr><td rowspan="4">定量
评议
指标
(80)</td><td>财务效益状况（38）</td><td>资产收益率（25）
总资产报酬率（13）</td><td>资本保值增值率（12）
主营业务利润率（8）
盈余现金保障倍数（8）
成本费用利润率（10）</td></tr>
<tr><td>资产营运状况（18）</td><td>总资产周转率（9）
流动资产周转率（9）</td><td>存货周转率（5）
应收账款周转率（5）
不良资产比率（8）</td></tr>
<tr><td>偿债能力状况（20）</td><td>资产负债率（12）
已获利息倍数（8）</td><td>现金流动负债比率（10）
速冻比率（10）</td></tr>
<tr><td>发展能力状况（24）</td><td>销售（营业）增长率（12）
资本积累率（12）</td><td>三年资本平均增长率（9）
三年销售平均增长率（8）
技术投入比率（7）</td></tr>
<tr><td colspan="4">指标内容（权数）</td></tr>
<tr><td>定性
评议
指标
(20)</td><td colspan="2">经营者基本素质（18）
基础管理水平（12）
经营发展战略（12）
综合社会贡献（8）</td><td>产品市场占有率（服务满意度）（16）
发展创新能力（14）
在岗员工素质（10）
技术装备更新水平（服务硬环境）（10）</td></tr>
</table>

①资产负债表结构分析。

第一，资产负债表的内容与结构。

资产负债表是反映企业在某一特定日期（年末或月末）财务状况的会计报表。它根据“资产 = 负债 + 所有者权益”这一基本会计公式，按照一定的分类标准和顺序，在报表左边列示各项资产，在报表右边列示各项负债和所有者权益，左右两边合计数相等。

报表左边反映的资产是企业实际拥有或控制的、能够给企业带来经济利益的财务资源，按照资产的变现能力强弱（或流动性大小）自上而下排列，变现能力强的资产在先，变现能力弱的资产在后，其基本顺序是：流动资产、长期投资、固定资产、无形资产及其他资产、递延税项。流动资产是指预期能在一年或超过一年的一个经营周期以内变现或耗用的资产，如货币资金、短期投资、应收账款、存货等。长期投资是指投资期限在一年或一个经营周期以上的各种投资，如股票投资、债券投资等。固定资产是在经营过程中使用的经济寿命在一年以上、单位价值在规定标准以上，并在使用过程中保持原来实物形态的资产，如房屋、设备等。无形资产是不具有实物形态而在较长时间内能够给企业带来特定经济利益的经济资源，包括专利权、商标、商誉、土地使用权等。其他资产指长期待摊费用、特种物资、涉及诉讼的财产等。递延税项（借方）是指超缴的税款。

报表右边反映的负债是企业向外筹借，要在将来某个确定的日期，用资产或劳务或新的流动负债予以偿还的债务，亦称借入资本，分为流动负债和长期负债两类。流动负债是指一年或一个经营周期内需要用流动资产或新的流动负债去偿还的债务，包括短期借款、应付账款、应付工资、应交税金、应付利润等。长期负债是指偿还期限在一年以上或一个经营周期以上的债务，如长期借款、长期应付款等。负债要按到期日的远近排列，近期在先，远期在后。

报表右边排在负债下面的是所有者权益。所有者权益亦称自有资本，是指企业所有者对企业净资产的所有权，从数量上看，它是资产减去负债后的剩余，分为实收资本、资本公积、盈余公积、未分配利润。实收资本是投资者投入的、在工商管理部门注册登记的实际投入资本。投资者投入资本超过实收资本的部分是资本公积。盈余公积是按有关程序和比例留用的利润，包括公益金、法定盈余公积和任意盈余公积。未分配利润是企业尚未分配的经营成果。所有者权益按权益的永久性程度排列，永久性大的在先，永久性小的在后。

第二，资产负债表结构分析。

根据资产负债表的结构，可以了解和判断企业的下列情况：

企业拥有的财务（资源的数量和规模）。

企业资产的流动性。

长期资本适合率。

企业资本结构。

企业财务弹性。

②利润表结构分析。

第一，利润表内容与结构。

利润表亦称损益表，是反映企业在一定会计期间内（年度、半年度、季度或月度）取得经营成果的会计报表。它根据利润形成过程，分步骤依次排列有关收入、成本和费用项目。一是以主营业务收入为基础，减去主营业务成本和主营业务税金及附加，计算出主营业务利润；二是以主营业务利润为基础，加上其他业务利润，减去营业费用、管理费用、财务费用，计算出营业利润；三是在营业利润的基础上，加上投资收益、补贴收入、营业外收入，减去营业外支出，计算出利润总额；四是从利润总额中减去所得税，计算出净利润。

第二，利润表结构分析。

一是了解企业的获利能力、盈利空间和管理业绩。收入与成本、费用之间的差额大小决定企业的利润空间。利润空间大，表明企业的经营有成效（无论是差异化经营还是低成本运作），管理有效率。

二是了解企业利润的主要来源和构成。一般而言，主营业务利润应是企业利润的主要来源（主流），其他业务利润是辅助来源（支流），而营业外收支净额则是不稳定的偶然性的来源，如果三者比例关系颠倒，就需要进一步分析其原因。因为企业的资源主要是投放在主营业务方面，如果在这方面的收益不如其他方面，要么说明企业的经营方向或经营战略出了问题，要么说明企业的经营管理不善，要么说明企业在操纵利润等。

三是根据企业利润的来源和构成，判断企业的经营方向和性质。如果主要来源于营业利润，说明企业是以生产经营为主，产权经营为辅（参股）；如果主要来源于投资收益，说明企业是以产权经营为主（控股），生产经营为辅。

利用盈亏状态分析框架，只能够从项目之间的数理关系角度来进行分析，其对盈亏的程度和具体原因的分析还不够，需要针对具体企业具体报表来进行。

③现金流量表结构分析。

第一，现金流量表内容和结构。现金流量表是反映企业在一定会计期间以内现金及现金等价物的流入量和流出量的会计报表。该表分成三部分，按照经营活动产生的现金流量、投资活动产生的现金流量、筹资活动产生的现金流量的顺序自上而下排列，每一部分里面又按照现金流入、现金流出、现金流量净额顺序排列。经营活动产生的现金流量包括：销售商品、提供劳务收到的现金，收到的税费返还，收到的其他与经营活动有关的现金；购买商品、劳务支出的现金，支付给职工以及为职工支付的现金，支付的各项税费，支付的其他与经营活动有关的现金。

第二，现金流量表结构分析。根据现金流量表结构分析，企业有三种不同的活动，每一种活动都会导致三种结果：现金净流量为正、为零、为负。最后综合的结果也是三种：现金净流量总额为正、为零、为负。

二、案例资料

（一）A 公司案例

A 公司是国内重型汽车行业的骨干企业，属于国家大型企业。公司始建于 1968 年，经过 40 多年的发展，目前具有完整的产品设计、生产制造、检测调试和监测系统，产品覆盖军用越野车、重型载货车和高档客车三大类 15 个系列 150 多个品种。

1. A 公司现行的生产方式。

A 公司现行的生产管理方式源于 20 世纪 80 年代机械工业部所制定的传统模式，经历了改革开放和市场经济的洗礼，有一定的变化，现在是计划与市场经济相结合的方式。公司现行的生产方式是由其生产任务决定。公司现在的生产任务分为军品和民品两类产品，军品严格按计划生产，即上一年底制定出下一年的年生产任务，下一年按计划生产，每年的计划通常数量变化不大，变化部分也就是军品品种或数量的极小变动；民品分为按计划生产和按订单生产两类。民品的计划主要依靠计划员按经验凭直觉进行协调，制定出各月的生产任务并投入生产。所谓的直觉是指根据前一个月的销售状况而估算的一个趋势值。民品的订单则是面向市场的部分，这一部分在销售公司与客户签订的合同或谈成意向后下达的生产任务。

2. A公司现状。

(1) 生产情况。

A公司现行的生产方式下，生产任务相对均衡，当没有销售指标时，车间继续进行生产以减轻生产任务集中时的压力，这时车间以生产一定数量的各类成品车和大量的半成品车（即二类车）为生产任务，这样不会产生生产任务时松时紧，加班作业和休假轮换的情况，但也造成了库存的增加以及资金的占用。公司的成品车，包括二类车（即半成品车）的生产装配完成后，买方在订车合同中往往对某些大件，如生产厂家、出厂批次等因自己的喜好或习惯有一些特殊的要求。这常常使已入库的成品或半成品返回总装线拆卸后进行重装，这样不但会使工序增加，成本提高，而且也常常会因一些破坏性的拆除或磕碰而产生一些不必要的损失。

(2) 库存情况。

A公司的零件库存按外购件和自产件分类存在，外购件是指由协作厂、合作厂采购来的零部件，它存放于配套库。在A公司，自产零件种类较多，但多为一些小件、通用件和技术难度不是太大的零件。绝大多数的大件均来自协作厂。采购件与自产件的比例大概为7∶3。

配套库的分类按A、B、C分类进行，所谓ABC法，也就是零件的资金占用量大小法，公司零件分类如下：

A. 甲类件（重要大件）　　单价≥1 000元

B. 乙类件（次要中件）　　100元≤单价<1 000元

C. 丙类件（小件）　　单价<100元

其中各种类的品种数量和资金占用量如表14－4所示。

表14－4　　2015年一季度各种类别的品种数量和资金占用量

类别	品种数/种	消耗金额/元	占总消耗金额的比例%
A	148	2 541	39.03
B	439	2 277	34.97
C	2 236	1 692	25.99

另外，在2014年的年终报表中，公司的工业总产值为96 267万元，销售收入为97 639万元，资金总额为168 773万元，库存资金占用23 268万元，净利润1 455万元。其中包括产成品车、半成品车、零配件库存等存货。

(3) 供应商情况。

公司的协作厂和合作厂分布在全国各地，东北、华东、华南、西南均已涉及。个别的合作厂分布在公司周围较近的区域。根据统计，在公司的总装线上，有60%为外购件，在内装线有75%以上零件为外购件。

（4）质量情况。

对公司 2015 年 1 ~4 月延误生产问题出现的频率高低和轻重统计如下：A 类件共缺少 10 种 84 件；B 类件共缺少 14 种 176 件；C 类件共产生质量问题 31 件/次；装配线出现问题 2 次。

这些问题的出现，常常导致公司每月都有一定数量的车未能按计划下线和入库，延误公司产品的交货时间。

3. 案例思考与分析。

（1）按照接受任务的方式和企业组织生产的特点分析，A 公司的生产方式属于什么类型？

（2）分析 A 公司目前面临的主要问题。

（3）从 A 公司的库存情况看，企业的库存量过大一般会带来哪些问题？

（4）针对 A 公司所面临的问题，提出适合 A 公司特点的改善建议。

4. 案例分析

（1）从案例的信息来看，A 公司所生产的产品主要有两类，一类为军品，另一类为民品。按照接受任务的方式和企业组织生产的特点，军品严格按照计划进行生产，每年的计划通常数量变化不大，因此军品的生产方式为存货型生产；而民品分为按计划生产和按订单生产两类。按计划生产与军品生产几乎区别不大，属于存货型生产，按订单生产主要是面向市场，根据客户的订货需求进行生产，属于订货型生产，因此民品的生产方式为存货型生产和订货型生产并行。

（2）A 公司面临的主要问题有以下一些。

①生产的盲目性比较大，生产成本比较高。A 公司现行的生产方式，显然是存货型生产占据主要地位，当没有销售指标时，车间继续进行生产虽然减轻了生产认为集中时的压力，但同时也带来了客户提出特殊要求时，产品已经生产完毕入库，又不得不重新返回总装线拆卸后进行重装的麻烦，不但增加了工作量，而且提高了生产成本。另外，A 公司在做计划和下达生产任务时，往往是根据上一月的销售状况决定下一月生产任务。这样，市场的不确定性给生产和销售带来了更大的预测失误。计划的盲目性导致了生产的盲目性，同时也产生了一种车库存太大，而另一种车库存不足的失控现象。这种盲目性也抑制了 A 公司的发展。

②库存问题严重，占用大量资金。从公司 2015 年的财务报表中分析，公司的工业总产值为 96 267 万元，销售收入为 97 639 万元，资金总额为 168 773 万元，库存资金占用 23 268 万元，净利润 1 455 万元。可以计算得出公司库存资金占工业总产值的 24. 17%，占销售收入的 23. 83%，占公司资金总额的 13. 78%，是公司利润的将近 16 倍。大量的库存占用了公司大部分的流动资金，严重制约了 A 公司的发展。

③协作厂和合作厂过于分散，阻碍了公司的发展。从 A 公司的协作厂和合作厂的分布来看，大部分分布在距离公司较远的全国各地。在公司的总装线上，有 60% 为外购件，在内装线上有 75% 以上零件为外购件就是明显的例子。这种现象导致了公司运输

费用或成本增加，同时，由于信息传递和零件采购不便，也妨碍了小批量多品种进料，客观上增加了零件库存，会使公司周转资金匮乏，在很大程度上限制了企业的发展。

④产品的质量问题影响公司的交货。从公司的问题和质量情况统计可以看出，在生产装配过程中存在问题最严重的是缺 A 类零件，出现质量问题最多的是 C 类零件。缺件和配件本身的质量问题都会给公司的生产带来潜在的质量问题，也会影响公司的生产计划完成和交货时间。

（3）库存量过大可能带来以下问题。

①过量的库存积压，会占用企业大量的资金，影响企业的资金周转。

②如果企业的库存时间过长，积压品常常会因为企业技术的提高或设备的更新而淘汰，给企业带来资金上的损失。

③库存的长期积压会因某些产品的生锈、变质而使某些产品报废，给企业造成大量浪费和损失。

④库存量大，会加重企业存货的管理和维护等工作，也会耗费企业大量的资金。

（4）改善建议如下：

①减少生产的盲目性，降低生产成本。A 公司生产盲目性的根源在于公司的生产计划制订存在一定的盲目性，不是以市场为中心，而是以自我为中心。因此，必须改变 A 公司的生产计划制订思路和程序，把公司的生产方式由推动式生产变为拉动式生产，以市场需求为中心，以总装和销售为龙头，实施生产组织和控制。这既可以减少计划的盲目性，也可以减少因客户提出要求后重新拆卸和重装带来的损失，降低生产成本。

②降低库存，节约资金和减少资金占用。A 公司可以结合生产计划的制订和执行，结合客户需求的实际情况，采用小批量多品种的生产方式，及时满足客户的需求，如果客户暂时没有需求，就只进行少量生产甚至是停止生产，尽量减少库存积压，为公司节约资金和减少资金占用。

③对协作厂进行重新选择，改善与协作厂的物流关系。可以考虑就近选择合作厂、协作厂，特别是对 A 类零件的协作厂，对 C 类零件的协作厂可以允许稍远点。这样，企业公司就可以把生产计划提前 1 ~ 2 天通知主要协作厂，减少整批采购量，近距离及时运输，减少运输成本和管理成本。

④加强质量管理，缩短交货期。公司应该加强产品的质量管理，尤其是属于公司自产件的 C 类产品的质量管理，提高零配件和整车产品的质量，缩短交货期。这一方面可以提高公司的信誉；另一方面可以减少库存，节约资金成本。

（二）某制药厂案例

某食品有限公司所属制药厂，由于体制陈旧、连年亏损等诸多方面原因，被迫停产两年之久，为使制药厂早日走出困境，2003 年食品公司对该厂实行承租形式的承包，得到了较好的发展。2005 年 12 月为完成药品生产企业的 GMP 认证，确保企业持续发展，食品公司董事会研究决定，对制药厂进行改制，由承包改为承租（厂房土地），承租期为 30 年，改制后的公司接收原厂就业人员 140 人，每年上缴租金 14 万元。2010 年元月由原承包人张某联合 4 名职工共同出资将制药厂改制为 A 药业有限公司（以下简称 A 公司），注册资本 400 万元（见表 14－5）。

表 14－5 注册资本明细情况

出资者名称	认缴注册资本情况		实际出资情况	
	金额	出资比例（%）	货币	实物
张某	318	79.5		318
李某	40	10	40	
王某	15	3.75	15	
刘某	15	3.75	15	
周某	12	3	12	
合计	400	100	82	318

经过几年的努力，A 公司顺利地按预案完成了企业改制，从民间先后筹集资金计 1 800 余万元进行企业技术改造，2013 年顺利通过 GMP 认证。公司总资产已由 2013 年的 1 325 万元增加到 2016 年的 2 226 万元，净增 901 万元。

1. 机构岗位设置。

公司内部设四部一室，即生产技术部、质量保证部、市场部、财务部、办公室（见表 14－6）。

表 14－6 公司机构设置 单位：人

部门	岗位人数	主要职责
生产技术部	108	动力、原料、制剂生产管理、工艺技术
质量保证部	7	原辅料、半成品、产成品的质量化验、监管
市场部	31	市场开拓、原辅料供应、产品销售
财务部	5	会计核算、财务管理
办公室	12	人事、档案管理、后勤保障及行政事务管理
合计	163	

2. 生产规模。

公司目前固定资产原值为 1 518 万元。其中，生产厂房及建筑物 83 万元，机械设备等 685 万元。拥有片剂、原料两条生产线。产品有心血管、抗菌消炎、消化系统、清热解痛四大系列三十九个品种，均属一般大众化消炎类药，科技含量较低，零售价格与生产成本持平。设计生产能力：年产原料 50 吨、制剂 5 亿片，年工业产值为 1 600 万元。

3. 财务及经营状况。

（1）资产负债状况。

2016 年 12 月 31 日与 2013 年 12 月 31 日资产负债情况比较，公司财务报表反映资产总额为 2 226 万元，比 2013 年末的 1 325 万元增长 68%，负债总额为 2 098 万元，比 2013 年末的 930 万元增长 125.59%，所有者权益为 128 万元，比 2013 年末的 395 万元减少 67.95%，资产负债率 94.25%。主要项目增减变动情况如表 14－7 所示。

表 14－7　　资产负债比较表

资产	2013	2016	增减额	负债及所有者权益	2013	2016	增减额
一、流动资产合计	856.76	753.88	－102.88	一、负债合计			
其中：应收票据		26.28	26.28	其中：短期借款	818.18	1 812.93	994.75
应收账款	131.60	205.20	73.06	长期借款	15.70	22.75	7.05
其他应收款项	490.60	51.84	－438.76	应付账款	63.76	152.24	88.48
存款	197.63	443.92	246.29	其他应付款	20	31.45	11.45
二、固定资产净值	467.91	1 471.76	1 003.85	预提费用		19.54	19.54
其中：原价	399.31	1 518.38	1 119.07	二、所有者权益合计	394.93	127.93	－267.00
累计折旧	46.62	46.62		其中：实收资本	400.0	400.0	
在建工程	115.22		－115.22	未分配利润	－5.07	－272.07	
资产合计	1 324.67	2 225.64	900.97	负债及所有者权益总计	1 324.67	2 225.64	900.97

（2）经营状况。

公司成立以来经营状况不理想，至 2016 年底账面反映累计亏损 272 万元，未能达到预期的高效率和目标值（见表 14－8）。

表 14－8　　各年度损益情况比较表

年度 项目	2013	2014	2015	2016	累计	备注
一、主营业务收入	692.39	728.40	1 137.50	947.40	3 505.69	
减：主营业务成本	678.16	673.19	1 100.12	921.98	3 313.45	
经营费用	7.36	3.13	2.89	921.98	30.85	
税金及附加	1.71	1.70	1.99	1.89	7.29	
二、主营业务利润	65.16	50.38	32.50	6.06	154.10	
减：管理费用	69.82	71.34	65.48	64.61	271.25	
财务费用	－0.30	0.02	41.01	64.70	105.43	未反映民间贷款利息
营业外净支出	0.71	46.59	0.57	1.62	49.49	收支相抵
三、利润总额	－5.07	－67.57	－74.56	－124.87	－272.07	

4. 案例分析。

专家组采用调查问卷和访谈的方法，并查阅相关资料，开展调查分析。与企业中层以上管理人员和业务骨干召开了三个不同级别的座谈会进行访谈、调研，发放调查问卷4种，共40份、实际收回40份；访谈35人次，查阅四个年度财务报表及相关资料56份。

经认真归纳、比对、分析，专家组认为企业目前存在以下主要问题。

（1）缺乏高附加值、高科技含量产品，盈利能力较弱。

A公司生产的是普通药品，生产规模小，创收能力不强，盈利能力低下，从产品的品种、品质、产量分析，与行业内的其他企业相比，无论是产品的技术含量、生产经济规模、产品知名度、企业的美誉度等都没有明显的优势，在这种经济态势下经营，要想取得理想的效益是十分困难的。

①产品价格成本分析。

〔例〕消炎片每瓶装100片，每箱装100瓶，年产100万瓶。其生产成本为21.16元/瓶，批发价为21.15元/瓶。销售费用平均0.10元/瓶，全部产品由各级医药批发机构代销。

该产品毛利润 $=100\times21.15-100\times21.16=-1$（万元）

平均销售费用 $=100\times0.10=10$（万元）

该公司每生产100万瓶消炎片，仅此两项亏损11万元。

②缺乏拳头产品、高附加值产品。研发出来的创利新产品，由于资金短缺等原因而搁浅，致使企业连续三年出现亏损，且亏损数额较大，影响到企业的当期收益和长远发展。

根据A公司提供的财务报表等资料分析出以下几项效益指标：

总资产周转率 = 主营业务收入/平均资产总额 $=3\ 505.69/[(1\ 324.67+2\ 225.64)/2]=1.97$ 次

销售净利率 =（净利润/主营业务收入）$\times100\%=(-272.07/3\ 505.69)\times100\%=-8\%$

资产报酬率 = 总资产周转率 × 销售净利率 $=1.97\times(-8\%)=-16\%$

权益报酬率 =（净利润/所有者权益）$\times100\%=(-272.07/127.93)\times100\%=-213\%$

权益报酬率是综合性最强的财务比率，提高这一比率可以在企业资本结构一定的情况下，通过增收节支提高资产利用效率来提高资产报酬率。

该公司资产报酬率为 -16%；权益报酬率为 -213%，说明净利润已减少到最低，经营活动已经没有获取盈利能力，也就是产品成本与产品的销售价格基本持平，没有利润空间，形成产品销售的数量越多，亏损数额越大，根本就没有能力开发新的销售市场。这对产品盈利率很低的企业来说，无疑是一种饮鸩止渴的自杀性经营。

（2）产品市场销售管理体制不完善，销售渠道不畅，营销方式单一，营销人员欠缺经营技巧，缺乏有效的营销策略。

根据A公司提供的表14－8资料，对产品销售利润率进行分析，发现公司产品销售净利率在逐年下降，说明该公司的产品销售存在诸多问题。

诊断专家组认为：

①从A公司销售管理方面来分析，产品销售市场信息反馈能力薄弱，对本企业所处行业的信息、与其他同类竞争企业的情况掌握不够全面；对本企业在同行业中所处的地位以及本企业产品市场区城分布和产品覆盖率等信息反馈相对滞后。

②没有对现有的客户进行细分，对重要的客户关系关注不足，客户与企业的关系没有锁定在客户对企业产品和服务的认知上，主要建立在客户与特定的人之间的关系上。

③没有建立客户档案数据库，没有将企业在经营中与客户相关的信息收集汇总到数据库中。营销数据库不仅对客户的信用分析至关重要，而且可用于企业对客户的统一管理，保证客户信息资料的完整性和连续性。

④没有建立一套完整的、详细的、有效的营销管理模式，针对不同的客户制订不同的销售策略，营销手段和方式较为单一，创新不足。

⑤企业应收账款占流动资产的27%，金额达205万元，造成资金成本、坏账损失等费用的增加，表明对应收账款的管理较差。没有建立起行之有效的货款清收制度，以保证货币资金及时回笼。

（3）成本控制能力不强，精细化管理程度不高，成本核算不清。

公司成本考核体系不健全，成本管理薄弱，致使产品成本过高；经营资金、投资资金、融资资金比例严重失调，已出现生产资金断流的危险信号。2016年12月底报表反映亏损额已达到272万元，且潜亏因素约计600万元利用资金成本中债务成本计算：按照国际惯例和各国所得税法的规定，债务产生的利息一般允许在企业所得税前支付，因此，企业实际负担的利息＝利息×(1－所得税税率)。

计算如下：

债务成本＝[1 813×12×(1－33%)]/[1 813×(1－0.2%)＝8%

1 813×8%＝145（万元）

①2013年至2016年12月期间借款总计1 813万元，每年增加145万元筹资费用，经估算总借款应付利息至少560万元，扣除已计入损益的利息105万元，尚有近450万元，利息未计入损益，属潜亏因素。

②2013年到2016年12月期间公司固定资产增加1 119万元，未按规定计提折旧至少为150万元，虚增利润。截至2016年12月底，该公司明亏加潜亏累计亏损额为872万元左右，负债总额为2 089万元，所有者权益（净资产）则为－472万元。

（4）资本结构不合理，固定资产投资比例过大，流动资金严重短缺。

根据公司提供的2013年至2016年度财务报表有关数据测试：

固定资产周转率＝销售收入/固定资产净值＝2.38（次）

流动比率＝流动资产/流动负债＝0.36

上述比率表明，公司固定资产周转率及流动比率都分别低于平均财务比率水平（13.8 次及 1.80）。公司的固定资产扩充过快，而销货量并没有增加，致使利用率过低，偿债能力下降。

通过对资本结构的分析，对偿债能力和盈利能力主要指标的测试评价，截至目前，公司借贷数额全部为民间拆借资金，年利息 12%，平均每月应付利息 18 万元，年支付利息达 200 万元以上。融资成本过高，造成了企业偿债能力和盈利能力降低，资产负债率已越过经营警戒线。借款的 80% 集中投入技改工程项目，固定资产投资比例过大，流动资金不足。产品销售利润率低，销售利润率 2013 ~ 2015 年分别为 9.4%、6.9%、2.9%，2016 年 1 ~ 12 月仅为 0.6%，根本无法承担期间费用的支出。

近年来公司资金结构变动趋势如表 14 – 9 所示。

表 14 – 9　　公司资金结构变动比率分析表

项目	2013 年末		2014 年末		2015 年末		2016 年末	
	金额	比例（%）	金额	比例（%）	金额	比例（%）	金额	比例（%）
应收账款	132	15	128	21	190	22	205	27
存款	198	23	229	37	395	46	444	59
流动资产	857	65	617	35	859	41	754	34
固定资产	468	35	1 127	65	1 251	59	1 472	66
资产总额	1 325	100	1 744	100	2 110	100	2 226	100
流动负债	914	98	1 392	98	1 835	99	2 075	99
长期负债	16	2	25	2	22	1	22	1
负债合计	930	100	1 417	100	1 857	100	2 097	100

从上述分析数据可以看出，公司自成立以来固定资产增长的速度快，所占比例过高而流动资产比率逐年缩减，说明企业用于周转的资金明显不足。另外，流动资产中应收账款和存货所占比率逐年增长，说明企业销售萎缩，库存量增大，存货和应收账款周转缓慢，货款回笼不及时，流动负债逐年增加，比率居高不下。

（5）企业产权不清，影响企业的战略定位。

企业改制没有充分利用政府对企业改革的优惠政策理顺产权（房产土地）关系，仅以租赁方式解决经营权问题；企业没有土地等抵押物，也是造成融资条件不良的原因之一。企业改制不彻底，没有实现完全意义上的公司制改革，其结果是，当企业效益不好时，租赁双方尚能相安无事，当企业效益好转或盈利时，可能会出现利益方面的法律纠纷。同时，也造成企业经营者的心理负担，不能按照意愿制订企业发展的长远规划。

5. 改善建议。

针对以上发现的问题，专家组提出以下改善建议。

（1）理顺产权关系，明确企业战略定位，提高融资能力。

企业首先要充分利用国家新出台的企业改革配套文件，用足用好相关优惠政策，即企业改制时在安置原企业全部职工、不改变土地用途的情况下，可以享受土地出让金部分或部返还，并取得50年的土地使用权。

在取得土地使用权后，利用所拥有的实物资产作为抵押与银行协商进行融资，避免从民间拆借资金支付高额利息的尴尬局面。

（2）研发新产品，提高企业盈利能力。

企业要生存和发展，就要创造利益最大化，需要有高附加值的产品，需要有拳头产品，建议要经常分析企业销售收入、成本费用、资产结构是否合理及企业的资金周转情况等，尽快开发具有市场发展潜力、高效率、高附加值、对广大消费者身体健康有益的新产品。其途径有：

①企业自主研发（研发费用按国家政策可以直接在成本中核算，免交企业所得税）。

②从科研院所购买科研新成果。

③高薪聘请国内知名专家开发。

（3）完善营销管理体系建立客户管理档案，提高货款回收率。

应进一步从以下几个方面完善营销管理体系：

①建立强有力的销售队伍。销售管理是企业能否发展壮大的基础，销售人员是销售体系最重要的部分，销售人员的素质高低决定企业产品销售量的多少。聘请有市场销售经验的销售人员是公司迫在眉睫的事项。

②开拓新市场。原销售市场已经远远不能满足企业发展的需要，销售市场不能局限于华北地区，要向华南、华东、东北、西北发展，力争市场扩大三倍、销售额增长一倍以上的战略目标，提高产量，降低产品成本，增加企业效益。

③转变销售方式，增加销售量。由原来单一地向各级医药公司批发式推销，转变为向县乡卫生院、所推销，增加销售量，赚取零售与批发之间差价，降低销售成本。

④完善销售激励机制，体现多劳多得、奖勤罚懒的公平竞争原则，建立"销售管理办法"，明确销售人员责任，实现销售信息化管理，防止销售人员管理风险。

（4）提高财务管理水平，加快资金周转率。

企业财务人员不仅是记账核算员，还应成为财务管理专家，要懂得理财，用最低的资金成本换取最大的经济效益。财务管理效用的发挥，能降低企业生产经营成本，有效地扩展企业利润空间及产品价格竞争空间。

要处理好以下工作：

①提高企业有效资产的利用率，充分发挥无形资产、固定资产的融资作用。

②做好企业预算管理、利润规划以及各部门费用预算、资本运营方针等的编制。

③严格控制存货数量、制造成本、销售费用、管理费用、财务费用等，并要做好预算的考评与激励工作。

④做好企业资金运用分析，每月进行项目分析，每季度进行综合分析，及时发现和纠正管理中存在的问题。

⑤吸引外部投资者入股，降低民间融资成本，提高企业经济效益。

三、案例涉及相关法规和准则

1.《管理咨询服务规范》；

2.《管理咨询专业人员职业水平评价暂行规定》。

本章小结

本章介绍了管理咨询的相关理论知识，其中财务管理咨询作为企业管理咨询的重要组成部分，本章详细阐述了财务管理咨询的几种分析方法，并以国内重型汽车企业A公司以及某制药厂为例进行研究，基于以上案例生动展示管理咨询服务提供者用其丰富的知识、经验，在企业提出要求的基础上深入企业，并且和企业管理人员密切结合，应用科学的方法，找出企业存在的主要问题，进行定量和确有论据的定性分析，查出存在问题的原因，提出切实可行的改善方案，进而指导实施方案，使企业的运行机制得到改善，提高企业的管理水平和经济效益的过程。

练习与思考

一、名词解释

1. 管理咨询
2. 财务管理咨询
3. 正式咨询
4. 头脑风暴法
5. SWOT 模型
6. 五力模型
7. 波士顿矩阵模型
8. 杜邦分析法

二、思考题

1. 在管理咨询活动中，正式咨询阶段需要完成哪些工作？其核心任务分别是什么？
2. 运用本章所介绍的各种具体调查研究方法时应分别注意哪些问题？
3. 简述杜邦财务分析方法。

三、案例题

1. 某行政单位每年由财政局拨付业务经费600万元左右，单位财务主管由办公室主任兼任。过去该单位的财务管理体制及管理办法为：经费由财务部集中管理、集中支付、经费开支实行分权审批制度，3万元以下的经费支出由办公室主任签字就可以报销，超过3万元的经费支出需要由主席签字方可报销。2016年1月，新任主席上任，意识到办公室主任的权力过大，单位财权实质掌握在其手中，因此采取限制措施，将办公室主任的签字权由 3 万元降至 3 000 元。但由于长期以来旧的管理体制的原因，办公室主任通过报销、经费审批等业务方面的权力笼络了单位各部门负责人及主要员工。作为单位的一把手，主席对单位的财务无法实施有效的监控，而且一些好的管理思想和措施，一旦触及个别小团体的利益，就会在办公室主任背地里的“串联”下，以“多数人反对”的结局而流产。针对这种情况，单位主席决定聘请咨询师帮助解决这一难题，改变单位的管理现状。

根据上述资料，请思考：

（1）该单位管理现状中哪些地方不合理？

（2）改变现状的核心问题是什么？

（3）假若你是一名咨询师，如何通过财务管理体制的策划与设计，帮助该单位解决这难题？

参考文献

[1] 张永国，阮滢．财务审计（第四版）[M]．大连：东北财经大学出版社，2021.

[2] 赵华．财务审计实务 [M]．北京：中国政法大学出版社，2019.

[3] 蒋国发．企业财务审计 [M]．北京：清华大学出版社，2015.

[4] 赵保卿．审计案例研究（第三版）[M]．北京：中央广播电视大学出版社，2010.

[5] 赵保卿．审计学 [M]．北京：清华大学出版社，2010.

[6] 刘明辉，史德刚．审计（第七版）[M]．大连：东北财经大学出版社有限责任公司，2019.

[7] 曲明，傅胜．审计习题与案例（第七版）[M]．大连：东北财经大学出版社有限责任公司，2019.

[8] 秦荣生，卢春泉．审计学（第十版）[M]．北京：中国人民大学出版社，2019.

[9] 李俊林．审计理论与实务 [M]．上海：复旦大学出版社，2015.

[10] 中国注册会计师协会．审计 [M]．北京：中国财政经济出版社，2021.

[11] 李春玲，邵军．审计案例分析 [M]．北京：首都经济贸易大学出版社，2019.

[12] 李凤鸣．审计学原理（第六版）[M]．上海：复旦大学出版社，2014.

[13] 李晓慧．审计案例与实训（第二版）[M]．北京：中国人民大学出版社，2017.

[14] 王砚书，董丽英等．审计案例 [M]．大连：东北财经大学出版社，2019.

[15] 阿尔文·A·阿伦斯，兰德尔·J·埃尔德，马克·S·比斯利．审计学//沈征译 [M]．北京：清华大学出版社，2013.